U0450369

本书系国家社会科学基金青年项目"德国公务员制度演变研究"(批准号:22CSS012)阶段性成果。

治理的世界史丛书
张勇安 | 主编

法占区的德国公务员
(1945—1948)

German Civil Servants
in French Zone of Occupation in Germany

徐之凯 著

中国社会科学出版社

图书在版编目（CIP）数据

法占区的德国公务员：1945—1948／徐之凯著 .—北京：中国社会科学出版社，2024.2

（治理的世界史丛书）

ISBN 978 - 7 - 5227 - 3337 - 1

Ⅰ.①法⋯　Ⅱ.①徐⋯　Ⅲ.①公务员制度—研究—德国—1945 - 1948　Ⅳ.①D751.631

中国国家版本馆 CIP 数据核字（2024）第 066199 号

出 版 人	赵剑英
责任编辑	耿晓明
责任校对	李　军
责任印制	李寡寡

出　　版	中国社会科学出版社
社　　址	北京鼓楼西大街甲 158 号
邮　　编	100720
网　　址	http://www.csspw.cn
发 行 部	010 - 84083685
门 市 部	010 - 84029450
经　　销	新华书店及其他书店
印　　刷	北京明恒达印务有限公司
装　　订	廊坊市广阳区广增装订厂
版　　次	2024 年 2 月第 1 版
印　　次	2024 年 2 月第 1 次印刷
开　　本	710×1000　1/16
印　　张	27
字　　数	416 千字
定　　价	139.00 元

凡购买中国社会科学出版社图书，如有质量问题请与本社营销中心联系调换

电话：010 - 84083683

版权所有　侵权必究

总　　序
走向国际的中国世界史与新文科

当不确定性成为最大的确定性,整个世界放慢了步伐,人员往来、商品贸易、物流交通等跨区域、跨境的流动都一度被迫全面或部分地中断。现实物质世界的变化无疑给学术研究带来诸多困扰,不可否认,"慢生活"必然放缓历史知识生产的节奏。但在迈阿密大学历史学教授玛丽·林德曼（Mary Lindemann）看来,在经历剧变之时,"或许我们也应该抓住良机来反思如何进行历史研究（the doing of history）,尤其是思考慢下来给研究、写作和教学能够带来什么益处"。毫无疑问,全球历史学家获得了一个对历史学研究、写作与教学进行"精耕细作"的契机,而中国的世界史学界,面对新文科建设热潮则有了更多期许,那就是如何进一步拓展与国际学术界共情共建共融的可能,思考世界史研究如何更好地与国际学术界对话交流。

跨国语境与国族本位的互动

历史知识生产正随着其推广者的大众化和需求的普及化而变得更加多元,如呈现形式各有侧重、内容选择参差不齐、需求导向左右供应等,这些状况显然同"新文科"建设主张的学术引领背道而驰。历史知识生产的形式、内容和导向,都对位于"知识金字塔"塔尖的历史学家/研究者的知识生产的能力、层级、水准提出了更多更高的要求,因为这些知识的流布与传承最终决定着国民的整体素养,甚至是国家的综合实力。

于历史学家而言,究其一生的研究,无疑都是探寻"那个高贵的梦想"——求"真",进而通过"真"来传递世间的"善"和"美",换言之,正是通过智识的学习而实现其德育和美育的功能。因此,不难发现,历史学作为马克思眼中"唯一的一门科学",历经数千年,从原初的宏大叙事模式,到精细化的研究领域的分野,再到因受到哲学、文学、社会科学以及自然科学的影响而遭遇的诸如语言学转向、空间转向(Spatial Turn)、文化转向、情感转向、图像转向、物质转向(Material Turn)等不同解释范式,不可否认,这些求变求新之举对于历史研究、教学和写作均产生了强烈冲击,但是,尚无法打破学者之间的地理隔绝与国籍障碍,也难以推动不同国家的历史学家围绕共同议题展开深层次的有效对话与交流。

2006年12月,《美国历史评论》刊出"跨国史"对话专栏,有来自不同领域/学科的6位跨国史研究实践者参加,旨在探讨跨国史作为一种方法的广泛的可能性和特殊性。事实上,跨国史不再是新事物,但它似乎确实是一种连续被表征为比较史、国际史、世界史和全球史的方法的"最新化身"。诚然,这些方法之间存在重要区别,但它们的共同特点是希望打破民族国家或单一民族国家作为分析的范畴,尤其是要避开西方曾经以种族中心主义为特征的历史写作。不仅如此,跨国史研究还将进一步推动国际学界对"全球南方"(Global South)的关注,来自"全球南方"的研究者们有望以平等身份与来自"全球北方"的研究者平等对话,甚至翻身做学术研究的"主人"。南非约翰内斯堡金山大学非洲文化教授伊莎贝尔·霍夫迈尔(Isabel Hofmeyr)就指出,"跨国史"为理解全球南方复杂的联系、网络和参与者开辟了更广泛的分析的可能性。跨国方法的关键主张是对运动、流动和流通的核心关注,在其看来,历史过程不仅是在不同地方进行的,而且是在不同的地点、场所和地区之间的运动中构建起来的。这些主张和认识无疑为不同国家的世界史研究在更大范围和更多元主题上的推进提供了良机,同时契合了当下新文科建设对跨越传统研究路径和解释模式的必然要求。

中国的世界史研究者不仅要关注这些新的研究趋向,更需要多多地参与这些史学的实践过程。近代以来,中国国势的衰败不仅是国家经济、军力、政治等物质和技术层面的顿挫，更为关键的则体现在人文社会科学领域的全面退化。西方强盛的话语和学术霸权桎梏了中国学术，使其不能更好地服务于我们对世界的正确认知，更无法影响世界事务的进程。正因如此，跨国史研究可以考虑真正将中国纳入考查的范围，"以我为主"推动国际学术界打破"东方VS西方""殖民VS帝国""中心VS外围"等认识世界、观察世界、理解世界的"二分法"。因为这些根深蒂固的研究路径常常内嵌于我们研究的预设之中，主导着对于历史文献的解读、利用与书写。尽管我们要竭力突破这种学术上的"西方中心主义"或"以例外论为特征的国家范式"，却可能正在接近或已经跨入西方学者发明的另一个"帝国地理学"的框架之中。因此，中国学者有理由更加积极而主动地"在中国发现历史"的同时，注重能动地利用跨国史等研究方法，发现中国历史的"世界意义""全球价值""国际主义""跨国影响"。

与此同时，中国的世界史学者有必要也有能力来推动国际学术界跨国史研究的"亚洲转向"和"中国转向"。受限于各种主客观条件，国际学术界的跨国史研究甚至全球史研究还总是把跨国或全球视为"遥远的背景"或简单的陪衬。近年来，随着中国学术界与国际学术界的交流与合作的深化，国际学术界的研究者正在悄悄发生变化，如英国惠康基金会资助重大国际合作项目，其研究主题越来越重视亚洲地区、社会主义国家以及中国在国际/全球卫生史上的角色和作用。剑桥大学白玫（Mary Brazelton）新近的研究就是这方面的尝试，她试图通过20世纪中国参与全球卫生事务的四个重大事件来揭示：与医学史流行的叙述相反，整个20世纪，中国和中国历史参与者在这一领域发挥了关键作用。尽管如此，我们仍有理由警惕，这些研究能否真正地规避其惯性的殖民史学和后殖民史学的路径依赖。

从学理意义上讲，中国不仅是中国人之中国，在更多意义上是世界/全球/国际/跨国之中国。中国在区域、全球视阈中的角色和作用，必须置于"开放"语境中才可以更好地理解。我们注意到，越来越多的中国学者开始尝试推进这一领域的研究，葛兆光先生《宅兹中国：重建有关"中国"的历史论述》等一系列著作，试图从周边的反应来观察"历史中国"；沈志华教授近年努力推动的中国与周边国家关系研究，虽主要着力于冷战时期双边关系,但带动了越来越多的年轻学者加入,不断拓展冷战国际史的研究;徐国琦教授已经出版的《中国人与美国人:一部共有的历史》《亚洲和第一次世界大战:一部共有的历史》,加上正在写作中的一部,合为"共有的历史"三部曲,同样是将中国置于中美关系、中国与世界互动、中国与全球互融中来理解"中国意义"的成功实践。

国际对话与学术中国建设

对于中国学术界而言,必须思考如何向世界展现一个真实而立体的中国。若能将"道路自信、理论自信、制度自信、文化自信"升华为学术表达,构建出"四个自信"的学术体系、话语体系,通过与国际学术界的学术碰撞、交流与对话,推进国际学界共商共建共享的"学术人类命运共同体",必将增进世界各国之间的理解与战略互信,共同贡献于全人类的福祉。对此,中国的世界史研究者大有可为。

现在,中国世界史领域的重要学术期刊/集刊正越来越多地从译介西方史学的著述转向首发国际学者的最新著述,尤其是新近创办的重要学术集刊,非常注重跨学科的交流对话,强调多国学者围绕同一主题展开讨论,设置专刊推进国内外学者的学术对话和交流。国家社科基金中华学术外译项目更是大力支持中国学术著作的译介工作,通过遴选重要的学术著作(尽管目前仍多局限于中国问题相关的选题),译介为外国语言,极大地推动了国际学术界对中国学术的认识与理解。中国历史研究院等单位创办了多份外文学术期刊,直接向国际学术界推介中国史学成果,如《中国近代史研究》(*Journal of Modern Chinese History*)、《世界历史研究》(*World History Studies*)等。中国学术界的主动而为,正在推动中外学术的深度、有质量的交流与对话。

与此同时,虽然因为全球经济下行的压力影响,中国研究和中国历史研究的教席岗位有一定减少,但国际学术界对中国研究的关注和热情并没有减弱,尤其是近年来,国际学术机构和学者越来越强调同中国学术界开展交流与合作,更加注重吸收中国学者参与相关的学术活动和学术平台建设。如重要的国际学术期刊越来越注重刊发中国学者或者是涉及中国问题的学术成果，甚至定期或不定期地组织以中国学者为主的专刊或专栏。这既离不开华裔学者的推动，又同中国学者学术素养的国际化密切相关。比如 *Journal of Cold War Studies*、*Diplomatic History*、*Chinese Studies in History* 等杂志刊发中国学者的论文，美国长岛大学夏亚峰教授、罗文大学王晴佳教授就贡献良多。重要的国际学术会议甚至冷门绝学如国际埃及学大会也越来越多地愿意邀请中国学者参会，中国学者的声音可以被更多的国外同行听到。

不仅如此，还有更多的中国学者应邀担任国际重要学术组织或机构的执行委员会委员，担任国际著名史学期刊的编委、同行评审人，尤其是在新兴交叉学科的期刊中，中国学者的影响力日益提升。中国学者正在积极作为、深度参与国际学术，这些现象正体现了新文科所倡导的发展趋向，即国内外学术界更为有效地展开对话。

同样值得关注的是，国内外学术界的机制性合作正日趋多元。如2012年中国美国史研究会与美国历史学家协会（OAH）达成双向交流合作机制，深化了双边学术交流互动；英国惠康基金会资助的"共享未来：中英医学人文项目"，自2016年以来每年从中国高校选派3~6名研究生赴英国思克莱德大学和曼彻斯特大学攻读科学、技术和医学史"双硕士项目"，英国高校则每年从全球遴选3名青年研究员到上海大学、复旦大学或上海社会科学院从事为期一年的访问研究。这些制度性的建设正受到越来越多的关注，其对于推动相关领域学术研究、加强国际学术对话进而建设学术中国的价值和意义不言而喻。

当然，这些工作目前仍有深化的空间，对话的效果还有待评估，重大课题的联合研究、长期跟踪研究尚显不足，应邀担任国际重要学术组织职务、国际重要学术期刊主编的中国学者人数还相对有限。特别是对于"提炼标识性概念，打造易于为国际社会所理解和接受的新概念、新范畴、新表述，引导国际学术界展开研究和讨论"，还有许多工作要做。但必须强调的是，强化国际学术对话应该而且能够成为世界史学科乃至学术中国建设的重要方向。

中国学术如何进一步走向世界

新文科建设为世界史学术研究、写作和教学提供新的发展机遇，但必须清醒地认识到，道阻且长，时不我待。政策的制定者、执行者、实践者需要更加务实地练好"内功"。作为天然具有"国际范"的世界史学科，需要在同国际学术界的不断对话和碰撞中，生发出具有生命力的学术火花，进而形成燎原之势，真正构建出具有中国特色、中国风格、中国气派的世界史学科体系、学术体系和话语体系。以下三方面工作尤其值得重视：

第一，重视制度建设，加快打造高水准、多层次、国际化的学科体系和学术平台。积极对接国际学术前沿，瞄准国际社会发展大势和国家战略需求，积极谋划和设置更加适应学术发展、社会需求、国家战略的学科方向和研究领域，而不应受限于现行的学科体系或框架。在学位设置上，更加关注"学术市场"的发展需求和岗位，按需定制。尽管近来国家层面已经在不同渠道推出"交叉学科"，但这种过渡性措施尚不足以衔接新文科发展的需求。必须通过学科的解压甚至重组，才能盘活更多学术和市场资源，培养更多适应未来学科要求的领军人物，才有望形成引领国际学术发展新方向的中国学派。而作为系科设置调整和新兴学科领域扩张的配套工程，需要更加积极支持创办高水准国际化的多语种的学术期刊，创设学术议题，引领学术讨论，培育学术话语的影响力；还应适时创设国际学术研究协会等，搭建国际性学术网络。通过这些机制性制度性的建设，中国学术走向世界才可能由设想变成现实。

第二，强化对全职国际化师资队伍建设的支持力度和政策倾斜。尽管越来越多的海外高校选择在中国创办校区/分校或推进联合办学，但其培养多局限于"通识"教育层次，而缺少成规模的研究型人才培养体系，若转型为中国高校又缺少政策支持，故这一渠道的国际师资队伍建设虽然成效显著，但缺少归化的长效机制。国内高校近年来几乎都把国际化战略作为学校发展的重要引擎，积极推进师资、科研、人才培养的国际化，但速度和成效却不尽如人意，尤其是师资国际化多体现为

"海归"师资数量的增加和长期出国人员比例的提升,而真正的"洋教授"却存在着数量不多和质量不高的问题,成熟的国际与国内师资"一体化融合式联建团队"更不多见。因此,有必要通过调整永居或归化政策、提供同等国民待遇、加强校园多元文化建设等方式和渠道,支持国际化师资引进和建设,真正聚天下英才而用之。以此而论,世界史、外国语言文学等高度国际化的学科或可先行尝试。

第三,坚持立德树人,拓展国际化人才培养新渠道。谁赢得青年,谁就赢得未来。高校教育作为育人的主渠道之一,只有赢得青年,才能立于不败之地。这里的青年一代不仅包括中国青年学生,中国高校还应放眼世界,将全球优秀青年作为育人对象。高校需要推进中国学生与国际学生的融合式培养,这是国际通行的教育模式,而在我们这里尚未普遍推行。目前我们对国际学生多是单独管理和单独培养,实际上难以实现优势资源的互补共赢,只有打通招生关、培养关、管理关等,实现融合培养,才能真正提升国际学生的质量和水平。与此同时,还需要整合优质的教育资源,推进国际视野、中国特色、当地元素三结合的课程体系、研究领域、学科方向建设;培养具有全球视野、了解中国特色,又能够适应其本国/本土需求的创新性卓越人才,让这些国际"学术青年"成为中国学派、中国学术网络的重要传承者、宣传者、传播者、拓展者。

总之,只有练好"内功",才能真正对世界发挥正向效能,更好地展现中国学术的实力。这便是我们编撰这套"治理的世界史系列丛书"的初心和努力目标。是为序。

2024 年 3 月

序 一
二战后法德两国的接近与占领史的再诠释

柯西内·德弗朗士[①]

这部作品源自于徐之凯先生的博士论文,是巴黎萨克雷大学加香分校和上海华东师范大学合作培养的成果,本人在 2018 年时有幸以评阅人身份参与了这一论文的答辩,也就此了解了作者的学术背景与研究路径。原论文文本全部以法语写就,并采用了大量德语史料,作为一名跨国史研究者必须高度表彰这一作品所体现的多语言史料运用与写作水平。通过分析法国在德军政府在法国对德占领区的德国公务员任用问题,作者阐述了一个如今常被战后史书写忽略的题材,即这一占领时代是否出现了影响到两国人民和解的"行政"或"人性"因素——这是一个经典而又永恒的问题意识。无疑,两国战后"和解"的理念值得做出研究定义,尤其是就其与"接近"或与"理解"这些话语含义的相似与不同之处而言。就此,作者的研究将占领史与占领程序相结合,探讨占领者与被占领者之间的关系:为何军政府要任用这些德国人?法国方面又是如何尽可能地利用这一人力资源的?在这一实践过程中对于该时代的德国社会以及更为广泛意义上对于法德关系的影响又是什么?

这一可敬的研究可分为彼此关联的四部分。其第一部分介绍了相关

[①] 柯西内·德弗朗士(Corine Defrance),法国国家科学研究院(CNRS)教授,二战后对德占领史、法德关系史专家,著有《1945 年以来的德国、法国与波兰:转让与合作》(*Deutschland – Frankreich – Polen seit 1945: Transfer und Kooperation*, Bern: Peter Lang AG, 1984)、《莱茵河左岸的法国文化史》(*La politique culturelle de la France sur la rive gauche du Rhin, 1945–1955*, Strasbourg: Presses Universitaires de Strasbourg, 1995)、《法国、德国与爱丽舍条约》(*La France, l'Allemagne et le traité de l'Elysée*, Paris: CNRS, 2012)等作品。

的研究动态、方法论与史料来源。之后的一章揭示了研究的历史背景，也就是二战后初期的对德四国占领以及法国在德的政策目标。第三章讨论了法国军政府的直属德国雇员问题。在这一架构下形成了首个交流空间，同时逐步建立起了法德之间人事上的互信关系。之后的第四章分析了至关重要的"德国公务员"，他们常常被法国人"间接任用"来执行占区治理任务，并且在德国当局的重建中起着奠基作用。

该作行文方案结构厚实、布局平衡且逻辑顺畅。作者参阅了许多史料来源：法国外交部档案馆的外交部文件和军政府材料、国防部档案馆、国家档案馆中皮杜尔和弗朗索瓦·庞瑟等人的私档；德国的联邦档案馆以及英国国家档案馆中的外务档案。如此多元化的史料来源，体现了作者对德国占领问题，尤其是法占区之前相关研究的深入了解。这一史学史进程如今正需要更为细致入微的阐述，因为这一"占领史的历史"在当前时代下的解读正是以一种极为特殊的形式展开的。1986年法国相关档案的全面开放是一个转折点：在档案公布之前，相关研究几乎都是基于美英方面档案做出的，反映的也是美英的观点。法国档案的开放极大激励了法国和国际上对战后初期德国的各类相关研究。法国与德国研究者在法国占领方面的诸多争议得以平息，并由此得以越过史学研究的国家藩篱。而档案的重新整理，使得对德国形成一个更为"整体"的历史认知成为可能，将其占领年代的历史叙述合为一体，促进了比较研究与占区间互动联络的分析阐述。法国占领档案的转运和部分重新整理，以及类似本作的跨国视角研究，无疑能够推动更多全新主题的新颖研究。

当该著进入研究核心主体部分时，其分析阐述十分严谨，史料经过精心整理，凡重要内容都在文本中直接予以体现，并在文中加以悉心分析。尤其值得赞赏的是其中有关军政府直属德国雇员这一章：这些研究是全新的，尤其是这些人身份的变革、法国对这些德国人员任用的价值意义、对德国人彰显他们作为征服者与胜利者身份的行为动机、对于德国人的怀疑与安全调查、对于他们消息沟通的封锁、德国仆役的消极抵制，等等……

如果说第一类"军政府直属德国雇员"是有明晰定义的，那么那些被间接任用的公务员在定义上就比较宽泛了。当时的德国既不是领土割让也不属于殖民管理，那些德国地区、地方上的行政管理名义上仰赖于德国人民选举产生的社区（1946）、地区当局（1947）。这意味着这些当局逐渐获得了自己的权力并脱离了军政府的监管，而后者的管制权则逐渐让渡给了前者。因此这在广义上成为了一场"解脱"的历史！此外，作者还指出这里面存在着争议，因为这些德国人在身份认知上并不自认为是为法方服务的，是法方军政府在刻意引诱和培养这一倾向。此外，本人也极为赞同作者的观点，即基于人员的德国行政创设对于法占区管控的效率是十分必要的，对于文中有关法占区"自我清洗"特殊性与非纳粹化进程的长期发展描述也十分赞赏。而"保守军官（柯尼希）"与"民事官员"之间在民主化和对德国人管控上系统的所谓"对抗"关系，则需要从更宏观的视角看待。比如，公共教育部、文化事务部主管施密特兰，是法兰西第一集团军的老前辈，在政治和私人关系上亲近柯尼希将军，并与代表民事官员的拉丰争吵不断。但他却是施派尔高级行政学校的创始人，且在1947—1949年一直致力于保存他所在部门的管控权。因此可以这样说，法占区行政变革历程中的事实是极其复杂的，其间不同意见派别的关系一直在动态转变之中。

在品评完这一佳作之后，本人不由得产生了以下问题，以供与各位读者共作探讨：较之于其他盟国（包括苏联在内），法国最终在德国人任用问题上的特殊性是什么？就更长远的时间线而言，法国人早在一战后对德占领中可吸取的"行政"经验是什么？其中又有哪些有益或者有害的经验在1945年后指导了法国占领者？总而言之，这是一部视角广阔、编撰严谨，极大刷新了法国对德占领诸多方面认识的研究。无论是其蕴含的学术成就，总结的现实经验，还是引发的问题探讨，都值得我们进一步加以思考，并在未来很长时间里作为战后占领史研究的前沿而存在。

柯西内·德弗朗士（Corine Defrance）
2023年秋

序 二

孟钟捷[①]

第二次世界大战是当代人类社会尚未远离的一段过去。正因如此，有关这场战争的研究，依然是国内外史学界的热点话题之一。从战争刚结束时的战略战役探讨，到几十年前有关战争策源地与法西斯体制的剖析，直至十几年来围绕战争记忆形成的各类争议，在二战史研究里，不断涌现出新成果。它们能够帮助当代人更好体认这场世界大战所带来的持续性社会变革。

尽管如此，二战史研究依然存在着若干尚未得到深入挖掘的论题，例如：从国际史的视角来看，二战期间的跨国联合抵抗运动与一系列跨国抵抗组织值得人们做进一步探究；从情感史的视角来看，战争环境下普通人日常生活的复杂面相或许可以得到更为细致的观察和分析；从概念史的视角来看，除了战争术语创新外（如"雷达"等新式武器、"巴巴罗萨"一类的知名方案、"法西斯"等特定称谓），还出现了一连串影响着战后世界的新词汇。除此之外，如果我们拉长观察的视野，相较于有关战前局势的细致分析（如绥靖政策），针对战后重建时期的研究还不充分。

事实上，战后重建时期的种种努力，正是当下一些国家的政治经济体制、各种国家间关系乃至国际社会运行机制的源头所在。就此而言，有关战后重建历史的研究，不仅仅是有关过去的历史回眸，更是面向人类当代生活的溯源理解。当然，战后重建恰逢20世纪另一个重要时

[①] 孟钟捷，华东师范大学历史学系/社会主义历史与文献研究院教授，中国德国史研究会秘书长、中国第二次世界大战史研究会副会长。

刻——"冷战"的降临，以至于让这一段不长的时间充满着各种奇妙变化：从合作走向冲突，从敌人变为战友，反法西斯同盟瓦解，两大阵营形成。由此，战后重建时期是二战史与冷战史的"叠加"之处，尤应引起学人的特别关注。

在战后重建的各种场域里，战败国显然是绕不开的聚焦点。在德国，四国分区占领，用一系列的清洗手段，重新塑造了当地社会的政治文化，同时也决定了东西部分离的命运。这一切究竟是如何推进的？实际效果如何？在以往研究里，我们对苏占区、美占区和英占区的了解更多一些，对法占区则略感陌生。这一方面是因为法占区的规模不大、人数不多、影响有限，另一方面也是同法国在二战中的不佳表现息息相关——巴黎沦陷，傀儡政权维希政府听命于纳粹德国，以至于法国的占领权利看上去似乎都缺少一点"正当性"。但如果我们把这段不太彰显的占领史与此后数十年间德法和解、欧洲一体化进程的宏大叙事结合起来，它便为我们展现出极具法国特色的重建德国之思、之行、之果。

本书《法占区的德国公务员》便是在这一方面进行深入探究且颇具新意的成果。作者超越了法国史、德国史等国家历史范畴，立足于欧洲史。如其所言，本书"立意不仅在于如实揭示有关法国对德占领的历史真实，更希望能够谨慎论证其在两国战后关系起源发展中的地位作用"。在四百多页的篇幅里，作者条分缕析地探讨了法占区的来源、法国人对德国人的印象变迁、法方军政府直属德国雇员以及间接任用的德国公务员两类群体。作者充分注意到法国与其他盟国之间的立场分歧、本土政权与军政府之间的矛盾斗争、法国军政府与德方雇员之间的对峙冲突等复杂局面，同时也从这些分歧、斗争、对峙中梳理了德国行政管理体制的转型进程、公务员群体的"再教育"以及当地政治文化的重塑阶段。基于此，德国人在法国人眼中的形象发生了变化，德法互信合作跨出了第一步。"法占区军政府，成了战后法德两国人在彼此互信的前提下真正共同工作并分担职责的首个试验场"——就此而言，作者在一定程度上颠覆了学界的常见观点，把德法合作的基石从冷战开启（特别是马歇尔计划）提前到战后占领时期。

除此之外，这本书发现的以下几点现象也很有意思：第一，法国在德国占领问题上的"不合作"态度，反映了戴高乐为代表的战后新政权试图通过参与占领德国并施加特殊影响的方式来实现本国重新崛起的战略谋划。对德占领,是二战结束前"三巨头"通过一系列会议决定下来的重大方案。法国作为最后一刻被拉入占领方的国家,却在这一过程里表现出各种"不合作"姿态——在以往研究里,这些行为或被忽视,或仅仅被解释为法方心有不甘的表现。但在本书里,这些行为得到了充分研究。作者将之联系到戴高乐等法国新领导人谋划国家复兴的思考,很有创见,或许能帮助我们更好理解战后法国的历史进程。第二,法国政府囿于本土重建的压力,不得不派出维希政权的旧官员来管理德占区。这一点在很大程度上决定了法占区的"非纳粹化"是不彻底的——正因如此,联邦德国建立后,前纳粹分子能够在政坛和社会各界维持相当影响力——但同时它又有利于德法合作关系的连续性塑造。这里体现出时代大转折背景下的人员、观念、制度等方面的延续特征。第三,法国占领军对于德国行政系统的重塑具有"独特而深远的影响"。如作者所言,"在许多历史学家眼里,战后初期的德国一直被认为是意识形态较量的前沿阵地,是超级大国(美国与苏联)间地缘政治冲突的敏感地带",其他国家在意识形态以外的影响力通常"被低估甚至忽视"。但通过法占区德国公务员(政府雇员)群体的细致描绘,作者为我们展现了联邦德国社会转型所需的人力资源是如何"历史形成的"。

本书的作者徐之凯是我的第一批硕士研究生。2007年,在我首轮教授《德国社会史》时,之凯还是一位大学三年级的学生。作为他们2005级的班长,他思路活跃,能言善辩,有创新力,文笔很好。我至今还能记起他在课程中侃侃而谈的模样。2009年,我开始担任硕士研究生导师。当时,我的导师郑寅达教授为了让我尽快成长,把原本应该成为他学生的之凯划到了我的名下,因为之凯"好带"。如此一来,之凯便从我的"师弟"变成了我的"学生"。其实,我们只是名义上的师生,多半时间都是相互学习、相互支撑。他的硕士论文《盟国对德管制委员会兴亡研究》几乎没有耗费我什么时间或心血,几乎是一气呵成的,我仅仅是对字词表达提了一些修改建议。这篇论文后来收录到我主编的"二战战败国的改造与反省之路"比较研究丛书(2015)。之凯毕业后,作为中法联合培养的博士生,接受中方导师崔丕教授和法方导师Pascale Laborier教授的共同指导,在华东师范大学和法国加香高师(今巴黎萨克雷大学）度过了数年时光，直至 2018 年春天完成答辩。当时我是答辩委员会成员。他的论文获得了中法双方教授的高度肯定，以高分通过，顺利获得了两校学位。随后，之凯进入上海大学文学院任教。本书就是在其法语论文的基础上翻译、增补而成。

在长达十几年的研究中，之凯在英语外，学会了德语、法语。他在法国求学期间，辗转于数个档案馆，收集了大量有关德法关系的一手材料。他有很敏锐的研究触觉，掌握了新理论、新方法，熟稔冷战国际史、社会文化史等领域。他也勤奋好学，到上海大学后，很快在张勇安教授的指导下深入国际禁毒史研究。他和我一起推进公众史学从理论到实践的转化，担纲上海图书馆"儿童世界文明史"课程的主讲教师。更为重要的是，他为人坦诚热心，非常照顾同门师弟师妹，常常帮我解决后顾之忧。有时，我在想，之凯应该就是新一代历史学研究工作者的标准形象：有过长时间的留学经历、精通 2 门以上语言、熟练运用一手档案材料、能够以新理论新方法提出新见解、具备深度学习能力可以触类旁通、愿意走出象牙塔为民众写史讲史、更识人间烟火有学究气亦有人情味。

这是之凯的第二本专著。希望他再接再厉，更有开拓性、坚韧力和包容心，在自己的学术成长道路上越走越宽，越走越快，越走越好！

孟钟捷
2023 年仲夏

目　录

引　言 ……………………………………………………（1）

第一章　学术史回顾 …………………………………（8）
　第一节　研究综述 ………………………………………（8）
　第二节　原始档案与官方文件 …………………………（16）

第二章　法占区，一个极具代表性的历史环境 ……（21）
　第一节　理想化而又艰难的理念：盟国占领机制 ……（21）
　　一　欧洲咨询委员会与盟国占领理念的形成 ………（21）
　　二　欧洲咨询委员会与德国投降 ……………………（27）
　　三　从欧洲咨询委员会到盟国对德管制委员会 ……（31）
　　四　盟国对德管制委员会的基本原则 ………………（35）
　　五　盟国对德管制委员会的行政构架 ………………（38）
　第二节　为何是法占区？一套特立独行的占领政策 …（45）
　　一　战后初期法国国际政策与核心：对德占领 ……（45）
　　二　"不合作"态度 …………………………………（51）
　　三　"袖珍占领区" …………………………………（59）
　　四　法方军政府的建立 ………………………………（66）
　　五　法占区权力结构："三驾马车"模式 …………（69）
　　六　巴登巴登的"小维希" …………………………（73）

七　法方军政府的占领策略 …………………………………（79）
　　八　法方军政府的终结 ……………………………………（92）
第三节　"德国鬼子"还是"欧洲弟兄"？ ……………………（102）
　　一　从"鬼子"到"变色龙" ………………………………（103）
　　二　从"邻居"到"弟兄" …………………………………（122）

第三章　"善于服务者"
　　——法方军政府直属德国雇员 ……………………………（135）
第一节　历史回溯与概念定义 …………………………………（135）
　　一　法占区德国公务员的历史源起 ………………………（135）
　　二　"德国雇员"：一个社会学上的概念 …………………（139）
第二节　直接受法方军政府任用的德国人：从"仆役"
　　　　到"干员" ……………………………………………（142）
　　一　"被征用的奴仆"：法方占领之初的对德征调
　　　　（1945—1946） …………………………………………（142）
　　二　"受雇佣的员工"：军政府直属德国雇员任用的
　　　　正规化 …………………………………………………（155）
　　三　"获优待的干员"：法方军政府德国雇员的地位特殊化
　　　　（1948） …………………………………………………（177）

第四章　"宝贵的德国人"
　　——法方军政府间接任用的德国公务员 …………………（211）
第一节　德国行政"去中央集权化"的开端与"清洗"
　　　　运动的组织方式 ………………………………………（212）
　　一　"应急之举"：在法占区行政管理中任用德国
　　　　公务员的起因 …………………………………………（212）
　　二　法占区公务员清洗运动的发端 ………………………（221）

第二节 "变"而治之：清洗运动中的德国公务员与法占区的
　　　　政策转变（1946） ……………………………………（240）
　一 "改头换面"的公务员：1946年对德国公务员的
　　　清洗 ………………………………………………………（240）
　二 "去政治化"的公务员：1946年德国公务员
　　　政治状况 …………………………………………………（273）
　三 德国"新公务员"的培养与法占区行政学校的
　　　创立 ………………………………………………………（286）
第三节 法方军政府对德国公务员管控的弱化
　　　　（1947—1948） …………………………………………（298）
　一 法占区德方当局权力的增长与德国公务员章程 ………（298）
　二 法占区非纳粹化的结束 …………………………………（335）
　三 法方行政学校建设规划的最终成果 ……………………（360）

结　论 ……………………………………………………………（388）

参考文献 …………………………………………………………（397）

后　记 ……………………………………………………………（411）

引　言

　　图1、图2是德国柏林舍恩贝格区（Schöneberg）卡梅尔格里希特大厦（Kammergericht, KG）的两幅照片。自1913年建成以来，该大厦就是第二帝国（Deutsches Kaiserreich）直辖的柏林地区上诉法院（Oberlandesgericht）所在地，是帝国的核心法律机关，地位举足轻重。1934年，第三帝国在这里设立了"人民法庭"（Volksgerichthof），诸多

图0-1　卡梅尔格里希特大厦（1938）

资料来源：Berlin, *Kammergericht*, ZB - Archiv Das Kammergericht in der Elßholzstrasse in [Berlin] Schöneberg 15.3.1938, 3491 - 38, Bundesarchiv, Allgemeiner Deutscher Nachrichtendienst - Zentralbild（Bild 183）.

图 0 - 2　卡梅尔格里希特大厦（2014）

笔者摄于 2014 年 9 月 3 日。

反对纳粹政权的抵抗者在这里被审判处刑。这幢大楼长期以来一直被认为是德意志"帝国"中央集权的典型象征之一。

第二次世界大战以后，由于所受破坏较之柏林其他主要建筑物要轻得多（只有塔楼在轰炸中倒塌），随着盟国占领的开始，这座位于柏林美占区的大楼被四大占领区总督一致推选为盟国对德管制委员会（ACC）的总部驻地，同时也为了向美占区长官及盟国远征军司令艾森豪威尔将军战时为盟国联络所做贡献致敬。[①] 如同勃兰登堡门（Brandenburger Tor）是第二帝国时期军国主义的象征，帝国总理府（Reichskanzlei）是希特勒政权时期元首独裁权力的象征一样，自此之后，卡梅尔格里希特大厦成为盟国在德占领时代的象征。

1945—1948 年，这一建筑物一直是德国领土的核心，同时也是占领当局权威的体现。然而，随着盟国对德管制委员会在 1948 年 3 月份

[①] D. Clay, *Decision in Germany*, Garden City, New York: The Country Life Press, 1950, p. 33.

陷入长期瘫痪，笼罩在这幢大楼之上的光环也逐渐暗淡。在两德统一后，由于ACC的最终解散，自20世纪90年代初起卡梅尔格里希特大厦仅作为柏林州宪法法院（Verfassungsgerichtshof des Landes Berlin）而存在，不再具备权威与中心地位。

2015年，亦即第二次世界大战胜利70周年之际，我参观了卡梅尔格里希特大厦。我询问正在大厦前的海因里希·冯·克莱斯特花园（Heinrich – von – Kleist）休憩的德国青年人，想要了解德国的年轻一代是否了解此地的纷繁过往。但是他们的回答相当简单："我们知道这是个挺古老的法院。"盟国对德管制委员会在这里所留下的唯一痕迹，可能就只剩大厦门口那四根旗杆了，四大占领国的旗帜曾在这里高高飘扬。对于德国青年来讲，这幢大楼的历史过于繁杂也过于暗淡，已经难以全面了解，而德国的被占领史对他们来说也一样陌生。即便可以在历史教科书里读到相关的记载，但有关盟国占领时代的诸多历史细节因种种原因如今并不广为人知。如同克罗齐（Benedetto Croce）所说："一切历史都是当代史"，随着冷战的结束以及欧盟这类新国际合作组织的危机产生，在当今欧洲的新历史环境下重新解读这一特殊历史时代，是保存珍贵历史记忆的必要举措。

除了传承历史记忆的永恒需求之外，法德两国之间长期的共同政治记忆也是该研究的主要诉求之一。这两个欧陆大国之间的过去充斥着矛盾与斗争，然而如今，法德合作已是欧洲和平发展当之无愧的核心。如同联邦德国首相康拉德·阿登纳①与法国总统戴高乐②在1963年1月22日签署《爱丽舍条约》后所做共同宣言中预言的那样：

> 我们深信，德国人与法国人结束了百年的竞争，彼此达成和解，已成为深刻转变两国人民间关系的重大历史事件，从安全、经济和文化发展的角度，我们认识到两国人民的团结牢不可破。
>
> 我们要指出，青年已经认识到这种团结的重要性，并已被唤起

---

① *A Mönchengladbach lors d'une manifestation de l'Union chrétienne démocrate*, la CDU, le 12 octobre 1948, st. N., p. 16, ACDP (Das Archiv für Christlich – Demokratische Politik) S. Ad.

② Charles de Gauelle, *Mémoires de Guerre* (*Le salut*：*1944 – 1946*), Paris：Plon, 2011, p. 83.

要在法德友谊的巩固中发挥关键作用。

我们认识到,两国之间合作的加强,是两国人民的共同目标,是迈向统一的欧洲的重要一步。

在今天签署的这一协议中,他们已经同意组织两国间的合作原则及其组织形式①。

根据地缘政治学者兹比格涅夫·布热津斯基的论断:"法德和解在欧洲形势的发展中仍然具有积极意义。其重要性怎么强调也不过分,它为艰难的一体化进程到目前为止所取得的所有进步提供了具有关键性意义的基础。"② 通过避免国际冲突和激发多边合作,法德和解的经验为其他在历史上长期对抗的国家提供了解决问题的范例。除却在其他有关法德关系研究中提及的有关联邦德国建立后的意识形态,政治,经济因素,本书将着力于探索早在法国对德占领时期便存在的"行政"及"人性"因素对于法德和解之路的最初影响。

自2012年以来,笔者作为上海华东师范大学国际冷战史研究中心研究生,与法国巴黎萨克雷大学政治史博士生,一直致力于二战与冷战之间的欧洲史研究。在学习期间,我认识到,中国学术界长期以来一直未能重视盟国对德占领时期的历史。这促使我深入探究这一特殊的历史时代,并坚持对这一领域的研究至今。笔者的硕士论文兼首部专著《大国合作的试验:盟国管制委员会研究》③ 正是由此形成的。然而,在撰写这一论文时,我也深切地感受到在当今的全球历史学界,尤其是在现当代历史解读中占据主导地位的美英学者,他们长期以来对于法国对德占领区(La Zone d'occupation française en Allemagne,以下简称为"法占区")在欧洲当代史中的作用有所轻视,把研究重点聚焦在战后德国史中美苏对抗的部分上。大量的法方原始档案文件未能得到充分运用,有时甚至还被忽视或误读,美苏两极对立被视为战后初期国际事件(比如

---

① Pierre Jardin, Adolf Kimmel, *Les relations franco-allemandes depuis 1963*, collection "Retour aux textes", Paris: La Documentation française, 2001, p. 53.
② Zbigniew Brzezinski, *Le grand échiquier: L'Amérique et le reste du monde*, Paris: Bayard éditions, 1997, p. 96.
③ 徐之凯:《大国合作的试验:盟国管制委员会研究》,黄山书社2015年版。

盟国对德占领）的唯一主导因素。其他民族国家，诸如法国和中国的历史作用往往被掩盖。因此，我决定进一步深化有关法占区的研究，以揭示法占区的独特地位及其对于法德两国未来关系的深远影响。

　　以此为目标，笔者在2012年获中国国家留学基金委支持赴法，在中法两国教授联合指导下于法国政治社会科学研究院（Institut des Sciences Sociales Politiques）展开自己的研究工作。在巴黎萨克雷大学的三年研读时间里，我不仅在法国各档案馆、图书馆及研究所查阅了大量原始史料，更接受了法国历史学者的系统教育。在法学习期间，笔者搜集整理了三百多箱档案材料，近20万页各类文件资料，以及大量有关法国二战后在德占领的回忆录及专著作品。由于法国现存相关原始档案的再整理及数字化工作自2009年方才起步，部分敏感文件甚至在2015年二战胜利70周年奥朗德总统发布档案解密令后方才公开面世，因此为进行这一研究，就不得不同步甚至超前于档案馆本身的系统整理工作。对于我这样的外国留学生来说，这无疑是十分困难但也不可避免的挑战。这也正是这篇博士论文耗时五年多方才问世的原因所在。在这一复杂严峻的研究环境下，我逐渐意识到，为了如实反映当年法占区的历史情况，揭示法国占领者与德国被占领者之间的复杂关系，采取以小见大见微知著的方式进行分析研究无疑是更好的选择。有鉴于此，那些为法方军政府服务的德国人，即我称之为"法方军政府或直接或间接的公务员"的社会群体，成了阐述分析法国在德占领史的理想研究对象。

　　盟国军政府治下的德国公务员不仅是盟国当局占领下的德国社会成员，还是占领事务的直接参与者。该群体是将占领当局的意志传达给被占领者的媒介，同时该群体也能够向占领者反馈被占领状态的德国社会的需要。首先，我们将对比盟国对德管制委员会下盟国占领的理想体制与法占区的实际情况，从而了解法方军政府方面的独特立场。之后，通过分析不同的典型群体在占领时期的命运，实现对法占区社会的精确反映。最终，法方军政府在利用这些特殊的德国群体时所采用的不同措施将被凸显出来，从而体现法国占领者在短期的占领行政效率与对德国的长期政治影响之间的抉择与争议。

　　对这些德国公务员社会情况的研究关系到三个重要的问题：
　　第一，为什么军政府要利用这些德国人？

第二，军政府如何高效地运用这些人力资源？

第三，军政府的政策在占领时期对这些德国公务员的社会生活造成了怎样的影响，之后又怎样影响到两国关系？

这三个问题也正是下文将要涉及的关键内容。通过回答这些问题，本书将就盟国对德占领的理想原则，与法方军政府在占领期间采用的管控德国人员的实际措施进行对比。其后，通过介绍法方军政府所培养、利用的德国公务员中若干具有典型特征的次级群体的历史细节，总结该群体社会情况的宏观历史变化，对战后法占区德国公务员群体的组成进行细化分析，从而显示法方军政府占领下该群体的命运共性和各次级群体的经历特性。

总体而言，本书分为以下三个部分：

第一部分着重介绍德国公务员群体在战后重现的历史背景，以解释盟国对德管制委员会的基本原则和法国占领区的特殊地位为主。通过阐述盟国管制理念与法方军政府在法占区的目标之间的分歧，探究法方选择特立独行的占领政策，形成独立自主的法占区的原因所在。然后，本书将进一步探讨和总结法国占领者对于德国人的总体态度，从而揭示法方军政府寻求利用这些在其他占领者看来极为危险的德国人的主观动机。

第二部分针对战后法占区德国公务员的第一个典型次级群体——法方军政府直接任用的德国雇员——向军政府正式"公务员"的身份转变。这部分涉及法德两国人民之间战后恢复关系的基础条件：就实现占领者与被占领者之间的正常交流进行最初的尝试，从而在同一行政架构下进行合作。根据法国占领者对这些身处军政府内部的德国雇员的任用政策演变，我们可以找到以下问题的答案：法方对于德国人员的行政管理价值的认知是如何在占领的实践中逐渐提升的，而这些德国人又是如何被法方最终接受，被提升到同等的占区"管理人员"的高度，并被认为是可以信任并与之合作的人的。

第三部分是对于一个在法占区行政管理中至关重要的次级群体的细化分析——德国地方政府德国公务员。伴随着行政管控与非纳粹化，部分法国占领者试图间接将这些公务员为军政府所用，从而在耗费法方最少的占领成本的条件下实现占区的有效管理。这些德国公务员地位的变化直观反映了占领者内部不同派别之间的占领理念之争,同时也体现了法占区德国行政当局权力恢复的具体过程。对于德国公务员的利用是怎样有利于法国的利益,又如何在客观上加速了法占区的行政与经济重建的?这些论题将在这一部分得到解答。在法方军政府有关这一次级群体的关键决策中,甚至可以观察到法德合作的最初预兆。

通过这三个部分的具体论述,对于各不同次级群体存在发展的历史背景及细节分析,有助于我们更为深入地理解并进一步挖掘法占区德国公务员问题背后所蕴含的丰富内容与意义。以此为基础,从中得出关乎法德双方决策与德国社会演变的相关结论。

第一章　学术史回顾

对于一部涉及国际史学界诸多既有研究成果以及多国原始档案文件的论著而言，厘清有关盟国占领时期德国历史的学术源起与脉络，介绍相关国家最新开放的档案史料，既是深化本研究主题的前提所在，也是支撑本书立论不可或缺的学术源泉。

第一节　研究综述

法方军政府对德占领是一项涉及多国多边的主题研究，它涉及二战、冷战及诸多参与盟国占领决策执行的国家，诸如美国、英国、苏联和法国。研究的复杂性致使可靠历史著述相对缺乏。再者，囿于意识形态局限及各国研究者研究兴趣的不同，不同的国家往往各取所需地鼓励不同历史诠释，以满足自身的需要。这也正是法国在对德占领中的角色为国际上诸多历史著述所淡化的原因所在。

在冷战时期，因意识形态分歧东西两大阵营在各个领域分庭抗礼，在二战后历史的书写上也不例外。在东方阵营中，苏联的历史诠释有很大影响，对德占领史是一段"虚假"的历史。直到民主德国与联邦德国（Bundesrepublik Deutschland）统一前夕，东德的历史学家才真正开始重新审视德国历史的这一特殊时期。其中民主德国科学院（Akademie der Wissenschaften der DDR）的罗尔夫·巴德斯图贝纳（Rolf Badstübner）是典型代表。除了之前提及的那些基于国际外交的研究主题外,他著有《盟国管制委员会在德国的活动:1945—1948》① 及《四大盟国管制与德国的社会政治发展》②,在国际合作的视野下重新分析当时德国的社会情况。

就西方阵营而言,英国最早提出并建立了盟国对德占领的理念,而美国则是该政策最为积极的执行者与推动者。我们可以在诸多二战时期美英间的外交谈判材料中发现此类迹象。除了如今保存在多个档案馆中的大量官方文件外,战后的美英历史学家还对占领区内美英当局的政策进行了许多解读与评估,因为他们普遍认为美英共同理念是盟国官方的唯一权威占领观点。通过指出其他占领区在盟国决策上的"不配合",他们往往会指责苏联及法国在管制委员会中的作用。就英国来讲,对德占领史方面最为重要的学者是迈克尔·鲍尔福(Michael Balfour)。他曾在 1946 年 4 月至 1947 年 9 月期间作为英方管制委员会成员亲身参与占领事务。他的著作《四大国在德国的管制》③ 是阿诺德·汤因比(Arnold Toynbee)《国际事务研究》系列丛书的重要组成部分。他客观地描述了盟国占领之初德国的状况,并且高度赞扬了美英占区所取得的成就。之后,一部由伊安·D. 图尔纳(Ian D. Turner)编纂的专题论文集《战后德国的重建:英国占领与西方占区,1944—1945》④ 旨在分析西方各个占区的细节情况,尤其是英国军政府的政治经济措施。盟国管制的理念来源于民主化的进展往往是英国相关研究的主题所在。

在美国方面,在对德占领研究问题上,有一个无法回避的核心人物:路西乌斯·杜比农·克莱(Lucius DuBignon Clay)。作为艾森豪威尔将军的政务代表,盟国协调委员会的美国代表(1945 年 6 月 5 日—1947 年 3 月 14 日),美占区总督及盟国对德管制委员会美方代表

---

① Rolf Badstübner, "Zur Tätigkeit des Alliierten kontrollrates in Deutschland 1945 bis 1948", *ZfG* (*Zeitschrift für Geschichtswissenschaft*), 34 (1986), pp. 581 – 598.

② Rolf Badstübner, "The Allied Four – Power Administration and Sociopolitical Development in Germany", *Germany History*, Vol. 8, No. 2, 1990, pp. 145 – 162.

③ Michael Balfour, John Mair, *Four – Power Control in Germany and Austria*, London: Oxford University Press, 1956.

④ Ian D. Turner, ed. *Reconstruction in Post – War Germany: British Occupation and the West Zones, 1944 – 1945*, London: Oxford University Press, 1989.

(1947年3月15日—1949年5月15日)①,他筹划并发起了美占区的绝大多数占领措施。他的个人回忆录《在德国的决定》是分析与理解美国政府在整个对德占领时期就德国问题立场的宝贵史料源泉。此外,克莱将军的下属,约翰·H.巴克尔的作品,也与其持一致的观点立场②。从这些回忆录作品中得出,美占区的决策与发展推动了德国的改革与联邦德国的建立,而苏占区与法占区蓄意妨碍迁延了盟国占领目标的达成。通过与英方的合作,美国军政府与苏占区断绝了关系,并且将法占区吸引进了"三占区"(Trizone)之中,从而建立了西德。基于这些亲历者的主张及美英大量公开的官方外交档案文件,美国学者发表了大量有关对德占领的作品。例如,卡洛琳·伍德·艾森伯格的《划分界线:分割德国的美国决策》③,艾尔·F.齐默科的《德国占领中的美军》④,埃德沃德·N.彼得森的《美国对德占领:撤回胜利》⑤,哈罗德·辛克的《在德国的美利坚:1945—1955》⑥,约翰·金贝尔的《美国对德占领》⑦,理查德·L.梅里特的《强加的民主:美国占领政策与德国公众1945—1949》⑧,以及杰弗里·M.迪芬多夫与阿克塞尔·福伦编纂的论文集《美国政策与德国重建》⑨ 等等。尽管这些作品间存在一些具体观

---

① Lucius D. Clay, *Decision in Germany*, Garden City, New York: The Country Life Press, 1950, p. 227.

② John H Backer, *Priming the German economy: American occupational Policies, 1945–1948*, Durham: Duke University Press, 1971; *Winds of History: The German Years of Lucius Dubignon Clay*, New York: Van Nostrand Reinhold, 1983; *The Decision to Divide Germany: American Foreign Policy in Transition*, Durham: Duke University Press, 1978.

③ Carolyn Woods Eisenberg, *Drawing the Line: The American Decision to Divide Germany, 1944–1949*, Cambridge: Cambridge University Press, 1996.

④ Earl F. Ziemke, *The U.S. Army in the Occupation of Germany 1944–1946*, Washington, D.C.: US Government Printing Office, 1990.

⑤ Edward N. Peterson, *The American Occupation of Germany: Retreat to Victory*, Detroit, Michigan: Wayne State University Press, 1977.

⑥ Harold Zink, *The United States in Germany 1945–1955*, New York: D. Van Nost Rand Company, 1957.

⑦ John Gimbel, *The American Occupation of Germany*, Redwood City: Stanford University Press, 1968.

⑧ Richard L. Merritt, *Democracy Imposed: U.S. Occupation Policy and the German Public, 1945–1949*, New Haven, Connecticut: Yale University Press, 1995.

⑨ Jeffry M. Dieffndorf, Axel Frohn, Herman-Josef Rupieper eds., *American Policy and Reconstruction of Germany*, Cambridge: Cambridge University Press, 2004.

点上的分歧，但总体上共同的看法是美占区在德国问题中地位积极且无可代替。得益于充足的史料，这种美英本位的观点成了现今有关德国战后史国际研究的主流观点。此外，也存在着针对其他占领区的美英研究作品，诸如 F. 罗伊·威利斯的《在德国的法国人：1945—1949》① 以及诺曼·M. 奈马克的《俄国人在德国：苏占区的一段历史 1945—1949》② 等，但这类作品的核心探讨往往也是针对其他占区与美英占区，尤其是美占区的理念分歧之处。

德国史学界甚至也肯定克莱将军的论断，承认美占区的重要性，比如沃尔夫冈·克里格的《克莱将军与美国对德政策：1945—1949》③ 以及沃尔夫冈·施劳歇的《美国对德政策：1945》④。但较之于美英方面基于自身占区的研究，西德的研究者更重视盟国占领的总体情况及全部占领区本身，这是因西德一直面临有关德国问题的国际外交谈判所致。举例来说，《有关德意志联邦共和国之前的历史档案》⑤ 便是一部由联邦档案馆及西德当代史研究所授权的作品，旨在以较之同时代美英作品更为国际化的视野，全面地分析西德的建立历程。此外，还出现了许多针对英美之外占区的特定政策的专项研究，比如克劳斯—迪特玛·亨克的《法占区的政治清洗》⑥，若昂·迪斯和科特·冯·达克的《西南德的零点时刻：法占区的历史 1945—1948》⑦，冉·弗提茨克的《苏联在德军事管制：1945—1949》⑧，这类著作试图在多方复杂环境下诠释其

---

① F. Roy Willis, *The French in Germany 1945 – 1949*, Stanford: Stanford University Press, 1962.

② Norman M. Naimark, *The Russians in Germany: A History of the Soviet Zone of Occupation, 1945 – 1949*, Cambridge: The Belknap Press of Harvard University Press, 1995.

③ Wolfgang Krieger, *General Lucius D. Clay und die amerikanische Deutschlandpolitik 1945 – 1949*, Stuttgart: Klett – Cotta, 1988.

④ Wolfgang Schlauch, "American Policy toward Germany, 1945", *Journal of Contemporary History*, Vol. 5, No. 4 (1970), pp. 113 – 128.

⑤ Herausgegeben von Bundesarchiv und Institut für Zeitgeschichte, *Akten zur Vorgeschichte der Bundesrepublik Deutschland, 1945 – 1949*, MünchenWien: R. OldenbougrVerlag, 1976.

⑥ Klaus – Dietmar Henke, *Politische Säuberung unter französischer Besatzung*, Stuttgart: DeutscheVerlags – Anstalt, 1981.

⑦ Jochen Thies, Kurt von Daak, *Südwestdeutschland Stunde Null: Die Geschichte der französischen Besatzungszone 1945 – 1948*, Düsseldorf: Droste Verlag, 1989.

⑧ Jan Foitzik, *Soujetische Militäradministration in Deutschland (SMAD), 1945 – 1949*, Berlin: Akademie Verlag, 1999.

他占领区的历史。在德国重新统一后,随着多国档案相关文件的陆续开放,对于盟国对德占领史进行比过去更为全面客观的研究成为可能。第一部讲述整个盟国占领而非着重个别占区或特定占领国家情况的专项研究应运而生,这就是冈特·迈伊的《盟国对德管制委员会1945—1948:从盟国合作到德国分裂?》①。该作品旨在以更为开放的国际化视野诠释这段历史:盟国间的互动博弈,而非美苏这类大国的个别意志单独主导了德国的战后命运。四国的占领理念在盟国管制时期共同影响了德国历史的走向。如今,越来越多的历史学家开始将这一新观点作为解读这一德国历史特殊阶段的理论基础。

法国方面有关法占区的研究往往也是法德双边关系的研究。如同戴高乐将军在1944年11月22日演讲中所言:"事实上,德国的命运是世界的中心问题。"② 除了对于关键人物(如戴高乐将军③,外交部长乔治·皮杜尔[Georges Bidault]等)的相关研究及传记之外,几乎所有涉及法德当代史的法国研究作品都会述及法占区及法国在德政策(比如安德雷·皮耶特的《德国当代经济:1945—1952》④,阿尔弗雷德·格鲁瑟的《我们时代的德国》⑤,恩斯特·韦森菲尔德的《法国要怎样的德国?1944年以来的法国对外政策与德国统一》⑥)。于是就出现了这样一个问题:对于法占区的专项研究反而相对缺乏,因为这一主题的不同方面在其他研究中已经或多或少地涉及了。而且,这类研究往往局限在法国外交或法占区总体情况的名目下⑦。由于外国史料的匮乏以及深入研究专题的兴趣缺失,盟国的管制或是法方占领当局的具体占领措施往

---

① Günther Mai, *Der Alliierte Kontrollrat in Deutschland 1945 – 1948: Alliierte Einheit – deutsche Teilung?* München: R. Oldenbourg Verlag, 1995.

② Alfred Grosser, *Affaires Extérieures: La Politique de la France 1944 – 1989*, Paris: Flammarion, 1989.

③ Charles de Gauelle, *Mémoires de guerre: Le salut 1944 – 1946*, Paris: Plon, 2011.

④ André Piettre, *L'économie Allemande Contemporaine (Allemagne Occidentale) 1945 – 1952*, Paris: Editions M. – Th. Génin, 1952.

⑤ Alfred Grosser, *L'Allemagne de Notre Temps*, Paris: Fayard, 1970.

⑥ Ernst Weisenfeld, *Quelle Allemagne pour la France? La politique étrangère française et l'unité allemande depuis 1944*, Paris: Armand Colin, 1989.

⑦ 如:Hélène Perrein – Engels, *La présence militaire française en Allemagne de 1945 à 1993*, Thèse de doctorat de l'Université de Metz, 1994。

往会在大背景下被忽略。鉴于法国在盟国对德管制委员会中的作用往往受到大部分长期主导这一研究话语权的美英学者的批评（法国的非纳粹化政策及对萨尔的管控长期受到国际学者指责，如在弗里德里克·泰约的《驱除希特勒：德国的占领与非纳粹化》①与布洛森·龙的《不轻松的占领：法国对德国萨尔地区的管制》②中所表现出的那样），在法国史学家中激发出了一种逆反倾向，使得他们本就局限于法占区事务及法德关系的研究愈加趋于微观。在这一时期，马克·希尔勒的《法国在德占领：1945—1949》③是法国在对德占领史研究上的扛鼎之作。将其对法占区的描述与美英学者的批评相对比，我们可以清晰地看到两者的分歧：根据马克·希尔勒的观点，法占区实施了严格有效且独立自主的政策以积极实现法国的利益，此类政策同样在德国起到了重要的作用。

在德国统一，冷战结束之后，随着法德关系的发展与国际研究的影响，在法国逐渐形成了两个典型的研究法国在德占领史的流派。其中一派旨在根据美英政治观点重新构建法国的历史解读，从而在更广阔的国际学术背景下就法占区与其他占区进行对比。在此之前，由于法国对于德国的政治"去中央集权化"立场，盟国共同管制及其中心标志柏林市的历史地位往往在法方的著述中被刻意淡化，直到此时才重新被法国史学界接纳。我们能在吉尔伯特·克瑞布斯与杰拉德·施耐林的《德国，1945—1955：从投降到分裂》④、贝尔纳德·冉通的《盟国与柏林文化：1945—1949》⑤，让维尔福·玛尔施塔夫的《对德国怎么做？法国的责任，德国的国际状态与德国统一问题》⑥以及马利—本尼迪克

---

① Frederick Tayor, *Exorcising Hitler: The Occupation and Denazification of Germany*, London: Bloomsbury Publishing Plc, 2012.

② Broson Long, *No Easy Occupation: French Control of the German Saar*, New York: Camden House, 2015.

③ Marc Hillel, *L'occupation Française en Allemagne (1945-1949)*, Paris: Balland, 1983.

④ Gilbert Krebs, Gérard Schneilin, *L'Allemagne, 1945-1955: de la capitulation à la division*, Paris: Presses de la Sorbonne Nouvelle, 1996.

⑤ Bernard Genton, *Les Alliés et la culture Berlin 1945-1949*, Paris: Presses Universitaires de France, 1998.

⑥ Geneviève Maelstaf, *Que faire de l'Allemagne？Les responsables français, le statut international de l'Allemagne et le problème de l'unité allemande (1945-1955)*, Paris: Direction des archives, Ministère des affaires étrangères, 1999.

特·文森编纂的《非纳粹化》① 这些新作品中体会到这种贴近主流西方历史观点的国际化视野。近年来，又产生了另一派别，旨在尝试以跨学科研究解读法占区历史。自2009年到2012年，保存在德国柏林、波恩（Bonn）及法国科尔马（Colmar）的法占区相关档案被先后运至法国外交部新亭（la Courneuve）中心，以《三方机构与法方行政档案》（Archives des administrations françaises et des organismes tripartites）项目之名实施原始档案的再整理工作。尤其在2012年夏法国占领区军政府档案再整理工作开始以后②，历史学、社会学、图书馆学、外交学与经济学等诸多学科专家被汇集在一起，探讨不同社会特殊群体在法占德国地区的情况。结果，大量以外交档案为中心的学术讲座陆续举行，其中最为典型的有希利尔·达义德的《法占区出生的儿童（1945—1955）》③ 与克里斯蒂安·布朗特的《在柏林的法国人》④ 等。同时，越来越多涉及法国占领史的微观跨学科研究也相继问世，如雷蒙德·冈格洛夫的《战俘营五年：被囚禁在德国的法国军官1940—1945》⑤，莫尼克·蒙贝尔的《再教育印记之下：法占区的青年与书籍》⑥ 与克里斯蒂安·布朗特的《在柏林的法国人：1945—1994》⑦ 等。

在中国，改革开放以前，普遍认为盟国管制德国是西方阵营阻碍共产主义在欧洲发展的伎俩，格外强调美苏之间的外交斗争，而其他占区的历史作用则被忽视，法占区尤甚。20世纪90年代初两德合并之后，中国学者开始普遍开始重视德国的战后外交史。

---

① Marie-Bénédicte Vincent ed., *La Dénazification*, Paris：Perrin, 2008.

② Cyril Daydé, *Notice générale d'orientation et l'aide à la recherche*（*Zone française d'occupation en Allemagne et en Autriche, Archives des administrations française et des organismes tripartites*）, Ministère des Affaires Etrangères, Direction des Archives, Centre des Archives diplomatiques de La Courneuve, septembre 2013, p. 4.

③ Cyril Daydé, "Les enfants nés en Zone française d'occupation（1945 – 1955）", Les Archives Diplomatiques, 20/12/2012.

④ Christian Brumter, "Les Français à Berlin（1945 – 1994）", Ministère des Affaires étrangères, 17/09/ 2015.

⑤ Raymond Gangloff, *Cinq ans d'Oflags：La captivité des officiers français en Allemagne 1940 – 1945*, Paris：Albatros, 1989.

⑥ Monique Mombert, *Sous le signe de la rééducation：Jeunesse et livre en zone française d'occupation, 1945 – 1949*, Strasbourg：Presses Universitaires de Strasbourg, 1995.

⑦ Christian Brumter, *Les Français à Berlin 1945 – 1994*, Paris：Riveneuve, 2015.

目前美英观点在德国问题研究上占有主流地位，美英占区的作用受到重视。一方面，历史学家开始在作品中重新撰写德国通史中过去所缺失的战后时代部分。举例而言，有丁建宏、陆世澄、刘祺宝的《战后德国的分裂与统一》①，李工真的《德意志道路：现代化进程研究》②，吴友法、邢来顺的《德国：从统一到分裂再到统一》③ 以及吴友法的《德国现当代史》④ 等。另一方面，新一代的历史学家认识到了盟国对德占领史中包含的国际性因素，他们开始试图从多国视野深入探索这一历史时期。重新评价苏联在这一历史事件中的作用，客观阐明西方国家在德国占领事务中的影响成为他们的研究主题。比如吴伟的《苏联与西方盟国在划分德国占领区问题上的合作与斗争》⑤，冯琪的《苏联对德国的政策与德国的分裂（1945—1955）》⑥ 分析了苏联在德国分裂问题上的历史责任。秦元春的《1945—1949 年盟国对德政策的走向及其得失》⑦，任国强的《关于普鲁士历史评价的重新思考——对盟国管制委员会第 46 号令的驳正》⑧，郑丽的《二战后盟国对德国的"非纳粹化"改造》⑨，以及周显亮的《二战后初期德国西占区非纳粹化探析》⑩ 则倾向于在西占区或盟国委员会主题下刻画多国外交史。这方面具有重大影响的代表作是张沛的《凤凰涅槃——德国西占区民主化改造研究》⑪，该书系统而全面地阐释了盟国占领时期美英对德改造的政策。

---

① 丁建宏、陆世澄、刘祺宝：《战后德国的分裂与统一》，人民出版社 1996 年版。
② 李工真：《德意志道路：现代化进程研究》，武汉大学出版社 1997 年版。
③ 吴友法、邢来顺：《德国：从统一到分裂再到统一》，三秦出版社 2005 年版。
④ 吴友法：《德国现当代史》，武汉大学出版社 2007 年版。
⑤ 吴伟：《苏联与西方盟国在划分德国占领区问题上的合作与斗争》，《东欧中亚研究》1994 年第 2 期。
⑥ 冯琪：《苏联对德国的政策与德国的分裂（1945—1955）》，硕士学位论文，中国社会科学院研究生院，2005 年。
⑦ 秦元春：《1945—1949 年盟国对德政策的走向及其得失》，《淮南师范学院学报》2005 年第 5 期。
⑧ 任国强：《关于普鲁士历史评价的重新思考——对盟国管制委员会第 46 号令的驳正》，《德国研究》2004 年第 3 期。
⑨ 郑丽：《二战后盟国对德国的"非纳粹化"改造》，《武汉大学学报》（人文科学版）2010 年第 5 期。
⑩ 周显亮：《二战后初期德国西占区非纳粹化探析》，硕士学位论文，吉林大学，2007 年。
⑪ 张沛：《凤凰涅槃：德国西占区民主化改造研究》，上海人民出版社 2007 年版。

目前，国内普遍缺乏对法占区的具体研究。由于对法方档案研究的缺失，在针对"西占区"的研究中，往往只有美英占区的情况得到了详尽分析，低估了法国政策对于占领事务的重要性，忽视了法占区的重要地位。但随着越来越多关于法国的研究成果出现以及更多多国档案流入国内，可以预见法国对德占领相关研究会在近期获得更多国内学者重视。

总而言之，作为一个多国多边研究主题，盟国对德占领问题难以在传统的基于单一民族国家的视野下得到正确客观的解读和诠释。盟国对德管制委员会治理模式的瘫痪与最终失败，也注定了之前对于该历史事件的短期功利性解读存在着缺陷。要指明的是，现有的有关盟国占领多个方面的研究中，尤其是有关法国占领问题的研究，尚未达成明确一致的共同观点。盟国对德管制委员会的历史价值，法占区的历史地位以及法占区、苏占区政策的重新评估仍待全世界历史学者进一步探讨确认。然而，在现今跨学科开放性的学术环境之中，我们能够凭借多国原始档案以及比以往更为客观的视角进一步加深对此类主题的认识。本书也正是针对法国占领下不同德国群体的社会状况进行分析的一种尝试，从而在法占区社会史方面拾遗补缺，抛砖引玉。

第二节 原始档案与官方文件

本书所采用的史料主要来自以下多国档案文件：

盟国方面，根据1945年6月5日《柏林宣言》①，在盟国占领期间，由盟国对德管制委员会掌握德国最高权力②。因此，有关德国这一

---

① 法文版："Evolution du statut politique de l'Allemagne Occidentale de 1945 à 1948 (8 mars 1949)", Archives Nationales (AN), Les archives des assemblées nationales: commissions, projets et propositions de lois, Carton 32, *Republique Allemande: documentation*, C//15923, p. 3. 英文版："Declaration Regarding the Defeat of Germany and the Assumption of Supreme Authority by the Allied Powers, 5 june 1945", *Enactment and Approved Papers of the Control Council and Coordinating Committee 1945* (Vol. 1), Berlin: Legal advice branch, Drafting section office of military government for Germany, 1945, p. 10.

② Jacque Benoist, "Le Conseil de Contrôle et l'occupation de l'Allemagne", *Politique étrangère*, Vol. 11, No. 1, p. 70.

特殊历史时期的重要档案文件首先是盟国对德管制委员会官方文件。理论上,各个占区以盟国对德管制委员会名义发布的命令,制定的法律,必须由四国军政府一致批准并依照盟国对德管制委员会的规定执行。① 盟国间的文件以英文、俄文、法文、德文四个版本发布和保存。鉴于其他语言版本的文本因各占领区立场不同,有时并不能保证完全一致,故此处以英文版本的盟国间文件为准。因为盟国管制理念本身是美英方面最早提出并积极推行的,更能体现盟国内部的初始意见与理念初衷。《管制委员会和协调委员会的颁布和批准文件(1945—1948)》② 由美国军政府司法部编纂,按照编年体记录了盟国对德管制委员会在德管制期间的全部官方文件材料,是最为全面可信的管制委员会材料集。作为一部客观且具有法律权威性的史料集作品,这些文件能够体现盟国内部的一致意见以及具体措施在各个占区统一实施的情况。至于不同占区的详尽内部情况,则需要诉诸各占领当局的档案以及参与占领国家的官方文件,比如苏占区的《苏联在德管制(SBAG)活动档案集》③,《美国外交关系》④ 中有关于德国及盟国对德管制委员会的若干卷等。

在法国方面,原始档案主要来自以下三个档案馆:

1) 法国外交部档案馆(Archives du ministère des Affaires

---

① 要注意的是,盟国占领期间盟国对德管制委员会有两项旨在实现正式文件标准化的指令:"Control council directive, No. 10: Control Council methods of legislative action, septembre 20, 1945", *Enactment and Approved Papers of the Control Council and Coordinating Committee 1945* (Vol. 1), Berlin: Legal advice branch, Drafting section office of military government for Germany, 1945, pp. 95 – 96. 2. "Control council directive, No. 51: Legislative and other Acts of the Control Council, april 29, 1947", *Enactment and Approved Papers of the Control Council and Coordinating Committee 1947* (Vol. 7), Berlin: Legal advice branch, Drafting section office of military government for Germany, 1947, pp. 27 – 29.

② *Enactment and Approved Papers of the Control Council and Coordinating Committee*: *1945 – 1948*, Vol. 1 – 9, Berlin: Legal advice branch, Drafting section office of military government for Germany, 1946 – 1948.

③ Деятельность советской администрации в Германии (СБАГ) подемилитаризации Советской зоны оккупации Германии (1945 – 1949). М., 2004.

④ 由于英美在盟国管治委员会的合作以及英美占区的合并,英占区的相关决策细节也大多可以在美国同时代档案材料中找到。*Foreign Relations of the United States* (*1944 – 1949*), Washington: United States Government Printing Office, 1967 – 1975.

Etrangère）；

2）法国国防部档案馆，陆军档案，国防历史档案处（Archives de la Défense, Archives de l'Armée de Terre, Ministère de la défense et organismes de défense interministériel et interarmées dans le Service historique de la Défense [SHD]）；

3）法国国家档案馆（Archives Nationales）。

在这三个档案馆中，外交部档案馆是最重要的。二战后绝大部分有关法占区及法德关系的法方文件均保存于巴黎市郊的外交部新亭（La Courneuve）档案中心。在馆藏文献中，《法国德奥占领区（ZFO）：三方机构与法国行政档案 1945—1955》是现存唯一直接针对法占区事务的档案库。自1951年起，法方就开始在德国实施秘密的档案归类与转移任务，筹备有关法占区档案在法国国内的安置事宜。1952年7月，在法国科尔马成立了专门的档案办公室用来接收和整理从柏林、波恩、巴登巴登转运的占领区相关档案。但直到2010年，这些档案才被转送到外交部新设立的新亭档案中心，实现了初步的成体系归纳编目并向公众开放。此外，中心馆藏的外交部部门文件，诸如《欧洲局》（Direction d'Europe）下属的《德国（1944—1955）》（Allemagne（1944 – 1955））系列，《德国工业管制》（Groupes de contrôle de l'industrie allemande）与《柏林法方军政府》（Gouvernement militaire français de Berlin [GMFB]）系列，也与法占区占领史有着千丝万缕的联系。再者，基于外交部全部档案文件编纂的法国外交部官方档案出版物，《法国外交档案》[1] 1945—1948年的若干卷目也是这方面研究实用且权威性的重要工具。

由于法占区的占领工作是由以法国在德总指挥官（le Commandement en Chef Français en Allemagne）为首的法方军政府（GMF）负责实施的，故而法国占领军也是这一研究中不可避免的重要研究对象。为了详细了解占领军的状况，必须咨询国防部档案馆，尤其是陆军方面的相

---

[1] Georges – Henri Soutou, *Documents diplomatique français (Série 1944 – 1954)*, Vol. 1 – 14, Paris: Imprimerie nationale, 1998.

应档案库。其中相关的系列有：《U系列：陆军的组成单位与组织》（Série U：Unités et organismes formant corps de l'armée de terre）下的《3U：驻联邦德国及柏林的法国武装力量》（3U：Forces Françaises en République fédérale d'Allemagneet à Berlin），《7U：陆军单位行动档案与报告1946—1964》（GR 7 U：Inventaire des archives de commandement et journaux des marches et opérations des formations de l'armée de terre, 1946-1964）等。这些档案文件与当时军事占领的实际情况息息相关，并且能够从占领军角度直接反映当时军政府采取各类措施的动机与条件。

在法国国家档案馆"德国"（Allemagne）分类下，也保存有大量涉及国民议会以及法方军政府国内报告的相关档案文件。但这些卷宗往往未经系统整理，较为凌乱残缺，主要涉及法国政府及国民议会对于法占区及德国事务的讨论与审批，我们可以在这里发现许多与上述法国档案馆文件重复的情况。但是，在国档的私人档案中，可以调取到大量证词、回忆录、自传等重要史料，如其中的外交部长乔治·皮杜尔个人档案库（Fonds George Bidault），法国驻德高级专员安德雷·富朗索瓦—庞瑟个人档案库（Fonds André François-Poncet）等。

德国方面，较之于法国及其他盟国的档案文件，有关占领时代有价值的历史文件其实是相当匮乏的。这是因为在占领时期，并不存在能够收集和保存盟国占领者所持文件的德国人主导的中央政府。而且由于法国军政府的行政管控，所有德国地方当局旨在发布法令政令的官方公报都需有法语版本备份，以供提交给法方占领当局，待其检查批准后方可生效。故而这些德国的原始文件往往会连带这些译文版本保存在法国的档案文件之中。大部分有关盟国占领的文件都由盟国对德管制委员会或各占区的占领当局直接保管和整理。在占领结束以后，这些卷宗也被盟国封存在其驻德外交机构，或者随占领者一起从德国境内转运到本土。但是，德国档案馆保存的大量当时的照片、剪报及占领时代的相关地方出版物也有着相当的参考价值。这些与德国人物、派别及二战后德国社会密切关联的信息均可在德国联邦档案馆（Bundesarchiv），基民盟党派档案馆（Archiv für Christlich-Demokratische Politik），社会民主党档案馆（Archiv der sozialen Demokratie）以及一些地方上的档案馆里查询到。

尽管由于盟国管控的原因，大部分的此类德国史料较之盟国档案缺乏权威性和作为原始档案的可信性，但也体现了德国民众在面对占领者所推行的政策的反应以及占领状态下德国社会的真实境况。

随着多国原始档案的开放和官方文件集的陆续出版，详细阐明真实历史背景并客观深入分析盟国对德占领这一特殊时期法占区情况的可能性已然具备。基于前人的研究成果和宝贵的史料积累，掩盖在法占区历史之上，关乎法方军政府及其"德国公务员"的历史面纱，将会在下文中一一揭露。

第二章 法占区，一个极具代表性的历史环境

在盟国对德管制委员会时期，法占区在德国的社会改造问题上推行了一套特立独行的政策。作为战后德国社会的重要组成部分，德国居民面临着一个特殊情况：盟国的占领。而法占区的情况又与其他占区截然不同。如果作比较的话，美国与英国控制下的两大占区严格执行4D方案（非军事化［Demilitarisierung］，非工业化［Demontage］，非纳粹化［Denazifizierung］，民主化［Democratization］）中的非纳粹化与再教育原则，对德国人所处的社会环境造成了深远的影响。苏占区更是发生了一场轰轰烈烈的革命运动，完全推翻了传统德国社会的制度基础及该地原有的政治架构。而出于历史上的民族仇恨以及德国在二战中侵略并占领法国的事实，在全体法国人的共同愿景中，法占区的德国人必须承担起这样一个历史责任：偿还历史旧债，帮助复兴法国。由于多种条件限制，法国政府及其在德国的"代表"——法占区军政府——必须在短时间内做出决定，实现有效的占领统治，使得法国本土提出的诸多需求能够在占领区内得到满足。于是，一部分德国人以不同的手段被发动起来，从而以军政府的"公务员"名义通过不同形式承担起这一历史责任。此举不仅影响了德国社会本身，更关系到两国的未来。

第一节 理想化而又艰难的理念：盟国占领机制

一 欧洲咨询委员会与盟国占领理念的形成

自1944年下半年起，盟军攻入德国本土，纳粹政权的崩溃已在

预料之中。各盟国已经开始着眼于研究战后德国占领的组织方法。而盟国对德管制委员会的前身——欧洲咨询委员会（European Advisory Commission，EAC）开始担负起编纂和统一盟国对德占领计划的任务，从而成为盟国占领制度的真正基石。因此，要分析盟国占领机制，解读欧洲咨询委员会及盟国对德管制委员会的历史作用是必不可少的。

首先要说明的是，美国、英国及苏联各自都提出过不同的分割德国或对德占领方案，从而依照自己的地缘政治考虑对德国进行限制和削弱。而法国，更是认为对德占领必须建立在分裂德国的基础之上。然而，欧洲咨询委员会所提倡的占领计划基于"全盘分区占领德国"的理念，强调整个德国必须处在盟国合作的占领机制之下，具体的占领措施则由各占领当局在自己的占领区内执行。

如果把英国视为盟国对德管制理念的源起之地，这是因为有诸多英国学者，参照英德两国过去历史上的多次对抗，尤其是第一次世界大战的教训，提出纳粹政权并不是德国改造中唯一要进行处理的对象。依其所见，作为德国民族历史传统而存在的普鲁士军国主义也是其主要责任所在。正是由于这种军国主义传统，整个德意志民族都必须在外界干预和适当的指导下进行全面改造："把年轻的德国人转变成优秀的欧洲人的唯一方法，就是赋予他们在德国乃至欧洲的重组中一个发挥作用的地位，这将恢复和提高他们的自信心。"[1] 我们在英国首相丘吉尔（Winston Churchill，1874—1965）1943年9月21日的下院演讲中也能发现类似的观点：

> 在我们一生中，德国人曾经两次，加上我们的父辈则有三次，把世界投入他们所挑起的扩张与侵略战争之中。他们登峰造极地把武士和奴隶的特质合二为一。他们自己不甚珍惜自由权利，但看到别人享有自由却格外憎恨。他们一旦强大起来就意图寻找牺牲品；他们以铁的纪律追随任何一个领导他们搜刮牺牲品的人物。德国的核心是普鲁士。那里是瘟疫一再暴发的传染源……在近四分之一世

---

[1] Edward Hallett Carr, *Conditions of Peace*, London：Macmilliam, 1942, p.24.

纪里，由于条顿民族追求霸权，英美俄三国人民曾两次遭受不可估量的损失、威胁和流血牺牲，因此他们这一次一定要采取措施，使普鲁士和整个德国再也无法卧薪尝胆，卷土重来。纳粹暴政和普鲁士军国主义是德国社会生活中必须彻底予以摧毁的两个因素，如果欧洲和全世界要避免更可怕的第三次大战，上述两个因素就必须被连根铲除。①

基于这一立场，英国对于德国战后改造的普遍观点立足于全盘占领进行一场意识形态的再教育："思想上而非身体上的变化……是通过占领区军政府，采取一切可能的手段，清除那些建立在德国权威主义和军事政治体制基础上的观点观念，代之以英国及其大西洋彼岸后裔的伦理、哲学和政治信念。"② 英国在德的主要目标，正是发动一场触及德国根基的民主化运动。结果，鉴于英国观点与对战争情况的发展，一套旨在完成这一针对德意志全民族改造的系统体制愈加不可或缺。1943年夏，英国政府要求当时的副首相克莱门·理查德·艾德礼（Clement Richard Attlee, 1883 – 1967）对可行的战后对德占领政策进行具体研究。这是对德全盘占领理念的首次官方提出③。德国的全部领土要分割成多个占领区，各由一个盟国实行占领，因为英方认为自己难以独自承担占领德国全境的责任。盟国可以共同执行限制措施以惩罚，遏制德国。此外，鉴于各盟国的不同立场和利益所在，多个占领区的划分也是实现盟国间真正合作的必要。

但在当时，因为两个主要问题的存在，英国政府提出的这一计划被盟军及美国政府所暂时搁置。一方面，鉴于战争结束的时间与当时所处战况仍难以确定，就战后世界状况做出英美合作决定的时机尚不成熟。后者可能会据此认为，建立在反法西斯战争结束后的"美英勾结"基础上的反苏西方阵营正在形成。另一方面，在美国陆军部之中，部分人主张应当避免与英国有过于密切的接触或不必要的合作，从而保证美国

---

① Michael Balfour, John Mair, *Four – Power Control in Germany and Austria*, p. 34.
② Nicholas Pronay and Keith Wilson, eds., *The Political Re – education of Germany & Her Allies*, London: Croom Helm, 1985, p. 1.
③ Michael Balfour, John Mair, *Four – Power Control in Germany and Austria*, p. 30.

能在英国与苏联之间始终处于左右逢源的有利地位。①

然而，随着盟军在欧洲战场的迅速进展，筹划可行的战后计划的重要性逐渐为三大盟国相关部门所知。仅仅半年之后，有关德国占领问题的盟国间协商便成了热点所在。1943年10月20日的莫斯科会议，美英苏三国的外交部长——赫尔（Cordell Hull，1871 – 1955），艾登（Robert Anthony Eden，1897 – 1977）与莫洛托夫（Vyacheslav Mikhailovich Molotov，1890 – 1986）——不仅就建立欧洲咨询委员会达成了协议，同时决定在德黑兰组织会议，就战后德国政治问题向三国政府提供进一步建议。② 1943年底，在德黑兰会议期间，由于各自在德国问题上的立场不同，三大国决定暂不形成决议，由未来的欧洲咨询委员会出面负责占领方案的筹划与协调。③

其后，美国专门成立了运作保证委员会（Working Security Committee）——事实上是一个跨部门的联席会议——以协助欧洲咨询委员会在伦敦的筹备工作。④ 作为对其英国盟友在德国问题上所做主张的回应，该委员会宣布："要认识到的是，鉴于德国预计中的混乱局势，无论德国在进军并建立起军事管制前后是否投降，在德国的先期军事管制是在所难免且理所应当的。"⑤ 这标志着美国当局，尤其是其国务院外交官，已经接受了英方的"全盘占领德国"理念，并且开始积极推动盟国间三方组织的建设，以解决战后对德占领问题。然而，其目的仍是组建一个便于美英苏三国外长进行交流合作的平台。直到欧洲咨询委员会正式建立，三大盟国之间才开始就德国问题达成共识。

---

① Ernest F. Penrose, *Economic Planning for the Peace*, Princeton: Princeton University Press, 1953, pp. 235 – 237.

② "The Work of the European Advisory Commission (January 1944 – july 1945), January 12, 1945", *FRUS 1945: The Conference of Berlin*, Vol. 1, Washington: Government Printing Office, 1960, p. 292.

③ Wolfgang Schlauch, "American Policy toward Germany, 1945", *Journal of Contemporary History*, Vol. 5, No. 4 (1970), pp. 114.

④ "Telegram of the secretary of State to the Ambassador in the United Kingdom (Winant), January 15, 1944", *FRUS 1944: General*, Vol. 1, Washington: U. S. Government Printing Office, 1966, pp. 111 – 112.

⑤ "Memorandum by the Working Security Committee, January 3, 1944", *FRUS 1944: General*, Vol. 1, p. 102.

1944年1月14日，欧洲咨询委员会正式在伦敦兰开斯特宫建立，筹划战后受降及占领事宜。① 组成人员有英方代表威廉·斯特朗（William Strang，1893－1978）、美方代表约翰·G.温特（John G. Winant，1889－1947）、苏方代表费奥多尔·T.古瑟夫（Feodor T Gousev）。在欧洲咨询委员会的第一次会议中，威廉·斯特朗正式提出了二战后依靠盟国三方合作组织对德国实行全盘占领的计划。② 翌日，根据三国领导人在德黑兰会议中达成的将德国领土限制在其1937年疆域以内，并以奥得河—尼斯河为界将部分领土划分给波兰的原则，EAC就德国问题做出两项重要提案：《对德军事占领》③与《占领时期盟国在德管制机制》④。根据这两份提案，欧洲咨询委员会提出：

1）对德占领对于德国实现非武装化及消除其军国主义精神将至关重要。
2）盟国占领军必须部署于三个主要占领区和一个以柏林为中心的联合占区。
3）每位指挥官在其部队所占领区域内承担最高权力。
4）由一个高级盟国委员会负责协调政治经济事务及向各占区指挥官发布指令。

1944年8月，美国建立了首个管制委员会团队以研究未来美国在德占领的具体政策。这个团队由欧洲咨询委员会美国代表的军事顾问科尼利厄斯·温德尔·维克沙姆准将（Cornelius Wendell Wickersham，1884－1968）领导，作为欧洲咨询委员会的下层机构进行运作。

---

① "Telegram of the ambassador in the United Kingdom (Winant) to the Secretary of state： European Advisory Commission, January 14," 1944, *FRUS 1944： General*, Vol. 1, pp. 17－18.
② "Memorandum by the United Kingdom Representative to the European Advisory Commission (Strang), January 15, 1944", *FRUS 1944： General*, Vol. 1, pp. 140－144.
③ "Memorandum by the United Kingdom Delegation to the European Advisory Commission： The Military Occupation of Germany, January 15, 1944", *FRUS 1944： General*, Vol. 1, pp. 140－156.
④ "Memorandum by the United Kingdom Delegation to the European Advisory Commission： Allied Control Machinery in Germany during the period of occupation, January 15, 1944", *FRUS 1944： General*, Vol. 1, pp. 156－159.

经过三大盟国间为期数月的谈判,9月12日,欧洲咨询委员会的三国代表起草了《有关在德占领区及"大柏林"管理的协议》①,详细阐述德国占领区的划分问题。11月初,由运作保障委员会筹划的《盟国在德管制机制》②草案被提交到欧洲咨询委员会以作为其主要协商议题。1944年11月14日,欧洲咨询委员会发布《欧洲咨询委员会报告》(*The Report of European Advisory Commission*)③,明确宣布了德国的投降条件及未来的对德占领意向。同日,三国代表签署了《对德管制机制协议》④及《德国占领区及"大柏林"管理协议修正案》⑤,阐明了未来盟国管制的制度体系及战后将在德国实施的具体管制措施。《对德管制机制协议》中指明:

  德国最高权力的行使,依照各自政府的指示,由美利坚合众国,联合王国和苏维埃社会主义共和国联盟武装力量的最高指挥官,各自在其占领区,并且在涉及德国整体的方面,依照其作为本协议所规定的最高管制机构成员的身份予以执行……三名最高指挥官作为一体,形成名为管制委员会的最高权力机构。⑥

---

① United States, Department of State, Historical Office, *Documents on Germany*, *1944 – 1959: background documents on Germany*, *1944 – 1959*, *and a chronology of political developments affecting Berlin*, *1945 – 1956*, Washington: U. S. Government Printing Office, 1959, pp. 1 – 3.

② "The secretary of state to the charge in the United Kingdom (Gaullman): [Subenclousure 2] Allied Control Machinery in Germany, November 2, 1944", *FRUS 1944: General*, Vol. 1, pp. 376 – 378.

③ "Report by the European Advisory Commission to the Government of United States of America, the United Kingdom, and the Union of Soviet Socialist Republics, November 14, 1944", *FRUS 1944: General*, Vol. 1, pp. 404 – 406.

④ "Agreement on Control Machinery in Germany, November 14, 1944", *FRUS 1945: Conferences at Malta and Yalta*, Vol. 3, Washington: U. S. Government Printing Office, 1955, pp. 124 – 127.

⑤ "Agreement between the United States, the United Kingdom, and the Soviet Union regarding Amendments to the Protocol of September 12, 1944, on the Zones of Occupation in Germany and the Administration of Great Berlin, November 14, 1944", *FRUS 1945: Conferences at Malta and Yalta*, Vol. 3, pp. 121 – 123.

⑥ United States, Department of State, Historical Office, *Documents on Germany*, *1944 – 1959: background documents on Germany*, *1944 – 1959*, *and a chronology of political developments affecting Berlin*, *1945 – 1956*, pp. 5 – 8.

至此，欧洲咨询委员会确定对于全部德国领土的分区占领将是盟国遵循的主要政策。尽管对于欧洲咨询委员会成员来说基本方案业已形成，但这一政策的实行尚需等待盟国首脑的官方批准及纳粹势力的彻底失败。处理参与占领的盟国之间的关系及筹备盟国对德管制委员会的成立，成为欧洲咨询委员会此后的主要任务。

二 欧洲咨询委员会与德国投降

1945年，随着盟军在德国境内的推进，第三帝国的败亡已是指日可待。在欧洲咨询委员会成员中，部分代表开始要求加速各国对占领政策的批准，以尽快建立盟国对于德国的管制。英国代表威廉·斯特朗认为德国将经历一场全盘崩溃，全盘占领管制将无可避免，应当尽早采取实际行动。他甚至提议在德国投降前就提前起草一份盟军军政府声明，接手权力以防骚乱，避免德国境内出现无政府局面。[①] 但在当时情况下，该计划是被美苏两国代表所忌惮的，因为这意味着盟国将在战争还未结束的情况下承担额外负担，不符合美苏当时的对德政策和各自利益。对德管制机制的落实工作不得不仍按部就班地慢慢推进。

1945年2月，盟国"三巨头"（罗斯福、丘吉尔、斯大林）在雅尔塔举行会晤。会议期间，欧洲咨询委员会的两份重要文件，《对德管制机制协议》与《德国占领区及"大柏林"管理协议修正案》得到三国首脑批准。根据《雅尔塔会议公报》[②]，欧洲咨询委员会关于德国无条件投降[③]和德国领土占领与管制的意见被三大盟国一致接受，并被视为解决德国问题的基础。公报指出："在共同方案的架构下，三国武装力量各自占领一个特定的德国区域。方案预想的协调管理与管制工作由总部设在柏林的三国最高指挥官组成中央管制机构来执行……摧毁德国的

---

① "Memorandum by Sir William Strang, March 30, 1945", *FRUS 1945: European Advisory Commission; Austria; Germany*, Vol. 3, pp. 208 – 209.

② "Crimea Conference Communique, February 3 – 11, 1945", *Enactment and Approved Papers of the Control Council and Coordinating Committee 1945* (Vol.1), Berlin: Legal advice branch, Drafting section office of military government for Germany, 1946, pp. 1 – 5.

③ "Unconditional Surrender of Germany, July 25, 1944", *FRUS 1945: Conferences at Malta and Yalta*, Washington: U. S. Government Printing Office, 1955, pp. 113 – 117.

军国主义和纳粹主义是我们不可动摇的目标所在,以此确保德国永远无法再次搅扰世界的和平。"① 就此,未来对于德国的盟国占领计划得到了三大盟国的确认。

与此同时,雅尔塔会议上出现了另一个议题:法国参与盟国对德占领。在三方洽谈之后,约瑟夫·斯大林(Joseph Stalin,1878－1953)最终同意了美英有关邀请法国参与未来对德占领的提议。《雅尔塔会议公报》中加入了以下条款:

> Ⅳ. 法国在德占领区及在德管制委员会:
>
> 按照已达成的协议,德国被法国部队占领的一个地区应分配给法国。这个区域将在英美占区内形成,其范围将由美英方面与法国临时政府协商解决。
>
> 此外同样同意,应邀请法国临时政府成为盟国对德管制委员会成员。②

随着法国的加入,盟国在德国的占领机制呈现出由四个占领区、四个军政府、一个管制委员会组成的四方占领的新形势。欧洲咨询委员会据此勾勒德国未来行政架构的新形象。但是,由于希特勒政权的骤然崩溃,情况险些脱离了掌控。

1945年4月30日,阿道夫·希特勒在柏林的元首地堡(Führerbunker)中自杀身亡。依照其《政治遗嘱》中做出的指示,卡尔·邓尼茨元帅(Karl Dönitz,1891－1980)接任成为帝国总统(Reichspräsident)。1945年5月7日,经邓尼茨授权,德国武装部队总参谋长阿尔弗雷德·约德尔将军(Alfred Jodl,1890－1946)在兰斯(Reims)签署了将于5月8日23点01分开始生效的《军事投降书》③。

---

① "Crimea Conference Communique, February 3－11, 1945", *Enactment and Approved Papers of the Control Council and Coordinating Committee 1945* (Vol. 1), pp. 1－2.

② "Protocol of the Proceedings of the Crimea Conference, February 11, 1944", *FRUS 1945: Conferences at Malta and Yalta*, p. 978.

③ Ian Kershaw, *La Fin: Allemagne, 1944－1945*, Paris: Éditions du Seuil, 2012, pp. 442, 473.

第二章　法占区，一个极具代表性的历史环境　　29

在签署投降书之外，邓尼茨还任命冯·克罗西克（Johann Ludwig Graf Schwerin von Krosigk，1887 – 1977）为帝国临时政府首脑（Geschäftsführende Reichsregierung，其政府也被称为弗伦斯堡政府［Flensbourg］）以同西方盟国进行谈判。然而，盟国并不愿意承认这一民事政府的合法性，并且在5月23日将其成员（大约300多人）全部逮捕①。于是出现了一个迫在眉睫的法律问题。即便军队业已投降，但这并不意味着整个德国已经投降，因为唯一的"民事政府"刚刚因为盟军的逮捕而陷于瘫痪。

对于欧洲咨询委员会而言，这个问题尤为严重。因为在德国军队的投降程序中，缺失了"盟国间地位平等"这一要素：当时，苏军最高指挥官的代表并不在兰斯，而且当地负责接受德军投降的盟军组织形式是仿照之前在意大利受降的临时站点仓促设置的②。换言之，5月7日的兰斯投降书只是一份针对西方盟国的军事文件而已，并不涉及欧洲咨询委员会所重视的盟国管制及占区分割问题。③ 这意味着盟国远征军最高司令部（Supreme Headquarters Allied Expeditionary Force，SHAEF）没有按照欧洲咨询委员会的受降程序及盟国管制、合作占领方案来接受德军投降。也就是说，当时法理上尚无一个合法的德国政府来将德国最高权力正式移交到盟国手中。

在第一次世界大战后，内部革命造成德国战败的"刀刺在背"传说（Dolchstoßlegende）在德国国内甚嚣尘上并且帮助了纳粹党的夺权。④ 这一谣言曾宣称是德国民事政府面对协约国屈服了，德国军队并没有投降。而这一次，盟国不愿再留给德国人类似的口实来进行报复。再者，苏联的支持对于盟国未来的合作占领至关重要。所以欧洲咨询委员会决

---

① "The Ambassador in France (Caffery) to the Secretary of State, 23 may, 1945", *FRUS 1945: European Advisory Commission; Austria; Germany*, Vol. 3, p. 783.

② Earl F. Ziemke, *The U. S. Army in the Occupation of Germany 1944 – 1946*, Washington, D. C.: Center of Military History United States Army, 1990, pp. 256. Library of Congress Catalog Card Number 75 – 619027. http://www.globalsecurity.org/military/library/report/other/us – army_germany_1944 – 46_index.htm. First Printed 1975 – CMH Pub 30 – 6.

③ Philip E. Mosely, "Dismemberment of Germany", *Foreign Affairs*, Vol. 28, April 1950, p. 496 – 497.

④ Horst Möller, *La République de Weimar*, Paris: Taillandier, 2005, p. 83.

定采取修正措施,获取德国最高权力并实现盟国合作。第二份受降文件旋即于1945年5月8日在柏林公开签署,苏联方面最高指挥官朱可夫元帅(Georgy Konstantinovich Zhukov, 1896 - 1974)参与了此次受降仪式,以体现四大盟国的团结一致。随即,盟国方面开始准备一份特殊文件,以便将德国最高权力转交到取代弗伦斯堡政府的新的盟国管制机构手中。1945年6月5日,四国盟军最高指挥官:艾森豪威尔将军(Dwight David Eisenhower, 1890 - 1969),蒙哥马利元帅(Bernard Law Montgomery, 1887 - 1976),朱可夫元帅和让·德拉特·德塔西尼将军(Jean de Lattre de Tassigny, 1889 - 1952),在柏林宣布盟国对德管制委员会成立并签署了《有关战胜德国的共同宣言》(Declaration Regarding the Defeat of Germany,即1945年《柏林宣言》),正式废除该国境内一切德国政权:

> 苏维埃社会主义共和国联盟、联合王国和美利坚合众国的政府以及法兰西共和国的临时政府,从此承担德国的最高权力,包括德国政府、司令部和所有州、市或地方政府或当局所有的一切权力。为上述目的而承担这些权力,并不构成对德国的并吞。①

该宣言不仅是欧洲咨询委员会关于德国无条件投降方案的产物,更是对之前一系列军事受降程序的补充。先前于5月7日和8日签署的降书第4条内容都指明:"该军事受降法案不损害任何业已施加的总受降机构,并将为之所取代:其或代表联合国,且适用于德国及德国武装力量整体。"② 这意味着《柏林宣言》在当时是德国投降问题方面唯一具有权威性的文件,同时也标志着盟国占领的正式开始。

---

① 法文版:"Evolution du statut politique de l'Allemagne Occidentale de 1945 à 1948 (8 mars 1949)", Archives Nationales (AN), Les archives des assemblées nationales: commissions, projets et propositions de lois, Carton 32, *République Allemande: documentation*, C//15923, p. 3. 英文版:"Declaration Regarding the Defeat of Germany and the Assumption of Supreme Authority by the Allied Powers, 5 june 1945", *Enactment and Approved Papers of the Control Council and Coordinating Committee 1945* (Vol. 1), p. 10.

② James K. Pollock, James H. Meisel, Henry L. Bretton, *Germany under Occupation: Illustrative Materials and Documents*, Ann Arbor: George Wahr Publishing Co, 1949, pp. 5 - 6.

三 从欧洲咨询委员会到盟国对德管制委员会

随着希特勒身亡与柏林的陷落，第三帝国中央政府迅速丧失了其所有权力。弗伦斯堡政府也只是纳粹分子试图同西方盟国进行谈判媾和的工具，在其短暂的存在时间里并未在德国领土上有效地行使民事权威。因此 6 月 5 日的《柏林宣言》仅仅是将实际情况正式定性了而已：此时，只有盟国武装力量能够担负起德国的最高权力，稳定德国社会。在同一天，三份旨在就《柏林宣言》做出具体补充的文件在柏林最终签署：

1)《关于德国管制机构的声明》（Statement on Control Machinery in Germany）；

2)《关于德国占领区的声明》（Statement on the Zones of Occupation in Germany）

3)《就与其他国家政府磋商所做声明》（Statement on Consultation with Governments of Other Nations）①

通过这三份文件，签署《柏林宣言》的四位盟军最高指挥官同时担负起了作为"盟国代表"对德国进行管制的责任，并且正式接受了盟国对德管制委员会的管理制度，分割占领区进行管制及在德国问题上进行国际合作的重要理念。盟国对战败德国的管制被正式合法化，通过部署其所辖部队从事占领与驻守工作，四位最高指挥官开始行使其管制责任。

要注意的是，随着《柏林宣言》及其附件的签署，欧洲咨询委员会有关德国处理问题的提案才真正被盟军指挥官们接受。在 1945 年 6 月 5 日之前，尽管盟国的外交官员及首脑早已讨论通过了欧洲咨询委员会的方案，但这些提议生效的前提是希特勒德国的全面失败。在其投降之前，盟国远征军最高司令部的指挥官艾森豪威尔将军，早已在德另行建立起了一套军政府体系，以便按照《盟国远征军最高司令部一号公

---

① James K. Pollock, James H. Meisel, Henry L. Bretton, *Germany under Occupation: Illustrative Materials and Documents*, pp. 12 – 14.

告》在占领地区自由行使其管制权力：

> 占领地区之立法、司法及行政最高权力已让渡于作为盟军最高指挥官及军事总督之吾本人。故成立军政府，以在吾指导下行使此等权力。占领地区内一切人等，均须毫无异议地立即服从该军政府之一切指令及法律条文。将设立军政府法庭以惩治不诚。对于盟军武装力量的所有反抗将被毫不怜悯地消灭殆尽。所有其他的犯罪行为也将被从严处置。①

然而，这就造成了盟国远征军最高司令部与欧洲咨询委员会之间对在德国占领措施问题上的隔阂。对于盟国远征军最高司令部来说，自其部队攻入德国境内，进行临时的军事占领是必不可少的举措。"将在外，君命有所不受"的战时特性使得盟军方面早在1944年就建起了在德军政府，并且于5月7日在兰斯擅自接受了德军的投降。但是，如前所述，这些行动并未依据欧洲咨询委员会设定的方案进行，且后者认为盟国的占领措施并不仅仅是眼下的军事问题，更是一项关系到国际政治的长远难题。故而，一个彰显各盟国地位平等，法理上没有欠缺并具备理想行事原则的方案，对于获取苏联、法国及其他诸多盟国的支持至关重要。这就使得军方业已执行的临时决定与协议达成的理想机制之间形成了巨大的鸿沟。《柏林宣言》正是欧洲咨询委员会意欲用来解决这一困境的工具。根据这一宣言及其附属文件，四位指挥官摇身一变，从军事方面的决策者变为了代表本国意志的"盟国代表"，组成未来的盟国对德管制委员会。再者，依照欧洲咨询委员会方案，德国疆域被限制在其1937年12月31日边境之内。于是，德国全境，尤其是柏林的分区占领以及盟军各国部队在德国的驻地也必须进行调整，以符合盟国之间先前所签署协议的规定。

事实上，随着《柏林宣言》的发表，盟国远征军最高司令部临时的军事占领后来被承认并纳入欧洲咨询委员会的盟国占领体系之中，盟

---

① *Handbook for Military Government in Germany: prior to defeat or surrender*, U.S Army Military History Institute, 1944, paragraph 145.

军指挥官们也就此承认了盟国对德管制委员会的合法性与名义上的创建。自其依照盟国协议行使管制权开始，欧洲咨询委员会其实已经起到了未来的盟国对德管制委员会的作用。在委员会正式公告成立之前，欧洲咨询委员会，四名盟国代表及其下属机构组织，共同组成了一套承担盟国在德占领任务的临时架构。

1945年7月17日，美英苏三大盟国之间在二战中的最后一次重要会议在德国波茨坦召开。这次会议旨在具体确定未来的盟国对德管制委员会的在德任务与行事方针。会议上通过的《管制初期处置德国的原则》（又称《波茨坦协定》），成为盟国对德管制委员会正式建立并开始运作的基石：

> 依照管制德国机构之协定，德国境内最高权力由美英苏法四国总司令遵本国政府命令，分别在其各占领区执行；彼等并以管制委员会委员之地位，共同处置有关全德国之一般事件。①

根据《波茨坦协定》规定，各盟国政府在1945年6月5日所获的德国最高权力被正式转交到盟国对德管制委员会手中，使其能够负起控制并改造德国的使命。在协议前言中，盟国宣布：

> 该协议之目的在于实现雅尔塔会议有关德国议题之决定，德国军国主义及纳粹主义将予以根除，各盟国一致同意，于现在及将来还将采取其他必要措施，使德国永远不再威胁邻邦或世界之和平。盟国无意消灭和奴役德国人民。盟国愿意给德国人民在民主及和平基础上重建其生活的机会……②

---

① "Les Quatre Grands et l'Allemagne: De Postdam à Moscou, Première partie: L'Organisation politique et administrative de l'Allemagne (7 août 1947)", Archives Nationales (AN), Les archives des assemblées nationales: commissions, projets et propositions de lois, Carton 32, *République Allemande: documentation*, C//15923, p. 3.

② "Les Quatre Grands et l'Allemagne: De Postdam à Moscou, Première partie: L'Organisation politique et administrative de l'Allemagne (7 août 1947)", Archives Nationales (AN), Les archives des assemblées nationales: commissions, projets et propositions de lois, Carton 32, *République Allemande: documentation*, C//15923, p. 3.

尤其要注意的是该协议经济原则第 14 条："在占领期间，德国应被视为一个单一的经济单位……"① 因此，即便德国领土被划分为四个占区，就经济角度而言，诸如涉及德国重建及战后所需支付赔款之类问题时，德国仍将被盟国方面视为一个单一的整体来对待。该协议还将盟国对德管制委员会在德主要任务归纳为"4D"计划：非工业化、非军事化、非纳粹化和民主化。这些任务要点早在盟国对德管制委员会理念形成之时就已陆续提出并有所筹划，至此才获得三大国一致的公开承认。

至此，ACC 正式建立并开始运作的准备工作基本全部完成。波茨坦会议结束后，欧洲咨询委员会完成其战时任务，组织解散，开始向盟国对德管制委员会让渡权力。② 1945 年 8 月 30 日，艾森豪威尔将军，布莱恩·胡伯特·罗伯逊准将（Brian Hubert Robertson, 1896 - 1974, 蒙哥马利元帅的助手），朱可夫元帅和路易·马利·科尔兹将军（Général Louis Marie Kœltz, 1884 - 1970, 法方此时在德最高指挥官马利·皮埃尔·柯尼希将军 [Marie Pierre Kœnig, 1898 - 1970] 的助手）③ 联名签署了《管制委员会第 1 号公告》（Proclamation, No. 1: Establishing Control Council）④ 向公众宣布盟国对德管制委员会正式建立并开始在德管制工作。有趣的是，原先任法国驻德最高军事长官的让·德·拉特·德·塔西尼恰好于 7 月份调任。而盟国对德管制委员会理论上从 6 月 5 日发布《柏林宣言》时便已在法理上存在，且成员由四大盟国占领区最高军事长官担任，故塔西尼也被认为曾任 ACC 成员。因此，柯尼希将军以盟国对德管制委员会法方第二任成员的身份见证了 ACC 的正式建立。在盟国间长期的外交谈判与筹划预备之后，欧洲咨询委员会

---

① "Les Quatre Grands et l'Allemagne: De Postdam à Moscou, Deuxième partie: L'Organisation économique et administrative de l'Allemagne（9 août 1947）", Archives Nationales（AN）, Les archives des assemblées nationales: commissions, projets et propositions de lois, Carton 32, *République Allemande: documentation*, C//15923, p. 3.

② "The Work of the European Advisory Commission（January 1944 - july 1945）, January 12, 1945", *FRUS 1945: The Conference of Berlin*, Vol. 1, p. 292 - 295.

③ Charles de Gaulle, *Mémoires de guerre: Le salut 1944 - 1946*, p. 295 - 297.

④ "Control Council Proclamation, No. 1: Establishing Control Council, 30 August, 1945", *Enactment and Approved Papers of the Control Council and Coordinating Committee 1945*（Vol. 1）, p. 44.

的管制方案终于随管制委员会的正式成立而得以实现。对德国进行"全盘分区占领"的任务将由各占区的军政府当局负责具体执行，而盟国对德管制委员会将依照欧洲咨询委员会所确定的基本原则来完成其历史使命。

四　盟国对德管制委员会的基本原则

在波茨坦会议通过的《管制初期处置德国的原则》中，政治原则开篇便规定了盟国对德管制委员会的政治地位：

> 按照对德管制机制规定，德国境内最高权力由美利坚合众国、联合王国、苏维埃社会主义共和国联盟和法兰西共和国占领军总司令遵照各国政府的指令，分别在各自占领区实行；彼等并以管制委员会成员的身份，共同处置有关全德事宜。①

在其经济原则第14条中，又特别指出"占领期间，德国应被视为一个单一的经济单位。为达到此目的，应确定共同政策"②。这些规定直接衍生出 ACC 内部的"四国一致"原则：ACC 下四国占领当局对有关全德的决策需保证一致；在 ACC 决策过程中，一旦占领方中任何一方否决、抵制甚至仅仅不作回应，都会导致决策不能以 ACC 名义在全德做出。

显然，这一原则的立意是 EAC "全盘占领"设想的延续，以督促各占领当局交流合作，防止各国分区占领造成德国分裂，从而破坏了将德国视为一体加以改造的占领方针。这一规则实际起的是反效果，它虽意图建立一种四国相互妥协的合作体系，事实上却赋予了参与方对于四

---

① "Les Quatre Grands et l'Allemagne：De Postdam à Moscou, Première partie：L'Organisation politique et administrative de l'Allemagne (7 août 1947)", Archives Nationales (AN), Les archives des assemblées nationales：commissions, projets et propositions de lois, Carton 32, *République Allemande*：documentation, C//15923, p. 3.

② "Les Quatre Grands et l'Allemagne：De Postdam à Moscou, Deuxième partie：L'Organisation économique et administrative de l'Allemagne (9 août 1947)", Archives Nationales (AN), Les archives des assemblées nationales：commissions, projets et propositions de lois, Carton 32, *République Allemande*：documentation, C//15923, p. 3.

方协商潜在的一票否决权：各国在 ACC 的政治博弈中，往往放弃因需要四方首肯而不易达成的协商一致手段，转而利用自己所掌握的否决权来破坏他方的建议，从而提出自己的要求以要挟他方同意，而哪一方想要保存 ACC，哪一方就不得不做出让步。这一点因 ACC 建立后的人事变化而显得尤为突出：由于英美方面的盟管人员大部分出自 1945 年 7 月解散的盟国远征军最高司令部，他们与 EAC 属于两个系统，因而对 EAC 所确立的这一原则了解甚少。甚至连美方盟国协调委员会代表克莱将军也承认，他当时对于盟国对德管制委员会的基本原则及政策细节亦不甚了解。① 面对法国与苏联利用这一原则先做出否决，又依仗这一原则灵活地要求英美同意自己的决定时，英美方面的人员几乎束手无策——英国甚至公开批评说：

> 在管制委员会中即使我们按照民主的原则而不采用否决权的原则，当我们发现我们的伙伴在某一政策上意见一致时，要想在我们的伙伴看来是非常重要的决策上采取一种含有否决性质的态度，而又不必面对一切反击，那是非常困难的。②

随着 ACC "独立行事" 原则的建立，这一情况更为恶化，加深了盟国对德管制委员会运作中的决策危机，并且使得占领区行政架构被大大复杂化，这一点在法占区体现得尤为突出。ACC 中 "独立行事" 的原则，来源于 ACC 于 8 月 30 日颁布的第 1 号公告第 3 条内容："各总司令在其各自占领区内颁布，或在其名下发布的一切军法、公告、命令、训令、通知、条例与规章在其各自占领区内依然有效。"③ 从字面意思上讲，这一条款延续了《盟国远征军最高司令部第 1 号公告》④ 的

---

① Lucius D. Clay, *Decision in Germany*, Garden City, New York: The Country Life Press, 1950, p. 45.

② Michael Balfour, John Mair, *Four–Power Control in Germany and Austria*, p. 177.

③ "Control Council Proclamation, No. 1: Establishing Control Council, 30 August, 1945", *Enactment and Approved Papers of the Control Council and Coordinating Committee 1945* (Vol. 1), p. 44.

④ *Handbook for Military Government in Germany: prior to defeat or surrender*, U.S Army Military History Institute, 1944, paragraph 145.

规定，确认了各总督在其占领区内的行政权威。自从《柏林宣言》到1945年8月30日盟国对德管制委员会正式建立为止，一直是由4名"盟国代表"领导下的4个军政府以"盟国管制"名义执行着EAC的计划。为了避免行政程序上出现混乱，承认并尊重这些总督在其占区内的最高权威看似是十分必要的。

起初，这只是一个权宜之计，也是为了体现各占领区的平等地位和相互合作，但在"四国一致"原则的影响下，随着盟国内部在德国问题上的矛盾增长，这一原则实际上就等于默认了各国占领区军事总督仍有对其占领区的治理权，无需通过盟国对德管制委员会协调一致，这使德国的"主权"与"治权"发生了分离——名义上的最高权力归于ACC，但实际上的治理行事权仍掌握在各军事总督之手，并不受ACC制约。虽然看起来这是把针对全德的ACC以及针对占领区的军事总督的权限做了区分，保证各占领军军政府在其占领区上的合法治理权，从而使其能在战后纷繁的占领事务中便宜行事，防止ACC卷入过多与其全盘占领任务无关之事，引发矛盾与纷争，可是这事实上也从下而上地破坏了ACC所秉持的"全盘占领"设想。

显然，这一"主权""治权"分离情况的出现，是因为此时德国的行政权力被分为两个层面（ACC层面与占领区层面）。盟国对德管制委员会统治下的德国并非一个传统的国家形式。作为一个超国家的国际合作组织，在盟国对德管制委员会中并不存在一个对其四个成员来讲长期稳定的共同利益。在前期ACC内部矛盾尚未显露，反法西斯战争所带来的国际友谊尚未消退时，各占领区长官尚能尝试依据"四国一致"原则尽量合作，努力减少占领区内政策与ACC相关决策的相左之处，凭借"独立行事"原则依据各占区实际情况采取不同措施重建社会秩序。但随着ACC内部矛盾的继续深化以及外界意识形态冲突的升温，加之对立方利用"四国一致"原则破坏ACC内合作的情况增多，依靠"独立行事"办法在自己或合作占领区内独力推行政策无疑就成了便捷之举。盟国间始终缺乏有效的调解机制来彻底解决矛盾，维持盟国对德管制委员会的权威。在这种情况下，"独立行事"原则只会进一步激发各占领区的分离倾向并削弱盟国对德管制委员会的地位。如果各占领区都可以在ACC没有限定的情况下独立做出决策，那怎么还能指望各占领区能做到全盘一致呢？而一旦这种境地严重到各方都不愿再费力达成一致，只求在各自范围内自行处置的地步时，ACC 存在的必要性也就烟消云散了。

　　一方面通过"四国一致"原则指责其他占领方，另一方面依仗"独立行事"原则在各自占区推行自己的政策，参与对德占领的四大国建立起的其实是一套理想化而又自相矛盾的占领机制。任何的国际合作组织都必须面对内部矛盾的考验，因此需要树立积极有效的措施来维持长久的合作。盟国在德占领机制的基本问题在于其将二战时期的盟国合作视为战后的稳定常态，欧洲咨询委员会及其后继者盟国对德管制委员会，都把进行盟国合作的原则设计建立在了理想化的、具备有利条件的未来预想基础之上，形成了"四国一致"理念，而没有考虑到存在分歧困难时的有效调解及决策方法。但当实际的管制工作开始，鉴于德国各地在战后初期的纷乱局势，又在诸多行政困难前仓促让步，选择以消极的现实主义原则简化日常的管制工作，避免盟国之间的争论，也就形成了"独立行事"原则。这两个本就在理念上互相抵触的原则，在占领管制事务中的矛盾分歧愈加显露，也就造成了盟国间的合作最终难以为继。

　　对德占领机制的确立标志着二战在欧洲的彻底落幕，也代表着盟国战时合作关系的结束，但盟国间的合作恰恰是"四国一致"原则的要义所在。其实，不仅仅是"独立行事"原则后来给了各占领方违反"四国一致"的借口，德国社会的混乱态势从最初就动摇了这一过度理想化的占领机制。这两项基本原则间的矛盾逐渐演变成了侵蚀这一机制执行效率的逻辑漩涡，而 ACC 的行政管理构架正是这一矛盾的直观体现。盟国对德管制委员会两元化的组织形式及其低效繁杂的行政效力，使各方占领者回避 ACC 的总体指挥，独立介入各自占区的管理事务。

五　盟国对德管制委员会的行政构架

　　组织上，管制委员会虽然是当时德国土地上最高权力机关，掌握战后对德管制权，但其成员人数并不多。狭义上的管制委员会即盟国驻德最高机关本身，由各盟国占领军总司令兼占领区军事总督的四名高级军官组成，每月10日、20日、30日在柏林美管区的卡梅尔格里希特大厦集会。确定这一地点的过程堪称"四国一致"合作精神的典范，1945年7月30日盟国对德管制委员会首次会议上，苏方代表提出在美占区该址建立ACC总部，以表示对艾森豪威尔将军的尊敬，此举获一致赞同。但可惜的是，这样顺利的议程在ACC后来的经历中可谓屈指可数。① 为保证盟国对德管制委员会首次会议顺利进行，ACC设有主席一职，四国代表轮流担任主席一个月，每次会后需要向新闻界发布简报，其内容也要求依据"四国一致"原则予以统一。②

由于这些"盟国代表"实际上是由四国盟军武装力量最高指挥官充当，因此他们身上还负有极大的军事责任，故而占领相关的日常内部事务往往由他们的助手操持。战后初期ACC的许多具体工作是由ACC代表会议所属的下一级机构——协调委员会（Coordinating Committee，CORC）来执行的。协调委员会由四个军事副总督组成，多为各国军队中的民事官员，相比他们的军务繁忙的上司，他们可以将全部时间精力投入各自占区事务之中。

最初的协调委员会由美方的克莱将军、苏方的索科洛夫斯基将军、英方的布赖恩·罗伯逊将军（Brian Hubert Robertson, 1896–1974）及法方的克尔兹将军（Louis–Marie Koetz, 1884–1970）组成。③ 在战后初期的千头万绪中，协调委员会起了极大的作用，这4名官员操持着各自占区的具体事务，很多因此升迁为驻德军事总督并成为ACC成员：1946年4月朱可夫离任后，索科洛夫斯基将军担任苏方ACC代表；1947年，美方的克莱与英方的罗伯逊将军也相继替换了各自占区的军政府最高长官。具体的权力执行过程至此才完全由ACC所掌握。对于这些关键人选的分析——尤其是就对德政策经历重大转变的美苏两国方面而言，有助于揭示各国政治外交层面上决策的重要变化，盟国合作情况乃至其他占区（如法占区）在该背景下的立场与应对。

---

① Lucius D. Clay, *Decision in Germany*, p. 33.
② Michael Balfour, John Mair, *Four–Power Control in Germany and Austria*, p. 92.
③ "Control Council Directive, No. 2: Establishing the Coordinating Committee, 10 August 1945", *Enactment and Approved Papers of the Control Council and Coordinating Committee 1945* (Vol. 1), p. 34.

从宏观上讲，盟国对德管制委员会的大体构架是由诸多负责应对不同占领问题的下属机构组成的。中心机构除协调委员会外，还设有专门负责文书事务的盟国秘书处（The Allied Secretariat）及负责后勤保卫的行政办公室（Administrative Bureau）。① 此外，盟国对德管制委员会依照负责事务区别设立了12个管理局：陆军管理局（Military）、海军管理局（Naval）、空军管理局（Air）、政治管理局（Political）、运输管理局（Transport）、经济管理局（Economic）、财政管理局（Finance）、赔偿、交付与归还管理局（Reparation, Deliveries & Restitution）、内务与通信管理局（Internal affairs and Communications）、法律管理局（Legal）、战犯与难民管理局（Prisoners of War & Displaced Persons），以及人力管理局（Manpower）。②

早在战争结束前六个月，这些分工便由欧洲咨询委员会做出了规划，它们是以德国投降时可能残存的部门为基础设计的，以便于战后实现快速交接。各管理局并非直接行事，而是由各占领区内所成立的相应管理处组成，各国均在其管理处内配有代表，依照与协调委员会相类似的程序进行决策议事，每个管理局的主席均由当月担任盟国对德管制委员会主席的国家代表担任。③

根据《德国占领区和管理大柏林》协议规定，在盟国对德管制委员会及协调委员会之下还特设柏林军事管制司令部（Berlin Kommandatura，也被称为盟国管制司令部［Alliierte Kommandantur］）对柏林市进行联合军事管制。此外为了便于处理实际问题，各管理局还在其下设置委员会或小组委员会来处理特定事务。在1945—1946年冬，处于初期的ACC尚有极大积极性，且面临着为德国社会重建秩序，在物资紧缺情况下应对战后首轮严冬的艰难任务，故各管理局活动也达到了活跃的

---

① "Control Council Directive, No. 3: Establishing the Allied Secretariat, 10 August 1945", "Control Council Directive, No. 4: Administrative Bureau, 10 August 1945", *Enactment and Approved Papers of the Control Council and Coordinating Committee 1945* (Vol. 1), p. 35 – 37.

② "Control Council Directive, No. 5: Control Staff, 10 August 1945", *Enactment and Approved Papers of the Control Council and Coordinating Committee 1945* (Vol. 1), p. 38.

③ Michael Balfour, John Mair, *Four – Power Control in Germany and Austria*, pp. 93 – 94.

顶峰，下辖的委员会总数竟达 175 个以上。①

然而，在这套官方架构之下，却另有一套更为高效的"潜在架构"在运作之中。得益于 ACC 第 1 号第 3 条所承认的"独立行事"原则，作为各占领区军事总督，盟国对德管制委员会代表在其各自占区内颁布法律、公告、命令、法令、通告、规章和指示的权力得到保留，可以继续在其占区推行自己的占领政策。加之盟国对德管制委员会及协调委员会均由四国各任一名代表组成，并无管理局人员直接参与。对于一名总督或副总督而言，由于"四国一致"原则的存在，往往很难说服 ACC 的其他成员或是 ACC 方面的下级机构去执行自己的政策。因此从实际决策而言，盟国对德管制委员会层面的决策与各盟国占领军军政府——亦即各盟国管制机关——的联系，相较于 ACC 与其下属机关的联系实际上更为直接密切。因此，广义的盟国对德管制委员会体系从不同的视角看包括两套互有从属的系统，形成了一种二元化的态势：

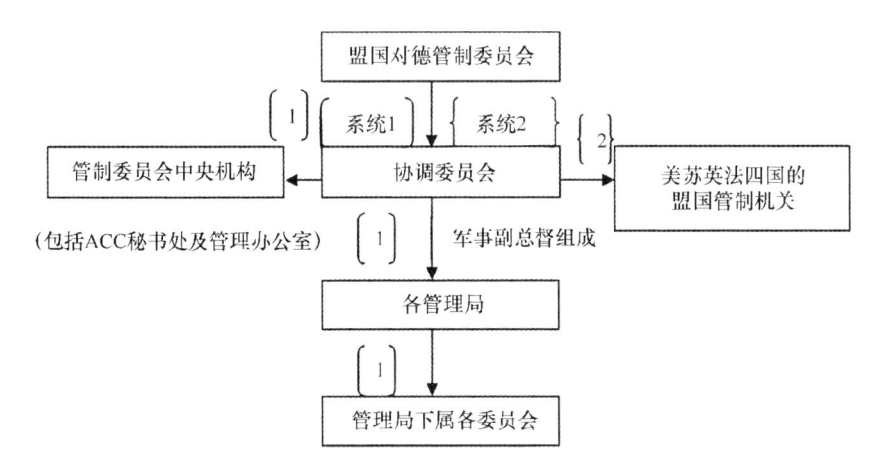

图 2-1　盟国对德管制委员会的二元化行政治理架构

ACC 管理局下属各委员会往往具有临时性，且任务常有重叠冲突。这些下属委员会虽作为管制委员会及协调委员会下属专业机构，却时常与上级机构因权限不明而产生矛盾。克莱将军就曾表示，不明白究竟是

---

① Lucius D. Clay, *Decision in Germany*, p. 45.

赔款委员会还是盟国对德管制委员会有战争赔偿额度及德国工业水平限制方面的最终决定权。① 久而久之，盟国对德管制委员会及协调委员会的成员往往倾向于通过这第二套架构来执行日常的管制任务，以避免陷于第一套架构中各下属机构内部烦琐冗长的四方谈判。对于实际负责诸多占领事务的决策者而言，第一套系统虽然与盟国对德管制的最初设想相一致，但实际远不如第二套系统中盟国军事总督、副总督与各盟国管制机关的联动性来得积极有效。各盟国占区军政府（亦即各盟国管制机关）早于 ACC 成立：美占区军政府 1945 年 5 月 18 日于美茵河畔法兰克福、英占区军政府 1945 年 5 月 22 日于奥尹豪森、苏占区 1945 年 6 月 9 日于柏林—卡尔霍斯特②，法占区军政府 1945 年 8 月 1 日于巴登巴登。③ 但它们的政策由兼任 ACC 成员的总督、副总督决定，不受"四国一致"原则约束。同时，其决策也能遵循其母国对德政策，切实掌握着占领区的实际权力。故 ACC 有关"4D"的许多决策，实际都是在 ACC 成员经"四国一致"原则统一协商并下令后，再由各国军政府根据"独立行事"原则依照其不同理解分别在各自占领区进行的。这也正是盟国对德管制委员会的许多一致决议在不同占区却往往产生不同执行效果的原因所在。

ACC 虽然是战后德国第一个最高权力机构，但从其本质来讲，仍是一个建立在合作基础上的国际组织。因此，苏美英法四国本身的对德政策与外交方针也直接反馈在其 ACC 成员及军政府的态度之上。在整个 ACC 存在期间，四国通过外长委员会会议（Conference of Foreign Ministries）的形式就对德政策问题进行交流，审核 ACC 的治理成果并处理 ACC 中无法解决的矛盾僵局；可以说，每一次四国外长会议或盟国对德管制委员会参与国的重要外交活动，都对 ACC 有着很大影响。

就狭义盟国对德管制委员会而言，其产生作用主要依靠根据"四国

---

① John Gimbel, *The American Occupation of Germany*, Redwood City: Stanford University Press, 1968, p. 27.
② Beate Ruhm von Oppen (ed.), *Documents on Germany under Occupation 1945–1954*, London New York Toronto: Oxford University Press, 1955, p. 37.
③ Marc Hillel, *L'occupation Française en Allemagne (1945–1949)*, pp. 160–161.

一致"原则达成并颁布的决议。1945 年 9 月 20 日，盟国对德管制委员会发表第 10 号规章，将 ACC 决议分为以下五类：

1）公告（Proclamations，用于宣布对于占领国、德国人或两者而言具有特殊重要性的事务或行动）；

2）法律（Laws，适用于普遍事务，有特别规定的除外）；

3）命令（Orders，当盟国对德管制委员会要求德国人执行且不使用法律形式时适用）；

4）规章（Directives，管制委员会交流政策或管制决议时适用）；

5）指令（Instructions，管制委员会直接向特定方施加要求时适用）。①

直到 1947 年 4 月 29 日，盟国对德管制委员会才废除了第 10 号规章，通过第 51 号规章，将 ACC 的立法工作简化为公告、法律及规章三种形式。②

需要指出的是，虽然这些形式的决议都是 ACC"四国一致"原则的产物，理论上不容违反，也不存在受阻的可能。但由于"独立行事"原则的作用，各占领区军政府往往会出于己方的利益立场，按自己的理解予以实施，从而使得相同的决定在不同的占区会体现出不同政策手段及效果。因此，对于各占领区军政府而言，这些决议形式实际上只具有建议性质，具体执行仍由各国自行掌握。由此我们可知，ACC 作为德国最高占领机关的存在意义，很大程度上在于其所担负的盟国共同责任，而并非法令的强制性，因为实际上一直是由各军政府颁布更为具体详尽的法案来阐释和执行 ACC 的决定。这就显示出了盟国对德管制委

---

① "Control Council Directive, No. 10: Control Council Methods of Legislative Action, 20 September 1945", *Enactment and Approved Papers of the Control Council and Coordinating Committee 1945* (Vol. 1), pp. 95 – 96.

② "Control Council Directive, No. 51: Legislative and Other Acts of the Control Council, 29 April 1947", *Enactment and Approved Papers of the Control Council and Coordinating Committee 1947* (Vol. 7), pp. 27 – 29.

员会乃至整套盟国对德占领机制在行政上的局限性：盟国合作的存在取决于盟国的共同目标，而并非占领机制所预先决定的义务。我们注意到，在那些同时涉及 ACC 内部四大国关系的事情上，其处理过程中反映出的恰恰也正是这四国之间的外交关系，并非仅是德国的实际占领事务。

从外交视野出发，各参与占领国所寻求的不同目标都需要通过占领管制德国来实现，这为形成暂时的妥协提供了些许保障。但是，这一占领基础上形成的共同机制架构不过是泥足巨人而已。尽管这整套占领机制经过诸多资深外交家的慎重考虑，获得了三大盟国首脑的签字认同，但盟国对德管制委员会并未因此而能够在德国实现稳定而长久的管制。这一理想化的合作平台因此而沦为诸多外交争议上演的"舞台"。在战后初期，各国在德国所追求的目的，执行的外交政策及意识形态立场都是流动多变的，一如当时德国混乱的社会境况一般。因此，不可能以这样一套理想化的、不变通的机制，凭借这样一个存在内部矛盾的二元化架构来按部就班地实现诸多战时会议预先制定的目标。事实上，盟国对德管制委员会的瘫痪正是盟国对德管制机制行事规则脆弱性的力证。1948 年 3 月 20 日盟国对德管制委员会例行会议期间，当月轮值主席苏联代表索科洛夫斯基要求西方代表澄清西方在 2 月伦敦会议期间达成的协议细节。在这一要求被拒绝后，他宣布苏联退出盟国对德管制委员会并离开会场。由于 ACC 有规定指明必须由当值主席确定下次会议日期，盟国对德管制委员会因议程停止就此陷入瘫痪状态，直至两德统一时方才正式寿终正寝。由于苏方缺席，"四国一致"的基本原则无法实行，也就没有了以盟国对德管制委员会名义进行任何盟国间合作行为的合法依据。由此我们可以看出，盟国对德管制委员会就此瘫痪，正是因为各参与国不再有维持这一合作机制的共同意向。ACC 可谓成于"四国一致"，亦败于"四国一致"[①]。总体而言，盟国对德占领的部署确实依照三大国战时的构想得以执行，但它不成熟的架构过于理想化，并不切合

[①] Lucius D. Clay, *Decision in Germany*, p. 355.

实际。故而，由于四大占领国各方不同的立场，这一机制注定是难以依照预定计划实现对德国进行日常治理的任务的。因此各占领区先后致力于采取自己的措施解决自己占区所出现的问题。在这一方面，法占区正是一个极具说服力的典型范例。

第二节　为何是法占区？一套特立独行的占领政策

一　战后初期法国国际政策与核心：对德占领

对于法国而言，对德国的占领既是机遇，也是挑战。与其他盟国不同，法国是四个参与对德占领的国家中唯一在二战中被第三帝国击败投降并且遭受德军占领的，其经历堪称"国耻"。在四年的德占时期中，经受纳粹政权的屠杀、囚禁与掠夺之后，法国面对着一个全新的问题：新近匆匆成立的临时政府现在要应对一个贫穷饥饿、动荡不定的社会，以及一坠千里的国际地位。

在1944年8月25日巴黎解放后，法兰西共和国临时政府（le Gouvernement Provisoire de la République Française，GPRF——1944年6月3日正式成立，1946年10月27日在第四共和国立宪后结束）于31日还都巴黎并开始了对法国的统治。在其他盟国看来，即便摆脱了纳粹占领，法国的状况也已是难以收拾的烂摊子，临时政府很难在短时间内重新组建正式的宪政政府。在许多领域，国内的上命下达、沟通交流体系都被严重破坏；地方上的反抗组织（如法共的游击队及地方政权）早已形成了自己的影响力，对于执行临时政府的法令不甚热心。而法国人特有的质疑权威的天性，也被德军占领时期所激发的爱国浪潮所覆盖，对地方上熟识的抵抗运动领导者的拥戴推崇十分常见。一时间，各地自行其是的抵抗组织山头林立，初来乍到的临时政府需要一面政策大旗来加以招揽。再者，有关维希傀儡政权的历史记忆又给国家民族意识留下了深深疮疤。法国人普遍希望德占时期抵抗运动中的民族团结意志能够长久维持下去，并且寻求恢复像"富强""自主""果断"这些在第三共和国的绥靖历史中失去的精神特性。但是，人们发现，事情的进展与他们所设想的大相径庭。① 尽管德军的占领被终结，但国家经济仍处于混乱无序态势，临时政府不得不依仗外援来维持政权，且政府领导者以长期转战海外的自由法国成员为主，难以与国内的抵抗者达成完全一致的治国理念。"无尽的苦难与激烈的争吵使得法兰西陷入了前所未有的痛苦之中。"② 在这样的境地下，自由法国领导人急需提出一个全新的全民一致的目标，以团结所有法国人，争取所有政治派别的支持，以此维持新政府的统治。就如同战时的抗德运动一般，对德占领就此在战后初期的法国成为毋庸置疑的热门话题。

此外，在当时的战争态势下，其他三大盟国显然没有把法国视为平等伙伴加以对待。尽管法国第一集团军（la Première Armée Française）在法国边境阿尔萨斯的盟军右翼战线艰苦奋战，但法国此时的武装力量不过是它过去规模的九牛一毛而已，而且还要完全仰赖他国的装备给养。③ 对于欧洲战场同盟国阵营的其他大国而言，这点微弱的军事力量根本无足轻重。因此法国也就无法依靠它的武装力量博取盟国的认同与青睐，借此回到同盟国阵营关键国家的席位之上。故而，法国政府只有通过外交手段重建国家的国际影响力，而在当时环境下，德国问题无疑是它重新获取决定性大国发言权的极佳机遇。

在巴黎解放前一个月的1944年7月25日，临时政府总统夏尔·戴高乐将军（le Général Charles De Gaulle）在临时咨政议会（Assemblée Consultative Provisoire）上宣布：

> 我们说到，我们的对外政策之目标在于使法国回归其原有地位，并使其保持在足以维持长久的情况之下，这意味着我们确信我们是为大多数人的利益服务的，同时也是为我们国家的利益而服务的……这是个十分清晰明白的呼声：政府保证其在一切其权利所行使之处维护法兰西主权完整；为我们的国家确保自身安全取得实在的条件——由于这些条件的缺乏，三次危及人们生存的侵略险些将

---

① Michael Balfour, John Mair, *Four-Power Control in Germany and Austria*, p. 37.
② D. W. Brogan, *The Times Literary Supplement*, 26 March 1954.
③ Michael Balfour, John Mair, *Four-Power Control in Germany and Austria*, p. 37.

它毁灭；在重组欧洲计划中起到首发的作用，最终跻身国际合作的前列。①

8月21日，驻伦敦法国外交使团（Mission Diplomatique Française auprès des Gouvernements alliés à Londres）首脑莫里斯·德让（Maurice Dejean，1899–1982）亦宣称：

> 如果法国必然在未来几代人时间里再次遭到德国的第三次侵略，那么要担心的就是，这一次，她没有最终屈服。二十年的安宁对于它来说是远远不够的。法国需要长久的和平。法国妇女抚育的孩子不是去喂给战场的。确保法国未来几代人的安全，换言之，长久地消除德国的威胁，是第一要务，也是法国男儿的神圣使命。②

那么具体来说，法国政府应该怎样实现这样的目标呢？戴高乐将军的回忆录中阐述道：

> 为了使法国的复兴成为可能，必须消除日耳曼主义的侵略势力。在已经出现的危险世界中，法国由于有一个多次表现好战的邻国而有可能重新处在战争威胁之下，这与我们经济的发展、政治的稳定和思想的平衡是绝不相容的，如果我们没有发达的经济、稳定的政权和平静的思想，那么任何努力都是徒劳。事实上，由于德国的削弱、盟国的占领以及东部领土的合并，可能在今后几年内不会发生更坏的事情，可是再往后呢？马上就要垮台的德国人失败以后，要朝着什么方向发展呢？他们能够放下屠刀走和平道路吗？由于在这方面情况的演变，我们的安全条件也显然要随着发生变化。但是，在我们确实了解这一切之前，我们必须按照日耳曼主义仍然有威胁的情况来行动。在允许人数众多的德国人能够生活、进步、

---

① Charles De Gaulle, *Discours et Messages: Pendant la Guerre（Juin 1940–Janvier 1946）*, Paris: PLON, 1970, p.434.

② "Mémoire Maurice Dejean pour le Général de Gaulle, 21 août 1944", AMAE（Archives du Ministère des Affaires Étrangères）, *Y–54–1*.

同我们和全世界共同合作的条件下,我们应该取得哪些保证呢?

不许可再次建立中央集权的德意志帝国!按照我的意见,这是防止德国危险势力再起的首要条件。每当一个有统治欲望和野心的中央政府无视德国各州的特点而控制它们的时候,帝国主义就会出现。这一点我们在威廉二世和希特勒时代看得太清楚了。相反的,假使日耳曼民族的每一州可以独立存在,各州按照自己的方式管理自己的事务,处理自己的利益,就很可能避免这样组成的联邦走上奴役的道路。如果把作为战略物资来源的鲁尔区置于国际管制的特殊制度之下,就更容易防止这个联邦走向奴役邻国的道路。另外,莱茵地区当然要由法、英、比、荷四国军队占领。但是,如果莱茵地区的经济和西方国家集团发生联系——并不排除德国的其他部分也参加这个集团,如果莱茵河本身真正变成自由的国际航道,那么有必要互通有无的各国之间就可以建立经济合作。最后,一定要使萨尔自成一州,完全保持德国特点,而在经济方面则与法国联合,以该区的煤炭抵补对我国的赔偿。这样,既让日耳曼人各自保持自己的特点,又使他们转向西方,结果只会使他们丧失战争的手段,而不会丧失向前发展的手段。况且,法国人根本不打算兼并任何一块德国土地。这样,就不会关闭我们两国实现和解的大门。①

简言之,根据戴高乐将军的设想,二战后法国对德政策应涵盖以下四个基本点:

1)解散中央集权,建立联邦制松散国家。

2)鲁尔国际共管,保证鲁尔的工业生产力不再成为德国战争机器的发动机。

3)莱茵区实行共同占领,保证法德边境要地安全。

4)经济上吞并萨尔,用萨尔的煤矿恢复法国经济。

宏观而言,这一策略的真意就是要在政治、军事、经济上彻底消除德国的中央权威。按这一原则成为联邦制国家后,德国事实上将会被分割成诸多松散的邦联小国,不再具备威胁法国的战争潜力。法国则能够

---

① Charles De Gaulle, *Mémoires de Guerre* (*Le salut: 1944－1946*), pp. 69－70.

通过鲁尔的国际共管以及萨尔的经济归附直接获取大量的经济赔款。在这四点方针中，有关对德管制最为关键的显然是"去中央集权化"，因为"法国人的态度首先受到这样一种历史主张的鼓舞，亦即只有分裂的德国才会是民主的"①。再者，戴高乐的这一旨在多方位分裂德国的决策之所以会获得法国社会一致的拥护，本质上是因为当时经历过德国占领的法国社会各派别都认可同一基本准则，用历史学者弗朗茨·科尼平（Franz Knipping）的话来说，就是"战后的解决方案必须保证1940—1944年间法国所面临的现实威胁永不再发生"②。在解放过后，法国之所以会竭尽全力挤入对德管制事业之中，这是因为于它而言，这是在国际社会中重树自己影响力最为快捷有效之法。总之，法国在国际世界的重新崛起，对于宿敌德国的安全防范，都取决于法国在德国问题上的参与权，正如戴高乐将军1944年11月22日在咨政议会的讲话中一针见血地指出的那样："事实上，德国的命运是世界的中心问题。"③

可是对于其他盟国而言，由于法国在二战初期的投降，此时让法国通过外交途径骤然插手德国事务几乎是不可能的。美国参议院外交委员会主席就曾经对法国在战争中的作用公开表示质疑，讽刺称"这可好了！美国、英国、俄国和中国这四个国家为整个世界付出了鲜血的代价，而法国在这场战争里的角色与二流小国无异"④。苏联方面更是宣称无法忘记"在这场战争里，正是法国开门揖敌的"⑤。即便在临时政府正式成立之后，法国也从未获邀参加盟国历次重要的国际会议。甚至连美英两国也未就1944年9月讨论德国战后处理问题的魁北克会议预先知会法国。10月份丘吉尔、艾登与斯大林、莫洛托夫签署的协议更是没有通知法国方面。这对于刚刚在8月25日实现巴黎光复、10月宣布重新建国的法国人来说可谓当头一盆冷水。戴高乐判断盟国存在排斥法国的倾向，抱怨称："因为我们在共同战斗中遭到了这种削弱，他们

---

① Alfred Grosser, *Affaires Extérieures：La Politique de la France 1944-1989*, p. 36.
② Franz Knipping, "Que Faire De L'Allemagne？French Policy toward Germany, 1945-1950", in Haim Shamir, *France and Germany in an Age of Crisis, 1900-1960*, New York：Brill Academic Pub, 1990, p. 67.
③ Alfred Grosser, *Affaires Extérieures：La Politique de la France 1944-1989*, p. 34.
④ Charles de Gaulle, *Mémoires de Guerre (Le salut：1944-1946)*, p. 72.
⑤ James F. Byrnes, *Speaking Frankly*, New York：Harper, 1947, p. 25.

在采取任何决策时总是要把我们撇在一边,哪怕是在最轻微的程度上,我们认为这是不公正的,也是不能容忍的。"① 新政府无疑必须做出必要的外交努力来赢得盟国的信任。而在盟国三大国之中,英国正努力寻求西方盟友,尤其是欧陆国家,以参与未来对德占领,制衡德国,故而无疑是值得争取的首要目标。

1944 年 11 月 10 日英国首相温斯顿·丘吉尔访问巴黎。在回忆录里,丘吉尔提及戴高乐将军"一再坚持要在对德占领中获得一席之地,并且不是以美英指挥下的参与者身份行动,而应由法方自行指挥部署"②。丘吉尔最终给予了戴高乐一个言辞模糊的有力答复:"至于法国,因为有了您,它又重新出现了。请您不要着急!大门已经打开了一道缝,以后就会为您完全打开。人们会理所当然地请您在管制委员会中占一席。到那时候,就没有任何东西妨碍我们共同行动,在此之前,请您尽管信任我好了!"③ 11 月 27 日,在戴高乐将军要求下,一名法国外交官芮内·马西格里(René Massigli, 1888 - 1988)赴英就任欧洲咨询委员会成员。④ 12 月 2 日,戴高乐将军赴莫斯科访问斯大林,以洽谈建立法苏安保条约之事:"我们要一起研究达成一项法苏协定,以使我们两国能够共同防备德国新一次的侵略。"⑤ 一切似乎都在向好的方向发展。

雅尔塔会议期间(1945 年 2 月 4 日—2 月 11 日),丘吉尔终于回应了对于戴高乐的承诺。在英国斡旋下,法国加入未来盟国对德占领一事终获三大国通过。罗斯福总统也对此做出了积极回应,支持英国的意见:"温斯顿和安东尼(艾登)像老虎一样为法国争斗不已,声称大国的命运不会被其'技术能力层面上的一时状态'⑥ 而决定。"⑦ 苏联最

---

① Charles de Gaulle, *Discours et Messages*, *1940 - 1946*, Paris: Editions Berger - Levrault, 1946, p. 523.

② Winston S. Churchill, *The Second World War*, London: Casell, 1954, p. 220.

③ Charles de Gaulle, *Mémoires de Guerre* (*Le salut*: *1944 - 1946*), p. 79.

④ F. Roy Willis, *France*, *Germany*, *and the New Europe 1945 - 1967*, Stanford: Stanford University Press, 1968, p. 11.

⑤ Charles de Gaulle, *Mémoires de Guerre* (*Le salut*: *1944 - 1946*), p. 93.

⑥ "Second Plenary Meeting: Treatment of Germany, February 5, 1945", *FRUS 1945*: *Conferences at Malta and Yalta*, Vol. 3, Washington: U. S. Government Printing Office, 1955, p. 618.

⑦ Robert E. Sherwood, *Roosevelt and Hopkins*: *An Intimate History*, New York: Harper, 1948, p. 858.

终也同意了法占区的设立以及给予法国盟国对德管制委员会席位的建议,条件是该占领区须从美英占区的领土划出,而不影响苏占区的疆界(柏林的情况也是一样)。1945年2月的雅尔塔会议中,得益于英国及美国的支持,法国被三大盟国接纳为盟国对德管制委员会的第四位成员,同时也决定了法国军队将在原美英占领区疆域范围内占领一个新的独立区域。就此看来,戴高乐将军以德国问题为抓手的外交计划似乎是十分有效的。如临时政府的外交活动方案所预计的那样,法国介入未来盟国对德占领,加强了盟国对法国的重视,对于法国国际影响力的重建看似也产生了极为有利影响。然而,随着盟国间外交谈判的进一步发展,法国逐渐意识到自己走进了一个意料之外的外交窘境之中。

二 "不合作"态度

鉴于"一切迹象似乎都表明,盟国进行协商时将继续坚持排斥法国的立场"①,戴高乐一再声明法国在对德管制问题上的原则与要求,同时极力寻求参与未来的在德占领。对于他来说,法国可以通过积极参与解决这一"世界的中心问题"重建其国际影响力。就此而言,雅尔塔会议的结果似乎正是法国外交上的首次大捷,法国自此得以跻身四大盟国之列,将德国命运掌控在手,其国际地位看似也得到了其他盟国的尊重。

然而,法国在雅尔塔的胜利实际上却只是一时的"嗟来之食"(Cadeau donné)。英国此时之所以需要法国的支持来达成其占领政策,其原因在于英国认为有孤立主义传统的美国会在战后短期内退出德国,必须寻求一个欧陆的大国盟友以制衡德国,分摊占领成本。而苏联之所以接受法国参与对德占领的方案,则因为它想利用法国相对独立的地位以抗衡美英两国合作关系在四国占领中的影响:"即便盎格鲁-撒克逊的影响力不可避免,只要我们支持法国继续遵循独立自主的政策,它也能够被加以限制"②。此外,尽管戴高乐将军领导下的法国人经历了艰

---

① Charles de Gaulle, *Mémoires de Guerre* (*Le salut*: 1944–1946), p. 72.
② Wilfried Loth, *Stalin's Unwanted Children: The Soviet Union, the German Question and the Founding of GDR*, New York: Palgrave Macmillan, 2002, p. 3.

苦卓绝的抗德斗争，法国第一集团军在盟军前线也进行了英勇无畏的战斗，但法国在战争中的地位依然是被其他三大盟国所轻视的，这一点即便在雅尔塔会议中也没有改变。甚至连大力为法国争取的丘吉尔，也在会议中表示，戴高乐"称法国是在德国的新式装甲和空军部队的猛烈攻击下陷落的，可事实上法国在战争中根本算不上有什么大的帮助，但它毕竟是德国最近的邻国，对于大不列颠来说重要性非同一般"①。

因此，显然是地缘政治因素而非戴高乐将军的坚持，真正说动了盟国接纳法国成为对德占领的主要成员国之一。而法国则必须以各种形式偿还这一"嗟来之食"的代价：让法国人想不到的是，法国之所以能在德国立足，是由于盟国在雅尔塔的妥协，其代价之一就是不让它参加真正敲定盟国战后对德共同政策的波茨坦会议。因而在此之后，三大盟国对法国在德国事务上的意见依然不屑一顾。事实上，这一点在雅尔塔会议中本身就已显露了部分迹象：毕竟在这场让法国人欢欣鼓舞的大会上，却并无任何法国正式代表的席位。法国认为自己得到了"承认"和"尊重"，而盟国却认为这只是让法国继续保持沉默的"恩惠"而已。1945 年 2 月 5 日，雅尔塔会议召开伊始，戴高乐便在一次广播讲话中，首次公开提及法国采取一种"不合作"态度的可能：

> 关于缔造未来的和平问题，我们已经通知我们的盟国，法国对于自己没有同其他国家以同等权利参加讨论和表示同意的事情，当然不受任何约束。②

然而直到此时，一切相关的决议依然只是美、英、苏三方谈判产生的结果。同样的，当欧洲咨询委员会制订盟国占领机制的具体方案时，仓促加入的法国虽然跟其他三国一样被认为是未来占领机制的创建者之一，但面对其他三方早已达成一致的草案方针，始终难以发出自己的声音。尊严受到侵犯的法国政府逐渐趋向于"不合作"态度——其实早

---

① "Second Plenary Meeting: Treatment of Germany, February 5, 1945", *FRUS 1945: Conferences at Malta and Yalta*, Vol. 3, p. 618.

② Charles de Gaulle, *Mémoires de Guerre (Le salut: 1944 – 1946)*, p. 124.

在 1944 年 9 月 12 日戴高乐将军就已暗示其他盟国："我们相信，任何在欧洲事务上没有法国参与决策之举，都是弥天大错。"① 但是在当时情况下，刚刚复国月余，尚未得到三大盟国信任的法国根本无力介入盟国对德决策。

雅尔塔会议后，情况一时间发生了变化。法国摇身一变成为盟国对德管制委员会四大成员国之一，有权派遣自己的军队占领德国领土的一部分。作为未来的占领者之一，它理应持有未来占领政策方面的发言权。为了回击三大盟国的冷漠态度，戴高乐坚称：

> 无论是关于德国领土的占领问题，对被占领地区的德国人民应采取的行政制度和他们将来应确立的制度问题，也无论是关于东西南北国境的确定问题或者应采取的军事、经济和思想方面的管制措施问题，以及关于可能脱离德国的居民的命运问题，只有在法国参加的情况下做出的决定，我们才准备执行。②

然而尽管戴高乐将军多次做出或明或暗的警告，其他三大盟国依然继续无视法国的外交影响力。虽然法国在雅尔塔会议后已经成了未来管制委员会货真价实的一员，但其他三国并不就他们已达成的未来占领安排预先向法国透露任何消息，而是一再要求法国被动接受既成事实，以至于戴高乐开始质疑盟国的诚意。为了保证法国在未来占领中的地位，他制定了一套全新的军事战略，运用法国军队在德国境内的军事行动来支持法方积极主动的外交政策：

> 很快就要提出一个重要而又棘手的问题，即法国参加德国境内战役的问题。显然，我希望我国的军队能够进入敌人的国境，能够有自己的作战区，能够在那里占领城市和乡村并获得战利品，能够和盟国一起受降。毫无疑问，参加德国境内的战役是维护我国声誉

---

① Charles de Gaulle, *Discours et Messages*, *1940 – 1946*, Paris: Editions Berger – Levrault, 1946, p. 484.
② Charles de Gaulle, *Mémoires de Guerre* (*Le salut*: *1944 – 1946*), p. 83.

的一个条件，同时也是保证我国参加受降、占领和管理德国的唯一途径。只要我们能够控制德国的一个地区，在对德国问题做决定时就不会没有我们参加。①

这一战略也正是日后法占区独立地位的军事起源，法军对于德国领土的占领，正是法国确保其在盟国对德管制事业中地位的王牌。3月29日，戴高乐越过盟军指挥序列，直接向盟军法德边境前线的法国第一集团军（la Première Armée Française）指挥官让·德·拉特·德·塔西尼将军发去电报，命令其不惜一切代价越过莱茵河，积极参与盟军对德国本土的进攻。他要求积极进攻的命令与盟军方面要求法军"在莱茵河上游维持静态防御战线，单纯确保对于莱茵河右岸盟军部署的策应掩护"的被动防御指令截然相反。塔西尼将军和第一集团军立即服从了戴高乐的命令，因为"对于一个法国人而言，这个问题是不言自明的：参与对德国的进攻，对于我们的国家而言，既是责任，更是权利"②。最终，这几乎引起了法国第一集团军与美国军队间的一场交火。根据塔西尼4月21日的报告，"15天以来，我们在符腾堡（Wurtemberg）、黑林（Forêt–Noire）、巴登州（pays de Bade）展开的战斗已经获得全面胜利。我军从多瑙厄申根（Donaueschingen）以南60多公里处跨过多瑙河。我军还从南面进入斯图加特（Stuttgart），全部包围了敌军主力"③。对于戴高乐而言，斯特加特这一城市的意义非同寻常，因其地处连结多瑙河、巴伐利亚及奥地利之要冲。同时，将斯图加特这个大城市掌握在手，会是未来就法占区具体疆界进行谈判时进行讨价还价的重要王牌。但是，美国第六集团军指挥官雅各布·劳克斯·德弗斯（Jacob Loucks Devers，1887–1979）反对法军占据斯图加特，认为这个交通枢纽不是作战计划中原订的法军驻地，并且对于美国第七军的作战行动来说至关重要。作为盟军序列中塔西尼将军的直属上司，他发出正式军令要求第一集团军撤出该市。而戴高乐则坚决命令塔西尼不得执行这一指令：

---

① Charles de Gaulle, *Mémoires de Guerre* (*Le salut：1944–1946*), pp. 218–219.
② Jean de Lattre de Tassigny, *Histoire de la Première Armée Française*, Paris：Nouveau Monde Editions, 2015, p. 490, 489.
③ Charles de Gaulle, *Mémoires de Guerre* (*Le salut：1944–1946*), p. 243.

第二章　法占区，一个极具代表性的历史环境

> 我命令您在斯图加特留下一支法国驻防部队，立即在那里建立一个军政府……如果美军提出异议，您可以答复他们，说本国政府命令您驻守并管制你部所占领的地区，直到各有关政府达成协议划定法国占领区为止。①

于是解决问题的压力被转到了德弗斯将军、盟军最高指挥官艾森豪威尔将军以及美国总统杜鲁门（Harry S. Truman，1884－1972）身上，但他们的交涉未能动摇戴高乐的决心。反之，戴高乐还借此直接向艾森豪威尔表示了自己对美英两国政府对德决策的不满：

> 造成我们最近发生争执的局势，绝对不是他的责任，而是由于美英两国政府和法国政府在总的战争政策，特别是在占领德国的问题上没有达成协议。②

在他对杜鲁门总统的回复中，更是坚称"像占领德国领土这样与法国有密切关系的问题，应该和法国协商，遗憾的是并没有这样做"③。随之，法军"出于重振法兰西古老荣光的骄傲，向德人大显我们在胜利中所参与的份额"而继续驻留斯图加特。对于此事，塔西尼将军后来评价称："必须向那些自以为是、迷茫无知的人，大大彰显我们重获新生的国家军队的存在及其完全独立性，使他们意识到它在同盟中重要性。"④

戴高乐将军的努力最终使得美国方面做出了妥协。5月26日，德国投降不久，总统顾问哈里·劳埃德·霍普金斯（Harry Lloyd Hopkins，1890－1946）向杜鲁门总统报告称，艾森豪威尔将军仍要求戴高乐在法占区疆界尚未最终确定的情况下就任命一位负责占领的未来管制委员会

---

① Charles de Gaulle, *Mémoires de Guerre* (*Le salut*：*1944－1946*), p. 244.
② Charles de Gaulle, *Mémoires de Guerre* (*Le salut*：*1944－1946*), p. 245.
③ Charles de Gaulle, *Mémoires de Guerre* (*Le salut*：*1944－1946*), p. 245.
④ Jean de Lattre de Tassigny, *Histoire de la Première Armée Française*, p. 626.

的法国代表，在法方看来这一要求无疑是相当荒谬的。① 而在这一时期的 4 月和 5 月期间，法军多次拒绝撤出斯图加特，直到 6 月 23 日，美法之间达成协议，法军撤出该市而美军于 25 日进城接管。而在此之后仅仅数日，法占区的明确疆界就在 6 月 28 日敲定。② 法军随即在 7 月上半月开始在新占区领土上重新部署开来。③ 从这一系列微妙的决策变化过程中，可以推断，正是法方在斯图加特问题上的一再坚持使得美方产生了顾忌，不得不采取积极态度加速法占区领土问题的解决。戴高乐将军在回忆录里写道："7 月底，我军占领了美军退出的萨尔布吕肯（Sarrebruck）、特里尔、科布伦茨（Coblence）、诺伊施塔特（Neustadt）及其附近地区，作为我军撤出斯图加特的交换条件。"④ 这场危机的最后以美法两军占领区域的交换告终，戴高乐也借此获得了法占区领土问题上进行争取的话语权。"斯图加特危机"可谓是一次危险的权力游戏，是在盟国内部的一场军事冒险，但是由于戴高乐的坚定决心，使法国借此树立了威望，并在实践中首次表露了"不合作"的立场。法国得以借助其全新的独立自主地位去实现自己的在德目标。得益于在斯图加特的成功，法国人意识到戴高乐倡导的强硬主张可以让他们达成以下两点：在盟国间的独立自主地位，以及在更大范围内执行"不合作"政策的现实可能性。尤其是就"不合作"这一点而言，这一策略较之于他们之前旨在说服其他盟国支持法国政策——尤其是在与德国相关的问题上——的诸多尝试，反而要更为简便有效。波茨坦会议期间，三大盟国在决策中继续排斥法国，这让法国深深地惊诧愤恨，进一步激发了他们去推行"不合作"策略的意愿。

在 1945 年 7 月的波茨坦，盟国间举行了一次至关重要的国际会议，以求建立德国管制问题方面的基本原则，但依然没有任何法国代表列席

---

① "Mr. Harry L. Hopkins, Special Assistant to President Truman, 26 may, 1945", *FRUS 1945*: *European Advisory Commission*; *Austria*; *Germany*, Vol. 3, p. 309.

② "The Ambassador in the United Kingdom (Winant) to the Secretary of State, 28 juin 1945", *FRUS 1945*: *European Advisory Commission*; *Austria*; *Germany*, Vol. 3, p. 347 – 348.

③ Commandement en chef français en Allemagne, *Notice sur le gouvernement militaire*, Baden – Baden, 1945, p. 16.

④ Charles de Gaulle, *Mémoires de Guerre* (*Le salut*: *1944 – 1946*), pp. 296 – 297.

参与谈判。再者,这次会议期间三大国通过了《管制初期处置德国的原则》(又称《波茨坦协定》),但法国临时政府外交部长乔治·皮杜尔(Georges Bidault,1899 – 1983)随即严正通告美、英、苏三国大使,表示法国拒绝在其法占区内完全遵循或执行这一协议的规定,尤其是以下这几条内容:

> 第9条(4):目前德国中央政府暂不设立。然某种必要之德国中央行政部门,尤其财政、运输、交通、对外贸易与工业等,应予设立,以部长为其首长。此等部门将受管制委员会之指挥。
> 第14条:在占领期间中,德国应被视为一个经济单位……
> 第15条(3):根据盟国对德管制委员会之决定,使各占领区间之必需物品,保持平均之分配,俾使在全德国以内产生一种平衡之经济,以减少进口之需要。①

这些条款与法国以"去中央集权化"为中心的对德占领理念全然相反。像之前多次警告的那样,8月7日,乔治·皮杜尔公开宣布:

> 法国政府不能不问情由地预先接受一个中央政府于预想中尚不能确定的时间段内在德国的建立。此外,迄今为止,这种重建尚未引起法国政府与盟国之间的任何意见交换……业已提出的某些特定措施看似预示了德国未来的政治进展,但就眼下看来无法预计其是否符合欧洲和平的利益及相关人民的愿望。②

---

① "Les Quatre Grands et l'Allemagne: De Postdam à Moscou, Deuxième partie: L'Organisation économique et administrative de l'Allemagne (Paris, 9 août 1947)", Archives Nationales (AN), Les archives des assemblées nationales: commissions, projets et propositions de lois, Carton 32, *République Allemande: documentation*, C//15923, pp. 3, 4.

② "Lettres adressées aux ambassadeurs des Etats – Unis d'Amérique, du Royaume – Uni et de l'Union des Républiques Socialistes Soviétiques par le Ministre des Affaires Etrangères du Gouvernement Provisoire de la République Française (Paris, 7 août 1945)", Archives Nationales (AN), Les archives des assemblées nationales: commissions, projets et propositions de lois, Carton 32, *République Allemande: documentation*, C//15923, *Documents français relatifs à l'Allemagne* (août 1945 – février 1947), p. 8 – 9 Annexe 13.

正如戴高乐将军先前所表示的那样，法国政府不愿遵循并未获其批准的决议。于是，作为盟国对德管制委员会四大成员国之一的法国，竟然拒绝遵守这一在德中央合作管制组织的基础原则。显而易见的是，临时政府不仅放弃了在盟国对德管制委员会构架之下对三大盟国寻求内部合作的希望，还进一步开始着手建立法占区的地方自治。再者，盟国对德管制委员会于1945年8月30日发布的第一号公告第3条，借"独立行事"原则的确立赋予了法占区维持独立自主地位的合法性：在宣布盟国对德管制委员会正式成立外，该公告第3条强调"各总司令在其各自占领区内颁布，或在其名下发布的一切军法、公告、命令、训令、通知、条例与规章在其各自占领区内依然有效"①。在这一法律保障下，法占区军政府这一名义上本应直属盟国对德管制委员会管辖的次级行政组织，能够自由地在其占领区推行自己的占领政策，也就使得占区自治成为可能。

相对于其他三个在盟国对德管制委员会的合作构架下建立起来的占领区而言，法占区是一个鲜明的反例，它的成形与存在本就是基于"不合作"态度的。在饱受其他三大盟国轻视与低估的情况下，法国以德国事务为着力点，在盟国间外交中采取了这一策略。在盟国对德管制委员会的初期阶段，法国的"不合作"态度着实成了盟国间合作的大问题。在获得三大国首肯参与未来对德占领之时，法国发现自己必须接受盟国对德管制委员会的占领机制，更确切地讲，也就是"全盘分区占领德国"的理念。而盟国业已达成一致的这一设想又恰恰与法国"去中央集权化"的对德占领核心要求格格不入。当以戴高乐为代表的法国临时政府领导人认识到这一"合作占领"是盟国阻碍其达成这一核心要求的潜在限制时，他们便极力抵制一切并未经他们协商认同的盟国政策。与解放之初在对德问题上对于盟国的重视与争取态度不同，法国新政权的领导者开始致力于以强硬的外交策略重新彰显法国的国际影响力，法军主动攻入德国境内之举便是这一尝试的体现。其之后遵循的"不合作"新

---

① "Control Council Proclamation, No. 1: Establishing Control Council, 30 August 1945", *Enactment and Approved Papers of the Control Council and Coordinating Committee 1945* (Vol. 1), p. 44.

第二章 法占区，一个极具代表性的历史环境 ◆◆◆ 59

态度，对他们而言便是合乎实际需要的现实之举：既然无法在盟国对德管制委员会层面上达成目标，那对于法国而言，最好的选择无疑就是利用它 ACC 成员国的名号及"独立行事"原则在自己的占领区内推行自治来满足需要。由此可知，法占区后来所持的独立自主地位，实际上正是"不合作"意愿在占领实践中进一步发展的逻辑结果，正是"不合作"态度为法国在盟国占领时期德国事务中的特立独行的立场发出了先声。

三 "袖珍占领区"

在雅尔塔会议及波茨坦会议后，法占区最终在原美、英占区划分出的领土中建立了起来。1945 年 7 月份，这一占领区以一个类似"巨大

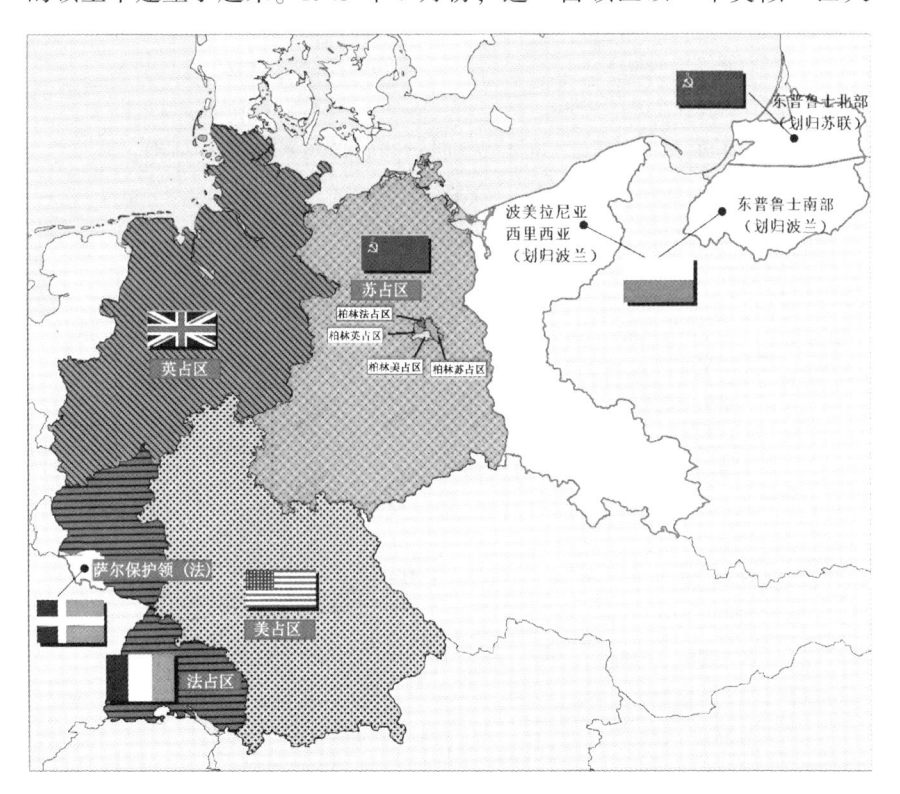

图 2 - 2 波茨坦会议后的德国

资料来源：Wilhelm Cornides（Hrsg.），*Wirtschaftsstatistik der deustchen Besatzungszonen*, *1945 - 1948*: *in Verbindung mit der deutschen Produktionsstatistik der Vorkriegszeit*, Europa Archive, 1948, p. 36.

沙漏"① 的奇特外形，出现在了德国地图之上。

总体上，交由法国占领的领土被划分为面积相当但互不接壤的两部分，两者之间被一条由美占区管辖的狭窄通道所截断，法方人员须穿越这一通道才能到达另一部分区域。为此，他们必须携带专门的许可证，以供美方查验。较之于其他占区，法占区占有的德国领土面积最小（43271平方公里），仅相当于德国1918年一战后领土面积的9.1%。再者，在全部四个占领区中，法占区辖有的州（Länder）级行政单位也是最少的，这一点可以在以下图表中体现出来②：

表2–1　　　　　　　　各占领区所辖州

占领区	州（Land）	首府
英占区	汉堡（Hamburg）	汉堡（Hamburg）
	下萨克森（Basse–Saxe）	汉诺威（Hannover）
	北莱茵—威斯特法伦（Nord–Westphaile）	杜塞尔多夫（Düsseldorf）
	石勒苏益格—荷尔斯泰因（Schlewig–Holstein）	基尔（Kiehl）
美占区	巴伐利亚（Bavière）	慕尼黑（Munich）
	黑森（Hesse）	威斯巴登（Wiesbaden）
	符腾堡—巴登（Wurtemberg–Bade）	斯图加特（Stuttgart）
	不莱梅（Brême，为英占区内飞地）	不莱梅（Brême）
法占区（萨尔地区除外）	莱茵—普法尔茨（Rhénanie–Palatinat）	美因茨（Mayence，名义首府） 科布伦茨（Coblence，事实首府）③
	巴登（Bade）	弗赖堡（Fribourg）
	符腾堡—霍亨索伦（Wurtemberg–Hohenzollen）	图宾根（Tübingen）
苏占区	勃兰登堡（Brandebourg）	波茨坦（Potsdam）
	梅克伦堡（Mecklembourg）	什未林（Schwerin）
	萨克森（Saxe）	德莱斯顿（Dresden）

---

① Foundation for Foreign Affairs, *Field Report on the French Zone in Germany* (*Foundation Information Pamphlet*, *No.1*), Washington, D. C., p. 1.

② André Piettre, *L'économie Allemande Contemporaine* (*Allemagne Occidentale*) *1945–1952*, Paris: Editions M.–Th. Génin, 1952, p. 72.

③ 该州为法占时期由法国占领当局合并两个州级行政单位而形成，故辖有两个州首府。

续表

占领区	州（Land）	首府
苏占区	萨克森—安哈尔特（Saxe - Anhalt）	哈雷（Halle）
	图林根（Thuringe）	魏玛（Weimar）

此外，在法军将斯图加特市转交美占区管辖后，整个法占区仅辖德国四个相对重要的二线城市——美因茨、萨尔布吕肯、路德维希港（Ludwigshafen）及弗赖堡——并且在战时遭到了严重破坏，如以下统计数据所示①：

表2-2　　　　　　居住人口达10000以上的城市毁损程度

	全面破坏	部分破坏	未受影响
柏林	30%	45%	25%
英占区	33%	46%	21%
美占区	33%	48%	19%
法占区	44%	45%	11%
苏占区	23%	38%	39%

需要注意到的是，其城市所遭受的严重破坏并不意味着整个法占区都成了废墟。事实上，法占区只有几个相对重要的城市，且除萨尔地区之外，其大部分地区都不是重要的工业区。因此占绝大部分的法占区非城市地域都不是盟军轰炸的目标。法方军政府经济与财政部门主官让·菲利普（Jean Filippi, 1905 - 1993）就此曾在1946年表示："就飞机轰炸这一点来说，根据去年11月的调查结果，南部占领区如我们所设想的一般，所受损害较之于北部占区要轻得多。"② 因此，一个相对不甚重要的地区所受的战火破坏也就相对更少。虽然法方占领者经

---

① Klaus von Mehnert, Heinrich Schulte (Hrsg.), *Deutschland - Jahrbuch 1949*, Essen: West - Verlag, 1949, p. 291.

② "Exposé fait par Monsieur Filippi, Directeur Général del'Economie et des Finances devant la Commission d'Enquête parlementaire (2 février 1946)", Archives Nationales (AN), Les archives des assemblées nationales: commissions, projets et propositions de lois, Carton 32, *République Allemande*: *documentation*, C//15893, p. 2.

常强调法占区"废墟"一般的惨状,但这往往是一种旨在吸引眼球的宣传手段,以体现占领者进行治理的难度,从而支持其占领政策。更为确切地说,这可以被认为是"胜利者的虚构臆造"①。为了更好地理解这种宣传氛围,我们可以看一看1946年夏巴黎的一场以《法国在德国的一年占领》(Une année d'occupation française en Allemagne)为题的展览的相关报道:

> 这些照片都强调表现废墟之中的德国,因战争而满目疮痍。即便那些没有被盟军轰炸机摧毁的东西,也已经被撤退中的德军破坏殆尽了……我们让人相信法占区如同德国其他地方一般,都只有残垣断壁,都只有被大半毁坏的乡村和城镇。但从这些图片里引发出的那种遍地废墟的印象是全然错误的。法占区除2—3个城市(美因茨、科布伦茨、弗里德里希港)以外,可以这么说,并未受到多少破坏。乡野地区、各个乡村以及散布在乡下的小城镇并未受到轰炸机或是"焦土政策"的荼毒——那些部队早就停止战斗轻轻松松地投向了美国人的怀抱。展览中只有那些萨尔工业区的照片不是在说谎。这一地区的工业潜力遭到了盟军空军的沉重打击,又在美军向中部和南部挺进的战斗中受到极大破坏。巴黎展出的这些图片,实际上描述了一场并未发生过的灾难,很大程度上是因为法占区的战争损失并不超过20%,在所有方面(建筑、工业等)都是如此。但却必须显示出法兰西的存在,从内部向法国大众证明媒体和占领区传出的那些激起极大反响的流言,都是没有根据的。②

事实上,法占区经济的主要问题在于其孱弱的生产能力。尽管它并未受到全面破坏,但法占区的经济在整个德国经济总量中本就不起什么重要作用,在工业方面更是如此。这主要归咎于它的地理位置。即使是

---

① Marc Hillel, *L'occupation Française en Allemagne(1945-1949)*, p. 156.
② Jochen Thies, Kurt von Daak, *Südwestdeutschland Stunde Null: Die Geschichte der französischen Besatzungszone 1945-1948*, Düsseldorf: Droste Verlag, 1989, pp. 137-138.

在二战之前，法占区地域各方面的生产统计数据也只在德国总量数字的 10% 左右，与其所占面积比例相当。我们可以从以下图表了解到这一点：

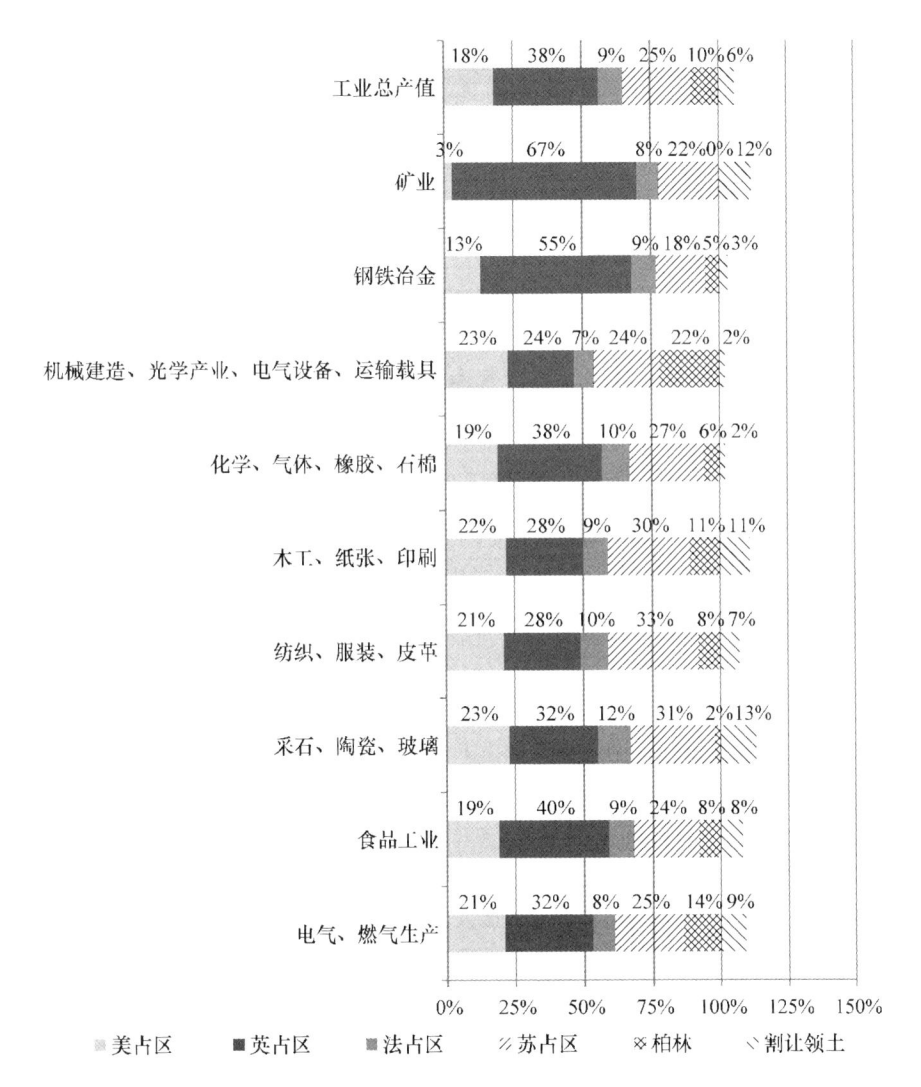

类别	美占区	英占区	法占区	苏占区	柏林	割让领土
工业总产值	18%	38%	9%	25%	10%	6%
矿业	3%	67%	8%	22%	0%	12%
钢铁冶金	13%	55%	9%	18%	5%	3%
机械建造、光学产业、电气设备、运输载具	23%	24%	7%	24%	22%	2%
化学、气体、橡胶、石棉	19%	38%	10%	27%	6%	2%
木工、纸张、印刷	22%	28%	9%	30%	11%	11%
纺织、服装、皮革	21%	28%	10%	33%	8%	7%
采石、陶瓷、玻璃	23%	32%	12%	31%	2%	13%
食品工业	19%	40%	9%	24%	8%	8%
电气、燃气生产	21%	32%	8%	25%	14%	9%

图 2-3　各占区地域工业生产比例①
(1946 年统计数字，以波茨坦会议时期德国数字为 100%)

---

① Wilhelm Cornides (Hrsg.), *Wirtschaftsstatistik der deustchen Besatzungszonen, 1945 – 1948: in Verbindung mit der deutschen Produktionsstatistik der Vorkriegszeit*, Europa Archive, 1948, p. 43.

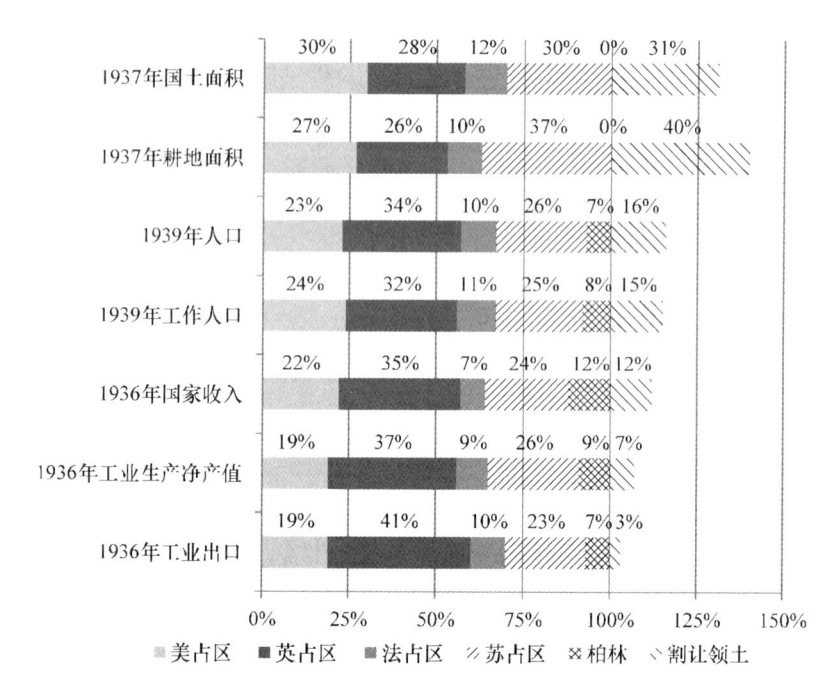

图 2-4 各占区地域在战前德国经济中的比例①
（以波茨坦会议时期德国数字为 100%）

	美占区	英占区	法占区	苏占区	柏林	割让领土
1937年国土面积	30%	28%	12%	30%	0%	31%
1937年耕地面积	27%	26%	10%	37%	0%	40%
1939年人口	23%	34%	10%	26%	7%	16%
1939年工作人口	24%	32%	11%	25%	8%	15%
1936年国家收入	22%	35%	7%	24%	12%	12%
1936年工业生产净产值	19%	37%	9%	26%	9%	7%
1936年工业出口	19%	41%	10%	23%	7%	3%

人口是国家经济的重要载体，也是经济建设的基础要素，对于饱受战火摧残的德国来说尤为重要。对照第二次世界大战前的数字来说，法占区领土内的人口变化还是相对平稳的②：

表 2-3　　　　　　　　　法占区人口数字

时间	莱茵—普法尔茨	巴登	符腾堡—霍亨索伦	萨尔	总人口
1939	2866778	1233635	1029225	842420	5972058
1946	2748039	1174374	1114232	750436	5787081

---

① Wilhelm Cornides（Hrsg.）, *Wirtschaftsstatistik der deustchen Besatzungszonen, 1945–1948: in Verbindung mit der deutschen Produktionsstatistik der Vorkriegszeit*, p. 27.

② Direction de la Documentation, *Notes documentaires et études: La zone d'occupation française en Allemagne*, No. 255, 9 mars 1946, Paris: Secrétariat d'Etat à la présidence du conseil et à l'information, pp. 3–11.

不过，这并不能改变法占区人口大大少于其他三个占区的事实。根据 1946 年 10 月 24 日的人口普查，法占区居住人口为 5787081 人，仅占德国全部人口的 9.2%。相对的，苏占区人口达 17312581 人，美占区达 16682573 人，英占区达 22794655①，均大大超过法占区。显而易见，同法占区的生产状况类似，限制其人口规模的主要原因不仅是战争造成的破坏，更多是占领区本身有限的领土面积。

除了上述不利条件以外，还有另一个问题在困扰法占区。由于占区所处的疆域划分极不寻常，法方领导人不得不面对领土上地方行政管理体系破碎化的问题。正如经济与财政主管让·菲利普在演讲中所强调的：

> 我们的占区无法确实地构成一个经济整体；它在州级层面也同样缺乏行政观点上的统一性，因为它本身往往是由各州的某一部分拼凑形成的。局限于没有历史地理根基的疆界之内，我们几乎难以诉诸过去以求得借鉴。②

学者马克·希尔勒在他的著作《法国在德占领：1945－1949》针对这一情况做出了描述，并且分析了占领区区域分隔造成的后果：

> 大多数的州很快就服从了占领者做出的非自然的疆界划分，也就丧失了其原有的首府所在。卡尔斯鲁厄本是巴登州的首府，但法国人必须把他们的政府设在巴登巴登；本来斯图加特才是符腾堡州的首府；美因茨属于黑森州，但法方只占有这个州总面积的 20%；而莱茵州失去了其原来的首府科隆，即便新的首府迁到了科布伦茨，也已经不再是原来的莱茵州了。更有甚者，萨尔是《凡尔赛条

---

① Marc Hillel, *L'occupation Française en Allemagne (1945–1949)*, p. 154.
② "Exposé fait par Monsieur Filippi, Directeur Général de l'Economie et des Finances devant la Commission d'Enquête parlementaire (2 février 1946)", Archives Nationales (AN), Les archives des assemblées nationales: commissions, projets et propositions de lois, Carton 32, *République Allemande: documentation*, *C//15893*, p. 2.

约》的产物，普法尔茨一直到 1935 年都是巴伐利亚州的。①

  法国占领者不得不重新建立一套地方行政体系来管理这个凭空诞生的新占区。从地理上讲，法占区的领土疆界是希望与现实之间妥协的结果，也是戴高乐在德国北部掌握更多要地，在南部占据更大面积地域的预想计划，与德国投降时法国第一军手中实际掌控的确切地域之间折中的产物。

  地理上的局限造成了法占区诸多方面的特性，诸如生产力、人口、地方行政体系的限制等等。因此，法国需要一套高效的工具来克服这些困难，达成其在德目标的实现。更确切地说，正是占领区有限的地域决定了法方军政府日后所要采取的立场。与其他那些更大的占区相反，对于法方占领者来说，德国经济或工业的恢复尚力有不及，找到办法清除占区内现有的大量障碍因素才是当务之急。因而自其建立伊始，法方军政府就要坚持一套与其他占区不同的占领政策，最大限度地运用手头的一切有利资源——包括作为人力资源而存在的德国公务员。这正是其利用德国公务员人群的特殊经济动机所在。由此，法方军政府全然独立的建立过程及其繁复庞杂人员配备体系，进一步共同构成了接纳德国公务员的行政基础。

四　法方军政府的建立

  正当其他盟国方面依照《波茨坦协定》各自建立其军政府时，法国决定依照自己的计划行事。最初，法占区的治理工作是由法国第一集团军第 5 局承担的，但 1945 年 7 月 27 日，根据德·拉特·德·塔西尼将军的《当日第 10 号令》(*L'ordre du jour no. 10*)②，这支军队被撤销改编。7 月 31 日，未来的占区总督柯尼希将军抵达法占区首府巴登巴登，取代塔西尼将军成为在德最高指挥官。翌日，法占区行政主管埃米勒·拉丰（Emile Laffon，1907 – 1957）也到达法占区。8 月 1 日，新成立的法占区中枢颁布了名为《军方民事政府》(*Gouvernement civil des mili-*

---

① Marc Hillel, *L'occupation Française en Allemagne* (*1945 – 1949*), p. 157.
② Jean de Lattre de Tassigny, *Histoire de la Première Armée Française*, p. 631.

taires）的通告，宣布法方军政府正式成立：

> 各行政机构悉数取代军队，各部队自此起谨起纯粹的军事占领之作用。**行使行政治理职能之军政府，确切而言，主要由民事人员构成，其中很大比例为专职公务人员**。军政府成员穿戴相应制服并配有类似军衔之等级标志。

军政府辖有一中央行政机关及各地区"代表团"（Délégations）。中央行政划分为若干部门，部分形成各总局机关，部分则自行行事。组织构成如下：

1) 行政事务总局包含人事、设备及预算局，内务与宗教局、公共健康局、新闻局、公共教育局及艺术品局，邮政局，战俘、囚犯及难民局（往往被称为流亡人口［Personnes déplacées］管理局）。

2) 经济与财政总局包括7个特殊部门：宏观经济局、工业生产局、农业与供给局、财政局、公共事业与运输局、劳动局、赔款与追还局。

3) 管制与非武装化总局辖有多个涉及陆军、海军、空军及军火生产管制工作的专业部门。

4) 司法总局（战犯调查搜捕工作团亦从属于该机构）及直属行政总管管辖的安全局。

军政府中央行政机构通过设在巴黎的联络机构——德奥事务专员公署（Commissariat général pour les Affaires allemandes et autrichiennes）获取本土政府各部的指令。军政府中央将这些指令下达给各地代表团以付诸执行，由各代表团构建军政府的地方行政。

法国占领区划分为以下由高级代表（Délégué supérieur）负责行政治理的省份：

莱茵—黑森—拿骚（Rhénanie – Hesse – Nassau）：以巴特埃姆斯（Bad Ems）为首府。

普法尔茨—黑森—莱茵（Palatinat – Hesse rhénane）：以诺伊施塔特为首府（Neustadt）。

巴登：以弗赖堡为首府。

符腾堡：以图宾根为首府。

(萨尔除外)①

在其治下设有行政区（Regierungsbezirk）代表或专区（Kreis）代表。

军政府的作用不仅是要对德国行政进行非纳粹化，更是要在清洗完成后使其得以运转并对其进行监督。不仅要清除那些纳粹公务员，更要对其组织形式乃至行政当局进行变革。

随着德国的各机构恢复运行，军政府将向其转移执行职能，并致力于对其政令实施的监督工作……②

如果更加深入地分析这一文本中的部分内容——亦即其中黑体部分，便会凸显出三个在其他占区的同类声明中未曾出现的基本要点。

首先，法方军政府虽为"军政府"，但显然十分重视"民事人员"，尤其是其中占"很大比例的专职公务人员"，而并未完全依靠之前就已开始负责占领事务的军事人员。这显示出了其针对占区内辅助治理的公务人员所采取的现实主义措施，这无疑也是军政府接受任用德国人力资源的必要前提条件的体现。

其次，在第二部分中，我们可以了解到法方军政府不仅直接受命于盟国对德管制委员会及其他盟国合作组织，还受到远在巴黎的政府各部遥控指挥。由于长久坚持"不合作"态度，法方军政府的决策并不完全受盟国协议制约——它不仅向柏林的管制委员会总部负责，更要服从巴黎政府当局的意志。因此必要情况下，它会规避盟国禁令以执行任用德国人的政策。

最后，在宣言的第三部分，法方军政府强调其基本任务不仅仅是非纳粹化而已，更是要保证德国行政的运转与监督。换而言之，法方所追求的不是一个完全"民主干净"的德国政府，而是一个必须能够在实

---

① 萨尔地区在法占区的官方文件中往往被排除在占领区之外，因法国认为该地是必须在经济上吞并的重要区域，自法占区建立之时便已在萨尔地区设置了一名法方高级代表进行管理。Lucius D. Clay, *Decision in Germany*, p. 132.

② "Evolution du statut politique de l'Allemagne Occidentale de 1945 à 1948（Paris, 8 mars 1949）", Archives Nationales（AN）, Les archives des assemblées nationales: commissions, projets et propositions de lois, Carton 32, *République Allemande*: documentation, C//15923, p. 7.

际行政管理中正常运转,并且在法方监督掌控之中的德国行政当局。

可以明显地看出,在这一宣言签署发表之时,法方占领者就已经考虑到了这样的情况:未来的军政府必须能够排除盟国占领机制所带来的阻碍,独立自主地在法占区推行自己的政策。从法方视角看来,对于其占区的占领工作只有在本土临时政府"不合作"外交态度及盟国对德管制委员会"独立行事"原则的大背景下才能顺利进行。当然,在当时情况下,该宣言并不直接针对军政府的德国公务人员任用问题,但其中已然出现了足以让这一手段得以实施的可能性。当法方军政府的领导人们认识到德国公务员群体将极有利于法国达成其在德目标之时,在其他占区大行其道的管制委员会禁令抑或非纳粹化条文便难以在法占区产生同样具有决定性的影响。

五 法占区权力结构:"三驾马车"模式

法方军政府成立后,在巴黎传达的诸多命令之下,一套完整的行政体系在法占区逐渐形成。如前所述,由于法国缺席了多次有关德国问题的国际重要会议,加之战后德国社会秩序的混乱不明,法兰西共和国临时政府发现要为将来的一切预备工作做出完整而明确的预案是不切实际的。领导人只得退而求其次,优先挑选最值得信任的人员来组成一个稳定的军政府。法方军政府的领导团队就是这样获得任命,从而承担起各项占领任务,执行巴黎下达的命令。

早在 1945 年 6 月 15 日,随着法国在德最高指挥部(Commandement en chef français en Allemagne,CCFA)的设立,法国政府便宣布其对德占领将由一名最高指挥官携三位副手组成的领导层承担。三名副手各自负责不同方面的事务:一名在柏林的协调委员会负责与盟国的交涉;一名处理军务负责占领军的具体指挥;一名管理占领区行政。7 月 23 日,柯尼希将军被任命为在德最高指挥官(Commandant en Chef)兼内务部中央行政总管(Directeur général de l'administration centrale du ministère de l'intérieur)。埃米勒·拉丰于次日被任命为法占区行政总管。[1] 路

---

[1] Commandement en chef français en Allemagne, *Notice sur le gouvernement militaire*, Baden - Baden, 1945, p. 16.

易—马利·科尔兹将军（Louis–Marie Kœltz, 1884–1870）成为柯尼希将军主管柏林盟国对德管制委员会法方团队的副手，而格瓦斯拉尔德·德·蒙萨贝尔特（Goislard de Monsabert, 1887–1981）担任法国占领军部队司令官一职。

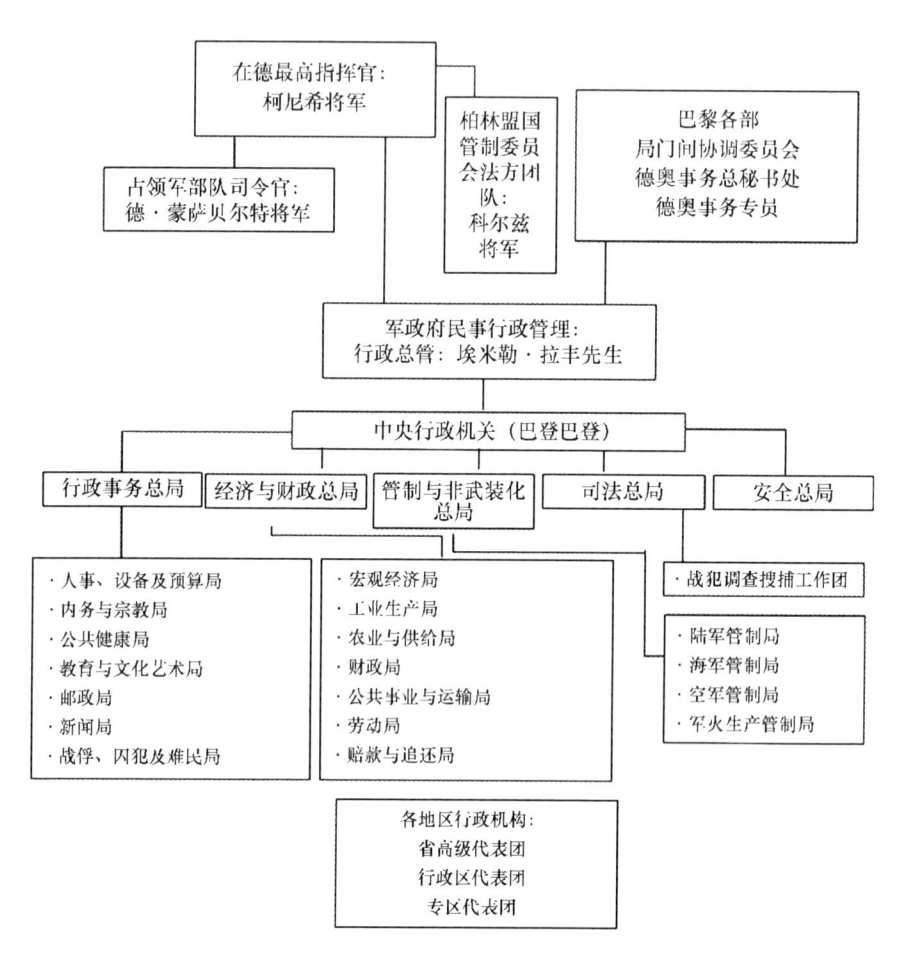

```
                    ┌─────────────────┐
                    │  在德最高指挥官：  │────┬────────────┬──────────────────┐
                    │   柯尼希将军     │    │            │                  │
                    └─────────────────┘    │            │                  │
                            │          ┌───┴────┐  ┌────┴──────────────┐
        ┌───────────────────┤          │柏林盟国│  │   巴黎各部         │
        │                              │管制委员│  │ 局门间协调委员会   │
  ┌─────┴──────────┐                   │会法方团│  │ 德奥事务总秘书处   │
  │ 占领军部队司令官：│                  │  队：  │  │  德奥事务专员      │
  │ 德·蒙萨贝尔特将军│                  │ 科尔兹 │  └───────────────────┘
  └────────────────┘                   │ 将军   │
                                       └────┬───┘
                                            │
                              ┌─────────────┴──────────────┐
                              │  军政府民事行政管理：         │
                              │ 行政总管：埃米勒·拉丰先生    │
                              └─────────────┬──────────────┘
                                            │
                              ┌─────────────┴──────────────┐
                              │   中央行政机关（巴登巴登）    │
                              └──┬──────┬───────┬────┬─────┘
                                 │      │       │    │
        ┌───────────┬────────────┼──────┼───────┼────┼──────┐
   行政事务总局  经济与财政总局  管制与非武装化  司法总局  安全总局
                                   总局

  ·人事、设备及预算局   ·宏观经济局              ·战犯调查搜捕工作团
  ·内务与宗教局        ·工业生产局              
  ·公共健康局          ·农业与供给局              ·陆军管制局
  ·教育与文化艺术局    ·财政局                    ·海军管制局
  ·邮政局              ·公共事业与运输局          ·空军管制局
  ·新闻局              ·劳动局                    ·军火生产管制局
  ·战俘、囚犯及难民局   ·赔款与追还局

                      各地区行政机构：
                       省高级代表团
                       行政区代表团
                       专区代表团
```

图2-5 法占区建立初期的行政架构（1946年1月）

资料来源："Evolution du statut politique de l'Allemagne Occidentale de 1945 à 1948, (Paris, 8 mars 1949)", Archives Nationales (AN), Les archives des assemblées nationales: commissions, projets et propositions de lois, Carton 32, *République Allemande: documentation*, C// 15923, p. 8.

如上图所示，这四人形成了"三驾马车"（Un chariot avec trois chevaux）态势，高效地将巴黎的指令在法占区进行传达和落实。柯尼希将军是这部"马车"的驭手，负责根据法国政府的指令确定整个占区大政方针及维持各个部门间的平衡。埃米勒·拉丰总管、格瓦斯拉尔德·德·蒙萨贝尔特司令及路易—马利·科尔兹将军则分别负责行政、军事及盟国间事务。事实上，除非有极为重要的盟国会议，柯尼希将军都尽量避免赴柏林参与盟国对德管制委员会的例行活动，而宁愿待在巴登巴登。这也正是在其他占区方面的文件或回忆录作品里，有关科尔兹将军的描述要比对柯尼希将军的详细得多的原因所在。根据美方克莱将军的回忆："柯尼希对我们在德国重建一个民主国家的能力毫无信心。他尤其反对将柏林作为重建德国的首都所在，因此在我们四年的打交道过程中，他尽可能地不到柏林这儿来，并且一直保持缄默。"①

尽管当时的法国一心一意追求一个"去中央集权化的德国"，但实际上这"三驾马车"的任命，反而使得法方军政府在法占区内形成了一套高度集中的权力体系，如学者马克·希尔勒所言：

  在这样的情况下，这显然是极为不妥的：统治体系要在哪里完美地运行，法方行政的集中化便会很快地在那里同占领者强迫下的德国行政当局的去中央集权化形成鲜明的对比。不该一开始就树立起坏的榜样，而只为了体现这样一套体系的效力——我们希望能够将德国分裂、破碎化，而这一体系是有悖于我们在德国所追求的这一目标的。②

此外，这一矛盾还引发了法方行政机构内各个层级与法占区各地区内部的集权化倾向。在法国占领者中，出现了大量凭借自己的特定权力或影响作威作福，对上命虚与委蛇的"地头蛇"（roitelets locaux），使得当局长期难以实际控制部分省、行政区或是地方专区的行政，甚至难以贯彻巴黎或巴登巴登业已决定的改革措施：

---

① Lucius D. Clay, *Decision in Germany*, pp. 101.
② Marc Hillel, *L'occupation Française en Allemagne（1945 – 1949）*, p. 169.

如果是部队的纪律要比美占区好的话，那么就中央、各省和地方上的占领负责人来说，不守纪律的现象就可谓猖獗了。在巴登巴登，最高指挥官自己就像古罗马的行省总督一样独断专行，并不严格按照他从巴黎收到的指示行事。在科布伦茨、弗赖堡和图宾根，各省代表也不热心遵从巴登巴登的命令。在更下一层的行政区和专区层面，情况也是一样。似乎每个人都有幸可以行使治理之权，抑或以近乎绝对权威的态度行事。为了在一个以崇尚力量和气派闻名的国度忠实地代表法兰西共和国，我们把大部分的占领费用花在了奢侈做派上。偌大的停车场、大量的仆役、令人眼花缭乱的节日庆祝、狩猎场、专用的游船和火车——这些例子都是给予高层人员的待遇，但地方上的"地头蛇"们也照此行事。这些撩人的派头向大多数的德国人蒙蔽了另一群人的存在——在法方人员内部，有这样一大批行政管理者，他们不仅严谨地承担他们的任务，还无疑是（西方）三个军政府中仅有的深刻了解德国人心理问题的人。故而这一占领的外在表现实在难以让人产生这样的积极印象：品德高尚的战胜者是前来在道德上拯救有罪的战败者的。①

相较而言，作为战败者的德国人往往比那些桀骜不驯的法国"地头蛇"更为驯服听话，甚至连公共教育局主管雷蒙德·施密特兰（Raymond Schmittlein，1904 – 1974）也抱怨说："我们一次又一次地察觉到，德国人确实更有意愿服从我们的指令，而我们的地方当局却只会想方设法阻挠指令的实施。"② 在法方军政府这一名义上"高度集中"的体系中，它自己的领导人都意识到任用德国人，要比说服自己那些或坚持"去中央集权化"不承认当局权威，抑或只接受巴黎各部直接命令，乃至只是想一味拖延省事的法国下属方便许多。法占区高度集权的权力架构要求有一批驯服的人员来严格执行其政策，从而高效地达成其占领目标。对于法方军政府的一些领导人来说，德国公务员完美地切合了这一要求。

---

① Alfred Grosser, *L'Allemagne de notre Temps*, Fayard, 1970, pp. 90 – 91.
② Marc Hillel, *L'occupation Française en Allemagne (1945 – 1949)*, p. 170.

六　巴登巴登的"小维希"

尽管法占区建立了高度集中的权力架构以直接体现巴黎的意志与利益，但法兰西共和国临时政府及其后继者第四共和国政府却无法一直给予法占区明确而有延续性的指示。因为战后初期法国内政上的诸多争议本就困扰着领导层的决策，因此法方军政府人员往往在法占区内关乎占领的事务上拥有着实际的决策权。基于这一现实情况，正是法占区的法方占领者持之以恒地处理着日常的占领问题，而并非其名义上的上级——巴黎的法国中央政府。在这样的条件下，法占区内部保存了大量的右翼人士甚至维希分子，这为运用德国人力资源创造了一个"温和"的良好人际环境。

1944年6月27日，临时政府颁布法令，在法国国内各地建立起"清洗委员会"（commissions d'épuration），以"杜绝法国人中那些在国家最为悲痛的历史时代里歪曲了法兰西的理念与利益的人染指领导岗位，并对其产生触动作用"①。这一运动所针对的主要对象无疑正是法国国内的那些维希分子。但另一方面，未来将要建立的法占区军政府一直面临人员短缺的问题：刚刚重整旗鼓的法军方面不愿意让出那些最富经验且政治上也最为可靠的军官逗留德国，政府各部及私人企业也不愿将那些对于本土重建至关重要管理人才派驻德国。于是最终就出现了这样一个解决办法：将那些有"维希分子"嫌疑的人派到德国，既能回避国内繁琐复杂且结果难料的调查，也可以在对德占领工作中"洗白"他们，从而在占领结束后重新成为当局可以任用的人才。用康斯坦斯行政区军事总督马尔塞勒·德格连姆（Marcel Degliame）的话说，这是当时情况下唯一可行之法：

> 我猜测戴高乐将军在他政治生涯的某个关键时期，可能是法国解放后，就已经决定要洗白那些在德军占领时期没有跟德国人"合作"得太过显眼的人了。尤其是那些原来的行政长官，作为国家公务员他们的所作所为是相当糟糕的，但毕竟没有被迫成为名副其实

---

① Marc Hillel, *L'occupation Française en Allemagne (1945–1949)*, p.177.

的"通敌者",于是便得益于这场宽赦了。因此将军决定让他们在德国的法国占领当局里接受试炼。于是在占区里,一些在本土被解职的维希官员便跻身领导层的高位,如在警务部门——尤其是阿德希尔警察局长——及若干经济财政部门就是这样。这些维希官员本来被清洗委员会解了职——我就曾经参加过其中一个这样的委员会——但后来我却发现这样的人在德国比比皆是。他们很久以后都被"洗白"了,到50年代时都恢复了以往的权利,官复原职。这些人在德国一直都无所不用其极地试图让他们通敌时期的罪过得到饶恕。①

由于法国当局的默许,有着维希背景的军官得以在法国驻德占领机关的人员编制中占有一席之地。法国军方显然不放心再将他们派去执掌部队执行战斗任务或是处理本土军务,于是其中大多数人转而在海外承担非军事职责,对德占领对于他们而言无疑是个理想的去处。此外,许多同样有维希经历的技术专家也正被本土的政府机关及重要企业所排斥,于是被当时正缺乏人才的军政府招揽进来。在1944—1945年冬,大约有8000名干部及数千辅助人员专门受训来"管理德国人"②。到次年法国在德最高指挥部成立之时,这些人员被以"占领地区编外辅助团队"（Corps des Assimilés pour les territoires occupés）的名义派驻德国。至此,一股政治上右倾的风潮被引入法占区,并从外而内地渗透进法方军政府内部:

> 大部分右翼倾向的军官……陷于窘迫的境地,于是带着他们的家庭、父母、朋友乃至远房亲戚一起来到了占领区避风头,从萨尔布吕肯到因斯布鲁克（Innsbruck）的气氛几乎都变得完全法国化了。③

---

① Marc Hillel, *L'occupation Française en Allemagne（1945 – 1949）*, p. 178.
② Marc Hillel, *L'occupation Française en Allemagne（1945 – 1949）*, p. 171.
③ Marc Hillel, *L'occupation Française en Allemagne（1945 – 1949）*, p. 169.

在这些法方人员之中，大部分都只在索邦大学进修过仅仅4周的政治课程而已，因此并没有足够的时间去了解熟悉法占区的具体情况。他们被派到德国的目的是尽可能地搜刮法占区以弥补法国的物质损失，但却一直在法国同僚怀疑的目光下工作。为了有朝一日能洗清身上的嫌疑，他们需要竭尽全力哪怕不择手段地完成上级交付的任务。在法占区陌生的环境里，他们自然而然地会寻求与那些他们熟悉的人进行合作，以解决他们所必然面临的行政管理问题。如萨伏伊省议员皮埃尔·科特（Pierre Cot，1895－1977）所说："我们不能指望那些准法西斯背景或者同情纳粹的人去进行一场彻底的非纳粹化。"[1] 有些前维希分子，比如阿尔方斯·皮埃尔·茹昂将军（Alphonse Pierre Juin，1888－1967），甚至逐渐开始公开地同情支持德国人[2]。

当然，法占区内的这股右翼风潮受到了法国本土左翼党派的猛烈抨击。法占区首府巴登巴登的温泉与豪华酒店，让他们联想起了维希政权。这些"维希遗老"的"思乡病"使他们在巴登巴登建了个"小维希"[3]。在新闻报纸上，对于这一现象的辛辣讽刺俯拾皆是：

> 巴登地区的一切不幸都源自于它的过分拥挤：3套参谋班子，2000个办公室，军官家属是如此之多以至于建起了法语学校；总共有超过16000人拥挤在巴登巴登，正像当年在维希一样……清洗运动这匹老马已经渡过了莱茵河。我们时常听到这样的说法，德国成了前通敌叛国者的避难所。[4]

甚至连"三驾马车"权力架构中的两位要人，路易—马利·科尔兹将军和格瓦斯拉尔德·德·蒙萨贝尔特将军，也被认为有维希同情者

---

[1] Perry Biddiscombe, *The Denazification of Germany：A History 1945－1950*, Stroud：Tempus Publishing Limited, p. 162.

[2] Patton Diary, "entry for 18 April 1945", in *Papers Relating to the Allied High Command*, 1943/1945, reel 4.

[3] F. Roy Willis, *France, Germany, and the New Europe 1945－1967*, Stanford：Stanford University Press, 1968, p. 35.

[4] "La vie à Baden-Baden", *Le Monde*, le 13 novembre, 1945.

的嫌疑。① 确实，这两位都是保守的老派军人，在 1942 年 11 月盟军在北非登陆前一直在维希军队里，之后才加入自由法国。科尔兹将军是 1944 年冬巴黎设立的"法国在德军事当局"（Administration Militaire Française en Allemagne，AMFA）团队的首脑，负有招募和培训军政府干部的责任。蒙萨贝尔特将军则是法国占领军部队的司令官。这些敏感的职位使得他们成了舆论批评的众矢之的。人们认为 1944—1945 年间采取的干部招募方式使得许多有维希经历的人混得了一官半职。左翼报纸《人民报》（*Le populaire*）更是刊登了系列报道，声称法占区内正在组建一支"维希军队"②。该报甚至指责柯尼希将军默许维希分子在法占区内建立"影子政府"③。

最终，法国本土政府在 1945 年 12 月派出议会调查团巡视德国和奥地利的法占区④，"以研究和管控占领区域民事与军事管理的执行状况，向国民议会外务委员会提供占领多方面情况及可行改革方案的详细报告"，其中就包括有"法国在德当局中在任的维希公务员情况"⑤。在调查团回国后，团主席萨洛蒙·格朗巴赫（Salomon Grumbach，1884 – 1952）指出，在法方军政府部分机构内，维希政权同情者在其人员编制中达 80% 之多。⑥ 调查团最终提交了一份《不适合继续留任的公务员名单》（Liste de fonctionnaires dont le maintien à leurs postes paraissait inop-

---

① Michel Morin，"La Mafia Vichyssoise toute – puissante dans l'armée de la IV République"，*Le Populaire*，le 7 novembre1946.

② O. Rosenfeld，"L'administration française des zones occupées"，*Le Populaire*，le 7 novembre 1946；"L'administration française en zones occupées Les mystère de Ludwigshafen"，*Le Populaire*，le 8 novembre 1946；"En AllemagneL'armée d'occupation"，*Le Populaire*，le 9 novembre 1946；"Dans la zone occupéeAttitude vis – à – vis des Allemands"，*Le Populaire*，le 10 novembre 1946.

③ O. Rosenfeld，"L'administration française des zones occupées"，*Le Populaire*，le 7 novembre 1946.

④ "Résolution tendant à la nomination d'une Commission spéciale chargée d'enquêter dans les zones d'occupation françaises d'Allemagne et d'Autriche (Paris，12 décembre 1945)"，Archives Nationales (AN)，Les archives des assemblées nationales：commissions，projets et propositions de lois，Carton 32，*République Allemande：documentation*，*C//15893*，p. 1.

⑤ "Rapport général fait au nom de la commission parlementaire (1) chargée d'enquêter dans les zones d'occupation françaises d'Allemagne et d'Autriche par M. Salmon GRUMBACH (Paris，9 avril 1946)"，Archives Nationales (AN)，Les archives des assemblées nationales：commissions，projets et propositions de lois，Carton 32，*République Allemande：documentation*，*C//15893*，p. 1.

⑥ Marc Hillel，*L'occupation Française en Allemagne (1945 – 1949)*，p. 178.

portun），其中列出了 13 名法方军政府高级公务员的名字。然而，根据调查团中具体负责此事研究的维耶拉尔德先生（M. Veillard）有关法占区清洗情况的报告原文所称，这一名单并不完全，因为"显然这一名单只包含一些军政府成员以及军方人员的名字而已，并不详尽"①。此后法占区针对维希分子发起了清洗，1947 年 7 月 9 日负责人事的行政总管埃米勒·拉丰在一次访谈中表示：

> 有 3000—4000 名公务人员要被立即开除（占某些部门编制的 30%—40%）。我们如今可以说，那些前右翼民兵，反布尔什维克志愿兵团的成员（LVF）等等，都已经被驱逐出去了。至于那些高级公务员，之前的调查团已经给出了 13 个名字。其中 8—9 个人已经被解除了职务。巴登巴登现在还留任的有 3 或者 4 个人。原则上，我们采取了以下措施：不在一场清洗后再发起另一场清洗。换句话说，所有已经被本土的清洗委员会"洗白"，或是只被判了轻罪（调职）的公务员，都在原则上予以留任。②

显然，即便对于军政府行政总管而言，其所谓对维希分子的清洗也不外乎是将他们洗白的手段之一。即使是调查团白纸黑字提名的 13 个维希分子，也只有 8—9 人被真正解除了高级公务员的职务，军政府中仍然有不少"洗白"了的维希分子：

> 我们在招人时，并没有考虑那些过去受苦的人，而去招募了那些因其过去的活动与法国当时的情况存有些许转圜余地而得益的人。糟糕透顶的公务员，社会政治方面的白痴总是存在的，但是在

---

① "Note，No. 1：concernant la composition du personnel de l'Administration civile（Gouvernement militaire）（28 février 1946）"，Archives Nationales（AN），Les archives des assemblées nationales：commissions，projets et propositions de lois，Carton 32，*République Allemande*：*documentation*，*C//15893*，p. 1.

② "Audience de M. Laffon，Administrateur Général de la zone（09 juillet 1947）"，Archives Nationales（AN），Les archives des assemblées nationales：commissions，projets et propositions de lois，Carton 32，*République Allemande*：*documentation*，*C//15893*，p. 3 – 4.

占领区当局里，他们实在是太多了。①

调查团的一位共产党成员，阿尔弗雷德·比斯卡雷特（Alfred Biscarlet）做出了以下的严厉质疑："占领区曾经并且依然是吸引上千维希分子的庇护所，他们来到这里，要么是为了让自己被遗忘，要么是为了继续投敌卖国的勾当……是的，那里的这上千人正是过去侍奉维希政权的那些人。他们如今真的会为法兰西服务吗？"②"人民共和运动"（Mouvement Républicain populaire，MRP）的左派议员菲利普·里福瑞—勒维尔（Philippe Livry - Level，1898 - 1960）则对此做出了清醒而消极的答复："我明白，中肯地说，如果我们无法向愿意前往赴任的爱国者确保合适的生活条件的话，那么除了希望前去洗白自己的前维希分子以外，我们是找不到其他人选来参与对德国和奥地利的占领的。"③

尽管左翼人士的批评指责确实属实，法占区的确成了维希分子的逃难之地，但对于既成事实是多说无益的。维希分子在法方军政府中的存在是不可避免的，因为这是战后初期法国社会各阶层中普遍出现的大量维希分子处置问题的唯一解决之法。多种关键因素共同导致了这一结果的出现。就法国的外交政策而言，参与对德占领被视为重中之重，而法国又因"不合作"态度不愿接受盟国业已形成占领机制。这就使得军政府需要大量人员和专家，在法占区建立起一套新的占领机制。再者，本土政府同样需要宝贵的本国人力资源来参与国内的全方位重建。而大量受到临时政府各部门及本土企业集团排斥的维希分子，正需要寻找一处安身之所，和一个洗白自己的机会。对于戴高乐这样持相对保守立场的领导人来说，这些维希分子的存在并不能从根本上动摇法占区高度集中的权力构架，因为"三驾马车"中的四位领导人都是戴高乐本人的忠诚拥护者。因此完全可以利用这些人来填补法方军政府中的空缺，以

---

① Marc Hillel, *L'occupation Française en Allemagne（1945 - 1949）*, p. 179.
② *Journal Officiel de la République Française：Débats de l'Assemblée Nationale Constituante*（Séance du vendredi 29 mars 1946），No. 35，Paris：Imprimerie des Journaux Officiels, 1946, p. 1239.
③ *Journal Officiel de la République Française：Débats de l'Assemblée Nationale Constituante*（Séance du vendredi 29 mars 1946），No. 35，p. 1240.

免其被对实权觊觎已久的左翼人士占据。而在被派往德国并于法占区获得一席之地时起，这些维希背景的官员也就摆脱了在国内被整肃的命运，摇身一变成了在其职权范围内具有相当决策权的占领者，依照同样的逻辑再去运用治下的德国人来为自己服务也就成了可能。由于这些"右翼"人士对德国的倾向性，德国人不再是军政府拒之千里的对象，一个相对"温和"的环境由此奠定了双方相互合作的人际关系基础。而日后德国人对于法方军政府的协助，使得占领者与被占领者间的直接联系得以达成，并且也确实有益于行政效率的提升、经济建设的实施乃至对其他占区影响渗透的抵制。于是，在占领中运用德国的人员为自己服务，渐渐自然而然地成了法方占领者眼中的优先选项。

七　法方军政府的占领策略

当法占区相当有限的疆域划定之后，法国不得不直面一个意料之外的新问题：虽然看似已达成了当初外交的首要目标，如愿以偿地参与盟国的对德占领，跻身盟国对德管制委员会四大成员国之列，但这一外交成就却并不牢靠。如前所述，这个成果其实无异于三大盟国施舍的"嗟来之食"。对于希望重树自己国际影响力的法国而言，这其实并不是他们所期望的结果。此外，支持德国统一的主张在《波茨坦协定》中已经有所抬头，而法占区那点可怜的面积，是难以让法国的诸多在德管制要求——诸如政治上的"去中央集权化"、军事上的"非武装化"、经济上对法国重建的支援补偿——得到完全实现的。再者，如前所述，法国在管制委员会内采取了"不合作"态度以抗议其他大国对它的轻视与排挤，这加剧了法国与其他占领国之间的分歧裂痕。鉴于盟国对德管制委员会的管制工作已然不可能回应法方在全德的要求，法方领导人决定放弃在管制委员会层面的争取，转而依照法占区的实际情况对于占领政策目标进行修正，并将其付诸法方军政府予以执行实现。当然，一场仅仅针对小小法占区的改革是难以撼动整个德国的。故而法方基于现实主义原则，在占领实际中暂时放弃了过去针对全德的占领条件，不再单纯地主张德国的"完全去中央集权化"，转而强调构建一个独立自主的占领区，对占领区进行充分开发并在此地建立起法国的影响力，从而以这一占领区为突破口，确保法国在未来可能发生的法德冲突中占据优势地位。

法方军政府在法占区建立后，戴高乐将军亲自赴占区视察，鼓舞占领者士气，安抚占领区民心。在10月5日的巴登巴登，戴高乐以内部秘密讲话的形式，向军政府人员阐明了法方军政府的占领目标与主要任务：

> 在大捷翌日，我们应当做什么呢？
>
> 我们行动的目标，是为了在此地树立法兰西的大旗。
>
> 我们正承担着祖国的天命，这一昭昭使命在过去曾多次黯然落地。最终，我们在最为有利的情况下，前来最后一次实现这一天命了。
>
> 这是一次并吞吗？并不，而且我也不愿使用这类字眼。这应当成为一次经济上、道德上的联盟，一种存在，一种宽泛的管制。
>
> 对于（莱茵河）右岸的各（德意志）邦国来说，它们马上会发现自己正处于名为莱茵河的欧洲通衢的另一边：巴登州无疑正是这种情况，符腾堡大概也算，还有那些历史上在道德、思想、商贸方面与我国同为一体的地方也是。为什么我们不让它们再一次转而倒向我们呢？
>
> 我想到了鲁尔区，这个盆地蕴藏着西欧，尤其是法国所急需的大量煤炭。这个鲁尔区再次成了赌注，成了工具。说是赌注，是因为德国没了它便不可能再度崛起，也就无法再次威胁、攻击、侵略我们。说是工具，是因为对于西欧的复兴来说，必须有这样一个工具来帮助法国变为一个强大的工业国家，只有仰仗这个矿藏丰富的盆地的贡献才能达成这一目标。
>
> 这就是法国在这里应起的作用。这正是上天赋予我国的可能性，我们不应对此心怀畏惧。
>
> 至于德国的其他地方，就让它们听天由命去吧。
>
> 它们的命运将是悲惨的。在分裂的、被摧毁的、被托付给各个互存理念冲突的当局进行占领的德国，这些邦国也就被交托给了不幸的命运，毫无迅速复兴的可能，只会全部自然而然地趋向那些给予它们最多振兴机会，容许他们在欧洲重新取得一席之地的国家。

我们将清清楚楚地见证这些德意志邦国如何演化,这就是我们对他们所能做的一切了。在任何情况下,我们都无意参与伤害这些民众的行动。

像是萨尔布吕肯、科布伦茨、美因茨、特里尔、弗赖堡与卡尔斯鲁厄这些城市,无论其状况如何,有朝一日都会成为我们的盘中之物!只要观察那些莱茵河畔的省份何时会处于需要法国的援助与保障的状况就行了!

只要看看地图,就能发现这一真相。若是德国的莱茵诸邦能真心归附西方精神,我相信它们自会摈弃围绕如今业已崩塌的普鲁士而形成的"一个德国"理念,从而回归到那给它们带来最多希望的前途中去,归附到西欧,尤其是法国这里来。

这正是留待我们着手实现的重任,这在几个月前,或者用更合理的方式说,在几年前,还显得是不可想象、毫无可能的,今天却已成为常识。

军政府的任务,正是为这一演变进行准备。你们告诉我说军政府的设置尚有困难。我们刚刚以惨重的损失走出那场战争,正处于被极大削弱的境地,但是我们如今已然苏醒过来,我们的面前正是可为之奋斗的机遇。这场变革是在毫无准备的情况下骤然实现的,由此引发的诸多困难也是可以理解的。

然而我确信,当局必将达成它的使命,军政府也会竭尽全力,依靠它的理智、权威及必不可少的纪律发挥自己的作用,从而在此地树立起法兰西的大旗。①

显而易见,戴高乐将军此时所做出的主张正是对他在战争末期有关德国问题观点的延续与修正。尽管像军事安全和经济赔款这些因素仍然被加以强调,但他决意要通过"在此地"——也就是法占区——"树立起法兰西的大旗"来优先确保对法国有利的地缘政治态势:以独立自

---

① "Visite du général De Gaulle en Z. F. O", *Discours du général de Gaulle prononcé le 5 octobre 1945 au Kurhaus de Baden – Baden*,Bonn 262 CP C/Ⅱ,4C – La France et la ZFO (1945 – 1947),Dossiers rapatriés de l'Ambassade de France à Bonn.

主且受法国影响的法占区为媒介,来对德国实行"去中央集权化"。萨尔、鲁尔地区以及法占区的诸多城市,反而会通过莱茵诸邦对法国的依附而成为"法国的援助和保障"。但实际上,尽管法国做出了各种外交尝试,可它有关鲁尔国际共管的要求从未被盟国对德管制委员会接受,鲁尔区也从未在法方军政府的管辖之下。故而,其实是法占区真正起到了"赌注"和"工具"的作用,以防范"围绕如今业已崩塌的普鲁士"再度实现"一个德国"的崛起,并帮助"法国变为一个强大的工业国家"。"至于德国的其他地方,就让它们听天由命去吧",显然戴高乐此时已不再抱希望于按照法国设想对德国进行全面改造,而致力于寻求将法占区同德国其他地区分隔开来,以支援法国的经济建设并重回西方世界。

恰恰此时法国本土正急需经济支持,以克服战后严重的经济危机。在承受了战争带来的巨大损失之后,1945 年的法国国家负债数额已达天文数字:

表 2-4　　　　　　　　1945 年法国国债总额①　　　　　(单位:法郎)

A) 修复赔偿所用金额	建筑破坏 财物损失 人员损失(抚恤金) 特别开支	18320 亿 2580 亿 3590 亿 1020 亿
B) 被掠夺的财富金额	(1 类总值) (2 类总值)	25510 亿 23450 亿
总额	1945 年	48960 亿

面对战争带来的满目疮痍,法国的政治家们热切地希望找到必要的资源来确保国家的重建,并使法国未来有能力在经济上主导欧洲。② 为此,法国外交部主管经济方面筹划事务的领导人赫尔维·阿尔方德(Hervé Alphand) 在 1945 年 7 月宣称:

---

① André Piettre, *L'économie Allemande Contemporaine* (*Allemagne Occidentale*) 1945 – 1952, p. 104.

② Catherine de Cuttoli – Uhel, "La politique allemande de la France (1945 – 1948), symbole de son impuissance?", in René Girault, Robert Frank, ed., *La crise de la puissance française, 1944 – 1948*, Paris: Publications de la Sorbonne, 1989.

必须在一个足够低的水平线上重建德国的工业潜力,使之完全无法进行新的侵略;同时要借这一行动之便改革我国的经济架构,使之成为一个工业强国。①

基于同样的思路,左翼"人民共和运动"议员菲利普·里福瑞—勒维尔于1946年3月29日总结称:"德国仍然是富裕的,我们可以掠夺它。"② 事实上,当时法国几乎所有的党派都认同共产党领导人莫里斯·多列士(Maurice Thorez,1900 - 1964)的这样一个说法——他认为,"基于其所承受的一切破坏与苦难,法国有权从德国取得补偿"③:

> 我们没有像我们该做的那样让德国付出代价,或者说,无论如何我们还没从它那里取得那些我们有权获取且它足以给出的赔偿……对这个国家进行非纳粹化,摧毁德国发动战争的潜力,支援法国的重建,这些都是我们在被占领的德国和奥地利所必须处理的当务之急。④

可以说,各党派无论左右翼,无论对未来德国设想如何,此时至少达成了一个基本共识:必须让德国付出代价。而对于法方军政府来说,也就是得由其治下的法占区来承担这一"债务"。

在占领之初,法方军政府领导人基本上都遵从了戴高乐制订的政策,力求在占领同时尽量满足法国本土的经济需要。但随着在德管制的实际进展与法国本土的政治变化,法方占领者中逐渐分化出了两个派别:一派相对保守,主要由占领军军官构成;另一派相对开放,由军政府的民事管理人员组成。保守派以柯尼希将军为首,而开放派则由行政

---

① "Note Hervé Alphand, 24 juillet 1945", AMAE, *Y - 59 - 1*.
② *Journal Officiel de la République Française*: *Débats de l'Assemblée Nationale Constituante* (Séance du vendredi 29 mars 1946), No. 35, p. 1240.
③ Maurice Thorez, "Les conditions de la renaissance française", *L'Humanité*, le 20 octobre 1945.
④ *Journal Officiel de la République Française*: *Débats de l'Assemblée Nationale Constituante* (Séance du vendredi 29 mars 1946), No. 35, p. 1240.

总管拉丰领头，这二人在军政府内处于领导地位，与占领政策的具体执行息息相关。

对于柯尼希将军来说，这已不是他第一次在德国管理占领区了。早在 1923 年法国与比利时军队占领鲁尔期间，他就负责鲁尔区及莱茵诸邦的"德国事务"，并且一直担任此职至 1929 年为止。[①] 1942 年 5 月 26 日到 6 月 11 日比尔哈凯姆之战爆发，柯尼希将军麾下的自由法国第一旅（1ʳᵉ brigade française libre，亦即未来自由法国第一师的前身）在此地迎击隆美尔指挥的意大利与德国北非军团（l'Afrika Korps）精锐摩托化部队。比尔哈凯姆大捷是自由法国武装力量首次在战场上做出重要的军事贡献，对于阿拉曼战役的胜利及自由法国抵抗力量的发展有着重要意义。作为比尔哈凯姆（Bir Hakeim）大捷的英雄，柯尼希的功绩获得了远在伦敦的戴高乐将军的高度赞赏："当在比尔哈凯姆之时，一缕重生的圣光轻柔地洒在染着将士们碧血的沙场之上，世界从此重新认识了法国"[②]。作为一名职业军人、向来反对维希政权的资深戴高乐主义者，他于 1944 年就任法国"内地军"（Les Forces françaises de l'intérieur, FFI）司令官，并于 8 月 21 日起担任巴黎首都军区司令。在新老两代军人中，他能够起到协调作用：作为一战后便参与对德事务的老资格军人，他能够平息那些追随贝当元帅为维希政权服务，或是诺曼底登陆后改投戴高乐阵营的军人的不安。他因此获得了占领军官兵的爱戴，同时也能被巴登巴登军政府内大量的法国民事人员接受。在法占区，他被视为"树立法兰西大旗"宣传口号的代言人。在法方军政府的官方出版物《法国在德国的存在》一书中，针对柯尼希军事总督的形象做出了描述：

> 鲜有任何重责大任不与这样一个名字相关联。我们在史书的千百页之中会认识这样一幅面容。这就是柯尼希。若是事前来看，把行政管理的任务交给这样一位比尔哈凯姆的战争英雄似乎是有悖常

[①] Marc Hillel, *L'occupation Française en Allemagne（1945 - 1949）*, p. 162.
[②] Charles De Gaulle, *Discours et Messages：Pendant la Guerre（Juin 1940 - Janvier 1946）*, p. 204.

理的。让他在漫天火雨下去与敌人的坦克拼杀才是顺理成章之事。但在烟雾缭绕的莱茵河岸，他所面对的却是截然不同的任务：组织与治理。

那些评判别人的人做出了错误的判断。他们轻视了这个人。柯尼希是传奇的战士不假；但他也不尽于此。在内心的最深处，他具备那些足以保证长久大业得以成功的品质：善于在充满挑战的伟大事业中克服困难的习惯（法兰西的荣耀正是靠此赢得的），耐受打击的韧性，选择合作者的敏锐直觉，以及所有真正的先驱人物都具备的最为重要的核心要素：信心。这一点为个人自身所承载，并由此传达给他人，从而众志成城，足以扭转命运。①

如上所述，有着雄心壮志的柯尼希将军其实并不满足于担任一个协调者，或是单纯成为法国在德占领的象征。在法占区内部，他切实地实践着自己的占领理念并且建立起了自己的咨政幕僚团体：

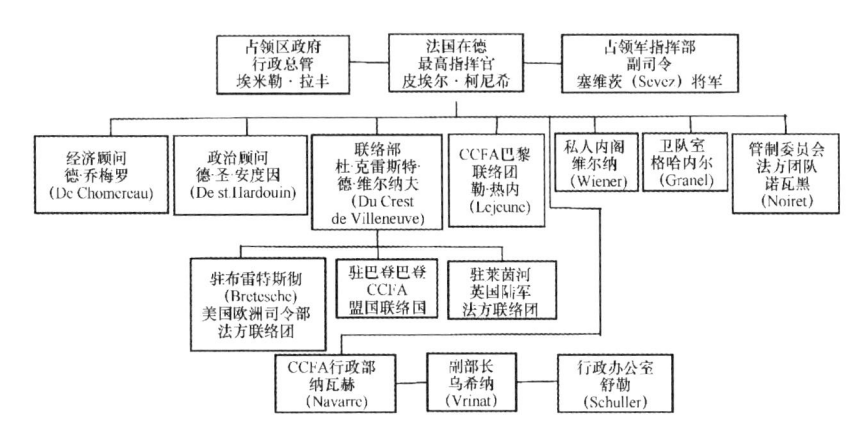

图 2-6　柯尼希将军的幕僚内阁团队（1947 年 6 月 15 日）

资料来源：Hélène Perrein - Engels, *La Présence Militaire Française en Allemagne de 1945 à 1993*, p. 41.

---

① Claude Albert Moreau, Roger Jouanneau - Irriera, *Présence Française en Allemagne*, Paris：Editions Henri Neuveu, 1949, pp. 10 - 11.

理论上，依照法占区"三驾马车"模式的权力架构，作为法国在德当局最高首脑的柯尼希将军并不承担执行法方军政府民事管理职能具体执行的责任。这一职能本应完全隶属行政总管埃米勒·拉丰。但由于法国在德最高指挥部（CCFA）的存在以及柯尼希个人幕僚团队的作用，必要情况下他一直都可以随时随地对法占区任何事务进行直接干预。而且，法方军政府一切有关占区事务的重要决定都需要他出面批准、签字并颁布才能正式生效。他在法方当局中至高无上的地位实际上赋予了他对于占领事务的最终决策权。

对于柯尼希将军的批评集中于他军人风范带来的保守立场以及对戴高乐的一味效忠。同戴高乐一样，他忧心于德国的传统威胁，并且也对法国在德国问题相关国际重要会议中的弱势地位深感不满，在波茨坦会议问题上尤甚：

> 在有关法国对德大政方针方面，先不就未来做出推测，抑或是针对外交方案做出评论，首先要注意的是这样一点：法国期待能看到解决德国问题的具体章程，但却发现这个问题是在它缺席的波茨坦进行处理的。即便盟国明确知道我们的高层对此极为关注。
>
> 后来发生的事正是这一漏洞所造成的后果，我们的所作所为取决于这个漏洞将来得到弥补的方式。我们的政策，显然将是以我们所面临的具体情况以及通过外交途径提出的要求为条件来制订的。
>
> 如今，在《波茨坦协定》这一基础性的文件都充满自相矛盾内容的情况下，你们又怎么能为我们划定行动的条条框框呢？
>
> 第一处矛盾在于：你们裁撤了德国东部的军火武备，却没有去裁撤它在西部的军火武备。这种不平衡的解决方案只会造成这样一个后果，德国的全部威胁最后必然再一次转向我们。
>
> 第二处矛盾在于：你们不久前在波茨坦宣布必须支持德国的非中央集权化，但是同时又表示中央行政是必要之举。你们将会认清这一点的！
>
> 嗯，好了！对于我们来说，要紧的是首先组织起去中央集权化

的措施，并行使某些国际共管，来调和这些矛盾。①

相同的动机推动着柯尼希将军去步步追随戴高乐的计划。为了实现后者提出的"在此地树立起法兰西的大旗"的目标，他形成了一套自己的占领理论，以求法国的"传统安全保障"：

> 这一切不仅是占领本身而已。对于一次卓有成效的占领而言，首先要基于占领国有关被占领国的利益，来确定并认清占领所追求的目标。在这样一场让法国失血过多的战争之后，被极度的危险性所带来的萎靡动荡所困扰的我国，有权通过对战败国的占领要求传统安全保障，在德国问题上这一保证是我国为其自身安全所向来追求的。对于德国的全盘军事占领，世界军事力量对于战败对手的失衡出现了并且仍在维持，如果这些因素保持不变，对于我们而言将会带来更多的安宁。②

于柯尼希而言，法国在德占领将是一场旷日持久的长远大业，对此他表示："在确保民主理念牢牢根植于德国人民中之前，我们绝不离开德国。必须用上 30—40 年才能让德国人领悟这一民主制度的优越之处。"③ 为了在这样的长时段中保证法方军政府的稳定统治，他主张坚持以下几点主张。首先，他认为必须保持法国在德的军事存在。其次，他反对针对法占区民事行政进行深入改革，担心左翼人士借此机会渗透进占领区，认为这会使得德国的民事改革在激进理念下仓促完成，从而过早结束对德军事占领，影响到法国的传统安全。罗纳地区议员，社会主义者安德雷·菲利普（André Philipe，1902 – 1970）就曾对柯尼希的

---

① "Paris presse publie l'interview que le Général KOENIG a accordé à Raymand HENRI au cours de son passage à Paris, le 11 décembre 1945", AMAE, *Bonn 264 CP C/Ⅲ*, *4C – La France et la ZFO（1945 – 1947）*, *Dossiers rapatriés de l'Ambassade de France à Bonn*.

② Pierre Kœnig, "Bilan de quatre années d'occupation", *France Illustration*, No. 205, le 17 septembre, 1949, p. 1.

③ "Discours du général Kœnig, le 11 septembre 1946", Marc Hillel, *L'occupation Française en Allemagne（1945 – 1949）*, p. 7.

一意孤行进行抨击:"在我们的占领区里,就跟其他占区一样,明目张胆地出现了一股行省专权之风,指挥官更像是主人,而不是政府的公仆。"① 法国共产党人更是把他批判为"略经伪装的法西斯主义者"(fasciste légèrement déguisé),甚至称他在法占区排兵布阵以筹备在巴黎发动政变,只听戴高乐差遣而不服从法国政府的指挥。②

但是,除开柯尼希将军以外,再没有第二个有经验的人既可以借军中功业获得占领军支持,又可以在戴高乐拥护者与前维希分子之间沟通协调,游刃有余。作为"三驾马车"的驭手,直到法方军政府寿终正寝之时,柯尼希都一直是法国在德最高指挥部及法方军政府的最高首脑。尽管戴高乐在1946年1月便已辞职,法国本土政府之后曾略向"左倾",也曾亲近美英,多有变化,但柯尼希自己始终在法占区坚持其政策立场不变。在他领导之下,独立自主而略带保守的政策在法方军政府中影响颇深。

与柯尼希将军这样的军队高官相反,开放派的领头人物行政总管埃米勒·拉丰是一名名副其实的管理专家。他曾经当过矿业工程师、律师,还曾在1939年的作战中担任飞行员并获得十字勋章。在1943年赴伦敦之后,他被戴高乐任命为法国沦陷区民族解放委员会总代表亚历山大·巴洛迪(Alexandre Parodi, 1901 – 1979, le délégué général du Comité français de Libération nationale en France occupée)的副手。此后他一直致力于未来法国政府的组织工作,并为此奔走联络大量人员,为法国光复后的本土政权过渡做出了巨大贡献。解放时他受委任为内政部临时总秘书官。③ 在奔赴法占区就任行政总管时,他也才38岁而已,较之于"三驾马车"主要成员中的其他三位老资格军官要年轻许多。④ 作为一个有着自由精神,做事井井有条而又充满行动力的人,他无疑是积

---

① Journal Officiel de la République Française: Débats de l'Assemblée Nationale Constituante (Séance du vendredi 12 juin 1948), No. 63, Paris: Imprimerie des Journaux Officiels, 1948, p. 3496.

② André Carrel, "Pour la défense de la République! Face au complot des cagoulards et du R. P. F. dont la gravité est attestée par l'arrestation du général Merson et la convocation de Kœnig au ministère de l'intérieur", L'Humanité, le 4 juillet 1947.

③ Marc Hillel, L'occupation Française en Allemagne (1945 – 1949), p. 165.

④ F. Roy Willis, The French in Germany: 1945 – 1949, p. 79.

极应对法方军政府日常行政管理任务的不二人选。作为法方军政府真正的实际管理者,他统领着法方军政府的全部民事管理部门。理论上,法占区除占领军及驻柏林盟管外交团队以外的一切中央地方机构均由他节制。1947年法方军政府行政总管辖下主要部门及人员结构见图2-7。

得益于在内政部任职时积累的丰富经验,他清醒地认识到法占区的管理绝不只限于消除军国主义及纳粹主义,更需要其为法国经济的恢复提供机会与条件。较之于柯尼希将军要求维持长期军事占领的相对保守的政见,拉丰更为注重短期内的经济收益与行政的便捷性。他同时还强调法占区与法国本土直接联系的重要性,对右翼军官将法占区视为"世外王国"作威作福的做法颇有意见,认为应该像在本土一样督促在德国的法国人谨慎自制,从而在德国人面前体现出占领者坚定、客观、严肃的态度。

拉丰的行事理念还推动了法方军政府的军政分离。他认为自法军入境德国以来,军官派的保守影响已经过度侵蚀了法占区。因此,拉丰领导下的民事行政机关与蒙萨贝尔特将军麾下的占领军部队之间自一开始就龃龉不断。1945年8月22日,在拉丰推动下,《法方军政府第2号法令》(L'arrêté no. 2 du GMF)宣布:

> 确保高级代表,及其治下行政区及专区代表为其治理区域内唯一行政当局。其均隶属于占区军政府最高指挥官副手、行政总管(也就是埃米勒·拉丰)管辖,由行政总管向其发布指令……最高指挥官副手兼占领军部队司令官将军与最高指挥官副手兼行政总管负责本法令之具体执行,其在各省的落实将由法国在德最高指挥官根据行政总管的建议方案做出决定。①

至此,埃米勒·拉丰实际上占据了法方军政府权力架构的第二把交椅,占领军的影响力受到了限制——部队指挥官们现在只被允许在"其

---

① "Arrêté 2 du Général Commandant en chef délimitation des attributions du Commandement des Troupes et du Gouvernement Militaire", *Journal Officiel du Commandement en Chef Français en Allemagne*, No. 1, Gouvernement Militaire de la zone française d'occupation, le 3 septembre 1945, p. 4.

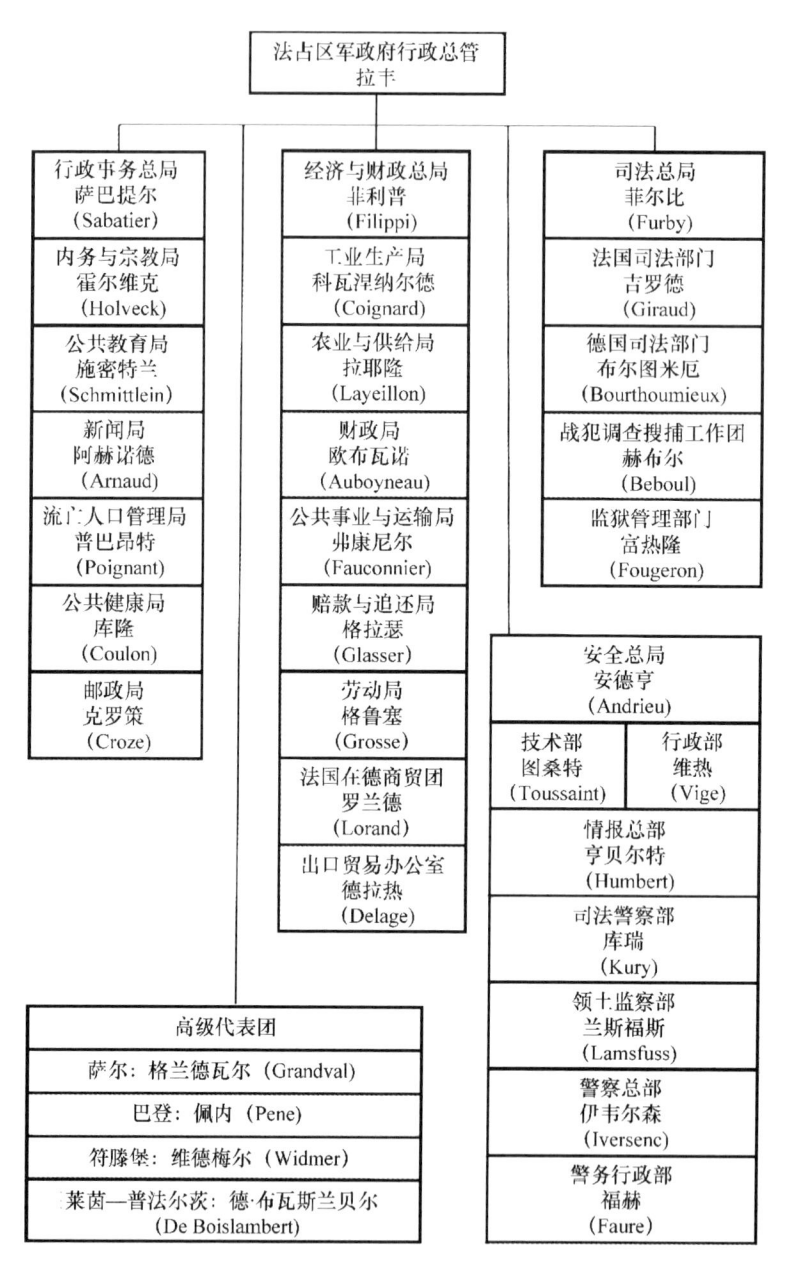

```
                    ┌─────────────────────┐
                    │ 法占区军政府行政总管 │
                    │        拉卡         │
                    └─────────────────────┘
                              │
      ┌───────────────────────┼───────────────────────┐
┌─────────────┐       ┌─────────────┐         ┌─────────────┐
│ 行政事务总局 │       │ 经济与财政总局│         │  司法总局   │
│  萨巴提尔   │       │   菲利普    │         │   菲尔比    │
│ (Sabatier)  │       │  (Filippi)  │         │   (Furby)   │
└─────────────┘       └─────────────┘         └─────────────┘
┌─────────────┐       ┌─────────────┐         ┌─────────────┐
│ 内务与宗教局 │       │  工业生产局  │         │ 法国司法部门 │
│   霍尔维克   │       │ 科瓦涅纳尔德 │         │    吉罗德    │
│  (Holveck)  │       │ (Coignard)  │         │  (Giraud)   │
└─────────────┘       └─────────────┘         └─────────────┘
┌─────────────┐       ┌─────────────┐         ┌─────────────┐
│  公共教育局  │       │ 农业与供给局 │         │ 德国司法部门 │
│  施密特兰   │       │    拉耶隆    │         │  布尔图米厄  │
│(Schmittlein)│       │ (Layeillon) │         │(Bourthoumieux)│
└─────────────┘       └─────────────┘         └─────────────┘
┌─────────────┐       ┌─────────────┐         ┌─────────────┐
│   新闻局    │       │    财政局    │         │战犯调查搜捕工作团│
│  阿赫诺德   │       │  欧布瓦诺   │         │    赫布尔    │
│  (Arnaud)   │       │ (Auboyneau) │         │  (Beboul)   │
└─────────────┘       └─────────────┘         └─────────────┘
┌─────────────┐       ┌─────────────┐         ┌─────────────┐
│流亡人口管理局│       │公共事业与运输局│        │ 监狱管理部门 │
│   普巴昂特   │       │   弗康尼尔   │         │    富热隆    │
│  (Poignant) │       │ (Fauconnier)│         │  (Fougeron) │
└─────────────┘       └─────────────┘         └─────────────┘
┌─────────────┐       ┌─────────────┐
│  公共健康局  │       │  赔款与追还局│         ┌─────────────┐
│    库隆     │       │    格拉瑟    │         │   安全总局   │
│  (Coulon)   │       │  (Glasser)  │         │    安德亨    │
└─────────────┘       └─────────────┘         │  (Andrieu)  │
┌─────────────┐       ┌─────────────┐         ├──────┬──────┤
│   邮政局    │       │    劳动局    │         │技术部│行政部│
│   克罗策    │       │    格鲁塞    │         │图桑特│ 维热 │
│   (Croze)   │       │   (Grosse)  │         │(Toussaint)│(Vige)│
└─────────────┘       └─────────────┘         ├──────┴──────┤
                      ┌─────────────┐         │   情报总部   │
                      │法国在德商贸团│         │   亨贝尔特   │
                      │    罗兰德    │         │  (Humbert)  │
                      │  (Lorand)   │         ├─────────────┤
                      └─────────────┘         │  司法警察部  │
                      ┌─────────────┐         │    库瑞     │
                      │出口贸易办公室│         │   (Kury)    │
                      │    德拉热    │         ├─────────────┤
                      │  (Delage)   │         │  领土监察部  │
                      └─────────────┘         │  兰斯福斯   │
                                              │ (Lamsfuss)  │
      ┌─────────────────────────────┐         ├─────────────┤
      │         高级代表团          │         │   警察总部   │
      ├─────────────────────────────┤         │  伊韦尔森   │
      │ 萨尔: 格兰德瓦尔 (Grandval) │         │ (Iversenc)  │
      ├─────────────────────────────┤         ├─────────────┤
      │ 巴登: 佩内 (Pene)           │         │  警务行政部  │
      ├─────────────────────────────┤         │    福赫     │
      │ 符腾堡: 维德梅尔 (Widmer)   │         │   (Faure)   │
      ├─────────────────────────────┤         └─────────────┘
      │ 莱茵—普法尔茨: 德·布瓦斯兰贝尔│
      │              (De Boislambert)│
      └─────────────────────────────┘
```

图 2-7 1947 年法方军政府行政总管辖下主要部门人员

资料来源: Hélène Perrein-Engels, *La Présence Militaire Française en Allemagne de 1945 à 1993*, p. 42.

指挥下部队的安全直接受到威胁的情况下",才能"采取必要措施进行介入以重新建立秩序"①。9月4日,法方军政府颁布的《第5号命令》(l'Ordonnance No. 5)规定:

> 根据占区军政府副手,行政总管的建议方案……自1945年9月1日起,由法占区军政府负责法占区内全部德国经济的管制……占领军部队最高指挥官须定期将其所需给养状况报告军政府……只有军政府有征用权力。②

自此占领军擅自征调物资的行为受到了遏制,更重要的是,此举使得只有军政府方面才能确保占领军的补给。对于军官派而言,《第5号命令》正像是一根在经济方面限制他们一举一动的"缰绳",切实地限制了军人的权力,提升了法方军政府内那些具体管理财政经济事务的民事官员的地位。后者如今担负搜刮占领区资源以补给军队的大权,即便之前在德国地位如日中天的占领军也不得不对此低头。然而,在1946年4月议会调查团访问法占区之后,调查团的一名成员亨利·瓦隆(Henri Wallon,1879 – 1962)指出,法方军政府的军方与民事官员之间依然存在着权力不平衡的现象:

> 由于军人的旧时权威与占区民事管理间达成的某种妥协,现在保持着两套重叠的机构:二者不仅彼此重复,而且还颇为对立:一方面是最高指挥官的幕僚内阁,它有相当数量的人员(350名官员),实际上已经足以掌控各个占领部门;另一方面是总体上也有着类似功能的(军政府)代表团,由于前面这些部门中只有极少数是执行部门,大多数只是单纯的管制监督部门而已。这就导致不

---

① "Arrêté 2 du Général Commandant en chef délimitation des attributions du Commandement des Troupes et du Gouvernement Militaire", *Journal Officiel du Commandement en Chef Français en Allemagne*, No. 1, p. 4.

② "Ordonnance, No. 5 concernant le contrôle de l'économie allemande à l'intérieur de la Zone Française d'Occupation", *Journal Officiel du Commandement en Chef Français en Allemagne*, No. 2, Gouvernement Militaire de la zone française d'occupation, le 17 septembre 1945, p. 8.

仅高级公务员的编制员额重叠冗滥，空耗占领开支，甚至连我们的行政管理机构也变得臃肿累赘，且这两套机构体系可能会针对相同的事件产生诸多分歧。毋庸置疑，这两套机构之中必须择一消失。①

于是，在议会调查团总报告的《解决建议》中，调查团人员最终选择支持民事官员一方：

为了结束因为被称为军政府的民事当局所处的军事化态势而产生的长期混乱，其公务员被要求佩戴与军方稍有不同的制服衔饰，以此区别于占领军及其指挥官的职责与权限，从而消除现下存在的民事机关与军队间的重叠状况，并且在交托法国治理的占领区域内毫不延宕地确保民事权利的至高无上。②

在本土方面的支持下，法占区的民事官员们获得了民事事务方面的话语权。与他们一意确保法国地缘政治安全的军人同僚不同，他们希望尽可能地利用手头的一切有利条件重振法国经济，使得法国能够利用占区资源取得经济上的主导权。但是，随着外交态势的变化，两派之间在管制意见上的分歧最终酿成了法方军政府内部的一场政治危机。

八 法方军政府的终结

占领之初，分别以柯尼希将军和行政总管拉丰为代表的两派在法方军政府中融洽共生。两者都同意遵循戴高乐将军的指示，强调占领德国的重要性，并把法占区视为法国重建的政治经济助力。在左翼的谴责抨

---

① "Rapport présenté par M. Henri Wallon au nom de la 1ère Section de la Commission parlementaire d'enquête chargée des questions administratives（Paris, 9 avril 1946）", Archives Nationales（AN）, Les archives des assemblées nationales：commissions, projets et propositions de lois, Carton 32, *République Allemande*：*documentation*, *C//15893*, p. 2.

② "Rapport général fait au nom de la commission parlementaire（1）chargée d'enquêter dans les zones d'occupation françaises d'Allemagne et d'Autriche par M. Salmon GRUMBACH（Paris, 9 avril 1946）", Archives Nationales（AN）, Les archives des assemblées nationales：commissions, projets et propositions de lois, Carton 32, *République Allemande*：*documentation*, *C//15893*, pp. 8 – 9.

击下，他们也都被迫限制了法占区内部的右翼影响。然而，在1947年1月1日美英双占区合并，尤其是1947年7月马歇尔计划出台之后，一个名曰西德的全新德国在西方阵营中呼之欲出。这些变化促使法国人重新审视其对德政策。在盟国对德管制委员会中，部分代表就德国问题表示："法国正处在与美英相一致的政策中，这是苏联主动挑起的决裂及巴黎会议的结果所致。"① 历史学家阿尔弗雷德·格鲁塞做出了这样的描述，法国"真切地感受到其无能为力的弱势地位与这样一套完全独立自主的政策制订是不相符的，国际环境的变化注定了马上得有新的对德政策出现"②。在1948年2月23日开始的美、英、法、荷、比、卢六国伦敦会议上，西方国家弥合了在德国问题上的分歧，声称要建立一个使"德国能够加入自由人民集体之内的体制"，并且宣布："双占区与法占区应全部参加欧洲复兴计划，并以适当方式派代表参加常设组织。"③ 面对两个超级大国——美国与苏联——之间日益紧张的局势，法国除了与西方盟国合作外别无选择，就如同外交部长乔治·皮杜尔在1948年6月16日要求国民议会签署有关西德成立的《伦敦议定书》时所坦言的那样："我们来到议会之前，心中知道这必然会被否决。如果必要的话，我愿意为之牺牲，但如果我们不和别人这么做的话，他们自会舍弃我们自己去干，我们也就会被窒息而死，因为我们到头来什么也得不到。"④ 最终，法国政府的外交官不得不放弃"不合作"态度，开始筹划对德新政策，从而达成与美英的合作。在法方军政府中，向来以执行者身份行事的拉丰真心实意地担负起了在法占区贯彻本土政府新政策的任务。

但是，对于那些持保守立场的占领者——如柯尼希将军——而言，占领政策的如此变化是全然不可接受的。1947年4月7日，他们的精神领袖（此时已因第四共和国成立而下野）戴高乐将军，在他于斯特拉斯堡的演说中重申了继续坚持"不合作"政策的重要性：

---

① Vincent Auriol, *Journal du Septennat*, Tome 1, 1947, Paris: A. Colin, 1970, p. 695.
② Alfred Grosser, *Affaires Extérieures: La Politique de la France 1944–1989*, p. 49.
③ 卡尔·迪特利希·埃尔德曼著：《德意志史》第四卷下，高年生译，商务印书馆1986年版，第297页。
④ Vincent Auriol, *Journal du Septennat*, Tome 2, 1948, Paris: A. Colin, 1974, p. 242.

我们的星球如今已经被划分成了两个正处在扩张之中的巨大阵营，且二者是由相互对立的意识形态思潮所激起的。美国与俄国，即便我们期盼他们不会变成敌人，也已经自然而然地成为对手了。随着地图上未知领域的不断缩小，伴随着技术的进步，他们的势力范围在全世界犬牙交错，这也就是说，世界各地都在他们的警戒之下，而造成可怕毁灭的手段在他们间的关系中即便还没有造成极度恐慌，也已经引入了令人不安的咄咄逼人的特性。在我们所处的类似情况之下，保持我们的独立自主对于我们而言已经成了棘手而关键的问题。这首先意味着，德国人民的命运必须如此得以限定：我们这个邻国所持有的野心、手段与导向不能有朝一日再度构成对我们的威胁。同时，这也意味着我们要着手复兴欧洲，从而在如今的两大阵营之侧，加入平衡性的要素。如若不然，今后的人们可能就得在蝇营狗苟的政体之下气喘吁吁，而无法在和平中生存发展。①

戴高乐在此强调了保持法国独立自主地位的重要性，也暗示了法占区在法国影响下的自治在美苏两极对立格局下的重要意义。对于他在法占区中的拥护者来说，这意味着他们不能在德国事务上向西方盟国轻易让步，必须尽可能地保证法方占领的独立性。

于是，大部分持保守立场的军官认为，必须在法占区内长期保持占领状态，而不应仓促撤出德国。事实上，对于他们来说占领状态的结束，意味着他们作为战争英雄和德国征服者在法占区的优越地位的终结。民事官员们会完全取代他们的位置，以处理占区合并的具体事宜，监督西德民事政府的成立。在占领时期，军官派与民事官员们之间的分歧对抗一直处于上升态势。当这两个派别的领头人物，即法国在德最高指挥官与法占区行政总管，就占领理念和状态意见相互对立之时，这一紧张关系也就达到了顶峰。1947 年末，随着西方盟国外交压力的加大与法占区的内部危机显现，这一局面终于陷于破裂。11 月 12 日，柯尼希将军致信外交部长乔治·皮杜尔，要求后者拿出"适宜的办法以避免

---

① Charles De Gaulle, *Discours et Messages: Pendant la Guerre* (*Février 1946 – Avril 1958*), Paris: PLON, 1970, pp. 53 – 54.

一个三占区组织所将造成的影响"，认为这是"怀疑我们对德政策原则"的"妄想"：

> 尽管我愿意按下不表，但如你向我要求的那样，在基本的行政方案方面，我觉得最好还是开诚布公地来谈……一旦我们成为三方机制的一部分，如果我们不在三方体系中保留两样基本手段，那我们就会丧失在德国推行哪怕最低限度独立自主政策的可能性：
> 1）通过采取三方决议一致规则来承认否决权的存在。
> 2）原则上维持各最高指挥官在其各自占区中的主权。
> 如果现行四方体系中的这两个有利之处无法获三占区体系认可，那么这项合作契约可就太过糟糕了。①

显然，柯尼希希望保留盟国对德管制委员会的"四国一致""独立行事"原则，从而借此在三占区合并后继续保持法占区的独立地位以及法方军政府的特殊政策。但是对于美英方面来说，西方占区合并的目的本就是为了摆脱这些原则在盟国对德管制委员会中造成的麻烦。因此这一建议实际上根本就不可能实现，柯尼希有关三占区合并的论调更多是法占区军官派对于外交部外交官的警告，希望以此说服他们知难而退，在外交活动中继续保持原来的对德政策。与此同时，他们也可借此机会抵制以民事官员为媒介，此时在法方军政府内部占据优势地位的来自法国本土的影响力。

其实，在11月初，法方军政府的实际日常管理者，埃米勒·拉丰就已意识到军官派方面在诸多事务上的排斥，已经向乔治·皮杜尔送上辞呈。但后者说服他留任到伦敦会议结束，希望将生米煮成熟饭造成既成事实，这样即便拉丰最终离职也可以事先接受会议结果，迫使接手的军官派不得不遵循外交会议业已达成的决议。然而，11月15日，柯尼希将军却直接自行下令，通告拉丰其职位已被撤销。② 连新闻报纸也对

---

① "Le général d'armée Kœnig au Ministre des Affaires Étrangères: Fusion éventuelle des Zones occidentales, le 12 novembre 1947", Archives Nationales (AN), Les archives Bidault, 457AP15.
② F. Roy Willis, *The French in Germany: 1945–1949*, pp. 89–90.

法占区领导层的这场"大地震"大加宣扬：

> 我们很久以前就已知晓柯尼希将军与行政总管拉丰之间在法国对德政策上存在意见分歧。拉丰先生此前已经表露过辞职意愿：他甚至已在数日前向乔治·皮杜尔先生奉上辞呈，只待留职到接任者确定为止。
>
> 但是，拉丰先生于前天直接从柯尼希将军处获得通知称其职务已被取消。这样一个类似的决定第一眼看来似乎只有政府方面才能做出。就不会在报告中明说的意味看来，这应当是有关于法占区政治结构深度改革之举：这事实上使得法国在德最高指挥官可以完全自由地自行其是。
>
> 因拉丰先生与将军之间的观点分歧使得法国在德当局的地方干部们陷于不知所措的混乱境地的可能性并非不存在，而巴登巴登发生的事变在宏观政局上增添了政府与部分高级官员之间不一致关系的其他显露迹象。①

在做出这一决定后，柯尼希再次成为舆论批评的众矢之的。《人民报》称其为极端戴高乐主义、山高皇帝远的罗马式"行省总督"②。《费加罗报》（Le Figaro）则指出柯尼希不满于民事官员在他卧榻之旁占据行政总管之职，意欲自行拟定其继任者。③ 对于本土的政治家来说，柯尼希将军是法国对德占领不可动摇的象征，其他任何人选要么难以服众，要么不愿驻留德国，他依然是无可替代的。在法占区内，他作为法国在德最高指挥官本就占据无人可及的高位，这给予了他在必要情况下就占区乃至军政府本身的所有事务做出决定的权力，拉丰及其手下的民事官员并不能抗拒他的命令。最终，柯尼希在法占区的统治地位依旧屹

---

① "L'administration de la zone française d'occupation va‑t‑elle être modifiée?", Le Monde, 17 novembre 1947.

② P. P., "Non! L'administration française en Allemagne n'aura pas à sa tête M. Sabatier préfet de Vichy! N'en déplaise au très gaulliste général Kœnigqui voudrait jouer les proconsuls", Le Populaire, le 18 novembre 1947.

③ J. M. J. O, "L'administrateur général Laffon démissionné", Le Figarole 15 novembre 1947.

立不倒，相反，他还自 1947 年 12 月 12 日起接手了原属拉丰的职权。行政总管一职之后在 1948 年 4 月 12 日正式被取消。① 所有在法方军政府行政体系下原本归于行政总管领导的部门，均被置于法国在德最高指挥部（CCFA）直接指挥之下。1948 年 4 月 16 日，法方军政府重组完成，自此由法国在德最高指挥部直接管理法占区的所有民事行政事务②。

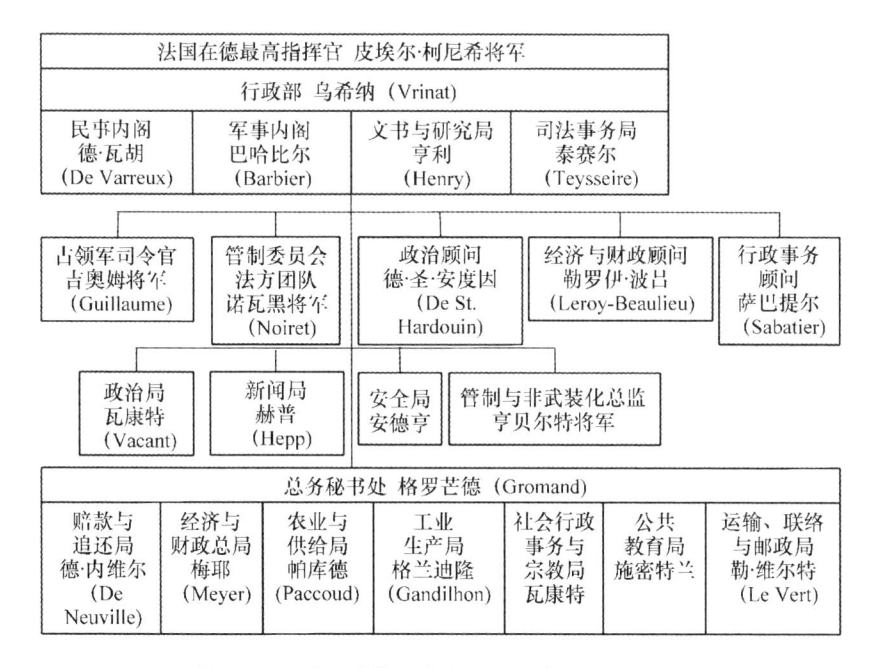

```
                        法国在德最高指挥官 皮埃尔·柯尼希将军
                              行政部 乌希纳（Vrinat）
   民事内阁          军事内阁          文书与研究局      司法事务局
   德·瓦胡           巴哈比尔           亨利              泰赛尔
   (De Varreux)      (Barbier)        (Henry)          (Teysseire)

   占领军司令官     管制委员会        政治顾问         经济与财政顾问    行政事务
   吉奥姆将军       法方团队         德·圣·安度因      勒罗伊·波吕       顾问
   (Guillaume)     诺瓦黑将军        (De St.          (Leroy-Beaulieu) 萨巴提尔
                   (Noiret)          Hardouin)                          (Sabatier)

   政治局          新闻局           安全局           管制与非武装化总监
   瓦康特          赫普             安德亨           亨贝尔特将军
   (Vacant)        (Hepp)

                              总务秘书处 格罗芒德（Gromand）
   赔款与    经济与    农业与    工业      社会行政   公共       运输、联络
   追还局    财政总局  供给局    生产局    事务与     教育局     与邮政局
   德·内维尔 梅耶      帕库德    格兰迪隆   宗教局     施密特兰    勒·维尔特
   (De       (Meyer)   (Paccoud) (Gandilhon) 瓦康特    (Le Vert)
   Neuville)
```

图 2-8　重组后的军政府（1948 年 4 月 16 日）

在拉丰离职，法方军政府重组后，法占区"三驾马车"的权力构架由此崩塌。法国在德当局的另外两位重要人士，即占领军部队司令官及柯尼希在柏林盟国对德管制委员会的代表，均为一贯拥护柯尼希的资深军官。这就使得柯尼希成了在法占区说一不二的真正"老大"（Grand Patron）。

---

① F. Roy Willis, *The French in Germany*: 1945–1949, p. 90.
② Hélène Perrein – Engels, *La Présence Militaire Française en Allemagne de 1945 à 1993*, p. 39.

首先，对于法国政府来说，拉丰这匹"三驾马车"中"唯一服从巴黎意志的骏马"，一直致力于限制军人的权力，提高民事官员的地位，最终却被逐出了法占区。军人从此掌控了法方军政府并成了占区的主宰。埃米勒·拉丰所做出的大多数决策也无法被军官们延续下去或是正确执行，保守风潮再一次主导了法占区的行政。

其次，随着拉丰去职，法方军政府失去了一个本土政府的忠实代理人。在其任职时期，拉丰始终主动执行法国政府针对外交态势变化而为法占区制定的各项新政策。他离职后，尽管法占区的保守派占领者并没有能力直接干涉与美英合作的新政策的拟定，也无法就德国问题单方面做出决定，但他们可以一再延宕必要措施的贯彻落实，尽可能地阻碍三占区的合并与西德的成立，从而曲线达成他们延长占领状态，维护法国传统安全的占领目标。实际上，他们的蓄意妨碍确实大大拖延了西方三国在德军政府之间的洽谈，美占区总督克莱将军就认为法国在德当局"下了决心即便无法推翻设立西德政府的决定，也要尽可能地延迟它的实现……尝试使外交部为达成三方一致而做出的努力化为乌有"，并且抱怨称：

> 柯尼希将军在近来会议中表现出的立场，说明法国人不满于当下的情况，不愿接受西德政府……尽管法国政府已经公开接受了复兴欧洲所必不可少的复兴德国的理念，但他们在德国的代表们所采取的大多数措施并不是为此服务，反而是尽可能拖延这一复兴的实现的……法国人说，有证据表明这会产生一股让德国成为欧洲最大经济霸权及欧陆经济中心的趋势……美方与法方政策的冲突正在升温之中，这会导致我们在德国的行动中出现近乎日常的分歧不和局面。①

但是对于法国本土政府来说，即便其他大国不加干预，法国经济也承受不起柯尼希设想中的对德长期占领了。再者，西方盟国的外交压力，东方阵营的威胁都迫使法国要尽早做出抉择。1948年1月4日与1

---

① Lucius D. Clay, *Decision in Germany*, pp. 413 – 414, 414 – 416.

月7日，乔治·皮杜尔分别致信柯尼希将军和德奥事务国家秘书官皮埃尔·施耐德（Pierre Schneiter，1905–1979），以调整法国对德政策方针。在给柯尼希的信中，他明确称法国拒绝"参与互相敌对的两大阵营间的对抗游戏"，但也谨慎地强调了重建德国的重要性，指出必须顾及欧洲的整体利益：

> 德国经济必须尽快得以重建，但也绝不能优先于欧洲的任何其他盟国国家，并且这一重建必须在欧洲框架下进行。它所要应对的不仅是德国自己的需要与财力，而是整个欧洲的。①

在他给皮埃尔·施耐德的信里，他则明白地表现出了采取新政策以取消对德限制的意愿：

> 这一政策的依据，便是占领初期阶段的明确结束，我们正进入一个新的时代，那些曾占据主流地位的猜忌心理不应再显现出来，应当尽可能地采取一切手段为未来筹划，而不是拘泥过去。换句话说，不应该再干预占区的直接行政了，更不应再对其剥削利用来为我们谋利②。

这两份文件标志着法国对德政策的转向，德国不再是必须严加管制并加以盘剥的敌国，而是重建欧洲所必不可少的关键部分，甚至可能成为法国在意识形态与地缘政治上的潜在盟友。

1948年3月后，随着盟国对德管制委员会的瘫痪，面对东西方占领国之间的紧张态势，鉴于继续维持占领所要承担的巨大经济负担，乔治·皮杜尔在1948年6月11日对国民议会的讲话中承认："不幸的是，法国的经济状况你们也知道，如果我们拒不接受我对你们所提议的这个政府的话，那就应当由议会负起责任，以占用国家预算的方式给出必要

---

① "Le ministre de Affaires Etrangères à Monsieur le général d'armée Kœnig, le 4 janvier 1948", Archives Nationales (AN), Les archives Bidault, 457AP15.

② "Le ministre de Affaires Etrangères à Monsieur le secrétaire d'Etat aux Affaires Allemandes et Autrichiennes, le 7 janvier 1948", Archives Nationales (AN), Les archives Bidault, 457AP15.

的款项，以填补占区收支的不平衡状态。自我们取得萨尔时起，这种收支不平衡在经济上就已经难以为继了。"① 他指出，对于法国来说，"不存在任何有一点点机会的迹象……来既获得马歇尔援助的好处又拒绝承认这个在我们看来仍有一半大的德国。再过些许时间，我们就知道必须做出了结了。如果我们一意孤行，就会失掉一切。"②

此外，就经济方面而言，法国左右各派政治家对于德国问题是有一个潜在共识的，那就是法占区应该是法国重建的助力，而不是它的经济负担。故而，法方军政府中军官派妨碍西德建立的种种举措，注定只是缓兵之计而已，并不能扭转大局。1948年3月20日，因苏方代表对美英方面在德国建立联邦国家的密谋不满突然退场，盟国对德管制委员会陷入瘫痪。数月之后的6月16日，法国的国民议会便批准了伦敦会议"必须给予德国人民在自由民主的政府形式框架下，为其如今业已分裂的国家最终重新达成统一的机会"的决议，其通过票数所占的优势可谓微乎其微，仅仅8票而已（297票赞成对289票反对）③。1949年4月1日，巴黎正式宣布法国政府决定"将其占领区同双占区连接起来"④。之后，1949年4月25日到5月4日，法方派出了一个新闻代表团到德国调查其现状。此时，该代表团领队恩内斯特·佩蔡特（Ernest Pezet，1887－1966）也承认道：

  无论是官方的声明还是他们发言人的公开讲话，都明确地显示出，德国人可没少从美苏对抗，以及西方盟友对于欧洲团结及大西洋安全这些彼此关联的问题中德国因素重要性的认识之中受益。他们非常明白，对于西方盟国而言：

  1）德国经济，尤其是鲁尔区的经济，对于欧洲的生存来讲不

---

① *Journal Officiel de la République Française*：*Débats de l'Assemblée Nationale Constituante*（Séance du vendredi 11 juin 1948），No. 62，Paris：Imprimerie desJournaux Officiels，1948，p. 3461.
② Le discours de George Bidault dans le Conseil des ministres du 26 mai 1948，Vincent Auriol，*Journal du Septennat*，Tome 2，1948，Paris：A. Colin，1974，p. 241.
③ F. Roy Willis，*France，Germany，and the New Europe 1945－1946*，p. 24.
④ Marc Hillel，*L'occupation Française en Allemagne（1945－1949）*，p. 374.

可或缺。

2）德国加入团结的欧洲——首先是西欧——的建设，是合乎其意愿的，甚至可以说是不可避免的。

3）德国加入防范任何可能的侵略的预防性组织，抑或加入某一安全体系的创立，对于欧洲建设及维护和平都是极为关键的。①

1949 年 6 月 20 日，法国在德高级参谋委员会（Haut‑commissariat de la République française en Allemagne，以下简称为法国高参委员会）在巴黎成立，其作用是在 9 月 1 日后取代原法方军政府的职能。到时，柯尼希将军让位于法国驻德大使兼高级专员安德雷·弗朗索瓦·庞瑟（André François‑Poncet，1887–1978），由后者担任盟国高参委员会法国代表及法国高参委员会首脑。柯尼希的离职不仅标志着法方军政府军事占领的结束，更说明了自拉丰去职后主宰法占区的保守军官派管制理念的终结。在庞瑟这名职业外交官领导下，法国高参委员会较之于其前任军政府，更倾向于以一种更为温和开放的态度处理德国事宜。

自 1944 年 8 月 25 日巴黎光复以来，直到 1949 年 9 月 1 日法方军政府为法国高参委员会取代，法国的欧洲政策一直围绕着两个关键点展开：德国以及法占区。最初，参与对德占领被认为是重新确立法国国际影响的良机，法占区是保证法国安全和重建的地缘政治与经济助力。然而，在这一历史时期中却产生了多种矛盾关系：

a）法国与其他三大盟国之间的矛盾迫使法国建立了一个尽可能独立自主的占领区，以抵制宗旨与法国有悖的盟国对德管制委员会的影响力渗透进来。

b）军方的军官派与军政府民事行政管理者之间的矛盾，导致一套政治上偏向保守经济上却趋于开放的特殊占领策略的形成。

与其他占领区相反，在这样一个地位极其独立，政策极为特殊的占领区里，德国人民处于一种相当微妙而又多边的环境之中。对于本文所

---

① "Rapport fait au nom de la Commission d'Information qui s'est rendue en Allemagne par M. Ernest PEZET (25 avril–4 mai 1946)", Archives Nationales (AN), *Les archives des assemblées nationales*: commissions, projets et propositions de lois, Carton 32, *République Allemande*: *documentation*, *C//15893*, pp. 4–5.

指的德国公务员这一特殊群体来说，法占区独立自主的地位与特立独行的政策给予了他们有利的生存空间，他们可以规避盟国对德管制委员会的禁令与限制，为法方军政府服务；而起初法方军政府内部人员相对右翼保守的形势，又给他们创造了一个温和亲近的客观环境。军政府高管们的法国下属，往往因法占区名义上"高度集中"的权力构架的缺陷而蜕变为桀骜不驯的"地头蛇"，这让领导层对于听话顺从且愿意实心用事的德国人员青眼有加。对于那些希望维持长期占领的军政府保守派来讲，尽可能地利用德国人员节省占领成本，正是维持军政府统治保证法国传统地缘政治利益的不二法门。而开放派则将他们视为战后困难条件下难能可贵的人力资源，对于法占区的管理与生产，乃至法国本土的经济建设都极为重要。总而言之，由于法国在盟国对德管制委员会中采取"不合作"态度以及法占区的独立自主立场，囿于这一"袖珍占领区"的法方军政府无法也无意抗拒利用德国人员以助其扩展法国影响、获得经济赔偿的利益诱惑。对于法方占领者而言，对于德国人的任用只存在两个需要加以考虑的问题：如何选拔他们？怎样运用他们？要回答这个问题，我们首先得从战后法国人对于德国人的印象讲起。

第三节 "德国鬼子"还是"欧洲弟兄"？

以上论述了盟国方面的对德占领政策以及法占区的具体情况，在这里则要分析该研究背景因素中的最后也是最难以实际把握的一个关键点，即法国人对德国人的总体态度。

出于法国方面占领和改造德国的意愿，法占区成了相对独立自主的占领区，法方军政府常常会受到与德国问题相关的政治家抑或德国民众的舆论意见影响，并不是单纯尊奉盟国对德管制委员会命令行事。此外，本文这一针对法占区德国公务员问题的研究，首先是针对法方军政府占领时期的社会人群研究，因而实际上也就是针对战胜者与战败者、占领者与被占领者的研究，更直接地可以说是法国人与德国人关系的研究。法国外交的大环境、法占区的真实情况，法方军政府占领政策的演变，以及法国人对德国人的不同态度，共同构成了德国公务员在法占区以特殊形式出现的历史大背景。针对法国人所持有的不同的对德国人的观点印象进行分析，对于理解法方军政府任用德人的动机，解释这类人员在法占区的长期存在，无疑是必要的。尤其是在这两个欧陆民族互为仇雠，已然经历多次鏖战的背景下，对这一点做出明白诠释，更是说明所有战后法德人群间关系必不可少的前提。

一　从"鬼子"到"变色龙"

（一）从对"鬼子"的仇恨到"法国特色的非亲善"政策

自1870年普法战争以来，就有这样一个军事暗语在法国士兵里流行开来，用来称呼对面以普鲁士士兵为首的德意志军人："Boche"。这一词源自于一个指代德意志人的军事暗号"Alboche"的缩写[①]，有着辱骂敌视的意味，类似于汉语语境中的"鬼子"。在第一次世界大战中，这一称呼被法国老兵带入战壕，导致西线战场上说法语的比利时与法军士兵都习惯性地以此称呼入侵的德国士兵。"Boche"，也就是"德国鬼子"这一词的使用往往与复仇的语境相联系，比如在以下这封真实的法军士兵战地家书中就这样写道："卑鄙的德国鬼子。我不知道将来如何，但只要有机会，就没有什么可原谅的了，我要为他复仇（该士兵的兄弟刚刚遇害）。"[②] 在二战开始后，尤其是在法国战败被占领之后，法语语境中出现了许多与"Boche"一词类似的攻击咒骂德国人的新词汇，比如"德国佬"（Chleuhs），"甲虫"（Doryphores），"弗里多林佬"（Fridolins），"卷毛仔"（Frisés），"德国兵"（Fritz），"德国来的"（Shleuh），"条顿人"（Teutons）和"灰绿衫"（Vert-de-gris）等等。[③] 总之，这类词汇正是法德这两个邻国之间近代以来多次战争所积累下来的国仇家恨的体现，而"Boche"一词正是其中流传深远且最具代表性的一个，可以说是近代法国对德传统仇恨的代言词。战后，这一词也被法国媒体普遍运用，表示战后初期法国社会对德国人的普遍敌

[①] Collectif de Recherche International et de Débat sur la Guerre de 1914–1918, *Lexique des termes employés en* 1914–1918 (*A–B*), p. 29.

[②] Marcel Papillon, 《 *Si je reviens comme je l'espère* 》 *Lettres du front et de l'arrière 1914–1918*, Paris: Grasset, 2004, p. 253, 27 novembre 1915.

[③] François Cavanna, *Les Russkoffs*, Paris: Belfond, 1979, p. 488.

意与不信任感。在当时的法国占领军士兵以及民族主义的激进媒体中，呼吁不能相信"鬼子"，号召对"鬼子"进行复仇一直是经久不衰的口号。

早在自由法国的军队进入德国境内数月之前，自由法国当局曾召集许多德国问题专家，尤其是德国人精神文化研究方面的专家筹划一份关于在德占领军纪律的预备性指令。最终，与会专家们达成了一致结论，认为德意志民族过去受到了英雄浪漫主义与普鲁士帝国主义的毒害，现在又受到了更为危险凶恶的纳粹主义的荼毒。同时，法国的外交界也普遍认为必须为二战初期遭到失败的法国寻求一个过错方来做出强有力的指责控诉，从而摆脱外交上的虚弱颓势。于是即将身处法军占领下的德国民众成为法方彰显严厉态度的对象。在依据上述专家意见制定，并由法国第一集团军军政府宣传中心（le Centre de propagande du Gouvernement Militaire de la Première Armée Française）在 1944 年 10 月所编纂的军纪训令里，这种严厉态度可见一斑：

部队与干部教育训令

此类教育应当警惕注意的要点如下：

a）德国民众的精神状态与民族社会主义：

德国民众的特点—泛日耳曼主义倾向—对于法军的可能态度—1918 年的占领—德国人的奴颜婢膝与阴险狡诈—骗取同情。

德国宣传部门会利用盟国与法国间的任何分歧来做文章，因此必须紧密团结在一起。

即便取缔了报纸和电台，德国媒体也会以直接联系的方式做手脚：口耳相传的流言宣传，悄悄话。目的：削弱占领军的意志。

德国人对于法国人的敌意根深蒂固。《我的奋斗》（Mein Kampf）。种族优越论以及奴役其他民族的鬼话。为仇恨而做的道歉。藏在合作表象之后的危险——不能将民族社会主义与德意志民族分开来看。

在德国，到处都是敌人：城市里有，乡间亦然；男女皆是，孩童不外。

b）法国士兵的责任：

法国士兵的任务：体现法兰西全新的荣耀。

这是法兰西文明：文艺复兴与人文主义，17世纪的古典主义，自由的人权观念与法国革命在全世界的影响，第一次世界大战的重大意义。

c) 胜利者的精神以及法国士兵的在德义务；

对于法兰西价值观的自豪和对法国未来的信仰。保持尊严。面对面地蔑视德国人——他们对于文明世界毫无信心——德国人精神劣等—告密，盲从，缺乏批判意识。

自由的法国士兵——对于执行这一任务所行义务的界定：身心一体谨遵纪律。

d) 在德行为准则；

个人行为与集体行为——总体态度：冷淡，蔑视——权威（德国人必须不加解释没有拖延地服从）——杜绝暴力行为，亦不得蛮横无理，我们不是纳粹。

e) （与德国人的）行为效果：

—不得有接触来往；

—禁止婚配；

—宗教活动分开；

—出于安全及荣誉原因，有必要就纪律方面做出加强或改正；

—作为对这一精神紧张状况的补偿，允许进行频繁的娱乐活动，并将为法国的胜利者们建立与之相配的娱乐中心。

以上会议主题将会依照听众的文化水平进行具体传达：军官、下级军官抑或士兵……

附：有关穿着纪律与占领部队行为的指令

有关部门通知，为在德部队及干部所遵守的规则和细节做出规定。依该通知制定以下规定。

其特别规定：

—穿着得体以保证对于法兰西军队之尊敬。

—行为坚决果断，不怜悯不仁慈，亦不得诉诸暴力。

—禁止任何与德国人（男女）的非官方联系：不得握手，不得探访，不得交换礼物，不得接受服务，不得赌博，不得进行接待或举办舞会。不得在任何地方与德国人（男女）结伴而行，不得与其进行任何交谈对话。

官方接触也要保持冷淡：不允许法式礼节，下达指令要求迅速服从。

不要显示出厌恶情感，亦不得表现出德式军国主义的荣誉感。个别情况下可体现出傲慢且严格公正的态度。①

可以说，这一份训令所提及的要点无疑已是相当严苛的，但在1945年3月底，法国第一集团军作为西线盟军唯一一支开进德国领土的法国部队真正开始军事占领之后，法军官兵收到了一份要求他们对德国人表现得更加严厉的占领指南：《法国军人在德手册》（*Mémento du militaire français en Allemagne*）。根据这个手册的要求，必须从严贯彻前述训令的种种防范措施，甚至连之前指令里提到的"不要显示出厌恶情感"都可以不用顾忌：

绝密！

法国军人在德手册

法兰西士兵，
你要当心：
——那些假装跟你很亲密的德国人，
——那些朝你笑的德国人，
他们可能正筹划着要置你于死地。
无论何种情况下，
他们都是站在对立面的。
时刻提醒自己，你是在敌国土地之上。
——你已经赢得了战争，现在必须赢得和平。你现在的一举一动

---

① "Instruction sur la préparation morale de l'armée à l'occupation de l'Allemagne, le 6 avril 1945", Service historique de la Défense, *GR 10 P 224*, *Commandement des Grandes Unités et des Services*, pp. 10 – 13.

决定着你孩子们的命运。

——各个年龄阶段不分性别的所有德国人都是敌人,无论如何处置都不为过:

——那些苦苦乞怜的孩童、妇女、老人是纳粹的特务。

——那些监狱里关押的反纳粹主义者是伪装卧底的纳粹党干部。

——德国人筹划复仇已久。

——当心你脚步要踩过的土地,

——当心你喝的水,

——当心朝你笑的女性,

——凡是自称友善的外人,就是纳粹的特务。

——这就是禁止与德国人发生任何接触并要采取种种安全措施的原因所在。

——不要进他们的家门,

——所有德国建筑都禁止入内,不要去,这关系到你的生命安全。

——不要一个人外出,随时保持武装,

——运输员、通讯员,你要当心:你因为任务的特殊性而受到特别的威胁。

——注意你的言辞,保管好武器。

——一直随身携带你的所有证件。

——保持良好的态度,整洁的衣着,严谨的纪律:

——这能够威慑敌胆,

——我们的友军正注视着你们,敌人的宣传也不会放过任何可以攻击我们的机会,法国的利益与此息息相关。

——不要自己做出评判,你的上级自有决断:他们绝不会有丝毫怜悯,惩罚瞬息即至。

——你的仇恨以及作为胜利者的优越地位出自你的态度,而不是暴力行为,抢劫强奸是军法重罪,足以判处极刑。

——在任务中协助你的长官,及时向他们报告你所得到的一切情报。

法兰西军队的军官们

Ⅰ—在德国安全威胁始终存在。抵抗作乱的密谋是一直存在的。必须对德国人进行威慑，并对其一切直接或间接的敌对行径保持警惕。

—但要避免对其进行私刑处罚，尤其是擅自劫掠，这会引起抵抗活动，也会玷污破坏我军的纪律与盛名。

—绝不任由友方或敌方的物资（如武器、给养、车辆、营房、弹药）无人看守。它们会被用来反对我们。

—不要容许或是指派你的部下留宿民居。

—禁止进入任何法军占领的当地场所。

—确保你的通信人员从不单独行动，而必须以最少两人的编制行动，并且时刻保持武装。

—毫不耽搁地报告任何敌对破坏行动。

—占领前要派遣可靠人员调查部队所辖区域的当地情况。

—时刻保持戒备。除工作关系外不得接触德国人。

—保持坚定而威严的态度。

—永不忘却法兰西军队的声名仰赖于其部队官兵的纪律、仪表及态度。

—占领中你的手下官兵所要遵守的纪律是十分严格。确保他们得到放松、娱乐、运动和交流机会。

—监督水质（污染），注意传染病（伤寒）的蔓延。

Ⅱ—除去你的主要任务之外，你还有完成以下任务之责。

你必须全心全意为在德军政府做出贡献，它的成功与否部分决定着法兰西的未来。①

如果说此时法军的态度仍是出于一种占领初期的防范意识，尚不具有代表性的话，随着西线盟军在德国境内的进展和西方盟国在军事占领

---

① "Instructions et notes relatives à l'occupation en Allemagne, 1re Armée Française, octobre 1944 - juin 1945", Service historique de la Défense, *GR 10 P 224*, *Commandement des Grandes Unités et des Services*, p. 1.

事务上的合作，法国方面针对德国人态度的特殊性逐渐开始凸显出来。早在 1945 年 1 月 20 日，根据其所属第六集团军司令部的特别指令，法国第一集团军正式进入盟国远征军最高司令部（SHAEF）建立的在德军政府（le Gouvernement Militaire de l'Allemagne）。① 这意味着法军在所占领地区的治理政策将无可避免地通过盟军军政府体系这个平台受到盟国政策的影响。此时，英军占领委员会在 1945 年 3 月发布了旨在限制占领区军政机构与当地德国人过多接触的"反亲善"（Anti - fraternization）政策指南；5 月 14 日，美军遵照酝酿已久的参谋长联席会议 1067 号指令（JCS1067）开始奉行"占领德国非为解放之目的，而是将之视作战败敌国，坚决禁止对德国官员和人民的友好行为"这一原则。② 随着"反亲善"政策在英美军队宣传中的兴起，同处在盟国在德军政府名义下的法军高层觉得有必要就法方对德国人的态度再次做出明示，以体现与其他盟军的区别，免得官兵产生混淆。1945 年 4 月 6 日，法国第一集团军最高指挥官塔西尼将军签发了名为《军队投入德国占领的精神准备》（La préparation morale de l'armée à l'occupation de l'Allemagne）的指令。该指令就法国占领者对德国人应采取的行为态度准则做出了明确的规定。首先，它指出："由军队在德国重建法兰西的荣耀，此乃目所在"，为此，"'法兰西'，通过它的武装力量，亦即法国军队，让德国人带着战败的耻辱认识到我们力量的重新崛起"。故而"所有法国军人，无论职衔，均须自视为法兰西荣耀的代表与负责人"。这一指令明确界定了法方对德态度与英美军方此时执行的"反亲善"政策的区别在于法国对德怀有的深远的传统仇恨，规定了针对德国人既要采取严厉态度又要保持法国固有的独特立场的"法国特色非亲善"（non - fraternisation au caractère français）政策：

---

① "Directive pour le Gouvernement Militaire de l'Allemagne dans la zone de la 1ère Armée Français, le 19 mars 1945", Service historique de la Défense, *GR 10 P 224*, *Commandement des Grandes Unités et des Services*, p. 1.

② *Documents on Germany under Occupation 1945 – 1954*, selected and edited by Beate Ruhm von Oppen, issued under the auspices of the Royal Institute of International Affairs, Geoffrey Cumberlege, Oxford University Press, London New York Toronto, 1955, pp. 13 – 27.

盎格鲁-撒克逊式的"反亲善"态度，需要按照法国特色来加以调整。

这种在面对德国人时保持"孤高"精神的消极态度有悖于法国人的天性，看起来很难让我们的士兵习得并长期执行下去。

在军中存在着一股难以平息的深深仇恨之情，法兰西苦难的灵魂随着胜利走上了德国的土地。

自然而然的仇恨指向我们的自由与文化的残酷敌人，这是对于妄图奴役全世界的民族再正当不过的仇恨。

这便是正义所在，也是历史的必然教训，德国必须一直忍受和理解下去。

战意一旦消解，法国战士便又回归到了他们亘古不变的三项精神特质之上：他们易于亲密相处的天性，他们乐于交谈争辩的习性，以及"女性不离身"的行为习惯。

如何抵制这三项特质，并激发起对于不时发生的阴险挑衅行为的必要抵抗精神呢？

要进行积极防御，实施以下的原则：

1. "不信任"运动：

通过教育官兵来防范德国人的亲近行为，要小心谨慎地通告揭示其中的计谋手段。

法国人必须确信一切德国人从根本上怀有敌意，包括女性。

2. "蔑视"运动：

这要通过两部分实现，一是称颂法兰西的荣耀，二是以表达对于德国人的轻视为目的……

我们的部队不能跟美国人一样仅仅只是跟德国保持距离，而且要对所有德国人还以不共戴天且不可改变的憎恶感。[1]

至于处在法军占领下的德国人，则被要求无条件地遵守占领者提出

---

[1] "Instruction sur la préparation morale de l'armée à l'occupation de l'Allemagne, le 6 avril 1945", Service historique de la Défense, *GR 10 P 224*, *Commandement des Grandes Unités et des Services*, pp. 1, 2, 3 – 7.

的诸多严格禁令。1945年3月16日，第一集团军第五局贴出了第一张面向各德国市长的通告海报：

法国在德军政府
通告（BEKANNTMACHUNG）!
致德国市长声明

我们代表着一个人民在过去4年里饱受你们的政府、军队、警察荼毒压迫的国家。

你们对我们施加的暴行，堪比中世纪的野蛮行径；盖世太保的残酷暴虐，为文明世界所深恶痛绝。他们的累累罪行让我们认定，那些放任他们为所欲为的德国人也同样野蛮粗暴，毫无道德可言。

成千上万的法国人或被扣为人质，或被枪杀横死；其中还有着数千妇孺老幼。

数千法国人为了祖国而惨遭你们的盖世太保酷刑折磨。成百上千人被迫远离故土解送德国，遭到监禁拘押。

数千的男女及青少年仍被囚禁在集中营之中——"集中营"这个名号的存在已是对于人类文明所有理念思想的挑衅。

我们能够向你们复仇，像你们在热拉尔梅（Gérardmer）和圣迪耶（Saint–Dié）那样放火烧毁村镇，像你们在奥哈杜尔（Oradour–sur–Glane）那样把你们的妻儿关进教堂活活烧死。

但我们不屑于做出此等行径，这些在我们看来是战争罪。我们给予你们那些你们所未曾给出的为人权利。相对应的，我们要求，你们必须严格遵守我们的指令，表现出完全的服从。

任何不服从命令的举动都会招致无情惩罚。任何反抗、破坏之举都会遭到最为严厉的镇压。

任何向法国士兵开火的居民区都会依照战争法则受到打击。你们可以在附录里找到那些针对你们和你们辖下居民的基本训令。

在这些《基本训令》会统一以"禁令"（Verboten）形式向全部居民传达，其范式要点如下：

——晚19时至早7时进行灯火管制。

——所有15—60岁之间的男子须至市政厅报到登记。

——所有武器拥有者，不论其所持武器为何，均须将其上交市政厅。无线电设备、摄像设备、猎枪等亦然。

——任何拥有秘密发报设备者立行枪决。

——禁止骑乘自行车、汽车或摩托车。

——除内部通信外，一切未经授权的电话交流都将被监听。

——凡旅馆等公共场所一律关闭。

——凡发现废弃坦克、人员或动物尸体均须上报当局。

——凡违禁者将被判监禁，如其犯罪行为危及公共秩序，甚至将被判处死刑。①

从以上这些由法国第一集团军军政府发布的训令或禁令文本中，我们可以看到占领之初法国占领者对德国人的初始态度。一开始，在分发给法军官兵的宣传文件中，往往还尽量避免使用"仇恨"或是"复仇"的表述，并且一再强调暴力行为有损"法兰西的荣耀"。但随着占领形势趋于稳定，法国占领者便不再掩饰他们对德国人的仇恨。在那些下达给法军战士的训令里，所有德国人无论男女老幼都被描述为危险的敌人，任何与他们的私下接触交流都不被容许。尽管法方在3月16日的《通告》里承诺说不愿以暴力"报复"德国人，但也明确要求所有德国居民严格遵守其禁令，完全服从占领军。这实际上也就意味着法国占领者有权随时介入德国人的社会生活，并且也有意积极利用这一权利。之后，法国占领者发布了各式各样的对德禁令："《禁令》的出现一下子就打乱了（德国人）正常的生活，之后就是诸多《通告》（Bekanntmachung）、《告民众书》（Avis à la population）层出不穷，几乎成了一个'德国制造'的特有文字模板了：'通告！凡16—60岁的德国公民须……'"②。通过大量、频繁地发布此类禁令，此时法军高层意图向其基层负责占领实际行动的官兵传达这一信息："所有德国人都必须服从。"但在之前文件里饱含仇恨感情的宣传影响下，这一信息往往仍被

---

① "Déclaration aux Maires (Anweisungen an die Bürgermeister und ihre vertreter), le 16 mars 1945", Service historique de la Défense, *GR 10 P 224*, *Commandement des Grandes Unités et des Services*, p. 1.

② Marc Hillel, *L'occupation Française en Allemagne（1945 – 1949）*, p. 94.

误读为强调"所有德国人都是威胁"的意思。对于大多数法国在德军事人员，包括第一集团军第五局以及未来法占区法方军政府里的军官们来说，鉴于他们在管制德国的实践中不得不同德国人打交道，于是只好将在法军不同阶层中盛行的以上两种对德国人的看法相结合，从而达成了以下共识：鉴于德国人无一例外都是威胁，那么我们对德国人所唯一可做的，就是通过严密监督确保他们的服从了。

此外，法国占领者的仇恨感不仅影响到了德国人的社会处境，还对他们的生活条件造成了威胁。1945 年 3 月 31 日，法国第一集团军第五局签发了军政府命令，对法军占领地域的德国人员食品供给做出了限制：

> 要照顾盟国在德难民的食品供应，而把敌国（德国）平民的食品供给维持在最低限度。只能以最低限度的供应防止他们给盟军捣乱滋事，在此之外不应再让德国进口任何食物，不能再向德国人分发任何食品。①

起初，这不过是对于德国人的一种严厉表态而已，但是在法占区形成法方军政府正式成立后，其他盟国的战时物资补给随战争结束及占领机制的变化而终止，法国本土政府不得不自己负担起喂饱法占区人口的重任。由于战后初期的物资匮乏，连法国本土也正指望着从法占区取得资源以克服食物短缺，又哪有余力来为法占区输入物资。法方军政府的外贸办公室②只得以法占区的食品生产来补充法国本土。于是，法占区作为一个生产规模本就不大"袖珍占领区"，也因为占领者的消耗与对法出口而陷入食物匮乏的境地。就此，国际上甚至出现了认为法方占领者意图任由占区德国人饿死的猜疑。1946 年，一个美国委员会被派遣至法占区进行相关调查。根据美方调查结果，法方占领者显然不是蓄意

---

① "*Directives pour le gouvernement militaire en Allemagne；aux déportés et réfugiés*，5ère Bureau，octobre 1944 – juin 1945"，Service historique de la Défense，*GR 10 P 224*，*Commandement des Grandes Unités et des Services*，p. 1.

② 外贸办公室（Office du Commerce extérieur，Oficomex）隶属于军政府经济与财政总局，其职能是依照法方军政府决定进行法占区的进出口贸易。

引发占区食物供给危机的,但法方军政府轻视德国人需要的态度与做法确实导致了这一谣言的产生。

> 鉴于德国民众相信占领军冷血地想要把他们饿死,事态可能会变得更为严峻。对他们说明当下全世界在这方面所面临的困难是全然无用的。鉴于该地区本就不充足的粮食出产被运至他处,或是被用来供养占领者,他们是不会承认这一点的。另外不能忽视的一点是,大部分人口只能领到最低限度的食品供给,甚至比以往饥荒的年头都要少。①

甚至法方军政府本身也在其占领之初承认,尽管它已竭力把德国人的生活水平维持在一个可以接受的限度上,但仍难以企及盟国所规定的最低标准:

> 波茨坦时就已规定,德国人的生活水平不可超过欧洲其他国家。我们占区的条件本身也只能维持一个相当低的生活状态。我们希望能够在一个尽可能短的时间内达到1500卡路里的日人均供给量。但这需要通过食品进口才能实现,而我们并未收到预支调拨的小麦,故而(1945年)12月的人均配额仍旧与11月持平,仅达1300卡路里。②

法国占领者压制性的政策,食品的短缺,导致有关法军"蓄意报复"的诸多谣言在占区德国人间不胫而走:

> 在法国人占领的地方,所有8—14岁的孩子都要被送到西伯利亚,而法国孩子会被送来德国代替他们。

---

① Foundation for foreign affairs, *Foundation Information Pamphlet*, No. 1: *Field Report on the French Zone in Germany*, Washington, D. C.: Foundation for foreign affairs, 1946, pp. 5 – 6.
② Direction de la Documentation, *Notes documentaires et études*: *La zone d'occupation française en Allemagne*, No. 255, 9 mars 1946, Paris: Secrétariat d'Etat à la présidence du conseil et à l'information, p. 14.

在法国的所有德国战俘都要被判处无限期的苦役。

所有生于1910—1925年之间的政治犯都要被强制绝育。

德国将禁止婚姻。

德国文化将被毁灭。

德国人将被要求禁酒禁烟。

德国市长都将被集中营里放出来的犹太人取代。①

这些谣言正是法国军方对于德国"鬼子"的传统仇恨在德国人想象中的夸张反映。可以说，法军官兵与当地的德国居民同样受到了第一集团军在战争末期这一系列指令和宣传的影响，对对方产生了"妖魔化"的印象，而法军的报复心理和不与德国人接触的态度助长了这种印象，因此在谣言中被不断放大。对于德国人来说，这些谣言体现了他们的惊恐与不安；而对于那些从第一集团军战士转变为法占区当局军官派人员的人来说，他们对于德国人的仇恨因第一集团军的命令与宣传而逐渐增强，以至于形成了"还以所有德国人的不共戴天且不可改变的憎恶感"②。于是，继承法国第一集团军继续承担占领德国任务的这些军官派，也就自然而然地承袭了对德国人的反感，并体现在初期的占领实践中，这也正是此类谣言在法占区甚嚣尘上的源起所在。但是随着法方军政府这一新架构的逐渐成型，这种对于"德国鬼子"的传统仇恨也在法占区里一步步被加以修正。

(二)"全体责任"与"变色龙"

尽管法方军政府仍然要求全体法国占领者注意保持与德国人之间的距离，但态度并没有其占领前任法国第一集团军那么傲慢。法国第一集团军指挥官塔西尼将军，及其替代者法国在德最高指挥官柯尼希将军，以截然不同的方式领导着他们的占领区并同德国人保持距离。相较之下，塔西尼将军更喜欢摆出一副经典的骄傲征服者的派头：

---

① Marc Hillel, *L'occupation Française en Allemagne (1945-1949)*, p. 123.

② "Instruction sur la préparation morale de l'armée à l'occupation de l'Allemagne", Service historique de la Défense, *GR 10 P 224*, *Commandement des Grandes Unités et des Services*, p. 7.

在德国投降后的头十一个礼拜里，德拉特以帝国总督般的架势支配着法占区。在林道（Lindau），在康斯坦斯湖区（le lac de Constance），从幽深海底到瑞士阿尔卑斯山巅，他过着达官贵人般的生活，以"向德国人显示我们（法国人）也能够擘划大计，实现重责大任，达成伟业"①。

在塔西尼看来，"德国人被教导要敬服于那些在感性而非理性上伟大的东西"②。而柯尼希并不认同这一靠大肆张扬博取德国人仰慕信服的做法，作为一个占区的管理者而非单纯的战胜者，他清楚地认识到这种铺张浪费的做法只会消耗法占区本已匮乏的资源，并且会让处于战后困顿之中德国民众产生愤懑不满的情绪。他趋向于以更为冷漠而实际的态度体现他对于德国人的权威地位。此外，他作为一名军人，也同是法国的战争英雄，与占领军官兵一样有着对于德国"鬼子"的传统仇恨，并且需要时时公开强调这种感情，以获得基层官兵的支持与共鸣。在这一点上，一名长期供职于法方机关的德国记者回忆道：

> 柯尼希并不受占区的德国人喜爱。这是个冷漠的人，在我看来不算很精明强干。我跟他在他主持的新闻发布会上见过许多次，尤其是在他向我们下达命令或做出解释的场合。就像一个封君面对着他的封臣一般。他为人多疑且不易接触。他给人最深刻的印象就是他的冷漠……③

正是这个看着"冷漠"的人最终取消了造成法德双方间不正常的人际关系的诸多禁令。长久以来，"不得有接触来往"这一口号不仅限制着德国人的自由，也同样妨碍着军政府当局本身。1946年11月3日，柯尼希签发了《缓和非亲善政策规定》（Atténuations aux règles de non -

---

① F. Roy Willis, France, Germany, and the New Europe 1945 - 1967, Stanford: Stanford University Press, 1968, p. 33.
② F. Roy Willis, France, Germany, and the New Europe 1945 - 1967, p. 33.
③ Marc Hillel, L'occupation Française en Allemagne (1945 - 1949), p. 163.

第二章　法占区，一个极具代表性的历史环境　◆◆◆　117

fraternisation)① 决议书，以便灵活处理法占区的法德两国人交流沟通问题。对于法国人来说，与德国人的个人交往得到了准许，并且可以自由出入德国人的公共场所，诸如咖啡店、餐厅、影院、剧院之类，军政府不再需要大张旗鼓地到处征用专门设施来满足占领者的需要。德国民众也可以与占领者自由交流，这对解除双方的误解，澄清谣言起了很大作用，对于军政府的日常行政也提供了极大方便。

与单纯作为"征服者""战胜者"在德国耀武扬威的塔西尼将军不同，作为集军队领袖和占区管理者两个重要身份于一身的人物，柯尼希既不能放弃与占领军官兵的感情，要对德国"鬼子"表现出基于传统仇恨的"同仇敌忾"；又不能像过去的法军军官一样彻底忽视德国人，断绝与德国人的联系，他必须为占区行政的联络需要负责。为此，他需要一套理论将这两个要点结合起来，既不影响占领军官兵的精神士气，也不会挫伤德国人参与占区建设合作的热情。这最终形成了德国人"全体责任"（La responsabilité collective）的观点，并通过柯尼希的占区首脑地位及其所属的法国在德最高司令部的中心机关作用，渗透进了整个军政府，成了军政府人员应对与德国人关系的圭臬。

在法方军政府执政进入稳定阶段后，面对法占区内部的诸多问题与错综复杂的占领形势，这种认为"全体德国人都有责任"的观点首先开始在军政府的民事官员中大行其道。这一思想雏形的首次公开表述是在1946年9月7日一次记者会上，军政府新闻局局长让·阿赫诺德（Jean Arnaud）对德国记者做出了有关于法占区饥荒状况的解释：

> 整个世界都处在饥饿中，而这都是德国的错。我们不能追求细枝末节，说什么"只有纳粹是有罪的，其他人都是无辜的"，因为如果罪名只被安在纳粹和那些已知的罪犯头上，那么德国人民本身所应承担的责任也就存疑了，以此为前提的赔偿和赎罪也是一样。②

---

① "Atténuations aux règles de non-fraternisation, le 3 novembre 1946", AMAE, *Bonn 264 CP C/Ⅲ, 4C - La France et la ZFO (1945-1947), Dossiers rapatriés de l'Ambassade de France à Bonn*.

② "Expose de M. Jean ARNAUD Directeur de l'Information aux rédacteurs en chef des journaux allemands, le 7 septembre 1946", AMAE, *Bonn 264 CP C/Ⅲ, 4C - La France et la ZFO (1945-1947), Dossiers rapatriés de l'Ambassade de France à Bonn*.

这一看法驳斥了美英方面以纳粹身份为准的非纳粹化立场,也突破了法国军方向来的反普鲁士传统,反军国主义的基本出发,将更多注意力放在了作为整体的全部德国人的责任之上,而不是具体某个个人乃至团体、主义的清白与否。他的这一观点之后为柯尼希所借鉴发展,1946年10月23日,柯尼希在法占区发现的一座万人坑的纪念仪式上郑重发言:

> 不!我柯尼希要在墓地纪念的这一天说出来,不,德国不能忘却曾主宰这些集中营的极致恐怖。对于我们来说,纳粹领导人并非这些灾变的唯一罪人,这一点是不能忘却的。其他的德国人,其他的许多德国人,都曾经支配这些集中营或其他类似的地方。有些人曾经看守着这些如今已化为亡灵的人。另一些人利用着他们,驱使着他们。甚至有些人处决了他们。应对这一惨剧应负责的人,还有那些明明已经知道,那些已经预感到、猜测到,却任由其发生并互相残杀的人。①

在他看来,单纯地将过错推在单一的个人或团体上都是不负责任的举动,只有让全体德国人进行全面反省才能达到目的。同时这也意味着不应过分拘泥于具体罪责的追究,而应该致力于引导德国人在自我反省中做出赎罪。"全体责任"这一定义标志着法国人对于战后初期的德国真实境况有了更为清醒的认识,故而对德国人的看法也进入了一个新趋势。1947年4月6日,法国对新德国贸易委员会(le Comité français d'échanges avec l'Allemagne nouvelle)的共同发起人伊曼纽尔·姆尼埃(Emmanuel Mounier)在去柏林考察途中对德国人的讲话充分体现了这一点:

> 一个六年来经受了失败、饥饿、比你们如今所承受的占领更为严苛的压迫的法国人,会惊讶于看到有如此之多的德国人冒失地把如今的不安归咎于盟国的恶意抑或占领者的滥用职权,而不是将其

---

① Marc Hillel, *L'occupation Française en Allemagne* (*1945 – 1949*), p. 250.

视为追随希特勒冒险理所当然的后果。今天对希特勒政权大加斥责的人们已经把昔日欢庆其胜利的狂热劲头抛诸脑后了。我不能苟同将德国罪责问题无限拖延下去的做法。我认为每个德国人都已经通过自己的沉默在纳粹的暴力前投降过一次了，要承认做自我控诉是一种需要勇气的行为。但这种姿态有助于涤荡环境，恢复正常的生活。①

可以说，柯尼希所主张的"全体责任"理念的终极目的就是通过全体德国人的反省与赎罪，实现欧洲前途未来所必需的德法和解。但由于对德的传统仇恨而产生的对德国人的不信任感在这位法国战争英雄的身上也同样存在，为了解决这一矛盾，柯尼希认为实现德法和解的德方载体并非深受德国罪孽深重的历史过去荼毒的当代德国人，而是尚未被完全污染，将来会主宰德国的青年人。因此，柯尼希主张法国占领方应当对占区的德国青年予以重视，寄予希望：

> 法德之间以全面方式对抗的最近两场大战间隔如此之短，在诸多关键领域内造成了各种性质上的深重破坏以及生命伤亡的飙升，以至于带来了这样一种明显的看法，即认为我们两国难以摆脱周期性的相互斗争，每隔二十年就要出现一次你死我活的局面。这一首要真相已然镌刻进了法国大多数成人的精神思想之中……从陈腐的瘴疠中解放德国人，尤其是青年人，赋予沉沦于混乱之中的德国这样一个热爱秩序的国家以必要的适当组织，鼓励以美国和西欧民主国家所用的原则来指点这一新的组织形式，尝试将我们的理念导入那些明天势必将在所在的国家发展壮大的青年之中，以坚持不懈的韧性为建设欧洲所必不可少的法德和解奠定基础，这是法方军政府首脑们的最终目标。②

---

① "Austauschkommission zwischen Frankreich und Neues Deutschland zu Besuch in Berlin", *Tagesspiegel*, April 6, 1947.

② Pierre Kœnig, "Bilan de quatre années d'occupation", *France Illustration*, No. 205, le 17 septembre 1949, p. 1.

这也正是柯尼希大力支持"再教育"政策的原因所在。尽管他对德国人采取冷漠态度并一直信奉德国人"全体责任"的理念，但柯尼希也以长远的历史眼光看待法德关系，并且在未来的法德相互接近过程中起到了积极作用。

柯尼希将军所带来的变革也修正了那些在军政府建立时才来到德国的新占领者的总体观念。对于这些人来说，战争已经结束了，继续把德国人当作"危险的敌人"处处防范是不现实的，对于维持日常的行政治理来说，法国人与德国人的沟通交流乃至关系的接近是在所难免的。再者，法占区的物资匮乏的现实以及行政治理机制运行的需要，也使得法方军政府必须放弃在德国人面前耀武扬威的做法。自此，"全体责任"为法方军政府人员所广泛接受，一方面顾及法国人的感情，另一方面也兼顾与德国人必要的接触沟通。根据这一理论，并非所有德国人都是穷凶极恶的敌人，但他们确实放任了战争悲剧的发生。法国军方对于"德国鬼子"的传统仇恨在法国第一军的军事占领时期得到了彰显，但之后却被法方军政府一步步调整，并最终随着法占区占领时期新占领者的支持而演变成了所有德国人的"全体责任"论。

当然，从宏观视角来看，仇恨感其实一直都是存在的，只不过是随着法方占领者所处的社会身份的变化——从战争胜利者到占区管理者——以及与德国人接触交流的实际占领需求，法方军政府趋向于采取这样一种虽仍严厉冷漠但也相对积极的态度，来处理与德国人的关系问题。鉴于二战中德国人占领法国并实施的种种暴行，这种反德的历史仇恨反而更容易得到外界的理解。瑞士《真相报》（*Die Tat*）就曾对此做出十分客观的评价：

> 法国人不是作为解放者，而是作为一个物质和精神上饱受他们现在所占领的国家四年压迫的苦难国度的人民而来的。压抑如此之久的复仇感在反纳粹斗争中释放出来是无可避免的……对于受到德国直接伤害的俄国人法国人来讲，这些感情会以一种比美英方面更为持久鲜明的方式表现出来。[1]

---

[1] Une coupure du journal *Die Tat*, Marc Hillel, *L'occupation Française en Allemagne*（1945 – 1949）, p. 102.

再者，法国舆论普遍认为，鉴于纳粹政权在德国迅速崛起、希特勒广受支持的历史教训，可见当世这几代德国人不仅是战场上的凶恶敌人，也是政治上极度危险的机会主义者。一名1947年时在德国定居考察过的学者埃蒂安·吉尔松（Etienne Gilson）将这种机会主义倾向的德国人比作"变色龙"（Les caméléons）：

> 关于德国人，他们若有十五天是民主主义的人民，另十五天就可以轻易地变成纳粹。你只要看一眼就能确信了。当下每个占区的德国人都已经明显地靠近各自的占领者了……不要忘记即使德国人表现出令人不安的模仿能力，那也只是变色龙在变化外皮而已。①

负责法占区教育改革的教育总监凯撒·山德利（César Santelli）甚至在教改报告中宣称：

> 德国人过去背弃了使命，未来他们也会这么干。所以谈及被纳粹蛊惑的那几代人时，总体来看12岁以上的这几代已无可救药了，要么是因为这病毒已难以连根拔除，要么是因为我们难以治好那些纳粹节节胜利耀武扬威的日子在他们的记忆里留下的狂热症。对于这些人，再教育的尝试无从谈起，首先无疑需要一代人的时间来紧密地进行监督，将我们的法律施加给他们。同时要时刻牢记，对于德国人来说，宽容总被认为是软弱，公平竞争（fair-play）往往被看成民主主义的蠢办法。②

法方军政府的执政者大体上赞同这一观点。尽管军政府容忍了与德国人的必要交流，对德仇恨感也被一步步调整修正，但法方对德国人的不信任感在其整个占领时期仍是贯穿法方军政府所有具体政策的基本要素。为此，对于"德国公务员"的日常监督以及德方人员的"个人忠

---

① Etienne Gilson, "Au pays des caméléons", *Le Monde*, le 23 janvier 1947.
② César Santelli, "La Rééducation de l'Allemagne, est-elle possible?", *Le Fait du Jour*, No. 14, le 16 juillet 1946, pp. 17–18.

诚"一直为法方军政府所重视。归根到底，战后初期在法国人的共同观念中，"德国人永远是德国人"，他们必须为"鬼子"的暴行付出代价。在攻入德国的法国第一军中盛行的对于"德国鬼子"的"传统仇恨"，之后在柯尼希这样的新占领者的推动下一步步被修正调整，以满足法占区具体的占领需要。从德国人方面看来，占领者的传统仇恨、占区总督冷漠而现实的态度、"全体责任"理念、对于德国成人的不信任以及对于德国青少年的期望，使得法占区的德国民众——尤其是那些与法方军政府有着直接关联的"德国公务员"——陷入一个极其微妙的境地。作为不可信任的"变色龙"，军政府往往更多要求他们"服从"而不是"合作"。严格的监督与个人忠诚被许多法方占领者视为比过往纳粹经历更为重要的评价要素。这一点在法占区的非纳粹化和再教育运动中体现得尤为明显。

二 从"邻居"到"弟兄"

（一）"法方间接治理"的理念与对"德国抵抗者"的同情

较之于在漫长欧陆历史中因多次法德冲突而起的对德传统仇恨感，"团结"德国人的理念的产生要新得多，并且更多是基于现实主义的理性考虑而非感性情感之上。这一理念源于二战后欧洲所处的实际态势：面对欧洲强权的衰落与美俄两极对抗的局面，一部分法国人——尤其是一些政治家与外交官——就法德两国之间的未来长期合作做出了考虑，倾向于采取相对开放积极的态度来推动德国人民重建和平的新德国，引导他们走上复兴欧洲之路。

为了实现这一目标，法德之间的正常沟通交流是自是必不可少的。法国军方战争末期所提出的"不得有接触往来"的口号，之后渐渐为法国政府方面所质疑，并最终被搁置。早在1945年7月20日，法兰西共和国临时政府（GPRF）的《第1号文件：我们在德行动的指令》就已经强调称："我们不能在拒绝与德国人进行任何接触的情况下，做出对德的长远政策。我们必须在德国人之中进行甄选，并且调整我们对他们的态度，使其相符于我们对他们的期望，以及对他们的信心。"① 而临时政府的《第3号文件：德国问题摘要》更是主张合适得体地对待德国人，以推动德国的"去中央集权化"：

> 为了让自治或分离趋势成为可能，显然我们必须依照对他们或多或少地加以利用的可能，来区别对待不同阶层的德国人。不应忘记的是，导致统一的诸多起因中最强烈的因素，便是共同承受的苦难。可以确信的是，正是多年的通货膨胀以及前一次战争后所遭受的不幸，使得希特勒的极权主义大大超越了前述趋势，形成了一个强大的德国。因此我们必须以更为灵活怀柔的态度来处理"亲善"问题，根据地域和阶层之别来给出不同的解决方案，从而不使那些真心实意寻求走上新的道路的德国人灰心丧气。德国的政策离不开德国人来实现；因而首先我们不能就这样宣称，说我们拒绝任何接触来往。②

这两份秘密文件由法国政府的德奥事务国际委员会（le Comité International des Affaires Allemandes et Autrichiennes）在法方军政府建立数日前拟就，正体现了法国政府部分领导人有关对德国人态度的想法，反映了战争结束后感性仇恨逐渐让步于冷静思考的趋势。这一观点也被传达给了那些正受法国政府培训并即将赴德的新占领人员，而这些人组成的"占领地区编外辅助团队"正是关系到未来法方军政府具体行政管理的重要群体。归根结底，与那些要求尽可能长久地维持法国对德占领的保守军人及极端仇德者不同，那些持谨慎立场的政治家和外交官认为法国的军事占领终有一天是要结束的，届时法国人仍然必须同重新执掌德国事务的德国人打交道。故而，引导和改造德国人来为未来谋划，也应是法方军政府的重责大任之一。甚至连军方背景的国防部总参谋部第四科，也曾针对法国第一军在战争末期推行的与德国人接触禁令进行强烈抨击：

---

① "Gouvernement Provisoire de la République Française, *Le Document No. 1：Directives pour notre action en Allemagne*, le 20 juillet 1945", AMAE, Y：*1944 – 1949/433*.

② "Gouvernement Provisoire de la République Française, Le Document No. 3：Note sur le problème allemand, le 19 juillet 1945", AMAE, Y：*1944 – 1949/433*.

德国人是一个永远处在运动变化中的族群，我们针对他们的那些所谓有关安全的刻板数据与看法毫无意义。1918—1936 年的教训已然体现了这一点。如果我们将他们封闭在一切事务之外，他们自会跳出体系。不能让他们陷于失望，而要向他们打开大门，让他们可以据此期望得到充分的发展，从而让我们的影响持续存在下去以指引他们的行动。①

同时，与主要由占领军单方面承担的军事任务不同，法方军政府的日常行政管理是需要占领区的德国人积极配合才能实现的。行政总管埃米勒·拉丰作为军政府民事管理人员无可争议的代表人，对于德国人参与占区民事事务十分重视。他相信德国的根基已然动摇，从占领区政府的"军事性"出发耀武扬威之举并无益处。一旦德国人社会生活中的纳粹因素被消除殆尽，就会由德国人来掌握本国人口的管理之权，而不是靠法国人来执行。他主张在占领中建立起这样一个管理模式："法方间接治理——德国人直接治理"②。在行政总管推崇的这一"法方间接治理"理念影响下，在柯尼希将军《缓和非亲善政策规定》的容许下，法占区绝大多数基层行政组织，尤其是那些关乎民事与地方行政的机构部门，往往对于意图参与的德国人员持十分开放的态度，这为该地未来形成亲法的德国行政构架提供了机遇。

尽管二战后大多数法国人对德国人持仇视态度，但也存在这样一部分人，他们认为也有德国的抵抗分子曾为民主而奋斗并受到了纳粹政权的镇压。因此，德国人是纳粹最早的抵抗者、受害者。战后初期，往往是那些曾经亲身参与地下抵抗运动，甚至从纳粹集中营中活下来的法国抵抗者，号召要与德国人民接近并达成和解。与大多数法国人相反，除了穷凶极恶的"德国鬼子"以外，他们还接触了许多别样的德国人，这开阔了他们的视野。在他们看来，必须停止贯穿法德关系历史的"以牙还牙、以眼还眼"的做法，从而保证两国间真正的长久和平。在

---

① "Note de l'Etat - major général de la Défense Nationale, le 31 juillet 1945", AMAE, Y - 54 - 1.

② Marc Hillel, *L'occupation Française en Allemagne* (1945 - 1949), p. 166.

1944年3月，里昂的抵抗者出版的刊物《战斗》（Combat）刊发了一篇有关未来德国设想的著名檄文，文中表彰了德国抵抗者所做出的伟大牺牲，并且表露了要援助这些英雄的后代同胞重建国家的宏愿：

> 最后我们所要说的，就是我们不会忘记，正是德国的抵抗运动率先在暴政面前挺身而出，也正是德国的抵抗者们首先被纳粹折磨虐杀。我们不会忘记达豪，不会忘记那些被"不留任何痕迹地抹除掉"的社会主义……共产主义斗士。被杀害的战友们，我们不会忘记你们。我们定会尽力去帮助你们的子孙后代，重新建设你们的祖国。①

在战争末期，越来越多被纳粹拘禁在集中营里的法国抵抗分子重获自由。他们对于德国同志的同情与理解也被一并带回了法国。曾被囚于达豪集中营的知名抵抗分子约瑟夫·罗万（Joseph Rovan），就曾呼吁法国人要宽宏大量地看待德国人。从集中营获释仅仅4月后，他发表了文章《德国：我们的功德》，解释了在德国进行人性化占领的必要性：

> 占领是法国新的革命运动所面临的道德问题之一。在诸欧洲民族众目睽睽之下，它将是我们革新能力的试金石。就此而言，此事甚至较之于法国本身更为紧迫。要挽回这失去的三个月（指1945年5月投降至8月法方军政府成立间的空档期）是十分艰难的。但法国受德国（并不是指某一个特定的德意志国家，而是为德国的命运与政治负责的整个德国；同样，整个法国也受到其占领军部队政策所荼毒……）的伤害越深，它就越不能通过那些德国用以对其作恶的不公正的胡作非为手段，来损害德国。须知对于人权的尊重，人类的尊严是抵抗运动活生生的原理与真谛，不然后者就会沦为无足轻重的空话，让法国人疲于信服、思想松懈，趋向"物质享乐主义"。毫无疑问，法西斯主义的混沌流毒会毒害人的思想。我们不

---

① Wilfried Pabst, *Das Jahrhundert der deutsch – französischen Konfrontation*, Hannover: NidersächsischeLandeszentrale für politische Bildung, 1983, ss. 104 – 105.

能反过来靠包含着"以眼还眼以牙还牙"的复仇意识的种族主义，来篡改人与生俱来的权利。①

有些人甚至认为，为德国民主创造条件才是西方国家，尤其是法国的首要任务。如在后世法德和解中起到了重要作用的阿兰·埃米勒·路易·马利·波尔（Alain Émile Louis Marie Poher，1909 – 1996），二战期间他与法国北部解放运动的联络网关系密切。战后，他在经济、财政与工业部任职，担任过清洗委员会领导人，且作为社会服务部首脑当过罗伯特·舒曼内阁的负责人。1948—1952 年，他还兼任德奥事务国际委员会高级专员一职。他的回忆录里写道：

> 那边的这个德国，是一个新生的民主的德国。我们考虑过，必须尽可能地把它与民主制度紧紧连结在一起，以避免那些与我们理念相悖的人卷土重来。让我们略有汗颜的是，我们从未支持过那些在德国奋力抵抗过的人。当我们在巴黎接见里宾特洛甫时，就已经有许多身陷囹圄的年轻德国学生，甚至还有人已经在慕尼黑被残杀。在法国的我们对此视而不见。因此，我们有义务去帮助实现这一和解。②

显然，这种理念对于战后绝大多数的法国人来说未免太过"宽大"。然而，在诸如法国对德占领的这类特殊环境中，在获得法德事务方面颇具影响力的关键人物支持的情况下，法方抵抗者提出的这类观点为后世政策变化做出了思想上的铺垫，并为占领当局做出接近德国人决策的原因动机——如维希背景占领人员的支持及对专家技术人员的需求，戴高乐主义者对稳固军政府统治的需要——增加了理论说服力。

（二）"与德共存"

在法方军政府建立之后，法占区的政治状况与外交现实对于法德关

---

① Joseph Rovan, "L'Allemagne de nos mérites", *Esprit*, No. 115 (11), le 1 octobre 1945, p. 532.
② Marc Hillel, *L'occupation Française en Allemagne (1945 – 1949)*, p. 315.

系的发展起到了促进作用。首先，法占区是各占领区中受军国主义、纳粹主义毒害最少的。由于该地区在历史上就与法国文化交流频繁，因此一直有亲法的倾向。基于德国各地的不同的经历，部分法国学者主张德国境内各州各有其人群及历史特性，而整个德国过去总体上是由受普鲁士所主宰的。① 在所有德国人中，"普鲁士化"程度最低的就是莱茵、巴登及符腾堡诸州，这些地区受法国影响很大，并且实际上也正构成了法占区的版图。故而，就"普鲁士主义"抑或狂热好战风潮这方面来看，无论是战时还是战后，法占区的近600万德国居民都被认为是"较之于德国其他地方的人来说，对此最漠不关心、无动于衷的了"②。无疑也正是这一点，促使法方占领者极力把法占区同德国其他地区割裂开来，并大力支持当地的亲法自治运动。

其次，法国所处的外交态势以及复兴欧洲的共同目标，迫使法国不得不逐渐把德国人视为未来的合作者。二战后，东西方阵营两极对立的局面已然显现，德国的战略位置与德国人的政治倾向，在邻国法国人眼里的重要性日益上升。尽管与德国人合作的呼声在战后初期一直被"惩罚德国人"的口号淹没，但事实上许多法国政治家早在占领时期便已开始为这一预想做出铺垫。作为在法占区占领政策上一直有着至关重要影响力的领导人，戴高乐将军——尽管他也号召尽量削弱德国以保障法国安全——也在法国对德占领之初，便极力尝试把德国人吸引进重建欧洲的事业中来。仅在1945年一年之内他便两度亲身访问德国，足见他对推动法德相互接近的积极态度。

1949年5月19—20日，戴高乐访问了当时尚在法军占领下的斯图加特。这座城市被毁的惨状触动了他，使得他对于德国人的观感有所变化：

> 我清楚地看到，这样巨大的灾难将深深地改变德国人的心性……当我看到德国也满目疮痍、充满哀痛和屈辱时，我感到自己要严厉对待他们的戒备心理削弱了。我甚至仿佛看到了实现前所未

---

① Robert Minder, *Allemagnes et allemands*, Paris：Éditions du Seuil, 1948.

② "Prussianism in occupied Germany", *Manchester Guardian*, October 16 – 17, 1946.

有的相互谅解的可能。①

由此他主张，西方世界如果不想让德国人在别无选择的境地下投靠苏联，就必须尽快重新接纳德国。1945年8月22日，在与杜鲁门总统的会晤中，戴高乐表达了他对德国状况的不安，认为德国若是恢复了其野心和潜力，有朝一日势必会与东方阵营结盟。但杜鲁门回复说不应夸大德国的威胁，回绝了他的建议。② 此情此景，三大国以往的外交排挤与西方盟国的无动于衷历历在目，这使得戴高乐自行寻求开创法德新关系之路。1945年10月，法方军政府成立之后，戴高乐再赴德国访问法占区。除了向军政府人员秘密传达和诠释法国占领的目标及原则之外，他还公开表露了联结法占区德国人共同参与占领事务，乃至未来的欧洲建设的意愿。10月3日，他在科布伦茨对德国民众发表了演说：

> 鉴于事态所迫，我们必须在一起共同完成许多重责大任。我们要重新进行建设，在各地重新进行建设，尤其是我们所在的这个国家，在这个遭到如此破坏的科布伦茨市。我要说，我们必须有共举复兴大业的考虑，并且我们知道此举必会付诸实践，因为我们同为欧洲人，亦同为西方人！③

这是第一次有德高望重的法国领导人向德国人公开宣布法国人愿意与他们携手投入重建事业。为了将这一对德友好的意愿与他先前提出的严厉的德国"去中央集权化"主张相调和，同时也为了解释他为争取法占区德国人信任的而采取的积极态度，戴高乐开始谨慎地在"普鲁士"与"德国"或"德国人"之间做出区分界定，尤其法占区那些深受西方乃至法国影响的德国人更是被他区别看待。10月12日，在他返回巴黎后的一次新闻发布会上，他向法国民众公布了他"与德共存"

---

① Charles De Gaulle, *Mémoires de Guerre* (*Le salut*: 1944-1946), pp. 295-296.
② Charles De Gaulle, *Mémoires de Guerre* (*Le salut*: 1944-1946), p. 579.
③ "Allocution du général De Gaulle pour les Autorités Allemandes de Rhenanie à Coblence, le 3 octobre 1945", *Visite du général De Gaulle en Z. F. O*, AMAE, Bonn 262 CP C/II, 4C – La France et la ZFO (1945-1947), Dossiers rapatriés de l'Ambassade de France à Bonn.

(vivre avec les Allemagnes)的新意向：

> 曾经有着这样一片我们称之为德意志的广阔土地。它由许多彼此不同的部分组成。有一天，那个叫做普鲁士的国家，像你们所知道的那样，在它的历代国王穷兵黩武之下，依靠暴力，辅之以如簧巧舌，实现了德国的统一。这引起了欧陆的诸多危机，而法国曾是其主要的受害者，在1870年、1914—1918的战争与最近的这次战争中均是如此。但是今天，那个作为强权的普鲁士已经烟消云散了。无论在政治、思想还是外交上都已寻不到一丝遗迹。故而其所打造的统一德国也已不复存在。虽然德意志诸邦国依然存留，但今天的德国又在何方？
>
> 在德意志之西，有着一片与众不同的地区，这就是莱茵河流域。这里是日耳曼文明与高卢、法兰克，乃至整个拉丁文明之间进行无休止对抗的舞台；换而言之，也就是日耳曼文明与西方文明之间的斗争舞台。蒙战胜之益，莱茵河流域中的大部分地区现下不仅由我们法国人占领，更由我们负责治理。在河流左岸有：不久前仍属于巴伐利亚的普法尔茨、黑森—拿骚与萨尔地区，最后还有普鲁士曾经染指的所谓莱茵行省的大部分地区。在莱茵河右岸有：巴登州的大部分地区与符腾堡的相当一部分地域。这就是我们现下负责治理的德意志邦国。从此以后，它们与我们必须共存共生。①

戴高乐将军的热忱在法占区的德国人中引起了积极的反响。《拉施塔特新闻》(*Rastatter Nachrichten*)赞扬称："巴登州的人民现在应该敞开心扉，倾听这场在500名乡亲们面前发表的演说，并通过合作来推进两国人民的相互理解以及这两个莱茵河上游邻国间的相互接近，来表示对于这些赋予他们的重责大任的认识；没有这样的合作，我们就不会有光明的前途。"②《中莱茵快报》(*Mittelrheinkurier*)也以积极的态度评价

---

① "Conférence de presse du Général DE GAULLE, le 12 octobre 1945", *Visite du général De Gaulle en Z. F. O*, AMAE, Bonn 262 CP C/Ⅱ, 4C – La France et la ZFO (1945 – 1947), *Dossiers rapatriés de l'Ambassade de France à Bonn*, p. 2.

② "Es ist der Ton, der Musik macht", *Rastatter Nachrichten*, Oktobre 6, 1945.

了戴高乐的发言："'我们要在各地进行建设。你们知道，我一再提及的都是有关重建、有关未来之事，而从不是过去。'这样的言辞，对于一个摆脱了过去偏见，着眼于未来，并为此不断勾画设想以谋求一个和平时代的国家领袖而言，无疑是有着重大意义的。因此戴高乐的讲话对莱茵人揭示了这样一个现实：我们要竭力完成的义务只有一个，那就是为了同样的目的，在同样的意愿激励下，去进行合作。"① 而《弗赖堡新闻》(*Freiburger Nachrichten*) 则以现实主义的立场向德国人指出了这一讲话的重要性："我们还要在很长时间内指望法国这样一个重新强大起来的国家。"②

尽管当时法占区的新闻媒体正处于军政府管控之下，无法简单断言以上这些德国人方面的反馈意见是否完全真心实意，但不可否认的是，戴高乐的讲话至少是法方军政府与占区德国人之间关系发展的积极信号。事实上，在这次访问过程中，戴高乐不遗余力地结识"尽可能多的德国人"以说服他们"支持法方当局，在重建大业中与法方合作"③。同时，在1945年10月的访问后，他直接督促像柯尼希将军这样的法占区领导人，要求军政府方面对占区内德国人表现出乐于接触与合作的态度。他指出，因为"英美苏政府在采纳（法国所建议的）基础政策上没有做出任何决定"，故而法国必须在它的占区内推行自己的政策，并获得法占区民众的理解，从而抵消"盟国体制内部不一致"所造成的消极影响。④ 可以说，在他1945年10月对法占区的访问后，尽管对于德国人的传统仇恨依然存在，大多数法国占领者——尤其是军官派——仍对德国人持十分严苛的态度，但法方军政府官方对德国人态度确实变得更加开放，更有"合作意愿"了。这也正是占领时期法方占领者一方面接受大规模任用德国人的做法，另一方面又在治理实践中强调保持严格态度与高度监督的原因所在。

---

① "Um die Wende", *Mittelrheinkurier*, Oktobre 6, 1945.

② "Die deutsch-französischen Beziehungen und die Zukunft Europas", *Freiburger Nachrichten*, Oktober 9, 1945.

③ Marc Hillel, *L'occupation Française en Allemagne (1945 – 1949)*, pp. 200 – 201.

④ "Lettre au général Kœnig, le 29 octobre 1945", Charles de Gaulle, *Lettres, notes, carnets 1945 – 1951*, Paris: Plon, 1984, p. 106.

(三) 未来和解的准备工作

真正的转变在 1948 年初得以实现。此时，盟国对德管制委员会已因苏方代表的退席陷入瘫痪，而法国结束对德占领的可能性也在越加增大。鉴于此，东方阵营的威胁迫使法国愈加接近美英方面，并且要求其占区的德国民众团结到西占区的名义之下。甚至在柏林危机爆发前的 1948 年 1 月 20 日，法方军政府在柏林的外交事务协办人雅克·塔尔贝·德·圣·安度因（Jacques Tarbé de Saint–Hardoui, 1899–1956）就已在他给外交部长乔治·皮杜尔的报告中，指出促进法德两国人民之间相互和解的必要性：

> 我们所意图创建的德国将是一个和平时代的德国，一个不为意外环境所动摇的德国；这样的德国，不应是处在其他大国掌握之中玩物，而应持有关于自身利益与未来前途的自主意识。在目前的事态情况下，我们所能给予德国人的，便是让他们积极有效地参与进欧洲的重建工作，将欧洲设想为一个组织良好且和谐共处的整体。[1]

对于其他法国人，尤其是法方军政府的占领人员来说，这就意味着法国占领当局对德国人的态度还要做出新的推进。尽管戴高乐将军早在访问法占区之时就已提出，既然法德两国人同是"欧洲人""西方人"，法国人就应该做到"与德共存"，但在他 1945 年 10 月 5 日于巴登巴登对军政府人员的内部讲话中，也明白提出了"至于德国的其他地方，就让它们听天由命去吧"[2]的论调。显然，在戴高乐的思维中，他唯一想要与之"共存"的德国人，其实只是那些法占区所辖的民众或是受到法国历史文化影响的亲法德人，并不能涵盖全部德国人，更遑论其"去中央集权化"所强烈反对的"一个德国"。换言之，他所青睐的，实际

---

[1] "Note de Jacques Tarbé de Saint–Hardouin, le 20 janvier 1948", AMAE, Y–54–1.

[2] "Visite du général De Gaulle en Z. F. O", Discours du général de Gaulle prononcé le 5 octobre 1945 au Kurhaus de Baden–Baden, AMAE, Bonn 262 CP C/II, 4C–La France et la ZFO (1945–1947), Dossiers rapatriés de l'Ambassade de France à Bonn.

上是那些对于"重建欧洲"——或者更确切地讲,是那些对于法国的重建来说必不可少的德国人。他的做法,是在法国拥有掌控权的基础上,为了"重建"去甄选联合一部分德人,而不是放弃法国的影响来联合所有的德人投身"重建"。然而,在圣哈罗丁这样的外交官员眼中,眼下的当务之急是争取尽可能多,乃至全部的德国人,而不能仅仅是法占区的住民抑或亲法者,不然其他被放弃的德国人势必会投向敌对阵营的怀抱,成为对法国的威胁。

而且,原本意图通过将法占区德国人分裂出去实现德国"去中央集权化"的初步设想,已经与当时的外交现实大相径庭了。依靠左右逢迎利用德国人的办法此时已不再行得通了。为了抵制苏联在欧洲的影响,以一种更为"和谐"的关系促成法德的无间合作已经是整个西方世界众望所归之事。1948 年 2 月 21 日,乔治·皮杜尔就提及了这一状况:"一个陷于东方统治的德国无疑将是法国前所未有的最大威胁。"① 1949 年,他的继任者罗伯特·舒曼(Robert Schuman,1886 - 1963)也表达了类似的忧虑,担心这样下去"会发生可观的重大威胁风险,亦即德国人可能会产生这样的印象,即他们并不是关键所在,而只是任由一方或另一方支配的仆从而已"②。

从宏观角度讲,1948—1949 年,负责处理对德问题的法国外交官,在新的法国人与德国人之间关系方面达成了共识:"如果我们要把德国引领到参与欧洲联合的道路上来,那就得赶在我们的邻国重拾其主权,重新背负起其民族传统之前做到这一点。"他们认为法国人应该"通过对等的契约关系与我们过去的敌人联合起来,但也要确保我们至少是利益上的共同体"③。故而"过去历史上出现的法德对抗"(le duel franco - allemand paraît historiquement dépassé)思想应予抛弃,必须向德国民众推广"法德命运共同体"(communauté de destin franco - allemand)的理

---

① "Instructions de George Bidault à Réne Massigli, le 21 février 1948", AMAE, *Y - 54 - 1*.
② "Robert Schuman devant la Commission des Affaires étrangères de l'Assemblée nationale, le 9 mars 1949", in Henri Ménudier ed., *L'Allemagne occupée 1945 - 1949*, Pris: Editions Complexe, 1990, p. 198.
③ "Note de la Direction d'Europe, le 29 décembre 1948", AMAE, *Z, Europe 1944 - 1949*.

念。① 在法方军政存在的最后时刻,这一理念与法国本土政府对德政策的变化同步得到占领当局采纳。法德两国联合,重建欧洲取代了历史对抗,成了两国及其人民间关系的主旋律。而为了达成这一合作事业,民族和解是不可或缺的前提条件。如二战英雄、著名政治家、法国后来的外交部长(1969—1973年在任)莫里斯·舒曼(Maurice Schumann,1911-1998)在其回忆录中所述:"为防往日恶魔再死灰复燃,罗伯特·舒曼意图强行保住西部的德国,并以强制性的政策使之与西方相连,如此这般,即便日耳曼特性不会全然消失,也至少会在欧洲整体之中暗淡下去。"② 在重建欧洲的道路上,法德两国在"法德命运共同体"框架下渐渐成为志同道合的"兄弟"。

从"邻居"到"兄弟"的过程中,"德国公务员"这一群体也受到了相当的影响。得益于约瑟夫·罗万这样的法国抵抗者的仗义执言,德国抵抗人士的光荣牺牲并未被对德仇恨情绪所掩盖。在法方军政府鼓励下,有许多德国反纳粹主义者及民主人士获得优先待遇,得以参与进法占区的非纳粹化与民主改革运动中。同时,军政府民事官员认为,有朝一日势必仍要由德国人治理自己的国家。得益于这一理性判断,德国人有机会襄助军政府的行政治理,从中实地学习和平民主治理自己国家的方法。再者,随着国际外交态势的变化,法国外交官亦为欧洲的共同建设做出努力,而法方军政府曾运用过的这些"德国公务员"无疑成了推进这一事业的极佳人选。

在法占区占领时期,法国人对于德国人的看法,尤其是法方占领者的观点,一直伴随着法方军政府的占领进行而演变。一方面,有着坚持强调德国威胁,对占区德国居民持传统仇恨态度的法国人。在法占区治下的德国人形象方面,他们只把这些人视作"鬼子",之后则是看成"变色龙"。但为了让德国人参与占区的行政管理,为军政府服务,这类法国人基于德国人"全体责任"的理念容许这些"过去的敌人"与自己工作在同一行政框架之下并发挥相应作用,但同时也对其加以严密

---

① "Note de la Direction d'Europe, le 14 juillet 1948", AMAE, Z, Europe 1944-1949.
② Erling Bjol, *La France devant l'Europe*: *La politique européenne de la IV e République*, Copenhague: Munksgaard, 1966, p. 365.

监督。另一方面，对于那些期待德国人积极主动提供帮助，从而为欧洲重建事业及防御意识形态两极对立态势下的新威胁做出贡献的法国人来说，德国人的地位变得越来越重要。随着世界局势的变化，在他们眼里，德国人从法国人不得不打交道的欧洲"邻居"慢慢变成了未来"法德命运共同体"下同甘共苦的"兄弟"。至此，任用德国人之举才在道义上被法方占领者所最终接受，为的正是在行政治理的实践中对其加以监督教导，并把他们最终引领到未来的欧洲重建大业中去。

第三章 "善于服务者"

——法方军政府直属德国雇员

第一节 历史回溯与概念定义

一 法占区德国公务员的历史源起

在前面章节述及的历史背景下，法占区德国公务员在法占区的存在是法方占领中多方面因素共同作用而产生的结果。自法军攻入德境之初起，任用德人的先决条件便随着法国境遇的变化及法国对德政策的确立逐渐形成。

从外交方面来看，三大盟国的排挤与盟国内部在管制德国理念上的分歧，迫使法国不仅要反对"全盘占领德国"的方针，还不得不在对德问题盟国争议中采取"不合作"态度。法方军政府拒绝完全承认波茨坦达成的决议，并且维持着法占区的独立自主地位。也就使得规避盟国禁令，自行雇用德人之举具备了理论上的可行性。

从政治方面来看，为了确保法国的安全，保持法方军政府高度集中的行政体系有效运行，法方领导人乐于从直接或间接途径任用驯服的德国人，他们能够毫不迟疑地贯彻执行上级的指令，不像基层的法国官员那样容易变成"地头蛇"或是受到占区以外因素的影响。

最后，从经济方面来看，重建法国经济需要大量德国赔款来支撑，加之这个"袖珍占领区"产能有限，迫使法国人要尽其所能地利用法占区的一切资源，德国人的人力资源自然也包括在内。

同样要注意的是，占领期间，法方军政府内部军官派与民事官员之间长期为占区行政主导权而龃龉不断，内部斗争转移了占领者高层对于德国人任用问题的注意力，影响了各派政策的兴废与理念的实行。

占领之初，部分法方当局人员的经历也为任用德国人提供了一个"温和"的环境。在法占区整体策略影响下，由于日常行政管理的需要，法方对"德国鬼子"的仇恨演变成对所有德国人的仇恨。既然所有德国人都被认为有罪，对其加以利用并实行严格的监督，就成为法方占领者眼中不可避免的举措了。此外，部分法方占领者希望德国人能通过参与法方军政府行政来学习民主制度，并以此实现与法兰西民族的和解，形成"法德命运共同体"以共同建设欧洲，应对两极格局下新的国际局势的挑战。

所有这些因素都影响了占领当局在法占区任用德国公务员的决策。这些因素与法方军政府乃至法国本土政府内不同阶层派别密切相关，十分复杂。再者，与之相关的那些德国人群体本身也是流动多变的，这进一步加大了问题的复杂性。其中涉及的人群有仆役、技术专家、司机、教师、翻译、打字员、行政人员等。尽管在其他占区也存在类似的德国人群体，但是却未能建构起法占区这样广泛存在且颇具灵活性的架构，以便于有意地招募、训练并维持这样的群体。法方占领者的需要是这一群体存在的唯一必要条件，而该群体的所作所为也正是为满足这些需要而做出的。在法方占领之初，当维希分子混迹于行政官员中之时，为了方便开展占领事务，德国人往往大量受雇于占领军方面。甚至在法方军政府建立，法方内部人员清洗结束后，老派军官离任、维希分子势力衰微之际，法占区的军官派与法方军政府的民事官员仍继续任用德国人，将其视为在德国政治"去中央集权化"、法占区经济开发利用与对德国传统社会架构进行行政改革等方面推进贯彻各自不同占领政策的助力。此外，迫在眉睫的冷战外交压力，也迫使法国人寻求从法占区用人政策方面获得外界支持。因此就宏观而言，对于法占区的所有法方占领者来说，实际上任用德国公务员原因是类似的：让德国人工作起来以满足法国的需要。尽管他们之中对于"法国的需要"具体理解有所不同——甚至有时观点相悖——但他们最终却在这一问题上殊途同归，达成了相同意见：在占领事务中任用德国人是十分重要的。

这一时期，法国人也在考虑法国军队究竟能占领德国多久这个问题。长远来看，这种军事占领的特殊状况总有一天会被解除。且届时德国到底会走上统一还是"去中央集权化"的分裂道路殊难预料。大多数的盟国领导人将对德占领视为沉重负担,必欲除之而后快。这样一来,德国人势必会重掌各占领区乃至整个德国的领导权。故而法方占领者中的保守派意图观察、监视和控制法占区内的那些可能在未来德国跻身高位的精英人士,以避免德国威胁卷土重来,确保依附法国的亲法势力在德国未来政治架构中的存在。对于持更为开放观念的法方占领者来说,他们自占领之初就寄希望于让德国人在实践中抛弃穷兵黩武的反动思想,学习以进步的观念——尤其是"法兰西精神"(l'esprit français)——治理他们的国家和人民。这样,下一代的德国人便可以在更为和平、民主的环境下降生,也会自然而然地亲近法国,从而使两国人民之间的真正和解成为可能。综合以上两方面而言,这一要求"先改造德国人,再改造德国"的意愿使得部分法方领导人乐于在占领事务中进一步推动德人的任用,从而对其进行监督、培训与引导,以实现各自不同的占领目标。

前已述及,那些为法方军政府工作的德国人其实并不限于一个明确界定的群体,而是由形形色色的不同人群共同组成的,各自与法占区占领事务的不同方面相互关联。就历史角度而言,是法方军政府与法国本土政府的诸多客观原因使得培养任用德国人成为可能,又是法方占领者的诸多动机促成了占区内对德国公务员直接或间接的具体任用,以上这些因素又共同决定了德国公务员在法占区内的存在的复杂性。事实上,宏观上法方军政府统辖下的法占区全部德国人口都是为法方占领者所"任用"的。在德国战败的特殊历史背景下,遵照"让德国人工作以满足法国的需要"的原则,他们其实都已经被法方占领者动员起来,自觉不自觉地为占领当局"服务"了,作为"行政下级"在法占区的权力构架里或多或少地在不同领域工作起来,以执行占领者的命令,满足占领国的需要。如一份法国议会报告直白地写道:"全部德国人已经被安排在最为要紧的部门工作起来了,尤其是那些用以补偿法国经济的重要产品方面。"[①] 在法占区德国居民要想维持生计便离不开法方军政府的管理,这在食品物资的配给分发、非纳粹化的调查和赦免等方面表现

---

① Alfred Grosser, *Affaires Extérieures*: *La Politique de la France 1944 – 1989*, p. 51.

得尤为突出。大部分法占区的德国人别无选择，只能服从法方军政府、服务于占区治理。占领者的经济开发与掠夺，及其对于法国经济的"输血"补充，正可以被看作占区德国人为占领者努力工作的重要证据。

狭义而言，我们可以把那些在法占区内，被法方军政府雇用、任命或支持的德国人看作第一批与占领者产生沟通联系的人，他们在二战后的新时代里为占区治理服务，起到了两国人民间最早的沟通媒介的作用。他们因此也就成为法方军政府德国公务员历史研究的主要对象。确切地说，如果在法占区的具体政治历史条件基础上界定这些德国公务员的社会身份的话，可以把他们划分为两个不同的次级群体：

  1）在法方占领当局行政架构中工作，直接受法方军政府任用，并逐渐获得占领当局公务员地位的德国人。

  2）在法方占领当局行政架构之外为法占区管理而工作，间接受法方军政府任用的德国地方临时政府公务员（这些德国地方政府实际上处于法方当局管控监督之下）。

要承认的是，本书难以全面分析法占区任用的全部德国人，且其中一些法国方面利用德国被占领者的特定案例专题，已有其他研究。[①] 故而，在以下章节中，主要选择前述两种典型的战后法占区公务员群体，结合其在战后德国历史大势背景下的境况变化展开论述分析，从而充分体现其人群定位、社会身份的各自特点，阐述法方占领者与不同领域方面的德国公务员的具体关系，揭示其对于法德关系的潜在影响。

---

① 如法比昂·提欧费拉基斯（Fabien Theofilakis）前辈就在其博士论文中针对法国所征召的德国战俘劳工状况做出了精到的分析阐述。Fabien Theofilakis, *Les prisonniers de guerre allemands en mains française (1944 – 1949): captivité en France, rapatriement en Allemagne*, la thèse de doctorat de l'Université de Paris Ouest Nanterre – La Défense, 2010. 此外，法国国家科学院主任科瑞娜·德福朗斯（Corine Defrance）曾在2016年2月9日于巴黎组织了题为《被占领德国的流亡者问题：战后的挑战与紧张态势，1945 – 1952》（*Les Personnes déplacées en Allemagne occupée: Enjeux et tensions de l'après – guerre, 1945 – 1952*）的学术研讨会。她对于二战后在德流亡者的社会背景与相关公共政策做出了详尽阐述，法占区的情况也包括在内。

二 "德国雇员":一个社会学上的概念

在法方军政府汗牛充栋的档案文献中,尤其是其任用的德方人员人事档案里,一个法语特定名词"雇员"(employé)大量出现,几乎成了法占区当局直接任用德国人时的统一头衔。但凡有关社会群体的研究,免不得首先开宗明义。法语中具有权威性质的《拉鲁斯辞典》将雇员(employé)定义为"在办公室、行政机关、商场或某私人机构内工作"① 的人员。就词源学上来看,"雇员"这一词近代最初被巴尔扎克(Honoré de Balzac,1799 – 1850)在其1838年出版的小说《公务员》(Les employés)中用来指代公共行政人员。后来法语中的"employés"的词义演变成了指代"一个有一定职位、地位的人"②,或者"将某项工作托付给某人完成"③ 的意思。这与德语中的"职员"(Angestelle)一词类似,词义越来越强调一种与工作内容相关的依附状态。

从19世纪到20世纪,在"工人"与"员工"之间发生了词义上的分离,人们开始普遍认为"员"与"工"之间存在差异。两者在法国和德国往往是根据其工作性质(物质的、非物质的)来做出区分的。在1909年的法国,阿德里安·阿尔托(Adrien Artaud,1859 – 1935)作为保险业银行业办公室文员工会主席、劳动高级委员会(Conseil supérieur du travail)代表,明确表示:"一切商贸或产业的辅助人员均符合职员或是雇员的含义,尽管受合同制约在雇主支配之下,但其所被指派的工作更多体现出依靠智识进行发号施令的特性,而并非依靠体力劳动。"④ 在此之后,莫里斯·霍布瓦赫(Maurice Halbwachs,1877 – 1945)提出了一套新理论,认为"代表性"才是"高级雇员"社会状

---

① *Dictionnaire Larousse français*, http://www.larousse.fr/encyclopedie/rechercher?q=employ%C3%A9.
② Émile Littré, *Dictionnaire de la langue français*, Paris:Hachette, 1863 – 1873.
③ Henri Lamirault, *La Grande Encyclopédie:inventaire raisonné des sciences, des lettres, et des arts, par une société de savants et de gens de lettres*, 31 volumes, 1885 – 1895.
④ Henri Lamirault, *La Grande Encyclopédie:inventaire raisonné des sciences, des lettres, et des arts, par une société de savants et de gens de lettres*, p. 1

态的要点所在。① 在他看来，这些"高级雇员有时会代替雇主进行领导或是技术方面的监管……这是他们在这类技术活动中被指派为雇员或者小公务员的原因所在。他们作为下属生来就是负责执行的，而不需要做出过多的思考，也没有真正的自主性，让他们与工人相区别的，就是他们只在非其自发的事务中行使自己的技术"②。与这位法国学者相似，德国的弗里茨·克洛纳（Fritz Croner, 1896 - 1979）也提出了一项基于"代表"理论的"雇员"定义：雇员是执行那些原来由雇主实行的职能的人。③

以上这些理论大多构建在"脑力劳动"与"体力劳动"的差别之上，在很长时间里对"雇员"和"工人"的定义产生了深远影响。从20世纪初到第二次世界大战期间，"合作者"（collaborateur）这一词常被用以形容某些雇员的地位、特殊性，来体现其与雇主的"代表"关系。④ 二战以后，这种建构在脑力劳动与体力劳动区别、雇主"代表"理念上的"雇员"定义日渐受到当代法德社会学家的质疑。在德国，于尔根·科卡（Jürgen Kocka, 1941 -   ）指出，社会学理论在雇员方面尚存欠缺，为此他对不同国家的雇员状况进行了深入的对比研究。⑤ 他极力反对依靠"二分阶级法"来对雇员性质做出简单界定，认为那些旨在对于一个群体做出大而化之的宽泛定义的理论有悖于雇员群体本身多样化的历史现实，既不可能放之四海而皆准，更无法形成代表性。⑥ 在他看来，必须分析和构建出一套更加灵活多变的定义来界定

---

① Patrick Fridenson, *Industrialisation et sociétés d'Europe occidentale, 1880 - 1970*, Paris: Editions de l'Atelier, 1997, p. 172.

② Maurice Halbwachs, *Esquisse d'une psychologie des classes sociales*, Paris: Marcel Rivière, 1955, p. 203.

③ Fritz Croner, *Die Angestellten in der modernen Gesellschaft: Eine sozialhistorische u. soziologische Studie*, Wien: Humboldt - Verl, 1954.

④ P. Delon, *Les employés, de la plume d'oie à l'ordinateur, un siècle de lutte, origines et activité de la fédération C. G. T.*, Paris: Editions sociales, 1969, p. 183.

⑤ Jürgen Kocka, traduit par Gérard Gabert, *Les employés en Allemagne, 1850 - 1980, Histoire d'un groupe social*, Paris: EHESS, 1989.

⑥ Jürgen Kocka, traduit par Gérard Gabert, *White Collar Workers in America, 1890 - 1940, A Social - Political History in International Perspective*, Londres et Beverly Hills: Sage Publications, 1980, p. 6.

"雇员"群体。

基于类似理念，此后，法国国家科学研究院（CNRS）刊物《工作、性别与社会》（*Travail, genre et sociétés*）撰稿委员会成员盖德菲（Delphine Gardey）给出了一个基于"办公室雇员"（employé de bureau）的全新定义，主张把"雇员"定义的解析重新集中到工作场所上来，这一观点在当代是颇具开创性的。她认为，那些决定雇员特性的，正是其工作场所；对雇员性质产生决定性影响的，是工作场所特定的需要和条件，而并非单纯是雇主的意愿或是雇员本身的"脑力"①。所谓的工作场所，可以是具体的空间（如盖德菲所举例的办公室），也可以是某一机构体系抑或是特定的活动范围（本书中，即是法占区的法方统治机构等），其在雇员身份的界定中是起决定性作用的要素。这一定义较之于前人的理论更具灵活性，其适用范围甚至可以同时涵盖以往理论中的那些"脑力劳动"者以及部分实际上主要进行"体力劳动"的成员。②

本章中法方军政府的"德国雇员"，是一个解释德法两国公务员理念复杂性、多变性的良好范例。以上有关"雇员"定义的法德双方理论抑或其要点，均可或多或少地在二战后占领时期内的法方军政府直属公务员群体中得到体现。

单纯就"雇员"一词的字面意义来看，作为"雇主"一方，法方军政府实际上赋予了法占区所有德国人一个社会学意义上的"雇员"共同身份，他们必须服从军政府的令行禁止，为法占区的行政治理服务，满足法国的利益要求，来换取占领者对于占区安全、秩序与供给的保证。然而，对于那些法方军政府直接任用的部分德国人来说，"雇员"这一身份具有特殊性。这主要是法方占领者的传统仇恨与战后占领的历史背景变化所致：随着法方当局高度集中的权力构架形成，以及德国方面中央行政管理机构在法占区的缺失，"雇员"这一身份在许多情

---

① Delphine Gardey, *La dactylographe et l'expéditionnaire. Histoire des employés de bureau 1890–1930*, Paris: Editions Belin, 2001.

② Franz Schultheis, "Comme par raison – comparaison n'est pas toujours raison. Pour une critique sociologique de l'usage social de la comparaison interculturelle", *Droit et Société* No. 11–12, 1989, p. 223.

况下被有意拓展了：这些被当局直接任用的德国人成了法方军政府的"代表"或是名义上的"合作者"，在军政府架构内任职并负责在占区内执行那些本应由占领者承担的职能，一步步趋近巴尔扎克在法语语境中赋予"employés"一词的"公务员"意味。毕竟，在法德仇恨与监管战败者的防范意识下，将法语正式的公务员身份用词"fonctionnaire"赋予德国人，对于法方占领者而言未免过于敏感。从社会学方面来讲，这些从属于法方军政府并由其直接任用的德国人在法占区构成了一个特殊现象，在占领时期逐步形成了一个法方军政府直属德国公务员的潜在共同社会身份，其位置更接近占领者，地位比德国地方政府公务员更优越，在法方占领当局指派的职位上为法占区行政治理而服务。"德国雇员"存在于诸多方面领域之中，法方军政府对其加以招募所依照的基本原则是统一的：他们必须是"善于服务者"（les bons pour le service）。这一定义是由马克·希尔勒做出的。在他看来，这些人是"法国最后唯一会优先寻求的一类德国人"[①]。在法占区里，这意味着这些德国人必须为法方军政府服务，为法国利益服务，而不是为了德国，甚至不是为了盟国对德管制委员会这类依照《波茨坦协定》建立的盟国机构而工作——因为法国并不完全承认这类组织。

第二节　直接受法方军政府任用的德国人：从"仆役"到"干员"

一　"被征用的奴仆"：法方占领之初的对德征调（1945—1946）

在1944年底盟军攻入德国境内的背景下，盟军把直接征用德国人作为满足自身需要的一项临时政策。此时，法国第一集团军仍属美国将军雅各布·德弗斯指挥的美第六集团军群统辖，因此美军对德国领土军事占领所制订的政策也对其产生了深刻的影响。在美军奉行的《在德军政府手册》（*Handbook for Military Government in Germany*）中，征用德国人问题就已在其劳工政策章节中屡次提及：

---

① Marc Hillel, *L'occupation Française en Allemagne（1945 – 1949）*, p. 254.

由于经济总体上混乱失序，我们可以预见到占领时期定会出现大量失业，在中心城区更是如此。

为了预防出现严重的民政危机、危及占领军的混乱局面、妨碍军政府的行动，为了让德国的劳动力资源可以尽量为盟军所用，最高指挥官有权要求德国方面保持现有的经济管制，包括对于劳动力的管制。

盟国军方的民间劳动力需求永远是第一位的，但也可容许把关键的民事人员保留在对军事行动至关重要的公共服务、公益部门抑或生产企业的相关职位上。

每次对地方平民劳工的征调都应尽可能地通过德国的劳动局（Arbeitsämter）协调进行。在必要情况下，也可以进行直接征用。在新的命令下达前，美英部队向受征用的地方平民劳动者支付现金作为报酬……

若盟国军方对于合格劳动力的要求，抑或最高指挥官为达目的所定行动的预计民间劳动力需求在德国民间劳动力方面得不到满足，而现有的德国民政机构又无法提供，则军政府将会把这一需求转达给地区军事主官，要求其调用一部分由德军训练的劳工……①

以上各条款界定了盟国在战争末期征用德国劳动力方面的三条主要原则：

1）临时军政府的首脑有权对其驻地的德国劳动力加以利用，无论是通过直接还是间接途径均可，无论其征召对象是德国平民还是德军俘虏均可。

2）受征用的德国人的职责范围是受很大限制的。他们只能在盟国占领体系的基层作为"劳工"工作。

3）由盟国占领军方面负责人员征用所需的开支。

---

① *Handbook for Military Government in Germany*: *prior to defeat or surrender*, U.S Army Military History Institute, 1944, paragraph 774–781.

盟国远征军最高司令部做出的这些有关征用德国人的决定，其目的是应对盟军入境德国后的迫切需求，以及稳定德国占领地区人员秩序的需求。但是，对于法国第一集团军的最高指挥官，那个主张以"向德国人显示我们（法国人）也能够擘划大计，实现重责大任，达成伟业"①的塔西尼将军来说，征用德国人，让他们在法国占领者驱使下做事，无疑是重树"法兰西荣耀"②的极好样板。他认为，这正是让德国被占领者直面"法兰西荣耀"天赐良机。于是，在1945年5月9日塔西尼开始他"耀武扬威"的统治后，他在驻德法军中的下属人员均受其影响，在5月8日德国战败至8月1日法方军政府建立之间的这段时间里，征用德国人的做法几乎成了法方占领军军官中一股争相效仿的潮流。

在盟国方面军政府手册的影响下，为了尽可能快地完善对德国劳动力的征用制度，法国第一集团军开始参考美英方面的相关文件制定自己的政策。比如说，根据法国第一集团军的《第31/5 TR GM号通知》③，"美英军队所雇佣平民劳工时薪额度、美英军队所雇佣管理人员与办公室职员住房津贴与月薪额度"④被确立为法军相关政策的参照文件。1945年6月18日，在法国在德最高指挥部（CCFA）建立后（1945年6月15日）仅3天，塔西尼将军在《第9408号部门通知》中对直属法国占领军调用的德国雇员做出了明确界定：

a）某些所受培训抑或所提供服务可能会有用处的专业人员；

---

① F. Roy Willis, *France, Germany, and the New Europe 1945 – 1967*, p. 33.
② "Instruction sur la préparation morale de l'armée à l'occupation de l'Allemagne, le 6 avril 1945", Service historique de la Défense, *GR 10 P 224*, *Commandement des Grandes Unités et des Services*, p. 1.
③ "Note de Service No 31/5 TR GM: Taux des salaires pour la main d'œuvre civile employée par les forces alliées en Allemagne, le 30 mai 1945", Service historique de la Défense, *GR 3U 245*, *Commandement des Grandes Unités et des Services: Notes sur l'emploi de la main d'œuvre civile allemande au services des Troupes d'occupation (1946 – 1948)*.
④ "Taux horaire des salaires pour les ouvriers manuels civils employés par les forces britanniques et américaines, le 6 avril 1945. Taux des salaires mensuels et indemnités de logement pour les employés de bureau et le personnel de contrôle, employés par les forces britanniques et américaines, le 23 avril 1945", Service historique de la Défense, *GR 3U 245*, *Commandement des Grandes Unités et des Services: Notes sur l'emploi de la main d'œuvre civile allemande au services des Troupes d'occupation (1946 – 1948)*.

b) 被第一军各部门以准永久形式雇用的专业人员；

c) 因第一军需要而被征用的宾馆食堂所用的一般劳动力。

薪水以占领货币形式支付。

负责德国民事人员薪资支付的机构列举如下：

对于上述 a 类：对其进行雇用的部队和部门；

对于上述 b 类：对其进行雇用的部门；

对于上述 c 类：部队指挥官或地方卫戍长官指派的组织或是部队的行政机构。①

盟国手册与塔西尼将军通知显然有着一脉相承的关系。塔西尼将军也主要将德国人限制在如厨师、清洁工或司机这类有着明确分工范围的底层职业中，由占领军方面或是占领机构自己支付德国人的薪资。在当时，未来法方军政府的大多数民事管理人员还在巴黎接受培训。德国境内主持占领事务的仍是缺乏管理经验的军官，他们无力迅速建立一套新的民事管理体制来雇佣德国人，因此照搬其他盟国的政策不失为方便快捷之举。此外，要看到的是，此时法方占领者就已经对盟国的征用原则加以了发展：他们不仅要求去雇佣那些可以满足占领者"必要需求"的德国人，还注意征用那些"可能会有用处"的德国人。

在以上通知里，并没有对占领者个人或者部门所能征用的德国人的确切数量进行限制。这就使得此后征用德国人的现象在整个法国占领军中流行开来。尽管法军对于德国劳动力的征用深受美英方面政策影响，但法国占领者却有其特殊的心理动机：对于法军中自视为"征服者"而并非只是"解放者"的军官而言，这就轮到旧日的"被占领者"（法国人）来占领以前的"占领者"（德国人）了。任意调派征发大量的德国人，在他们看来既能体现"征服者"的能力，更能彰显"占领者"的权威。因此，对于塔西尼将军和他在占领军中下属来说，征用德国人

---

① "Note de Service No 9408: Salaire et paiements de la main d'œuvre civile allemande en Allemagne (zone française), le 18 juin 1945", Service historique de la Défense, *GR* 3 *U* 245, *Haute Commission Alliée en Allemagne*, *Haut – Commissariat de la République Française en Allemagne*: *Notes sur l'emploi de la main d'œuvre civile allemande au services des Troupes d'occupation* (1946 – 1948), p. 1.

员与其说是应付一时之急的临时举措，倒不如说是显示他们作为"征服者""占领者"权威地位的必要任务。

在塔西尼将军离职，法方军政府建立之后，占领军的军官们继续了他们之前征用德国人充作仆役的习惯。此外，那些新来法占区的民事官员也希望借助德国人来开展在德国的工作。这些民事官员同样受到《在德军政府手册》的影响——他们在巴黎接受对德占领培训时所用的主要教材《军政府机构人员备忘录》(*Mémento pour les officiers des détachements de gouvernement militaire*)正是基于美方的手册编写的①——故而在来到法占区后也就自然而然地认同了手册中规定的征用德国劳动力的办法。

于是，一时间法占区的每个占领者都得"为了体现高贵的身份而极力搜集德国男女来服侍自己，从1个到68个不一而足，仿佛这是他们血统中与生俱来的权利"②。最终，法占区内出现了一个规模不可计数的德国仆役群体，这引起了法方军政府领导人的担忧：几乎所有的人员征用行为都处于混乱无序之中，各个部门和占领者都随心所欲地依照自己的需要直接征调德国人员。而塔西尼将军之前所拟定的章程，只是规定了雇佣德国人的大致途径而已，无法让法方军政府了解受雇德国仆役的真实情况，更不可能对其进行有效的管控。如果就一支战胜的军队而言，对于战败者的征用是相对比较自由的；但对于一个占领区的政府而言，有关被占领者的信息和管控便是必不可少的了，更不要说这些人已然受雇来直接服务于它。在高度集中的权力构架之下，法方军政府必须将占领者的这些"德国仆役"纳入占区管制范围，才能确保自己的中央管理能力。

1945年12月14日，法国在德最高司令部军事幕僚处通告军政府各部门的《第2886 CC/CAC/G号部门通知：德国人员的任用》中，对于

---

① "Comment fonctionnera l'administration française en Allemagne occupée", *Le Monde*, le 28 juin 1945.

② 其中所举的68人，正是法国在德最高指挥官柯尼希将军的仆从数目：在巴登巴登的住处有25人，在柏林的住处有18人，在法占区的第二处住宅有25人，其他包括：政治顾问5人，大使馆顾问3人，部门总管4人，民事幕僚主管2人，军事幕僚主管2人，等等, Marc Hillel, *L'occupation Française en Allemagne (1945–1949)*, p. 195.

"德国仆役"的管控被严加强调：

  本通知所针对之德国仆役，为特定法国在德机构以其他名目所雇佣之德国平民人员（如打字员、司机等）。无论何时何种情况下，这些人都不得接触或利用任何有悖法国利益的信息情报。
  Ⅰ因此，凡法国在德组织、机构或个人所雇佣或即将雇佣的任何德国平民，均须接受调查（视情况由军事安全部门或警察安保部门进行）。
  该调查须尽快进行。
  Ⅱ招收的任何德国平民人员不得从事会使其接触保密活动的工作。
  Ⅲ占领区辅助团队指挥官，法占区军政府行政总管，大柏林区军政府长官等一切相关要员，将就相关事宜之具体规定做出决议，并由其下属机构依其印鉴颁发。雇主一方自行具体负责该项规定之执行。①

  这一通知显示了法占区当局重新整理德人雇佣、征用乱象的决心。法方军政府各部门必须在征用雇佣德国人时遵守新的规章制度。对于法方占领者来说，要像以前一样自说自话地雇佣德国人已经是不可能的了，自此在雇佣前进行安保调查是必要程序。故而对于德国人的直接任用首先必须满足法方军政府在安全与保密方面的前提条件，而不再是仅仅考虑雇主方面的要求了。对于德国人来说，这就要求他们远离占领者的机密，以确保他们无法危及法国利益。此外，这一通知还为法方军政府之后直接任用德国人的法令条文树立了三项贯穿始终的原则方针：第一，法国利益优先；第二，必须保证法方军政府的管控；第三，雇主方面对于其雇佣人员的相关事宜负责。通过这一通知，法方军政府开始介入德国人任用问题之中，并开始尝试建构一套有效的行政体制以对军政

---

  ① "Note de Service No 2886 CC/CAC/G: Emploi du personnel allemand, le 14 décembre 1945", AMAE, *1BONN 117*, *ADM* Ⅰ *Ad3*, *Main d'œuvre allemande（1947－1949）*, *Dossiers rapatriés de l'Ambassade de France à Bonn*, pp. 1－2.

府机构中的德国雇员进行管控。

1946年1月22日，盟国对德管制委员会颁布了《第3号命令：可雇佣年龄人口登记，失业人员登记及其职业介绍》，旨在推动各占领当局加强对于德国人口职业的管控，并强化德国劳动局的地位作用。① 盟国管制委员的这一指令，与法方军政府领导人抵制法占区滥征德国人的意图不谋而合。在1946年初，法方军政府在法占区的统治已趋于稳定，但此前大规模征用德国劳动力的成本负担越来越沉重。1946年2月8日，法国在德最高指挥官柯尼希发布了《第1208 CC/CAC/G号部门通知：德国仆役的任用》，以取代1945年12月14日的《第2886号部门通知》。较之于前一通知，2月8日的这份通知行文更长，内容也更为细致。事实上我们可以将其视为之前的那些通知文件经法占区最高首脑正式批准的综合扩充版本。比如，在1945年12月5日的《第1158／CC/CAC号部门通知》中，法方当局就已提到：

> 在占领军部队的食堂、俱乐部、办公室或饭厅里任职的德国平民，无论其是被征发而来还是自愿参加，其薪资均由德国市镇方面根据当地市政机构所划相应劳工级别的工资标准予以支付。②

而根据《第1208号部门通知》，凡受雇德国人员薪资均由德方当局以占领费用名义承担，其人员可具体分为以下三类：

1) 在集体机构中担任服务与维持工作的人员。
2) 为具备公屋住房的部分机构服务的人员。
3) 被征发的当地人中配属于军官或占领民政官员的人员。

---

① "Control Council Ordre, No. 3: Registration of the population of employable age, Registration of unemployed and their placement at work, 22 January, 1946", *Enactment and Approved Papers of the Control Council and Coordinating Committee Jan - Feb. 1946* (Vol. 2), Berlin: Legal advice branch, Drafting section office of military government for Germany, 1946, p. 49.

② "Note de Service No 1158 /CC/CAC: Rémunération du personnel civil employé dans les mess, cercles, bureaux et popotes des Troupes d'Occupation, le 5 décembre 1945", AMAE, *1AP4/3, Règlementation relative aux Allemands travaillant dans les services du G.M. (1945 - 1946)*.

《第1208号部门通知》还对《第2886号部门通知》中关于德国人任用管控的内容进行了进一步拓展，对"因私任用德国人"做出了严格限制：

> 禁止权利人私自雇用仆役。权利人须自行承担费用，要么向军政府提出要求进行征用，要么直接通知德国劳动局（Arbeitsant, Nebenstelle）以提供可用的人员。在后一种情况下，权利人须尽快通过军政府征召形式将其手续合法化。若未能实现合法化，则该受雇人员的薪资由雇用者自行承担。①

自此，法国占领者，无论是机构还是个人，都完全丧失了自行雇用德国人的特权。法方军政府形成了可以直接有效地管控德国仆役的制度——所有对于德国人的任用，都必须以军政府征用的形式执行。得益于这一通知，法方军政府实际上成了法占区所有法方机构、个人仆役的唯一"雇主"。同时，法方军政府还借此享受到了以往在间接任用德国人的情况下才能获得的好处：大部分德国雇员的薪酬是以占领开支形式由德方当局承担。

1946年8月20日，对直接任用德国人的管控被行政总管拉丰的《第1010/SUR/SGM号通知》进一步加强。在这一文件里，具体调查程序及雇主责任的重要性被大大突出：

> 1）任何德国平民在入职之前，无论其作为仆役为集体部门或组织、抑或军官或民事官员服务，均须填写调查表（Fragebogen）。
> 2）任何在B章的任一问题（除问题J之外），或在C章第1节"划分"部分任一问题做出肯定答复者均自动清退出候选人之列。（意即：该候选人曾在纳粹党或政府组织任职，抑或被划分为任一等级战犯。）

---

① "Note de Service No 1208: Emploi du personnel domestique allemand, le 8 février 1946", AMAE, *1BONN 117, ADM* Ⅰ *Ad3, Main d'œuvre allemande（1947 – 1949）, Dossiers rapatriés de l'Ambassade de France à Bonn*, p. 3.

3）在宗教、种族、积极或消极抵抗纳粹这些原因之外，若有被指控或监禁过的经历则同样自动清退。

4）调查表答复中所包含的任何其他信息也可被认作清退的理由；这一区别对待的手段留给雇主方面自行判断（比如在军事或行政方面的可疑情报）。

5）即便其调查表首次审阅通过并允许立即进行招募，但若有按照下附形式提出的要求，则亦不能免除具体调查的开展。调查由安保机构地方部门的主管负责执行，除非特殊情况，由其将此类调查转交德国警方进行具体查访。若调查结果不利，则雇员立行解职，并以声明不实罪加以追究。

6）在人员入职方面，由雇主（部门主管或个人）单独承担全部责任。个人所提出的调查要求须以部门主管名义封装转送安保部门。①

但是对于法方军政府的民事官员来说，上述这些命令并不能满足他们雇佣相应德国人员以协助占区行政管理的需要。总体来说，这些文件的主旨都是加强对德国雇员的管控，限制每个法国占领者机构或个人（尤其是军官）的仆役数量。② 换句话说，这些条令仍在着眼于收拾法国第一集团军占领时期遗留下的人员冗滥无序的烂摊子。德国雇员仍然被看作干着底层工作且十分危险的"仆役"，不能直接参与占区的行政管理事务。尽管占领军的征用权早在1945年9月4日的《第5号命令》中被取消，而法方军政府又因为《第1208号部门通知》成了法占区唯一有权对德国人进行征召的机构，但民事官员的这一新需求仍未被此时尚主导军政府的军官派所虑及。因此法方军政府的民事官员不得不另辟

---

① "Note de l'Administrateur Général Laffon No 1010/SUR/SGM：Instructions relatives aux précautions à prendre pour l'embauchage du personnel allemand, le 20 août 1946", AMAE, *1AP5/3, Note du secrétariat général du C. C. F. A. sur le personnel allemand（1946 – 1949）*, p. 1 – 2.

② 前述通知附有一份食堂人员最高征募数额限制表及军官仆役人员权限表，但对于办公室内工作的德国人员或是辅助行政的管理人员并无确切的限额决议。"Note de Service No 1208：Emploi du personnel domestique allemand, le 8 février 1946", AMAE, *1BONN 117, ADM I Ad3, Main d'œuvre allemande（1947 – 1949）, Dossiers rapatriés de l'Ambassade de France à Bonn.*

蹊径，以"间接雇佣"理想德国人员的方式来解决这个问题。

幸运的是，1946年是德国人的"选举年"（Année d'élection），战后的民主潮流鼓励着德国人积极参与占区行政，以加快德国的政治建设。由于法占区成立后进行了行政重组，法方民事官员也希望利用这一浪潮对法方军政府进行改造。德国地方当局获得了法方占领者的允许，可以在法方代表监督下，于"州"（Länder）、"地区"（Regierungsbezirk）、"专区"（Kreis）层面承担地方行政，但由于法方军政府强调德国的"去中央集权化"，故而占领方长期拒绝建设全占区级别的德国中央行政机构。于是，这些德国地方政府实际上成了法方军政府的下属行政组织，其下辖的德国公务员实际上也被法方军政府吸纳进了自身的行政体系之中，间接为法方服务，从而形成了另一个特殊的德国雇员群体。总而言之，法方民事官员设法在法方军政府现行体系之外以间接雇佣的方式雇佣德国公务员，并创造了一个全新次级雇员群体，并且此群体不受军政府直接任用德国人的规章制度所限制。这些公务员尽管并不在军政府正式编制中工作，而是在德方机构中任职，却必须受法方占领者领导，行事以法方利益为优先。

简言之，1945—1946年，法方占领者对德国仆役的滥行征发是法方军政府在直接任用德国人方面最为关注的问题。法方军政府意图对这些德国雇员进行严格管控，并且把征发德国劳动力的决定权掌握在手。但事实上这也使得"雇主"的身份发生了让渡，军政府取代了法方的机构或个人，成了在任用德国人方面的唯一决策者。不过发生了变化的只是雇主这边而已。在雇员这方面，那些长期困扰德国人的问题，诸如合同、社会保险、津贴补助等，其实并没有任何改善。尽管法方军政府成了名义上唯一的总"雇主"，但德国雇员的地位并未因此提升，他们依然在食堂、餐厅、宿舍、办公室等占领者的机构场所里承担着底层工作，以仆役的角色侍奉法方的机构或个人。他们的意愿与需要并不为法方所重视。故而对于法方占领者——尤其是法方占领军的军官——来说，这一时间段内对德国人的直接任用，实际上更多是对德国劳动力的单方面征发，而不是雇主与雇员之间你情我愿双向选择的真正雇佣关系。较之于法国第一军占领时期的情况，唯一的不同之处只是征发德国人必须得到法方军政府事先批准而已。

一方面，这一现实迫使法方军政府的民事官员将德国地方当局归并进法方军政府行政体系之中，从而通过间接途径任用更具资质的德国公务员行事。另一方面，这也引起了那些被征发为仆役的德国人的不满——在现行规章制度下，他们的利益被完全忽视，他们的前途也毫无确定性可言。1946年，法占区许多地区愤懑的"德国仆人"发起了一系列针对他们法国雇主的消极抵抗运动。事态一度十分严重，以至于柯尼希亲自越级向行政总管拉丰治下的安保部门致以密信，提醒其潜在的危险：

> 我察觉到那些为法国人工作的仆役正暗地里组织呼吁怠工的行动，这已经影响巴登州南部地区有段时间了；佣人不辞而别的情况在梅尔斯堡（Meersburg）和辛根（Singen）的驻地尤为严重。类似的情况7月份还在莱茵的普法尔茨出现过。这些怠工活动看起来是有计划的，我们在几个星期前就发现了一些征兆。我们须立即遏制这种特殊的抵抗行动，以强硬手段打击煽动者及参与者。①

不过，德国仆役的消极抵抗可不是此时军政府面对的唯一麻烦。在法方军政府成立之后，军官派与民事官员间一直为这些德国雇员的待遇问题争吵不休。对于那些并不重视德国雇员的军官来说，这些德国人无非是法方可有可无的奴仆而已，因此这个问题并不是当务之急。在他们看来，雇主肯给这些"德国鬼子"开出薪水就已经足够慷慨大方了，怎么让他们像作为"占领者"的法方人员一样得到提拔晋升，享受种种津贴待遇呢？但是民事官员们意识到了提升德国雇员待遇的必要性。自1946年末起，他们一再提出要给予法方当局雇佣的德国人员优惠待遇，希望借此吸引那些有才能的德国精英为法方军政府服务。随着法占区高度集中的权力架构稳固下来，对于直接任用德国人的管控日渐严格，法占区首府巴登巴登当地的合格劳动力已然捉襟见肘，难以满足占

---

① "Fiche pour M. Le Directeur de la Sûreté（No. 3964 CC/DED/INF），le 21 août 1946"，AMAE，*1BONN 117*，*ADM* I *Ad3*，*Main d'œuvre allemande*（*1947 - 1949*），*Dossiers rapatriés de l'Ambassade de France à Bonn*，p. 3.

领者的需要。在这座城市里，当时有 44000 名法国人，约 30000 名德国人，比例严重失衡，故而在整个法国占领时期始终对德国劳动力有着极大需求。① 法方当局需要给予那些并不居住在巴登巴登的德国人以必要的物质条件，使其能留在巴登巴登为法方工作。

早在 1945 年 12 月 14 日，在行政总管拉丰致柯尼希的《第 2367/DGAA/CAB/A 号通知》中，拉丰就要求拟定德国雇员的权益，尤其是住房和食品方面的补贴。他强调称：

> 无论是从道德还是职业角度来看，现有的雇用原则都是极其严苛的。我们需要通过研究来解决这一类雇员的雇用过程中的诸多重要问题。在解决方案中，最为要紧的是——大部分雇员此前并不居住在巴登巴登……有关军政府各部门雇用德国人解决职业需求，是我们在德占领政策的重中之重。为了成功解决这一点，需要多寻求德国人才，并加以仔细遴选。我们不能因为忽视他们的物质生活条件而让他们灰心丧气，这些人才将来可能会是我们在这个国家最好的对话人。②

1946 年 1 月 16 日，根据法方军政府民事幕僚制订的《第 1363 RVT/ST 号训令》，法方军政府的以下几类德国雇员可以获得农业与配给局发放的中等额外食品配给卡：

1）法国家庭雇佣的德国佣人；
2）在法方军政府食堂饭厅内工作并搭伙的供餐员工；
3）长期雇用的德国专家教授；
4）由法方军政府行政总管下辖部门指派，受法国科学信息分部（Section Française d'Information Scientifique，FIAT）雇用的德国

---

① Marc Hillel, *L'occupation Française en Allemagne* (1945 – 1949), p. 12.
② "Note No 2367/DGAA/CAB/A: L'Administrateur Général Laffon à Monsieur le Général Commandant en Chef Français en Allemagne: Logement et nourriture des Allemands employés par les Service de l'Administration centrale, le 14 décembre 1945", AMAE, *1AP4/3, Règlementation relative aux Allemands travaillant dans les services du G. M.* (1945 – 1946), p. 1 – 2.

教授及技术人员。①

然而，尽管这一物质方面的优惠待遇体现了民事官员为吸引德国精英人才而做出的努力，但却并无益于德国人任用的正常化。在法占区，依然没有一个完整的规章制度可以对德国雇员的身份与权益做出全面的界定。

一直到1946年3月18日，事情才出现了转机。这一天，盟国对德管制委员会颁布了《第27号指令：盟国占领当局适用于德国平民受雇劳动者的社会保险管理》②，这标志着盟国方面下决心开始落实德国雇员的待遇"正常化"，杜绝因战时人力征调政策引起的雇用关系混乱。根据这一指令，在社会保险方面，受盟国占领当局雇用并由德国当局支付薪酬的德国平民被等同视为德国当局的常任雇员。他们与德国当局中承担同样工作的雇员缴纳同等的保险金，享受同样的保险权益。对于法方军政府而言，这一指令正是要他们抛弃以往"临时征用"德国人的非正式心态，建立起能明确反映德国雇员应得的社会身份、确保其取得应得的薪资权益并提供相应社会保障的完整雇用体制。

1946年下半年，随着大量战时外迁的德国人口被遣返回各占区内，盟国对德管制委员会的战俘与流亡人口管理局（Directorate of Prisoniers of War and Displaced Persons）中的各占区代表就难民的安置问题争论不休。1946年10月，各占领区代表决定就难民问题澄清其各自观点。战俘与流亡人口管理局中西方占区的三位代表随即通过了以下原则：

> 凡曾居于如今德国四占领区之一地域，后因战争离开家园的德国人，无论其现居何地，均可依其意愿，并按照其所欲回归的占区

---

① "Note de Service No 1363 RVT/ST: Suppléments alimentaires à certains ressortissants allemands employés par les Français, le 16 janvier 1945", AMAE, *1AP4/3*, *Règlementation relative aux Allemands travaillant dans les services du G. M.* (*1945 - 1946*), p. 1 - 2.

② "Control Council Directive, No. 27: Administration of Social Insurance Applicable to German Civilian Workers Employed by the Allied Occupational Authorities, 18 March, 1946", *Enactment and Approved Papers of the Control Council and Coordinating Committee Mar - Jun. 1946* (Vol. 3), Berlin: Legal advice branch, Drafting section office of military government for Germany, 1946, p. 18.

的指挥官所制定的时间和比例，重新回归其居住地。①

对于法占区这样一个"袖珍占领区"来说，这意味着占区内将涌入一大波需要法方军政府立即进行安置的人口。根据法方军政府对于流亡人口的清查，至1947年7月为止，法占区内共有流亡者42000人，其中有680名德国人。② 对于法方占领者而言，这将是战后第二波严峻的难民潮，他们必须动用手头一切资源解决这些流亡者的安置和就业问题，由军政府出面直接进行雇用的办法自然也包括在内。而对于法方军政府内那些正想在利用法占区人力资源上做文章的民事官员来说，针对流亡难民建立的雇用体制恰好可以成为进一步思考和完善军政府直接任用德国人体制的借鉴，同时也是深化法占区人力资源运用改革的良好机遇。

尽管法方军政府在1945年末1946年初摆脱了过去粗放的军事征用模式，单方面建立起一套限制管控德国人的征调体制，但是德国人员的不满情绪、盟国方面雇员待遇正常化的呼声以及安置流亡人口的压力，迫使法国占领者立即着手改变应对军政府直属德国雇员的态度。在法占区内就德国人的直接任用进行体制改革之势已是迫在眉睫。

二 "受雇佣的员工"：军政府直属德国雇员任用的正规化

（一）1946年末，直接任用体制改革之初

1946年末，法方军政府的领导人们在德国人的任用方面面对着三大难题：第一，如何安抚那些因法方"雇主"（军政府）的待遇政策含糊不定而对自己的职业前景忧心忡忡的德国雇员。第二，如何就法方军政府中不同层级方面的德国雇员进行统一招募和管控。第三，如何安置

---

① "Coordinating Committee: Clarification of the Policy to be Followed in regard to the Return of Refugees to their Former Place of Residence in Germany, 17 October, 1946", *Enactment and Approved Papers of the Control Council and Coordinating Committee Oct – Dec. 1946* (Vol. 5), Berlin: Legal advice branch, Drafting section office of military government for Germany, 1946, p. 51 – 53.

② "Effectifs des personnes déplacées du 1er juillet au 31 juillet: recensées par nationalité, le 1 – 31 juillet 1947", AMAE, *1ADM/40*, Correspondance départ la Division des Personnes Déplacées et Réfugiées.

流亡难民，并使其与法占区的管理者进行联络接触。

所有这些问题都需要仰仗对德国人直接任用体制的全面改革来解决，这就需要去制定比以往政策规定更为细致的规章制度，来照顾到雇用问题的方方面面。1946年11月7日，拉丰在给柯尼希的信中明确列出了一张清单，列明在他看来军政府有权向流亡人口管理局招募当地劳动力的机构：

1）所有高级代表、地区代表、专区代表，
2）军政府所有总局主管，
3）中央住宿机构的负责人。①

拉丰的建议体现出了他对军政府外籍人员直接任用政策的再思考。在此之前，任何机构需要征召德国人，都由军政府统一出面下令。反过来看，只要愿意，任何机构部门都可以介入招募德国人的程序中，都有权向军政府要求发起征招。而这一新的方案限定了有权要求发起征招的机构，且其大多集中在军政府体系里中央或地方的核心要员之手，反映了拉丰将任用德国人的直接管制权收归中央，以此抵制基层非正规招募现象的初步设想。

此外，1945年末1946年初德人任用管控体制的建立，很大程度上只是法国当局对雇用德国人行为管控的单方面加强。借此，法方军政府自然可以在研究调查和内部讨论后直接决定德国人的任用，而不用顾及那些只是被"征用"的德国人的意愿。但是，随着各盟国占区内为占领方服务的德国雇员待遇"正常化"潮流的发展，即便是占领者也不得不承认：在正常的双向雇用体系中，雇主与雇员的意愿理应是相互的。针对那些并非"征用"而来，自愿加入军政府的德国候选人来说，法方当局必须就雇佣条件与要求做出明确的规定，并给予相应的反馈。先前政策在这方面的缺失，使得法方感到必须在这方面做

---

① "L'Administrateur Général Laffon à Monsieur le Général d'Armée Kœnig, le 7 novembre 1946", AMAE, *1BONN 117, ADM I Ad3, Main d'œuvre allemande（1947-1949）, Dossiers rapatriés de l'Ambassade de France à Bonn.*

出必要的改善。迫在眉睫的诸多社会问题，民事官员借改革抓紧中央管控的意愿以及现行雇佣政策的缺陷，迫使法方占领者下定决心做出变革的决定。

（二）1947年德国劳动力招募与任用的新章程

在法方当局内部的多方协商（主要在行政总管拉丰与流亡人口管理局之间进行）后，法方军政府于1947年1月24日以行政总管法令的形式颁布了《第30号法令：流亡人口管理局劳动力招募与任用条件管理规定》[①] 与《第31号法令：德国劳动力招募与任用条件管理规定》[②]。这两份法令为法方军政府对流亡人口及德国当地人口劳动力的任用开启了全新的章程。

《第30号法令》正式确认法方军政府给予流亡人口优先任用权。此外，法令进一步规定，军政府当局及占领军方面各机构专门为流亡难民开设以占领马克为货币的账户，以此支付雇佣薪资。若这些机构雇用了流亡人员，则会收到德国劳动局方面发来的按照劳工分类的明细工资表，由其按星期、工作日或小时为单位填写带薪工作时间。之后工资表被转送当地市政厅，由市政财政部门支付劳动者欠发的薪资，并从中扣除社会保险金及税金。对于法方军政府所雇佣的流亡人士来说，他们的薪资配发实际上也就与德方当局机构中担任相同工作的人相一致了。若因工作需要出差，他们也可以在月底领到同等的报销额度。

得益于他们的特殊身份，流亡难民不但可以依照特殊合同形式获得种种优惠待遇，还可以在军政府就业后继续保持自己的这个优待身份。军政府承诺，凡这一类求职者会签署三份特殊合同文本，在其被招募后由雇佣机构及其他所有相关机构（如流亡人口管理局）联署。合同文本同时交由进行招募的军政府相关部门、负责薪资支付的德国市政财政

[①] "Arrêté, No. 30: Réglementant les conditions de recrutement et d'emploi de la main d'œuvre dépendant de la Direction des Personnes déplacées, le 5 décembre 1946", AMAE, *1BONN 117, ADM* I *Ad3, Main d'œuvre allemande*（1947–1949）, *Dossiers rapatriés de l'Ambassade de France à Bonn.*

[②] "Arrêté, No. 31: Réglementant les conditions de recrutement et d'emploi de la main d'œuvre allemande, le 5 décembre 1946", AMAE, *1BONN 117, ADM* I *Ad3, Main d'œuvre allemande*（1947–1949）, *Dossiers rapatriés de l'Ambassade de France à Bonn.*

部门及劳动者自己保存。在合同中,流亡者身份被突出强调,此外还明确了每周 48 小时的工作量,并且表示这一任用已知会流亡人口管理局的主管,确保合同有效。这是法方军政府第一次针对法方占领者以外的"外人"给出统一正式的劳动合同。这一法令还附有难民专用合同的标准模板,以供上行下效。较之于同时期发放给军政府其他外国雇员(尤其是德国人)的那些简单粗糙,更类似于工作证件的合同(往往只记录了雇员的主要个人工作信息和薪酬支付情况,几乎完全是为方便法方占领者进行监督管理而订立的),这种特殊合同体现出了法占区内的军政府意图给予为其工作的流亡人士统一优待的意愿。

此外,法方军政府雇用的流亡人士即便在受聘后依然保有"流亡者"的身份,可以继续享受社会上其他有关"流亡者"的优待政策。若是因某种原因离职,这些人还可以依旧回到流亡人口管理局照应之下,并仍在军政府的人员招募中享有优先权。

(三)法方人员的削减与流亡人员的顶替

除了之前提及的种种客观原因,法方军政府本身的一个内部问题也推动了《第 30 号法令》《第 31 号法令》的颁布,那就是军政府的人员问题。行政总管拉丰认为,1947 年迫在眉睫的军政府编制削减势必会导致法方人员短缺,而《第 30 号法令》正是解决人员供应问题的可行办法。事实上,早在 1946 年 6 月 16 日,法国本土政府的国家秘书处就已经公开抱怨,称已经为军政府从国家预算中预支了近十亿法郎"来填补高级民事和军事人员维持费用的缺口,这些人员大概包括 5880 名官员及其随从"[①]。1946 年 12 月时,英国新闻界更是估计法方军政府有大约 11000 人之多。[②] 这一数字主要基于德方媒体的猜测,法方当局对此表示了抗议,但也没有公布数字以作澄清。事实上,为了节省占领成本,法方军政府的人员数字在其成立后一直在不断下降。可即便如此,其在 1946 年初也达到 11194 人,与英方的猜测相近。

---

① Marc Hillel, *L'occupation Française en Allemagne* (1945-1949), p. 280.

② "In the French ZoneSystem secluded from the rest of Germany! A rigid economic policy!", *The Times*, December 20, 1946.

表 3-1　　　　　　　　法占区军政府人员数量变化①

日期	数量（人）
1945 年 10 月 15 日	20205
1945 年 11 月 26 日	16983
1945 年 12 月 18 日	15233
1946 年 1 月 18 日（1945 年 12 月 21 日）	13100
1946 年 3 月 31 日	11194

根据法方军政府 1947 年 1 月 15 日内部统计调查的结果，其人员数字在多次削减后为 5913 人。② 即便如此，其开支也远非法国的财政预算所能支撑。为了减轻预算压力，兑现政府在国民制宪会议上做出的承诺，法国于 1946 年末决定将于 1947 年度对法国在德最高指挥部下辖全部人员编制进行削减，其中干部削减 12.5%，辅助人员削减 13.2%，共计 12.85%。③

对于负责具体管理的行政总管拉丰来说，这意味着军政府的运行即将陷入人员匮乏的窘境。但如果在法国雇佣的法方人员人数不减反加，势必会加重法国的预算负担。相反，法占区根据《第 30 号法令》任用的流亡人员可以同时满足法方军政府的人员需要，以及法占区安置流亡人员的客观要求，同时也能为向大规模任用提拔德国人过渡打开政策绿灯。因此，他鼓励流亡人士以军政府重要"辅助人员"名义承担更多的行政管理职责。

1946 年 12 月 5 日时《第 30 号法令》已获法方军政府内部批准，但直到 1947 年 1 月 24 日才在《法国在德最高指挥部公报》（*Journal offi-*

---

① "Evolution des effectifs du GMZFO, le 16 juin 1946", AMAE, *1ADM65, Cabinet civil*: *2. Effectifs*: *personnel du gouvernement*: *effectifs théoriques, prévisions budgétaires et réduction des effectifs*.

② "Situation des effectifs du G. M. Z. F. O. , le 15 janvier 1947", AMAE, *1ADM65, Cabinet civil*. *2. Effectifs*: *personnel du gouvernement*: *effectifs théoriques, prévisions budgétaires et réduction des effectifs*.

③ "Note de Service, No. 558 PMB/P – S du général Kœnig, le 5 novembre 1946", AMAE, *1ADM65, Cabinet civil*: *2. Effectifs*: *personnel du gouvernement*: *effectifs théoriques, prévisions budgétaires et réduction des effectifs*.

ciel du commandement en chef français en Allemagne）上正式公布出来。然而在此之前的 1947 年 1 月 7 日，拉丰便急不可待地行文军政府各部门，阐述他对于法方军政府任用流亡者的设想：

> 军政府将来的人员削减要求把法方人员集中到其核心任务之上，也就是对于德国行政当局的管控之上。而那些因居住在我们占领区的法国家庭而存在的寻常琐事仍然是不得不去应对的。为了尽可能地应对秘书、笔译、口译乃至拟稿人员的缺乏，我决定建立一个军政府的"外籍人员辅助干部"团队，其由各式各样职能的人员组成，或是辅助人员，或是行政助手，均在具备上述职位所需语言能力和教育水平，且希望最终移民法国而不愿被遣返原来国家的流亡人士中选拔产生。①

拉丰还为亲自出谋划策，为这个"军政府外籍人员辅助干部"团队（Cadre auxiliaire du personnel étranger du Gouvernement militaire）划定了具体的选拔标准：

> ——年龄在 18 至 60 岁之间，
> ——从未加入纳粹或法西斯组织，
> ——有法文读写能力，
> ——安保部门方面认定适宜，
> ——体检达标，为此，须通过依照公共健康局和流亡人口管理局所制定的条件进行的体检。②

在《第 30 号法令》所规定的待遇条件外，拉丰承诺，只要经过两

---

① "L'Administrateur Général Laffon à Messieurs les Directeurs Généraux et Directeurs：Emploi de personnes déplacées par les services du Gouvernement Militaire，le 7 janvier 1947"，AMAE，*1ADM/40*，*Correspondance départ la Division des Personnes Déplacées et Réfugiées*，p. 293.

② "L'Administrateur Général Laffon à Messieurs les Directeurs Généraux et Directeurs：Emploi de personnes déplacées par les services du Gouvernement Militaire，le 7 janvier 1947"，pp. 293 – 294.

个月实习期,便给予这些"辅助干部"成员以下优厚待遇:

——除工资报酬外,可依据其职业获得相应补助津贴,金额由雇主部门确定,经人员征募开支管理者审批通过;
——其住宿与餐饮须按照法方同类人员(辅助人员或行政助手)所享受条件予以确保;
——可获得烟草配给,纺织品供给卡,并可进入法方人员专用的商场购物;
——将获得特殊的身份证明卡,以示其属于"军政府外籍人员辅助干部"①。

此信显然反映了他之前就提出的吸引德国境内人才为法国服务的主张。这一团队针对德国境内各国别的流亡人士,招募对象为秘书、翻译、编辑等辅助治理或专业职位。德籍流亡者自然也在候选之列。一旦人员得以招募,便会得到优越的物质保障以及明显超越其他被占领者的社会身份。《第30号法令》的颁布与"军政府外籍人员辅助干部"团队的创立,给予了流亡者——哪怕是德籍流亡者——一个较之于军政府其他外籍雇员更为优越的条件,甚至可以与法方人员相等同,这实际上也为德籍雇员地位正常化,待遇得到提升进行了铺垫。

(四)《第31号法令》:德国雇员身份的修正

《第30号法令》与《第31号法令》虽然同于1947年1月24日颁布,但二者的关系却并非并表面上的并驾齐驱那么简单。由于对德国人的根深蒂固的仇恨与不信任,法占区军政府若仓促提出对德国雇员的相关规章制度进行改革,乃至使其待遇"正常化",势必会在军政府内部遭到保守人士的反对。但若是借盟国对德管制委员会发起流亡人口安置,并在此过程中对德国雇员的雇用规定进行一些修正,则阻力要减小许多。而且,相对于法占区内的42000名流亡者,当地德国人所能提供人力资源无疑更为可观。所以,《第30号法令》实际上是《第31号法

---

① "L'Administrateur Général Laffon à Messieurs les Directeurs Généraux et Directeurs: Emploi de personnes déplacées par les services du Gouvernement Militaire, le 7 janvier 1947", p. 294.

令》的铺垫，醉翁之意不在酒的法方占领高层，尤其是制订这些法令的行政总管拉丰，正是要借《第30号法令》的东风引出《第31号法令》，再逐步依照流亡者相关政策的模板调整修正德国雇员的既有规定。这一点在《第31号法令》的文本中就可以体现出来，它直接承袭了《第30号法令》中所做出的诸多规定，并将之扩展应用至所有法方军政府直属的德国雇员①，如与德国地方政府公务员之间的"同工同酬"（à travail égal, salaire égal）原则、同样的薪酬与社会保险金计算办法，以及出差报销手续等。此外，军政府直属德国雇员的食物配给制度也被吸收进现行的德国劳动者食品配给制之中。在其第11条规定中，军政府向法方当局直属的所有德国雇佣人员发放第一等劳动力食品配给卡。②作为此类配给卡持有者，这些德国雇员就能像占区其他德国劳动者一样在军政府的总体物资配发中获得食物配给，自此以后只有军政府的经济、物资部门才能通过食物配给卡的发放管控对他们的粮食供应。③

这在战后物资匮乏局面下对于德国雇员的生活实际是有很大意义的，意味着其所服务的部门或个人不能再通过这些宝贵物资的内部分配来制约他们的行动，有利于将监管权力向中央集中。

除此之外，还要注意到的是，早在1946年1月16日，就已经有部分德国雇员获得了军政府配发的额外食品配给卡。因此依照《第31号法令》规定，这部分雇员实际上得到了第二张劳动力食品配给卡，故而既与其他德国劳动者共处统一标准的配给制度之下，又可以享受军政府额外提供的食品配发，实际上已经超过了在德方当局中类似公务员所享受的待遇，成为第一批真正超越当时的德国人员待遇"正常化"需求，进入享受优待者行列的德国人。

---

① "Arrêté, No. 31: Réglementant les conditions de recrutement et d'emploi de la main d'œuvre allemande, le 5 décembre 1946", AMAE, *1BONN 117*, *ADM I Ad3*, *Main d'œuvre allemande (1947-1949)*, *Dossiers rapatriés de l'Ambassade de France à Bonn*.

② "Arrêté, No. 31: Réglementant les conditions de recrutement et d'emploi de la main d'œuvre allemande, le 5 décembre 1946", p. 3.

③ "Décision, No. 1168 CC/CAM/M du Commandant en Chef aux Services Economiques, le 7 février 1946", AN, *C//15893*, *Zone d'occupation française d'Allemagne et d'Autriche*, *Rapports*.

表 3-2　　1946 年 2 月 7 日起法占区发放食品配给卡分类

配给局第三科				1946 年 2 月食品配给额度					
级别	牛奶 升/日	糖 克/月	米粉 克/月	面包 克/月	土豆 克/月	肉 克/月	油脂 克/月	奶酪 克/月	面团 克/月
0—2 岁	3/4	1680	1500	—	—	—	—	—	500
3—5 岁	1/2	700	—	2870	3200	200	200	—	500
6—9 岁	1/4	700	—	7130	6000	200	400	—	500
10—17 岁	1/8	400	—	7800	8400	400	400	—	500
18 岁以上	—	200	—	8525	11200	400	400	200	500
外国人及 一等劳动力	—	400	—	11780	11200	400	400	200	1000
二等 劳动力	—	560	—	14415	16800	600	600	200	1000
三等 劳动力	—	840	—	23250	28000	800	600	240	1000
孕妇	1/2	840	—	9300	12600	500	400	240	1000

（五）针对军政府雇员的专门措施

当然，除了对《第 30 号法令》的沿袭外，法方军政府还在《第 31 号法令》中加入了专门针对军政府直属德国雇员的新措施。并且先在法方军政府各部门及占领军中的德国人员里，划分出了两类不适用于该法令的人群：因在军营住所提供服务而获得报酬的德国人，以及由法国在德最高指挥部特别授权的合同雇佣的德国人。

自此，像仆役这样提供私人服务的人员被排除在了军政府雇员之外。而对于那些与法方签了特殊雇佣合同的，比如流亡者、重要专家，则由其相应的命令进行具体规定，不在这一法令管辖之列。事实上，从这一法令起，法方军政府开始将德国雇员视为担任相对重要职务的正式员工，而不是只能干底层工作的低级劳动力，因此必须放弃"征用"之类简单粗放的做法，转而以正式、系统的程序对其加以招募。为此，法方军政府的基层负责人——专区代表（Délégués de Cercle）成了军政府雇佣方与德国求职者之间的唯一中介，其在招募程序中的地位被大大加强。

在招募程序开始时,用工单位先向雇员工作地的专区代表提交招募劳动力的申请。若是工作地所属专区没有相应资质的劳动力,抑或其数量不足,则由该地专区代表知会其他可能在其治下有合适人选的专区代表。再由后者将用工需要通知其专区的德国劳动机构,向其指明劳工招聘任用的源头部门。

之后,专区代表让受聘人员填写调查表,并将之转交安保部门进行调查。若其停职,则雇员仍归德国劳动机构处理。由负责人员任用的机构通知专区代表停职的时间和原因。后者负责将这一消息通告安保部门及德国劳动机构,使解职得以落实。

通过专区代表的中介,法方军政府从法占区的基层便牢牢把握住了对德国雇员的控制权。每个德国雇员不仅要受到其在部门中上司的领导,受到安保部门的监视,还通过其工作地与军政府的地方行政联系在一起。这无疑大大加强了法方军政府基层代表的权力,德国求职者必须首先通过地方上的程序才能最终进入法方军政府行政构架之中。

这样也就对德国雇员形成了无形的限制。即便他们有可能作为秘书、翻译在法方军政府的中央机构,占据相对重要的敏感职位,但仍然是由法方的基层负责人对他进行最初的招募,并承担了其中的各方联络工作。在招募德国雇员的过程中,德国求职者、法方军政府当局(包括用工单位、安保部门等)、德国地方当局(如德国劳动机构,市政财政部门等)在专区代表居中联络下形成了互动关系。可以说,《第31号法令》重新定义了法方军政府在德国人直接任用方面的政策要点,德国雇员这一概念不再涉及仆役这一类底层职业,其人员不再是由占领当局单方面征发而来,未经真正组织的简单劳动力。显然,一套涵盖德国人遴选、招募、酬劳、管控的系统化体制已然初步形成。在《第30号法令》和《第31号法令》影响下,法占区出现了一股德人任用待遇"正常化"的新潮流。

(六)1927年4月,《第30号法令》与《第31号法令》的传达与执行

为了执行这两项法令的规定,法方军政府采取了有力措施以确保各有关方面的服从。在德方当局方面,1947年4月18日,法方军政府发

布了《对德方当局训令：致市、镇、县长通告》。我们可以把法方军政府的这一指令视为对德方当局的具体指导，以使其能够遵循前述两个法令文件行事。专区代表在招募程序中的中介作用被突出强调。而在德方机构所承担的职责方面，德国雇员的薪资的计算与支付、开支报销被明确划为德方责任。法方军政府对德方当局宣布：

> 本通告旨在阐明市长、劳动机构、市政薪资机构与财务机构，军政府各部及占领军对德国当地劳动力（或有流亡难民身份）的招募、任用、薪酬方面所起的作用，并且给为占领国利益服务的"开发人员"制订给付工资的具体条件。①

值得注意的是，其中法方军政府用到了这样一个全新的表述来指代他们的德国雇员——"为占领国利益服务的'开发人员'（le Personnel d'exploitation）"。这一表述体现了德国雇员在军政府眼中地位的明显提升。在《第30号法令》《第31号法令》文本里，法方军政府便极力避免使用"仆役""从属人员"这类在1945年和1946年期间的相关文件中屡见不鲜的表述。再者，《第31号法令》第一条就已直接把为私人工作服务的劳役人员排除出了其适用范围。鉴于此，对于此时的法方占领者来说，"德国雇员"一词给他们的印象，显然已经不是当初服侍占领者或其家人的仆役了。在占领者眼里，德国劳动力已然是可以帮助占领方为法国利益对占领区进行"开发"的人员了，因而必须有足够的专业素养以便投入占领实践。

这种对于"德国雇员"的新理解之后在1947年4月22日的《第1182/CC/DAG/AFG/2号训令：法国在德当局各部对德国当地劳动力（或有流亡难民身份）的招募、任用、薪酬条件》中得到了进一步发展。该训令旨在敦促法方军政府内部各下属部门严格落实1947年1月24日的那两项法令，因而较之于以上针对德方当局的通告，这一直接

---

① "Instructions données aux Autorités Allemandes（DGEF/FIN，No. 3912）：Circulaire à MM. les Landräte, Oberbourgmestres et Bourgmestres, le 18 avril 1947", AMAE, *1BONN 117*, *ADM* I *Ad3*, *Main d'œuvre allemande（1947-1949）*, *Dossiers rapatriés de l'Ambassade de France à Bonn*, p. 3.

针对法方占领者的训令行文更为直截了当，并且就各部门为落实法令规定所应执行的不同具体措施做出了明确规定。同时也强调了对德国人加以防范，加强对德国雇员监督管控的必要性。这都使得这一训令反映出了一些原来法令文本所未能完全体现出的新特性：

1. 彻底排除德国雇员中的仆役

较之于《第31号法令》开篇中略显迂回曲折的表示，新训令更为直接也更加严厉地向法方占领者指出，不得将仆役算进新规定所适用的"德国雇员"群体之中：

> 所谓的劳动力（仆役）显然是被排除在之前两项法令适用范围之外的。最高指挥部领导下的任何民事或军事人员，均不得利用这些法令雇佣相应人员以满足一己私欲。①

如《第31号法令》中所言明的，事实上此类人员已不再属于军政府依照以上法令训令管控的"德国雇员"群体。对于此类德国人员的雇佣从此以后被视为占领者的个人行为，并且同样要受到法方军政府相关规定的严格限制。② 在《第1182号训令》里，军政府不仅继续强调对仆役的数量限制，并且向每个法方占领者明确表示当局反对因私雇用德国人的做法。所有这些表态都体现出了法方军政府改革德国雇员人群构成、提升德国雇员在军政府人事结构中地位的决心。

2. 有权发起招募的机构

《第1182号训令》规定了占领当局各机关在德国人员招募程序中的不同权限。如前所述，只有专区代表可以直接向其治地的德国劳动机构提出招募德国人要求，而且整个法占区也只有以下特定机构人员有权要

---

① "Instruction de l'Administration Générale No1182/CC/DAG/AFG/2: Conditions de recrutement, d'emploi et de rémunération par les Services de l'Administration française en Allemagne de la main d'œuvre locale ou ayant le statut des personnes déplacées, le 22 avril 1947", AMAE, *1BONN 117*, *ADM* I *Ad3*, *Main d'œuvre allemande*（1947 - 1949）, *Dossiers rapatriés de l'Ambassade de France à Bonn*.

② 《第1182/CC/DAG/AFG/2号训令》在附录中加入了1946年2月8日的法国官员可用德国仆役限额表以作为限制标准。

求专区代表发起招募：

1) 法国在德最高指挥部：
    a) （技术部门的）行政主管
    b) 第40军区司令官
2) 法占区军政府：
    a) 中央：
        —行政总局长官
    b) 地方：
        —高级代表
        —地区代表
        —专区代表
3) 附属部门：各主管
4) 占领领土辅助团队：
    a) 部队长官及行政单位主管
    b) 军方各部门主管首脑
    c) 军事设施指挥官[①]

就此，不但直接招募权只由专区代表掌握，甚至连发起招募要求的资格也被严格限定在以上机构人员之内。上述机构需每月做部门内的各类别德国雇员人数需求情况预案，报给预算、会计部门进行审批。地方上德国雇员任用单位的预案上报还要更复杂一些，须先交各州高级代表统一汇总后再转交中央审计机构审批。而那些驻在地方上的附属部门主管的人员需求预案，则交由专区代表代行上报。由此，德国雇员的招募实际上与法占区行政体系的多个层面相互联系，并由军政府中央统一进行审计。

---

① "Instruction de l'Administration Générale No1182/CC/DAG/AFG/2: Conditions de recrutement, d'emploi et de rémunération par les Services de l'Administration française en Allemagne de la main d'œuvre locale ou ayant le statut des personnes déplacées, le 22 avril 1947", AMAE, *1BONN 117, ADM I Ad3, Main d'œuvre allemande (1947 – 1949), Dossiers rapatriés de l'Ambassade de France à Bonn*, p. 2.

3. 雇员管控的加强

要注意到的是，对于军政府直属德国雇员的监督管制也大大加强了。除了《第 31 号法令》所要求的填写问卷表格及进行安保调查外，《第 1182 号训令》突出强调了法方时刻保持警惕的重要性：

> 用人方的注意力往往集中在该人是否加入过纳粹党，是否加入过纳粹党的附属组织；尤其在该人占据一定的职位或级别时，会关注其在军事、行政或者专业方面是否曾处于发号施令地位的情报。
>
> 绝不可掉以轻心！一个"不曾加入纳粹党"的声明可不足以作为"实事求是"（ipso facto）的安全保证。各部门主管须确保对其所雇佣的德国人员进行持之以恒的监督。①

显然，这一条体现的正是法方占领者眼中对于德国人"全体责任"的认知。作为雇员，这些德国人是直接为法方军政府工作的，因此非纳粹化审查不可避免。但是正如训令中所言，对于法占区绝大部分持有对"德国鬼子"的传统仇恨的法方占领者来说，一场"非纳粹化"并不足以打消他们对于德国人的不信任感。不过，法方军政府的管理者又必须借助德国人来投入占区建设，以达成其占领目的。为了在防备德国人的潜在安全威胁与利用德国人力资源之间维持平衡，对德国雇员进行长期而严格的监督也就成了军政府雇佣德人政策的重中之重。通过《第 1182 号训令》，军政府将这一观点明确传达给了每一个法方占领者，公开要求他们不要将招募时调查的结果视为对这些德国雇员考验的结束，而必须在其任职过程中继续对他们进行长期监督和调查，从而持续对军政府德方人员进行清洗。这一理念，恰恰与下文中军政府对德国公务员的"非纳粹化"方针有异曲同工之妙。

4. 德国雇员待遇的"正常化"

如果说《第 31 号法令》使得军政府的德国雇员与德方当局的同类

---

① "Instruction de l'Administration Générale No1182/CC/DAG/AFG/2：Conditions de recrutement, d'emploi et de rémunération par les Services de l'Administration française en Allemagne de la main d'œuvre locale ou ayant le statut des personnes déplacées, le 22 avril 1947", p. 3–4.

员工实现了待遇条件的"正常化",那么《第1182号训令》就是对其工作待遇进行了进一步提升,使其开始实现与军政府内其他人员待遇的"正常化"。比如,在之前的两项法令中,仅对流亡者明确规定了每周48工作小时。但是在《第1182号训令》里,有关工作时间的规定被明确表明适用于法方军政府直属的所有德国人员。① 尽管军政府方面仍然有权依照工作具体情况向德国雇员做出例外要求,这一48小时工作制的确立更多只是一种表态,但确实也将这一原本针对流亡者雇员的权利扩大到了全部德国雇员,体现出了军政府内局部的待遇平等化、正常化,说明德国雇员已经不是任由占领者驱使的"壮丁""苦力",军政府方面必须按照一定的程序和条件来让他们"正常"工作。

不过,"流亡者"依然比德国雇员享有更多的"自由",因为《第1182号训令》规定他们可以自由辞职,只要在劳动合同到期前15天知会用人单位即可。② 而德国雇员只有在用人方通知专区代表该雇员停职的时间和原因,并由后者行文通告当地安保部门和德国劳动机构后才可以离职。德国雇员不可以自行辞职,只能由其上级通过以上流程申请解职。

《第30号法令》《第31号法令》与《第1182号训令》共同构建起了法方军政府运用法占区人力资源的首个完整制度模式。对于法方军政府的直属德国雇员来说,以上三个文件的颁布标志着他们人生与事业的转折。自此以后,他们不再被占领者视为可以随意征用的可有可无之人。法方军政府提高了他们在法占区行政构架中的地位,他们不仅实现了与法方当局公务员类似的待遇正常化,还进一步向与军政府内其他人员实现"平权"迈进。这对于吸引德国精英人才为法方服务无疑是极为有利的。重视德国人应有的权利并完善任用制度,鼓励德国人承担更多责任,成了法方军政府在这一时期达成的新方针。

---

① "Instruction de l'Administration Générale No1182/CC/DAG/AFG/2:Conditions de recrutement, d'emploi et de rémunération par les Services de l'Administration française en Allemagne de la main d'œuvre locale ou ayant le statut des personnes déplacées, le 22 avril 1947", p. 7.

② "Instruction de l'Administration Générale No1182/CC/DAG/AFG/2:Conditions de recrutement, d'emploi et de rémunération par les Services de l'Administration française en Allemagne de la main d'œuvre locale ou ayant le statut des personnes déplacées, le 22 avril 1947", p. 10.

5. 战俘与平民囚犯劳动力

1947年4月29日，柯尼希将军签发了《第2590/CC/CAM/TO号通知》，宣布："凡军事行政当局各部门所雇佣的德国平民，均在1947年5月1日享受一天带薪假期。"① 国际劳动节的这一天带薪假，无疑正是法国占领当局最高首脑对于此时德国雇员名副其实的劳动者身份的公开承认。这对于部分一贯将手下德国人视为可随意征用的"败战之徒"的保守军官派占领者来说，无疑是极大的冲击；而对于军政府的德国雇员则不啻一大激励。

不过在此之前，对于另外一些身份特殊的德国人而言——如那些关押在战俘营和监狱里，正在法方占领军安排下进行劳动的战俘和平民囚犯——他们的身份待遇问题其实并没有因为上述法令而彻底解决。由于他们属于军队看管的囚犯劳动力，与普通意义上的"平民雇员"相去甚远，因此并没有专门针对他们做出有关招募和报酬的明确规定。常常是由当地管控这些战俘营或监狱的部队指挥官，来自行决定一切有关这些囚犯劳动力运用之事。根据柯尼希1945年12月8日签发的《第2723 CC/CAM/G号信件》，只有占领军方面有权动用战俘劳动力："民事当局没有干涉战俘劳动力方面事务的权限，若要动用除非先与相关部门协商并获军方最终同意。"② 且这些地方军队长官往往拥兵自重，正是当地行政机关无法驾驭的"地头蛇"，并不会轻易服从以行政总管拉丰名义发布的《第30号法令》《第31号法令》。

为了达成一致政策，实现政令统一，行政总管拉丰特意于1947年4月15日，在针对法方内部的《第1182号训令》下达前，致信法国在德最高指挥部民事幕僚处解决囚犯劳动力的报酬问题，实际上也就是要说服柯尼希将军出面从中配合解决此事：

> （囚犯）在外工作也应依照现行针对平民的标准给予报酬。十

---

① "Message express du général Kœnig No 2590/CC/CAM/TO, le 29 avril 1947", AMAE, *1BONN 117, ADM Ⅰ Ad3, Main d'œuvre allemande（1947-1949）, Dossiers rapatriés de l'Ambassade de France à Bonn.*

② "Le Général de Corps d'Armée Kœnig à Monsieur l'Administrateur Général: Emploi des prisonniers de guerre, le 8 décembre 1945", AMAE, *1ADM/40, Correspondance départ la Division des Personnes Déplacées et Réfugiées.*

分之一的薪水将被划入以个人姓名开设的劳役金账户。其余则由各州高级代表处置，依照 1947 年 2 月 9 日信件（No. 129/SUR/PG/CAM）中建议的办法，作为出版反纳粹作品的补助金……应依照德国现行劳动法向囚犯劳动者提供报酬，也就是说同样类别的德国劳动者应该享受同样的条件待遇。①

在《第 1182 号训令》发布后，柯尼希将军特意将拉丰的来信内容予以增补，形成了《第 3688/CC/DAG/AFG 号通知》，要求占领军下级服从：

> 法国在德当局有许多部门正利用当地监狱机构所提供的德国劳动力来建设某些工程。这些劳动力适用于法国在德最高指挥部《第 31 号法令》的规定；其必须得到报酬，金额依照 1947 年 4 月 22 日《第 1182/CC/DAG/AFG/2 号训令》所规定的条件以预算马克形式返还。②

至此，连德国的囚犯劳动力都被正式纳入法方军政府直属雇员之中，并且适用于《第 31 号法令》和《第 1182 号训令》。对于占领军方面控制下的囚犯劳动力加以吸纳，而对以往占领者中流行征用的仆役予以排斥，正体现了此时在法方军政府中实际负责行政的民事官员，在德国雇员管控方面的灵活应对。对于希望裁撤的仆役群体加以排斥，而对占领军实际控制下的囚犯劳动力主动予以归并以实现管控，正有利于《第 30 号法令》《第 31 号法令》与《第 1182 号训令》的实际执行，对德国雇员群体的构成进行除旧添新的改组。

（七）"人数清查"与德国雇员群体的重构

德人任用制度的巩固使得法方军政府对德国人员的监管得到了前所

---

① "La lettre de l'Administrateur Général Laffon au Cabinet Civil du CCFA No 543/SUR/PG/CAM: Remboursement de la main d'œuvre des internés civils, le 15 avril 1947", AMAE, *1BONN 117, ADM I Ad3, Main d'œuvre allemande (1947 – 1949), Dossiers rapatriés de l'Ambassade de France à Bonn*, p. 1 – 2.

② "Note de Kœnig No 3688/CC/DAG/AFG: Emploi de la Main d'Œuvre pénitentiaire par les Services Français le 22 avril 1947", AMAE, *1AP5/3, Notes du secrétariat général du CCFA sur le personnel allemand (1946 – 1949)*.

未有的增强。对于法国占领军来说，其自占领之初便泛滥成灾的征用之举，受到了《第31号法令》和《第1182号训令》的极大限制。鉴于数量庞大难测的德国仆役此时不在德国雇员相关法令适用之列①，而其雇员身份一直存疑的德国囚犯劳动力又被承认是适用此类法令的人员，此类雇员的范围界限已然基本厘清。于是，长久以来一直未能实现的对于占领军控制下属于德国雇员一类的劳动力的"人数清查"，也就渐渐成了可能。从此之后，法方军政府可以通过压低人员具体数字的方式迫使占领军在德国人员利用上有所约束。

1. 1947年6月：各部队雇佣平民人员数额的新权限

1947年6月16日，应上峰要求，法国占领军第4局第1课发布了《第5300/4-1号通知：德国平民或战俘劳动力》，以通告各部队《第31号法令》和《第1182号训令》的具体规定，督促其依照规定向自己辖下的相关德国劳动力提供酬劳、待遇。该通知制定了一份人员统计表，限定了各部队任用德国民间辅助人员的权限并且声明："至1947年7月1日，所有部队、总部或组织均须严格遵守附件二（即《第1182号训令》）中所阐明的规章制度。"②

依照这一文件，占领军下辖的全部德国雇佣人员被划分为五类：物资人员、工程人员、运输人员、后勤人员、卫生人员，并且全部享受《第1182号训令》所规定的待遇。就通知文件所附的占领军雇佣德国战俘及平民劳动力员额表来看，1947年6月16日时占领军各部有1849名德国正式雇员③可以享受该文件所规定的待遇条件。而1947年下半年期

---

① 由于要彻底清查德国仆役具体人数实际面临许多困难，故而法方军政府一直沿用1946年2月8日《第1208号训令》附录中规定的法国官员可用德国仆役限额表，要求基层个人严格恪守，从而保证总体状况不致太过严重。"Note de Service No 1208: Emploi du personnel domestique allemand, le 8 février 1946", AMAE, 1BONN 117, ADM Ⅰ Ad3, Main d'œuvre allemande (1947–1949), Dossiers rapatriés de l'Ambassade de France à Bonn, p. 17.

② "Note de Service No 5300/4-1: Main d'œuvre civile Allemande ou P. D. R.,le 16 juin 1947", Service historique de la Défense, GR 3U 245, Commandement des Grandes Unités et des Services: Notes sur l'emploi de la main d'œuvre civile allemande au services des Troupes d'occupation (1946–1948), p. 1.

③ "Annexe 1: tableau d'effectif de la main d'œuvre civile allemande ou P. D. R. employée par les T. O. A., le 16 juin 1947", Service historique de la Défense, GR 3U 245, Commandement des Grandes Unités et des Services: Notes sur l'emploi de la main d'œuvre civile allemande au services des Troupes d'occupation (1946–1948), pp. 1–2.

间，法方当局高层对占领军下辖的德国人员进行了周期性的排查，以求掌握其实际员额。到 1947 年末，雇员数字便上升到了 2281 名①。

然而必须说明的是，这类"人员清查"其实是不够细致的，因为在实际操作中，当局实际上只对三个类别的人员——物资、后勤与卫生人员——展开了排查，而其他的辅助人员被排除在了清查之外，况且当局也并没有拿出真正的遏制手段来强迫占领军减少雇员人数。不过，对于法方军政府中央当局来说，至少先前桀骜不驯的占领军如今必须在其政策范围内尽可能循规蹈矩地进行人员雇用了。而且军政府方面确立的德人任用体制也从此被引入军队之中，改变了占领军以往对军政府民事官员方面的决策常常视若无睹的局面。

1947 年下半年对占领军德国雇员的"人员清查"，实际上反映了法方军政府把对德国人直接任用的管控权向中央——尤其是中央民事机构——进一步收拢的趋势。在法方占领者方面，占领军辖下的囚犯劳动力及辅助人员规模这些长久以来一直疑云重重的问题，逐渐随军政府中央的清查而得到了一定程度上的澄清。对于这些德国雇员来说，法方军政府将他们吸收入德人雇佣体制之内，使其待遇得以"正常化"，也使得他们对于法方——尤其是巴登巴登的法方军政府高层——更为亲近。这也正是以拉丰为首的那些主张吸引德国人为之服务的行政官员所喜闻乐见的，为此他们在德国雇员的待遇条件方面做出了进一步努力。

2. 1947 年末，德国雇员物质待遇的提升

1947 年 9 月 15 日，法方当局颁布了《第 9366/CAB/C 号通知：在巴登巴登为法方部门服务的德国人员给养》。这一通知重申要确保法方军政府直属德国雇员食品配给卡的提供：

> 凡在法方部门机构工作的德国人员，抑或在法方直接管理下的占区内德国组织的人员，均可获取一等劳动力配给卡……只有专家

---

① 我们可以在以下文件中发现 1947 年下半年员额数字的实际变化过程：2079 人（"Note，No. 7088/CSTO/4 - 1 du 26 août 1947"），2273 人（"Note，No. 7788/CSTO/4 - 1 du 24 septembre 1947"），2281 人（"Note，No. 9217/CSTO/4 - 1 du 21 novembre 1947"）。Service historique de la Défense，*GR 3U 245*，*Commandement des Grandes Unités et des Services*：*Notes sur l'emploi de la main d'œuvre civile allemande au services des Troupes d'occupation*（*1946 - 1948*）.

人士可以领取额外配给卡……食品配给卡每月发放一次，由相关财政机构支付薪酬时，在领取人出示工作证后一并发放。①

此外，根据这一通知，每个在巴登巴登的额外食品配给卡持有者每天都可以在军政府额外配发食材的餐厅（占领军食堂或军官餐厅除外）吃一顿饭。其中有一个名为"路灯"（Lanterne）的高级饭店便是专门向德国高级人员（一般指收入在800马克左右的人士）开放的。自1947年10月1日起，巴登巴登还开设了多个特殊的市场，既给上述餐厅提供蔬果时鲜，也为有工作证件且在家用餐的一般德国雇员提供服务。甚至连依法国上级命令来巴登巴登办事的德国雇员，也可以凭其法方部门主管传召的授权文书，到"格恩斯巴赫大街弗里德里希温泉的金狮酒店"（Loewen Friedrichsbad, Gernsbacherstrasse）吃上一餐。

虽然看起来只不过是食物配给上的细节安排，但这一通知很大程度上却是基于1945年12月14日的《第2367 DGAA/CAB/A号通知》精神拟定的落实文件，有着相当的影响。② 这些给予德国雇员的物质待遇，正体现了拉丰在以上文件中展现的确保德国精英人才的物质生活条件，吸引其为法方当局服务的意图。在战后初期物资匮乏食品短缺的情况下，这些食物供给上的优待和便利，实际上对于法占区的德国人有很大吸引力，使得他们中的有才之士更趋向于来到巴登巴登为法方军政府中央工作。

3. 德国雇员身份的"正规化"

除了物质条件的提升外，德国雇员在军政府行政架构中地位的"正规化"也在1947年末大有进展。1947年10月15日，行政总管拉丰签

---

① "Note, No. 9366/CAB/C: Ravitaillement du personnel allemand travaillant pour des Services Français à Baden – Baden, le 15 septembre 1947", AMAE, *1AP5/3*, *Notes du secrétariat général du CCFA sur le personnel allemand* (1946 – 1949), p. 1.

② "Note No 2367/DGAA/CAB/A: L'Administrateur Général LAFFON à Monsieur le Général Commandant en Chef Français en Allemagne: Logement et nourriture des Allemands employés par les Service de l'Administration centrale, le 14 décembre 1945", AMAE, *1AP4/3*, *Règlementation relative aux Allemands travaillant dans les services du G. M.* (1945 – 1946), p. 1 – 2.

发了《第 221 号决定：关于德国人员管理局的组建》。① 这一新机构被指派承担以下职能：

  a）准备、拟定和管控法方部门中德国助理人员任用与待遇的总体条件。
  b）准备并管控此类人员的"系统化清洗"。
  c）招募并管理军政府下辖的德国助理办公人员。
  d）为此类办公人员的物资开支欠发预算拨款。

  这一决定在当时颇具争议，因为它把几乎一切有关直属德国雇员的大小事务——诸如招募、待遇、清洗、管理和预算——都统归这个独立部门管辖，而这就侵犯到了实际任用这些德国人员的具体部门机构的权力。可以说，之前的《第31号法令》等文件已经极大削弱了他们在人员招募上的权力，而这一部门的成立势必使他们内部对德国人员的管理也大为削弱。若是按照这一决定行事，他们从此只能仰仗这个新部门来驾驭在自己手下工作的德国人员。连拉丰自己也清楚这个决定势必会招致不满和阻挠。最终，由于其短暂的存在时间和法方各部门的消极抵制，这个新管理局其实并未如期在德国雇员管理中起到多方面作用，实际上成了专门负责管控德方人员"非纳粹化"清洗，顺便处理一些办公室琐事的部门。德国人员管理局成立后仅10天，1947年10月25日发布的《第10.768号通告》便突出强调该部门所承担的准备和管控德国辅助人员"系统化清洗"的职能，非纳粹化专家阿兰·哈德那克（Alain Radenac）也被任命为该部门主管，其中寓意可见一斑。② 不过，光是这个部门得以创设，就足以说明：法方军政府对德国雇员十分重视，并且认为有必要对他们进行基于公务员的专门管理。

---

① "Décision 221: Portant Création d'une Direction du Personnel Allemand, le 15 septembre 1947", AMAE, *1AP5/3*, *Notes du secrétariat général du CCFA sur le personnel allemand (1946-1949)*.

② "La Note No. 10.768/*CAB/C*: Sur le contrôle du personnel allemand employé dans les services centraux du G. M. Z. F. O. et dans les bureaux auxiliaires allemands, le 25 octobre 1947", AMAE, *1HC18*, *Contrôle*.

1947年11月15日，柯尼希将军宣布解除拉丰法方军政府行政总管之职。尽管重新执掌法占区行政实权的军官派取消了拉丰做出的许多行政决策，但1947年建立起来的德国人任用模式却在大体上得到了保留。当局甚至重申对这些政策的认可，以保证其能够继续得到贯彻执行。1947年这一年过程中，得益于《第30号法令》《第31号法令》和《第1182号训令》的颁布，法方军政府德国雇员在行政架构中的地位逐渐得以明确和巩固。法方当局开始放弃过去将德国人员限制在底层职业的做法，不再忽视他们的权益。法方军政府直属的德国雇员不但得到了物质条件的改善，还实现了在行政架构中地位的提升。随着"正规化"趋势的发展，法方占领者开始将他们视为构成法方行政架构一部分的正式人员，"雇员"一词具备了"公务员"的意味，其在法占区的待遇与社会地位也实现了与德方当局公务员的持平。部分有一技之长或是受占领方重视的德国人员甚至可以享受到法方军政府给予的优待，诸如额外的食品配给，为军政府工作的优先权，巴登巴登市内的特殊餐食待遇等。与此同时，法占区各法方机构对于德国人的直接任用也实现了规范化，军政府得以将针对德人雇佣行为的管控权收归中央，从而实现了雇员与雇主两方面的共赢。

总而言之，法方当局所要监管的对象其实并不只是德国雇员本身，法方各部门和人员征调招募劳动力的权力行使也同在其管控限制之下。自1947年末起，随着美英与苏方占领当局之间争议愈加激烈，盟国对德管制委员会内部关系的破裂已然迫在眉睫。所有的占领当局都极力拉拢自己治下的被占领者，让其支持己方有关未来德国的方案设想。在这样的形势下，1948年到1949年期间法方军政府对德国人任用政策方面的主流论调，逐渐演变成了对德国雇员的物质条件与社会地位的进一步改善，使其对法方产生认同与支持，并在将来占领结束后继续维持下去。如果说在1945—1946年间，法方占领者只把德国人视为可以临时随意征用的低级劳动力，那么到1947年，法方军政府的实际管理者已经开始把他们看作法占区行政治理所必要的技术人员，在较高岗位上进行谨慎而规范化地招募任用，其待遇条件也逐渐与其他德国同类劳动者相等同，开始具备了服务占区治理的"公务员"意味。而从1948年开始，法方当局开始鼓励在军政府的法国与德国人员之间发展一种更为亲密无间的关系，为此对其所属德国雇员展现出了更为积极良好的态度，并鼓励其发挥作用投入占区治理，达成进一步的公务员化。

三 "获优待的干员"：法方军政府德国雇员的地位特殊化（1948）

1948年初的那几个月里，可谓是大事连连：西方三占区已然于2月23日成型，而盟国对德管制委员会则在3月20日停止实际运作。对于已身处美英法三方管控的西占区中的法国占领者和德国被占领者来说，这一连串的巨变成为历史的转折点。坦率地讲，在设有独立政府的未来西德国家之中，法方占领者的地位作用无疑会遭到削弱；而与此同时，德方人员虽在新成立的三占区负有实际运作之责，在新国家建立之时，势必仍要仰赖持有最高决断权的占领者的支持。因此，双方其实都有意加深彼此联络以达成互相影响，而军政府内部的德国雇员便成了反映这一关系密切程度的晴雨表。尽管行政总管拉丰在1947年末已离任，但他优待德国精英人才，吸引其为法国利益服务的策略仍然为军官派支配下的法方军政府所沿袭。面对行将告终的军事占领，军官派担心会输掉整个德国，因此即便内心对"德国鬼子"的仇恨依然存在，但仍决定给予行政构架中那些经受了严格调查监督的"可靠的德国人"以更好的特殊待遇。于是，随着军政府直属德国雇员的身份待遇的"正规化"——此时他们与德方当局公务员相等同的地位待遇已然实现——进一步发展，法方军政府开始希望能从中显示出这样一点：对于想在法占区行政构架中占据一席之地的德国人，直接为法方占领当局服务正是一条有丰厚报偿的捷径。

（一）1948年3月：军政府法德人员地位待遇趋同的迹象

1948年3月17日，德国人员管理局为德国办公人员制定了一条有关节假日休息的新规章：《德国人员管理局第723号通知》[①]。除了1948年节假日的具体日期安排外，这一通知首次从官方明确界定了法方当局

[①] "Pers. All. No. 723: Jours fériés pour le personnel de bureau allemand, le 17 mars 1948", AMAE, *1AP5/3*, *Notes du secrétariat général du CCFA sur le personnel allemand（1946－1949）*, pp. 1－3.

直属及非直属雇员这两个德国人群体：

  1）在法方部门中直接任用的人员，
  2）在法方当局创建的德国机构组织中任职，且与法方工作关系密切的人员。

  这一通知对这两个群体做出了区别对待。"在法方部门中直接任用的人员"享受与部门中法方人员一致的假期，而非直属人员则按照其所在德国地方所规定的官方节假日放假。从行政角度讲，这是为了让德国雇员能够适应法方当局的运行节奏，融入法方部门的人员团队之中。
  同时，这也意味着法方军政府在有意地缩小法方军政府法德人员之间的差别，引导直属德国人员与"法方"一致，并且放大直属人员与其他德国人员之间的差别。这样的工作环境有利于每个法方军政府的德国雇员以法方占领当局成员的身份看待自己，而不单单是被法国占领者雇来做事的德国代表而已。
  除了生活上的靠近，文化上的接近也为当局所强调。根据1948年3月22日的《德国人员管理局第815号通知》，占领当局在巴登巴登特别设置了法语课程，鼓励在军政府中央部门工作的德国人学习法国文化。① 从此，法方军政府开始积极为其德国工作人员开设法语课程，以方便德国雇员与法方人员之间的交流，并推动德国人员认识并亲近法国文化。这些课程开设后往往会被军政府方面刻意地延长乃至重开，以求吸引更多德国人员参与并坚持法国语言文化的学习。② 甚至连法方人员都被要求去上法方军政府开设的德语课，来"提升那些将来可能在很大范围内得和我们的盎格鲁-撒克逊盟友及德国人频繁交流的公务人员的

---

  ① "La Note Pers/All No 815：Sur les cours de Français réservés au Personnel Allemand, le 22 mars 1948", AMAE, *1AP5/3*, *Notes du secrétariat général du CCFA sur le personnel allemand* (*1946 - 1949*).
  ② "Note, No. 385 CC/SG/SAG/AG：Sur les cours de Français réservés au Personnel Allemand, le 16 juin 1948", "Note, No. 1080 CC/SG/SAG/AG：Sur les cours de Français réservés au Personnel Allemand, le 22 septembre 1948", AMAE, *1AP5/3*, *Notes du secrétariat général du CCFA sur le personnel allemand* (*1946 - 1949*).

表现能力"①。所有这些精心设计的细节安排都反映出了法方军政府对其德国人员进行"同化"的初步意愿。

(二) 对德国人任用的中央管控调整

除此之外,在这一时期还能发现一个在德国人任用中央管控方面的微妙调整。在此之前,以拉丰为首的民事官员就已经做出尝试,通过给予相对优厚的物质条件,吸引德国的精英人才到巴登巴登为法方当局的中央机构工作,以抵制滥征低级劳动力的做法。随着盟国对德管制委员会的瘫痪与三占区的形成,这一中央管控的意义逐渐发生了变化:法方当局转而将自己视为了三占区的法方"中心",极力吸引德国人为中央或地方上一切法方机构服务,并给予他们"法方占领者的亲密助手"(Assistants rapprochés des occupants français) 这一身份,寄希望于通过这种依附关系继续保持法方占领当局在西占区中的独立地位与影响力。相较而言,由于法方军政府作为占领机关的崇高地位,这一占领方"亲密助手"身份无疑比仍是"被占领者"的德方当局公务员的社会身份高出许多,也就实现了对过去"正规化"趋势的超越。

在上层发起的这一潮流下,不少法方人员感觉自己的地位受到了德国人的威胁。法方当局法德人员之间的关系因而变得极其敏感,军政府各部门间很快就针对德国人员管理局的存在必要性爆发了争议。以前,在法方军政府颁布一连串旨在"正规化"德国雇员地位待遇的法令、训令背景下,1947 年末德国人员管理局的成立,体现了法方军政府加强劳动力管控、落实既有政策的决心。但到了 1948 年,情况已经改变,军政府德国雇员作为直接服务占领者的占区"公务员",其待遇与身份地位已然超越德国地方政府的公务员,其虽无对于劳动力雇佣的中央管控也已取得成效,占领当局正在偌大的三占区争取德国人信赖以维持军政府自身的影响力。在这样的态势之下,一个特别设立的德国人员管理局显得格格不入:在雇用了德国人员的其他部门看来,尽管其作用一贯有限,但其存在始终是对他们人员管理权的威胁;而在正要推行法德人

---

① "La lettre du général Kœnig à Monsieur le secrétaire d'Etat aux Affaires Allemandes et Autrichiennes: Cours de langues vivantes destinés au personnel d'Administration en Allemagne, le 27 mai 1948", AMAE, *1ADM3/2*, *Secrétariat allemands*: *1948*.

员待遇趋同的上层看来，这又是军政府方面区别对待德国人的不利证据，很容易被外界理解为占领者对德国人的"歧视"。两面不讨好的德国人员管理局面临被裁撤的危机。

1. 法占区军政府的重组与德国人员管理局的裁撤（1948年4月）

1948年4月16日，法方军政府进行了一次内部的全面重组，行政总管一职被正式取消，所辖各部门均由法国在德最高指挥部直接领导。在德国雇员政策方面，柯尼希将军决定重组对法方军政府直属德国雇员的管控工作，以实现军官派领导下的新"中央管控"，继续吸引占区的精英人才到自己麾下服务。

1948年4月19日，柯尼希将军签发了《第5471/CC/DAG/AFG号通知》，命令裁撤德国人员管理局。但这并不意味着法方军政府放松了对于德国人员的管控，相反，这一职能直接由负责军政府全部行政相关事务管理的行政总局承担：

> 德国人员管理局所行使的内部职权，自1948年4月20日起转交行政总局总务处承担。自同日起，由行政总局负责制订法方管制当局各行政部门所雇德国人员的编制员额、招募章程、工资分类标准、津贴与物资发放条件与额度。①

当初拉丰建立德国人员管理局的目的，在于确保军政府1947年间颁布的有关德人任用的重要规章制度的贯彻执行，防止占领者中顽固人士的干预或抵制。故而该局以独立形式成立，专门负责德国人员事务。而到此时，一方面主导着法方军政府的军官派同样希望按照拉丰的策略继续吸引德国精英人才为自己服务；另一方面随着占领形势的改变，占领者也已正视德国雇员的地位。故而对德国人员的管控逐渐被自然而然地视为应由中央行政管理机构直接管辖的分内之事，也就丧失了维持专门管理局的必要性。因此，1948年对德国人员管理局的裁撤，反映了执掌军政府的军官派进一步加强对德人直接管控，改革民事官员所建立

---

① "Note du Général d'Armée Kœnig No 5471 CC/DAG/AFG, le 19 avril 1948", AMAE, 1AP5/3, *Notes du secrétariat général du CCFA sur le personnel allemand (1946–1949)*.

的现有管理体制的决心。

2. "外国辅助干部"团队的设立

1948年4月20日，亦即宣告裁撤德国人员管理局的《第5471/CC/DAG/AFG号通知》发布翌日，刚刚才接手德国人员管控权力的总务处人员管理办公室便立即发布了《第3138/CC/SG/PERS号通知》，宣布要在流亡人口中选拔人才组成"外国辅助干部团队"（Cadre auxiliaire étranger），为法方当局所用。尽管这一通知文本尽量回避了与拉丰的关系，但它事实上就是1947年初拉丰就流亡人口运用对军政府各部门主管提出的方案文件的翻版。其内容中所作规定与1947年1月7日拉丰信件中所提及的招募条件和待遇相类似，都是基于《第30号法令》中优待流亡身份人员的精神拟定的。其规定如下：

> 在此类人员中，若有人符合以下条件，则可任用其加入一特殊编制，名为"外国辅助干部团队"。此类官员可享受特定优待（具体尚未完全确定），其待遇条件可达到与法方人员近乎完全等同的程度。
>
> 候选人所需符合条件如下：
> ——年龄在18—60岁之间，
> ——从未加入纳粹或法西斯组织，
> ——安保部门方面认定适宜，
> ——体检达标，
> ——拥有相应语言能力，具有一定受教育水平，足以担任秘书、打字员、笔译、口译、话务员、编辑等职务。①

除了要像其他以流亡者身份为军政府工作的人一样订立特殊合同之外，"外国辅助干部"候选人还需填写以下表格提供个人具体信息：

---

① "Note de Service No 3138/CC/SG/PERS: Création d'un Cadre Auxiliaire Etranger parmi les Personnes Déplacées employées par les Services Français, le 20 avril 1948", AMAE, *1AP5/3*, *Notes du secrétariat général du CCFA sur le personnel allemand (1946–1949)*.

表3-3　　　　　　　　"外国辅助干部"个人信息表①

外国辅助干部　巴登巴登							
姓名	国籍	出生日期	受教育程度	文凭	语言能力	能否说法语	能否书写法文
专业	职位	雇用部门	观察报告：				

显而易见，这个"外国辅助干部"团队无疑正是拉丰当初提出的"军政府外籍人员辅助干部"团队的修改版本。其对具有法语沟通能力的在德外籍亲法人士的注重，要甚于那些单纯的技术专家。此外，这也是法方军政府首次明确提出这些外籍雇员的"待遇条件可达到与法方人员近乎完全等同的程度"。这意味着除了之前提及的若干物质待遇、相同的休假日期以及归属的管理单位以外，法方人员所享受的大多数待遇条件最终也会向这些外籍雇员开放。长久以来，法方占领者一直都力图以优渥待遇显示法方人员在法占区的高超地位，借此树立法方当局的威信；讽刺的是，从此以后，他们得向亲法的外籍雇员提供这类待遇，才能继续维系这种威信了。

3. 对于德方人员的津贴补助（1948年5月）

自德国人员的管控直接归属军政府中央人事部门执行后，法方占领当局愈加重视其待遇条件的改善。1948年5月，在德国物质条件匮乏，西占区又正进行货币改革的背景下，法方军政府先后下达了两项政令，务求保证其德国人员的津贴奖金与物资供给的拨付：5月25日的《第222/CCSG/SAG/AG号通知：以预算马克支付德国人员的津贴奖金》②与5月27日的《第232/CCSG/SAG/AG号通知：对于德国人员的实物

---

① "Annexe II, Note de Service: Création d'un Cadre Auxiliaire Etranger parmi les Personnes Déplacées employées par les Services Français, le 20 avril 1948", AMAE, *1AP5/3*, *Notes du secrétariat général du CCFA sur le personnel allemand* (1946–1949).

② "La Note du général Kœnig No 222/CCSG/SAG/AG: Primes et Indemnités accordées au personnel allemand rémunéré sur le Budget Mark, le 25 mai 1948", AMAE, *1AP5/3*, *Notes du secrétariat général du CCFA sur le personnel allemand* (1946–1949).

配发》①。在 1948 年下半年，支配着法方行政的军官派继续加强对德国人员任用的监管。与此同时，法方军政府对其德国人员的关注与照顾也并没有因为监管的加强而放松。在这个盟国对德管制委员会已然瘫痪，新的德意志国家尚未建立的动荡历史阶段，法方对其德国人员表现出了极为细致热心的态度，以求使其留下这样的印象：法方占领当局无时无刻不是他们的维护者，应当尽可能地为军政府的统治服务。

（三）德国人员的招募与解雇：1948 年 6 月的《第 325 号通知》

1948 年 6 月 11 日，法方军政府针对 1947 年 4 月 22 日的《第 1182/CC/DAG/AFG/2 号训令》做出了第一个正式修正案：《第 325/CCSG/SAG/AG 号通知》。该修正案主要对《第 1182 号训令》中规定的两方面内容做出了修改。首先是关于有权要求发起德国人员招募的法方机构清单方面，《第 325 号通知》指定的相应机构有：

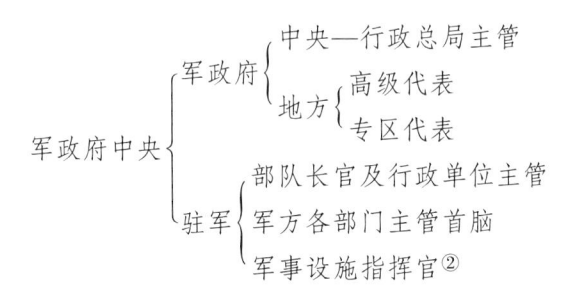

$$
\text{军政府中央}\begin{cases} \text{军政府} \begin{cases} \text{中央—行政总局主管} \\ \text{地方} \begin{cases} \text{高级代表} \\ \text{专区代表} \end{cases} \end{cases} \\ \text{驻军} \begin{cases} \text{部队长官及行政单位主管} \\ \text{军方各部门主管首脑} \\ \text{军事设施指挥官}② \end{cases} \end{cases}
$$

较之于《第 1182 号训令》，这一新政令取消了军政府民事机构方面行政总局主管的发起招募权。事实上，在法方军政府重组之后，已经不存在这样一个可以独立提出招募德国人员要求的中央民事行政机构了。在原来由民事官员建立的军政府构架中，此时只有地方上的部分级别代

---

① "La Note du général Kœnig No 232/CCSG/SAG/AG：Prestations en nature accordées au Personnel Allemand, le 27 mai 1948", AMAE, *1AP5/3*, *Notes du secrétariat général du CCFA sur le personnel allemand*（1946 – 1949）.

② "La Note du général Kœnig No 325/CCSG/SAG/AG：Conditions de recrutement, d'emploi et de rémunération par les Services de l'administration française en Allemagne de la main d'œuvre locale allemande ou ayant le statut des personnes déplacées, le 11 juin 1948", AMAE, *1AP5/3*, *Notes du secrétariat général du CCFA sur le personnel allemand*（1946 – 1949）, p. 1.

表保留了发起招募的权力。相对应的是，这一权力被完全交付到军官派手中。法国在德最高指挥部和占领领土辅助团队这两个由军人组成的组织实际上掌控了这一权力，使得所有军方的部队、机构、设施指挥官都拥有了要求招募德国人员的资格，而民事官员的这方面权限则被大大削弱。

在德国人员的管理方面，《第 325 号通知》强调：

> 德国人员不能由其所在的具体部门主管自行解职。该部门主管须将采取此等措施之目的报至有权要求发起招募该人员的当局机构，由其做出决定，并在确定解雇的情况下告知相关人员及其所属专区代表。①

此举，实际上就把解雇德国人员的最终决定权，也交到了已然掌握发起招募权的军方人员手中。法方军政府的民事官员，哪怕是各个部门的主管，也无法再自行通过联络专区代表辞退他们辖下的德国雇员了。此后，各民事行政机关部门（尤其是无发起招募权的中央部门）若要解雇德国雇员，就必须先寻求那些多由军人所组成的机构的"恩准"，其实也就在人员雇佣任用程序的"首尾两端"都被排挤出了决策过程之外。

就本质而言，《第 325 号通知》就是军官派局部修正版本的《第 1182 号训令》，是军官派主导下的法方军政府重组在德国雇员政策影响方面的反映和结果。它对法方军政府民事官员——尤其是拉丰——过去所构建起来的德人直接任用体制及德国人员管控措施进行了有利于军官派的修正。此时支配军政府的军方人员，借此接手了对德国雇员进行招募与管理的权力，并且废除了民事官员在军政府中央的同类权限。为了方便维持其力所难及的地方行政，军方人员让军政府的部分地方民事当局（如高级代表、专区代表）保留了原有的权力，并维持了专区代表

---

① "La Note du général Kœnig: Conditions de recrutement, d'emploi et de rémunération par les Services de l'administration française en Allemagne de la main d'œuvre locale allemande ou ayant le statut des personnes déplacées, le 11 juin 1948", AMAE, *1AP5/3*, *Notes du secrétariat général du CCFA sur le personnel allemand（1946 – 1949）*, p. 2.

作为基础中介的地位。而军官派方面真正出台完全取代《第1182号训令》的革新性政策，实现在自己理念下对德国人员任用体制的彻底改革，还要等到1948年的末尾。

(四) 德国人员的薪酬与管理

1948年12月11日，柯尼希签发了一份在法方军政府直属德国雇员任用史上至关重要的文件：《第1831号训令：行政管制机构组织与占领领土辅助团队所雇用德国人员及流亡身份者的管理与薪资条例》。① 这一训令是法方军政府在德人任用方面真正的官方决定性文件，最后敲定了先前政策演变中所体现出的诸多趋向。较之于以前的相关标志性文件（如《第30号法令》《第31号法令》《第1182号训令》），《第1831号训令》中的内容要更为严谨详细，以至于其最后颁布时无法像《第30号法令》《第31号法令》那样刊登在法方占领当局的官方月报上，或者像《第1831号训令》那样以通告文本形式在法方部门间传达，而只能以大开本手册的形式印发，实际上形成了一整套任用德国公务员的规章制度。其内容被划分为六大部分：招募、分层、工资、人事管理、有关劳工人员的规定、其他事项规定。

1. 招募程序的完善

《第1831号训令》在其开篇，就针对先前通过诸多政令法令逐渐成型的招募条件进行了调整，并确立了一套具有广泛通用性的招募程序：

> 1) 在各省范围内授权雇佣的德国人员编制数量，及其相应预算经费，将先行通告该省高级代表或总代表。此类通告信息应向各相关方（行政管制机构、占领领土辅助团队、各附属部门）指明授权要雇用的人员的层级。在人员属占领领土辅助团队或附属部门编制时，以上通告信息要指明其在各行政专区的人员额度及经费的具体分配。

---

① "L'Instruction du général Kœnig fixant les modalités de gestion et de rémunération du personnel allemand ou ayant le statut de Personne Déplacée employé par le C. S. T. O. et les organismes d'administration et de contrôle, le 11 décembre 1948", AMAE, *1BONN 117*, *ADM* I *Ad3*, *Main d'œuvre allemande (1947–1949)*, Dossiers rapatriés de l'Ambassade de France à Bonn.

由相关的高级代表或总代表，来对行政管制机构名义下招募的编制员额及经费进行具体分配。

巴登巴登的中央行政机构部门所雇佣人员的编制与经费，须知会以上雇用部门及巴登巴登专区代表。

2）1948年6月11日《第325 CCSG/SAG/AG号法令》（即《第325号通知》）中所列举的机构有权在其分配所得的编制员额与预算经费限度之内，要求对德国人员进行招募。这些机构在本训令中被特指为"雇用部门"，与人员具体工作所在的所谓"任用部门"相对应。

3）只有专区代表有权在各相关方所知会的编制额度范围内，要求德国劳动局就德国人员进行安排。

4）所有雇员在其招募时，将会依据其所被分配的职位，按照固定的标准临时划分为不同的工资等级。

5）自招募起三个月为雇员实习期，在此期间可依其意愿或根据机构决定随时离职。

6）在实习期的最后对入职结果和工资等级进行评定，届时入职干员须提交完以下必要文件：个人档案、1947年4月22日《第1182/CC/DAG/AFG/2号训令》所要求之调查表、税卡、最高文凭，及其将来工作所在地的居住许可证明。①

《第1831号训令》所制定的招募规则可以说是在一定程度上恢复了法方军政府内部各方——尤其是中央与地方之间——的权力平衡。在法方的占领预算决定了军政府法方人员规模这一前提下，与民事官员在《第31号法令》中强调基层民事代表一级人员雇佣发起运作权限的精神截然相反，《第325号通知》中列举的各个中央和地方机构均保留了这一权限，都可以在"雇用部门"的名义下要求招募德国人员。而专区代表则继续保有《第31号法令》《第1182号训令》中赋予的直接向

---

① "L'Instruction du général Kœnig fixant les modalités de gestion et de rémunération du personnel allemand ou ayant le statut de Personne Déplacée employé par le C. S. T. O. et les organismes d'administration et de contrôle, le 11 décembre 1948", AMAE, *1BONN 117*, *ADM* Ⅰ *Ad3*, *Main d'œuvre allemande（1947 – 1949）*, *Dossiers rapatriés de l'Ambassade de France à Bonn*, p. 4.

德国劳动机构要求招募德国人的唯一特权，仍以中间人身份在招募过程中起协调作用。但每个省的人员编制、预算的宏观状况都要被通报给省一级的高级代表或总代表，由其负责相关人员编制在各专区的具体分配，并知会有关各方。实际上，这也就打破了原来彼此之间权力归属的政策藩篱，消除了其中"越级行动""个别行动"的存在空间，在没有破坏现有招募大体程序的情况下，尽量消除了以往法令中因派别不同、政见不同而造成的厚此薄彼的现象。

在《第1831号训令》颁布之后，对于德国人员招募要求的发起、分配和管理都由法方军政府内不同机关分工执行，法方的招募程序也被明确划分为了三阶段："雇用部门"发起招募要求——在"任用部门"中进行员额分配——接收人员进行实习。在这三阶段过程中，中央与地方机构、"雇用部门"与"任用部门"乃至德国被雇佣者与法方当局之间建立起了紧密的互动关系。这样，便没有哪个个人或者部门能够完全操控整个招募程序，必须通过与相关部门进行沟通与协商，来最终实现人员招募。最初有关德人招募的法令，往往会突出强调地方占领者的权限，以方便其开展占领工作（如塔西尼将军1945年6月18日的《第9408号部门通知》[①]）；随着法方军政府民事官员所提倡的人员招募管控一步步得以巩固，首先其发起雇用的权限被集中于若干特定部门（如1946年11月7日拉丰致柯尼希的通知文件所示[②]），然后人员雇用的具体程序也随着法占区的重组一步步得到改善。而《第1831号训令》正是军政府占领时期法方当局德国人员直接任用体制制度化、完善化的体现。

如果说《第1831号训令》中的人员招募规定仍然只是先前法令的调整与整合的结果，那么德国"干员"职业分层体系的引入无疑就是

[①] "Note de ServiceNo 9408: Salaire et paiements de la main d'œuvre civile allemande en Allemagne（zone française）, le 18 juin 1945", Service historique de la Défense, *GR 3 U 245*, *Haute Commission Alliée en Allemagne*, *Haut – Commissariat de la République Française en Allemagne*: *Notes sur l'emploi de la main d'œuvre civile allemande au services des Troupes d'occupation*（1946 – 1948）, p. 1.

[②] "L'Administrateur Général LAFFON à Monsieur le Général d'Armée Kœnig, le 7 novembre 1946", AMAE, *1BONN 117*, *ADM Ⅰ Ad3*, *Main d'œuvre allemande*（1947 – 1949）, *Dossiers rapatriés de l'Ambassade de France à Bonn*.

2. 德国"干员"的职业分层

此前，由于占领初期法国占领者对于德国人的不信任感，加之法方军政府管理者基于"全体责任"理念刻意以一致态度对待一切德国人，德国雇员的分类一直是十分模糊粗糙的。事实上，他们往往只被按照其所派用处或雇用者身份的不同来加以简单划分。法方军政府德国雇员的具体归属关系（依据雇主或工作场所等）被明确加以界定和强调，以实现当局对德国人员的集体管控，但雇员个体之间的能力、分工差异也因此被忽视了。

《第1831号训令》问世后，得益于一套针对专业公务员个人技能与知识水平的细致缜密的划分体系，这一情况得到了很大改善。按照其规定，在招募人员时，"招募部门"须向地方上高级代表团或总代表团（在巴登巴登则是直接通知专区劳动官员）中的劳动部门提出所雇佣人员的级别建议。这就形成了"临时分级"（classement provisoire），这一分层建议可以在该雇员实习期结束后进行确认或修改，从而成为"最终分级"（classement définitif）。劳动机构官员须依次将以上两次等级分层结果知会以下各方："雇用部门"，"任用部门"，地方市政厅，德国劳动局，相关雇员。此后，对于德国雇员的分层主要依据雇员自身的职业能力做出，几乎所有德国人员都可以被划分进15个工资等级中①。

所有"高级干员"的分类提名（从S级到3级），以及一切有关此类雇员分类的争议意见均提交中央行政方面的特设机构统一处理，该机构由各中央行政部门成立的专务委员会组建，其中组成人员为：

1) 一名财政经济总局（劳动科）代表。
2) 一名占领领土辅助团队指挥官代表（由负责该机构内人员等级分类的官员充当）。
3) 一名行政总局代表（由行政及附属部门管控机构中负责人

---

① 秘书处主管、速记打字秘书、速记打字员及普通打字员未列入这一职业技能表，因其工作存在特殊技能要求。

员等级划分的官员充当）。①

此外，一切有关中下等级德国"干员"②的等级划分争议，均由地方上高级代表或总代表方面组建的委员会受理，其由当地高级代表团中的劳动方面相关官员、人事部门主管及"任用部门"代表组成。

除了以上按照职业技能对德国人员做出的划分以外，担任秘书处主管、速记打字秘书、速记打字员、打字员还要按照以下标准进一步进行划分：

(A) 其档案文件中体现出来的基本知识水平，
(B) 其在该专业中的资历，
(C) 其外语水平（法语、英语），
(D) 其专业知识水平。

其中 C 和 D 项是通过对相关人员的专业考核做出的。在 1948 年末，法方当局就曾专门下令，要求其属下的外国雇员通过一系列技术考试及法语、英语语言能力测试；秘书处主管、速记打字秘书、速记打字员、打字员的专业技能考核；全部雇员的法语、英语语言能力测试，尤其是因语言水平受雇的人员（拟稿员、笔译员、口译员、话务员、通讯员）。此后，1949 年 4 月 20 日、21 日，法方当局在巴登巴登为外籍雇员特设了专门的技术与语言考试，以考察此类人员的工作技能水平和语言能力。为此，法方特意建立了专业技能水平分数对照表，以精确评定相关德国人员的职业能力。这一对照表以此类工作所要求的知识能力为基础，并依照相应知识水平给予积分数字。

---

① "L'Instruction du général Kœnig fixant les modalités de gestion et de rémunération du personnel allemand ou ayant le statut de Personne Déplacée employé par le C. S. T. O. et les organismes d'administration et de contrôle, le 11 décembre 1948", p. 5.
② "干员"一词具有特殊含义，之后将进行详细论述。

表 3-4　职业技能分层表

工资等级	职位	职业能力	学历及专业实践	附加条件
S*	保留给具有相应资质干员的级别，其须在某些活动方面具有卓越才能，抑或其成就使其任相关领域享有权威地位		见附加条件	S级到Ⅲ级干员须持有以下机构所颁发之文凭：大学、技术学院、研究生院、农业大学、兽医大学、工程大学、林业大学，或是在同等德国教育机构获得相应文凭，抑或为中等技术文凭持有者，或持有高级中学学历并在相关职业从业15年
Ⅰ*	为部门主管级别法方公务人员担当顾问，或是在上述机构德国分支部门内担任主管的干员	工程师、技术员、学者。部门或科室、群体的主管：其辖下至少有3名Ⅱ级或Ⅲ级雇员	见附加条件	
Ⅱ*	在部门副主管或科级主管级别法方公务人员下属团队中履行职能的干员	具备Ⅰ级和Ⅱ级所需职业技能，但未承担Ⅰ级干员领导责任的干员	见附加条件	
Ⅲ	为办公室主任级别公务人员担任1级干员同类工作的干员	具备Ⅰ级和Ⅱ级团队中承担辅助作用、起辅助作用，最终可能会取代Ⅱ级干员	见附加条件	
Ⅳ	工作组组长、实验室主任、出纳主管、能够以外文撰写行政商贸通信文书的翻译	a) 技术人员 b) 行政人员 虽无主持部门运行之责，但高知识水平及可信赖品质的雇员	中等学校学位文凭，并有至少10年的相关职业实践经历，或是通过高中毕业考试并有至少5年职业实践，或是有相关高级中学毕业证书并在相关职业从业10年	中等学校指"工程师学校、工程大学等"。翻译人员需通过法语Ⅲ级和英语Ⅰ级考试

续表

工资等级	职位	职业能力	学历及专业实践	附加条件
Ⅴa	工作组组长或实验室主任副手（可接替领导），工厂、机器监督员	技术员	中等学校学位文凭，至少5年的工作实践经验	
Ⅴb	会计总监，主出纳员，邮局局长，主要公文机稿员	承担中等以上的复杂工作	通过高中毕业考试并有高级职业实践，或是有高级中学毕业证书并在相关职业从业至少5年，或是没有任何文凭但有至少10年职业实践经验	
Ⅴb（次等）	在相关档案材料保管存在困难，尤其需要一国或多国外语知识的情况下，指导主管的档案保管员。通晓至少两门外语的笔译或口译者。护士			通过法语Ⅰ级考试。在通过英语Ⅰ级考试的前提下通过法语Ⅱ、Ⅲ级考试
Ⅵa	设备检验员，技术研究主管，工地主管	技术员	中等学校文凭，或是没有任何文凭但有至少10年职业实践经验	
Ⅵb	会计，出纳员，可以取代Ⅴb等级中机构管理人员的办公室雇员，邮递员，可以取代Ⅴb等级中档案主管人员的档案员。通晓一门外语的撰稿人，口译或笔译者	拥有中等以上知识水平，且对法律条文、行政命令、税费标准等有相当认识的雇员	通过高中毕业考试，或是有高级中学毕业证并在相关职业从业2年，抑或无任何文凭，但有至少5年职业实践经验	通过法语Ⅱ级考试

续表

工资等级	职位	职业能力	学历及专业实践	附加条件
Ⅶ	实验室或试验站助理，有学位的绘图师，土地丈量员，会计，出纳员，档案员，电话总机管理员，仓库主管理员，实习护士	a) 技术员：绘图师；b) 负责日常运营的雇员	无任何教育文凭的技术人员要有至少5年相关工作经历，或有工艺美术方面文凭。有高级中学毕业证书并在相关职业从业2年	通过法语 I 级考试
Ⅷ	实验室或试验站人员，绘图师，电话总机管理员，口译员，邮递员主管	a) 技术员：执行相对困难任务的技术人员或绘图师，尤其是可以根据指示执行计划或是以其他比例复制图纸的人员。b) 行政人员：可按照既定框架执行任务的雇员，尤其是能够在没有新指令情况下迅速处理事务的人	无需文凭	通过法语 I 级考试
Ⅷ（次等）	口译员，仓库物资审计人员			

续表

工资等级	职位	职业能力	学历及专业实践	附加条件
IX	设施监管员，绘图师，文件登记、整理、分类、检索人员，抄写员，话务员，仓库物资保管与分类人员，邮递员主管、科室人员、卫生机构人员	a) 技术员：承担相对简单任务的技术人员或绘图员，如技术工程监管、描图或复制图纸的人员；b) 行政人员：执行无需自主开创性任务的雇员	无需文凭	
X	实验室或试验站辅助人员。仓库、邮局的搬运工	无需专业知识的工作		

注：*S 级到Ⅲ级属于"高级干员"。

资料来源："L'Instruction du général Koenig fixant les modalités de gestion et de rémunération du personnel allemand ou ayant le statut de Personne Déplacée employé par le C. S. T. O. et les organismes d'administration et de contrôle, le 11 décembre 1948", AMAE, *Bonn* 117, *ADM* I *Ad3*, *Main d'œuvre allemande* (1947 - 1949), *Archives rapatriées de l'ambassade Bonn*, pp. 6 - 7.

表3-5　秘书处主管、速记打字秘书、速记打字员、打字员分级对照表①

知识水平程度与积分额度：			分数
受教育程度	a) 优秀教育基础：完整中学教育（通过高中毕业考试）		9
	b) 良好教育基础：中学教育程度，至少有毕业证书，或在商校、职业学校接受过完整教育		7
	c) 基础教育：小学		5
实际工作经历	a) 打字员、速记打字员、秘书（实习时间也计算在内）		
	1年工作经验		1
	2年工作经验		2
	3年工作经验		3
	4年工作经验		4
	5年工作经验		5
	b) 若曾为法方工作，则其资历加倍计算（但"工作经历"一项总积分最高不能超过5分）		
语言能力	法语	初级　　　　1级	3
		进阶　　　　2级	5
		熟练掌握　　3级	8
	英语	初级　　　　1级	2
		进阶　　　　2级	4
		熟练掌握　　3级	6
速记能力水平	德语	每分钟80音节　　1级	1
		每分钟120音节　　2级	2
		每分钟150音节　　3级	3
		每分钟180音节　　4级	4
	法语	每分钟80音节　　1级	2
		每分钟120音节　　2级	3
		每分钟150音节　　3级	4
		每分钟180音节　　4级	5

---

① "L'Instruction du général Kœnig fixant les modalités de gestion et de rémunération du personnel allemand ou ayant le statut de Personne Déplacée employé par le C. S. T. O. et les organismes d'administration et de contrôle, le 11 décembre 1948", pp. 8 – 9.

续表

知识水平程度与积分额度：			分数
打字能力	德语打字数	150	1
		200	2
		250	3
		300	4
		350	5
	法语打字数	150	2
		200	3
		250	4
		300	5
		350	6

对相关雇员进行等级划分的部门可以根据这一表格进行以下操作：

第一，依照相关人员档案文件中所提供的信息，及其在职业技能考试中取得的成绩，根据表格中的规定进行积分的累计。

第二，根据积分因素评估相关人员的技能水平。此类德国雇员按其积分多寡分属于以下工资等级群体：

表3-6　　　　根据技能水平与积分数所做出的分级①

分级	积分数	外语			速记			打字		
		法语	英语	德语	法语	英语	德语	法语	英语	德语
第Ⅳ级	40以上	3级	2级	—	3级	—	4级	3级	—	4级
第Ⅴ级	32—39	2级	2级	—	—	—	3级	2级	—	3级
		3级	或2级	—	1级	或2级	—	—	—	—
第Ⅵ级 b等	21—31	2级	—	—	—	—	3级	1级	—	2级
		—	—	—	1级	—	2级	1级	—	—
		—	—	—	—	—	2级	1级	—	2级

---

① "L'Instruction du général Kœnig fixant les modalités de gestion et de rémunération du personnel allemand ou ayant le statut de Personne Déplacée employé par le C. S. T. O. et les organismes d'administration et de contrôle, le 11 décembre 1948", pp. 9 – 10.

续表

分级	积分数	外语			速记			打字		
		法语	英语	德语	法语	英语	德语	法语	英语	德语
第Ⅶ级	16—20	—	—	—	—	—	2级	—	—	2级
		1级	—	—	—	—	1级	—	—	—
		—	—	—	—	—	—	—	—	5级
第Ⅷ级	11—15	—	—	—	—	—	1级	—	—	1级
		1级	—	—	—	—	—	—	—	1级
第Ⅸ级	7-10	任一外语初级水平	—	—	—	—	—	—	—	1级

3. 薪酬与优待条件

根据其所属工资等级及工作资历，法方军政府的每个德国干员都可以享受相应的薪资奖金、差旅费报销、擢升、带薪休假、病假等诸多酬劳待遇。在工资报酬方面，依照《第1831号训令》规定，每个办公室文员或技术人员的收入总额主要分为以下三部分：

A. 需要交税或缴纳社会保险金的份额；

B. 无需扣除税款或缴纳社会保险金的份额；

C. S级工资等级的高级干员的特殊待遇。

在《第1831号训令》中，还进一步详细标明了雇员各项具体收入的不同性质及其适用条件：

表3-7 **法方军政府办公人员与技术人员薪酬**①（单位：德国马克＝DM）

A. 需要缴税或缴纳社会保险金的份额：	
1. 基本工资	根据相关人员的所属等级和年龄决定②

---

① "L'Instruction du général Kœnig fixant les modalités de gestion et de rémunération du personnel allemand ou ayant le statut de Personne Déplacée employé par le C. S. T. O. et les organismes d'administration et de contrôle, le 11 décembre 1948", pp. 12 – 16.

② "Tableau de Groupes de Rémunération: a) Pour les employés au – dessus de 30 ans (Classés I à III) , Pour les employés au – dessus de 26 ans (Classés IV à X); b) Pour les employés au – dessus 26 resp. 30 ans (Classés I à X); c) Pour les employés de moins de 18 ans (Classés VI à X), le 11 décembre 1948", AMAE, *IBONN 117*, *ADM* I *Ad3*, *Main d'œuvre allemande（1947 – 1949）*, *Dossiers rapatriés de l'Ambassade de France à Bonn*, pp. 17 – 19.

续表

A.需要缴税或缴纳社会保险金的份额：	
2. 住房补贴	该补贴金额根据相关人员所属等级、年龄、家庭情况及任职所在地所属等级（此项仅对S—3级高级干员适用）决定
3. 家庭补助	雇员每有一个16岁以下子女可获20DM补贴。超过16岁的子女除非处于以下情况，否则不得领取家庭补贴： 1. 子女进入高等教育机构接受教育，或是处于待业状态。 2. 子女月收入低于每月40DM
4. 加班及夜班工资	加班时间一般以补放休假的形式予以抵偿。不过对于已连续三周每周工作超52小时的干员，也可在经费允许的范围内拨给额外的工资。任用部门须通报雇用部门此类处理意见，雇用部门有权在必要情况下要求对已进行的加班时间进行核实。 加班工资按照以下标准进行发放： 干员：S—1级　　每小时3DM 　　　2—3级　　每小时2.5DM 　　　4级　　　 每小时2.0DM 　　　5级　　　 每小时1.8DM 　　　6级　　　 每小时1.55DM 　　　7级　　　 每小时1.24DM 　　　8级　　　 每小时1.04DM 　　　9级　　　 每小时0.92DM 　　　10级　　　每小时0.8DM 凡有职位津贴者不得领取加班工资
5. 法语奖金	凡通过法语Ⅱ级考试的干员每月可领取30DM奖金。 以下人员不得领取此类奖金： 1. 所有高级干员（S—3级）。 2. 因法语能力任职的干员：如笔译员、口译员、速记打字秘书及双语打字员
B.无需扣除税款或缴纳社会保险金的份额：	
1. 家庭分居补助	发放给为工作必须离开原住地，而在工作地又无"自己住宅"的干员。 家庭分居补助在相关人员在外出差且可报销差旅费用时中断发放，其包含以下三档标准： A档：在工作地之外有自己住宅，但在工作地没有居住许可（Zuzugsgenehmigung）的已婚雇员。

续表

	B. 无需扣除税款或缴纳社会保险金的份额：
1. 家庭分居补助	B 档：在其原居住地及现工作地均无自己住宅的已婚雇员。 C 档：在其原居住地及现工作地均无自己住宅的未婚雇员。 该补助金发放标准如下： 工资等级　　　A 档　　　B 档　　　C 档 S 级：　　　　7.20　　　5.60　　　1.60 I—III 级　　　6.40　　　4.80　　　1.60 IV—VIb 级　　5.60　　　4.00　　　1.60 VII—VIII 级　　4.80　　　3.20　　　1.60 IX—X 级　　　4.00　　　2.40　　　1.60
2. 交通补助	每个工作日发放给住宅与工作地间距离在 5 公里以上，且每天须返回住宅居住的雇员。每个工作日的补助金额为： 已婚雇员：2.0DM 未婚雇员：1.2DM 火车票、电车票、公交车票费用另行返还。 若雇员居住在从属其工作场所的地点，则即便其间距离超过 5 公里也不得向其发放此项补助。此补贴也不向那些中午回家用餐的相关人员发放。 凡因居住地过于偏远无法通过单一交通工具到达工作地的雇员，可领取每公里 10 芬尼的补助。 交通补助在领取者在外出差且可报销差旅费用时中断发放
3. 职位津贴	该项补贴金额不得超过每月 400DM，且只发放给属于"高级干员"等级（S—3 级）的雇员。其拨发须经开支总监批准。凡 1948 年 6 月 20 日之前拨发的所有职位津贴现均终止作废，改以执行新政策。
4. 发放给前外籍军团人员友好中心内前外籍军团成员的奖金	1. 军团资历奖金： 少于 5 年：　　　　　　　　　　　20DM 5—10 年：　　　　　　　　　　　40DM 10—15 年：　　　　　　　　　　　50DM 超过 15 年：　　　　　　　　　　　75DM

续表

B. 无需扣除税款或缴纳社会保险金的份额：	
4. 发放给前外籍军团人员友好中心内前外籍军团成员的奖金	2. 依据最终军衔决定的月度职衔津贴： 列兵　　　　　　　　　　　　　　　　10 下士　　　　　　　　　　　　　　　　12 下士长　　　　　　　　　　　　　　　15 中士　　　　　　　　　　　　　　　　25 中士长　　　　　　　　　　　　　　　35 军士　　　　　　　　　　　　　　　　45 军士长或军官　　　　　　　　　　　　55 3. 荣誉奖金： 拥有以下三种荣誉勋章的前外籍军团成员每月可获得相应奖金： 法国解放勋章（Compagnon de la Libération）：　30 荣誉军团勋章（Légion d'honneur）：　25 军人勋章（Médaille Militaire）：　25 拥有以上 2 种勋章的前外籍军团成员：　35 拥有以上 3 种勋章的前外籍军团成员：　50
C. S 级工资等级的高级干员的特殊待遇：	
1. 基础待遇	每月基础待遇金额起点为 702DM。此金额在每工作两年后上升 90DM，但最高不得超过 1050DM。
2. 住房补贴	1. 要抚养三个子女的雇员可以根据住地等级享受相应住房补贴： 	住地等级	基础待遇金额 不超过 792 者		基础待遇金额 超过 792 者	
---	---	---	---	---
	已婚	未婚	已婚	未婚
S	132	96	168	132
A	114	84	144	114
B	90	66	120	90
C	72	54	90	72
D	54	39.50	66	54 | 2. 已婚、鳏居或离婚且有 3—4 个孩子要抚养的雇员： | 住地等级	基础待遇金额 不超过 792 者	基础待遇金额 超过 792 者
---	---	---
S	154	196
A	133	168
B	105	140
C	84	105
D	63	77	

续表

	C.S 级工资等级的高级干员的特殊待遇：
2. 住房补贴	3. 已婚、鳏居或离婚且有超过 5 个孩子要抚养的雇员： 住地等级　　基础待遇金额　　　　基础待遇金额 　　　　　　不超过 792 者　　　超过 792 者 　　S　　　　　176　　　　　　　224 　　A　　　　　152　　　　　　　172 　　B　　　　　120　　　　　　　160 　　C　　　　　　6　　　　　　　120 　　D　　　　　 72　　　　　　　 88
3. 其他津贴	S 级干员有权依照以上所规定的条件，领取家庭补助、职位津贴、家庭分居补助、交通补助及前外籍军团人员奖金
*薪酬中的抵扣部分	1. 1930 年 12 月 1 日法令规定：须扣除基本工资及附加的住房补贴的 6%。 2. 扣除所得税：此项抵扣针对以下薪酬项目进行：根据上述规定已扣除基本工资及住房补贴的 6%，此外还有： 家庭补助，加班工资。 金额抵扣依照现行标准进行。 3. 社会保险抵扣： 该项所对应的应扣款项与所得税扣税一致，额度为相关收入总额的 9.78%。若相关干员具有流亡难民身份，则抵扣额度减至 3%。若须进行预先扣款的全部收入已超过每月 600DM，则不再以社会保险名义进行扣款
*雇佣方的负担	1. 社会保险中的雇主份额：须缴与社会保险金相关薪酬数额的 11.02%。 2. 意外保险：意外保险费用由雇佣方独自承担。

除薪酬以外，法方军政府的德国干员在出差时，还可以依照十分细致的标准获得差旅费用的报销：

表 3-8　　　　　　　　　雇员差旅报销标准①　　　　　（单位：DM）

工资等级	差旅费等级	交通补助			过夜补助	火车票等级	每公里交通费补贴
		6—8小时	8—12小时	12小时以上			
Ⅰ—Ⅲ	Ⅱ	2.40	4.00	8.00	6.40	Ⅱ	0.1
Ⅳ—Ⅴ	Ⅲ	1.90	3.20	6.40	5.60	Ⅱ	0.1
Ⅵ—Ⅶ	Ⅳ	1.50	2.60	5.20	4.40	Ⅲ	0.1
Ⅷ—Ⅹ	Ⅴ	1.30	2.20	4.40	3.60	Ⅲ	0.1

* 若雇员开私家汽车出差，则可领取每人每公里 0.13DM 的交通补助，以及除他之外同车每个相关公务乘员每公里 0.03DM 的补贴

* 若雇员开自己的摩托车出差，则每公里交通补助为 0.1DM

除了薪酬与报销制度，在人事管理方面，法方军政府也针对德国干员制定了晋升、解雇、带薪假期与病假制度方面的具体规则。在经费许可且职位出现空缺的情况下，满足以下条件的人员可以得到提升：

1）在过去的任职时间里，掌握了前述《职业技能分层表》中相关职位的职业技能。

2）通过了能使其升至更高工资等级的职业考试。

3）取得了足以使其获得提升的学历文凭。

除了当局认为并不构成"晋升"的资历工资增涨外，以上三种情况中的任何一种晋升行为，都需要由该人员的"任用部门"向"雇用部门"发起倡议，再由"雇用部门"研究决定后转交人事劳动相关部门落实。晋升结果会在决议达成后的下一个月公布出来。

在解雇政策方面，《第 1831 号训令》规定，除非因纪律原因或安全

---

① 报销需提供部门主管提供的任务指令，以及部门开具的任务开支明细表，可以在《第 1831 号训令》附件中发现相关文件模板。"L'Instruction du général Kœnig fixant les modalités de gestion et de rémunération du personnel allemand ou ayant le statut de Personne Déplacée employé par le C. S. T. O. et les organismes d'administration et de contrôle, le 11 décembre 1948", pp. 25 - 27.

调查结果不利，解雇已过实习期的干员须进行事先通知：

A. 若相关人员已任职超过 3 个月，须提前 15 天通知；
B. 若相关人员已任职超过 1 年，须提前 1 个月通知；
C. 若相关人员已任职超过 3 年，须提前 2 个月通知。

训令还再次强调，"任用部门"无权直接解雇其领导下的"干员"。其必须将此事项提交给"雇用部门"处理，并由后者通告专区代表具体落实辞退工作。而专区代表在将相关人员交由德国劳动机构办理辞退手续后，也要将其解职原因知会当地所属高级代表团或总代表团的人事部门。

所有法方军政府德国雇员每工作 12 个月均可享受一次带薪假期。休假长度取决于雇员所属的工资等级与年龄（如表 3-9）。

表 3-9　　　　　　　雇员休假权利表（单位：天）①

等级	工资等级	30 岁以下	30—40 岁	40 岁以上
—	S	30	30	30
A	Ⅰ—Ⅲ	25	30	30
B	Ⅳ—Ⅵb	21	28	30
C	Ⅶ—Ⅸ	18	25	30
D	Ⅹ	16	21	28

注：若属于以下情况，则对假期长度进行削减：若在职时间少于 1 年则减少 7 天，
若在职时间少于 3 年则减少 5 天，
若在职时间少于 5 年则减少 3 天，
凡年龄在 18 岁以下，任职时间超过 1 年的干员放假时间不得少于 18 天。

在干员因疾病或伤残而无法履行职务的情况下，若其已有 4 个月在职时间，则可在 2 周时间内继续享受其待遇；若其已有 4 个月到 2 年的在职时间，则可在 6 周时间内继续享受其待遇；若其已有 2—3 年的在

---

① "L'Instruction du général Kœnig fixant les modalités de gestion et de rémunération du personnel allemand ou ayant le statut de Personne Déplacée employé par le C. S. T. O. et les organismes d'administration et de contrôle, le 11 décembre 1948", p. 20.

职时间，则可在 9 周时间内继续享受其待遇；若其在职时间已超过 3 年，则可在 12 周时间内继续享受其待遇。凡德国雇员带薪假期与病假申请，均由"任用单位"提交至相关"雇用单位"处理；若该人员已度完其假期，亦须向"雇用部门"通报其是否已归职复工。

（五）《第 1831 号训令》的重要性

《第 1831 号训令》是法方军政府占领时期，法方当局在德国人直接任用方面最为完整也最有决定性的规章制度。该训令反映了法方占领者在德国人员管理任用方面的诸多新动向。

第一，法方军政府强调了重视其直属德国雇员利益的重要性，军政府将其视为需保持关注的特殊群体，并最终赋予他们一整套确保其物质待遇的雇佣与管理体制，使其待遇、地位超越了供职德国地方政府的公务员，在许多方面几乎与法方占领者的公职人员等同。雇员年龄、婚姻情况、所要供养的子女数量、通勤距离等所有的个人因素都为军政府方面所重视，致力于为"干员"提供一个可尽量抛却后顾之忧的工作环境。当局还设立了诸多奖金、津贴、补助，满足不同情况雇员的不同需要。对于长期以来一直因法方占领者的忽视而饱受困扰的德国雇员来讲，即便抛开其中带来的具体收益不谈，光这些政策的出台本身便是前所未有的创举。

而且，在此期间占领者所推动的青少年"再教育"影响下，雇员子女的情况获得了当局的极大关注。例如，不仅 16 岁以下的孩童可以享受补贴，甚至连 16 岁以上正在接受高等教育，或正处低薪或待业状态的青少年也可以获得相应的家庭补助。这样的措施即便在今天看来无疑也是十分先进的。事实上这意味着在相关德国雇员家庭之中，有两代人都成为法方军政府福利优待政策的受益者。而法方军政府则可借此达成一石二鸟的目的，既在同时代最接近法方人员的德国雇员之中，也在未来的新一代德国人之中，培养其对法国的亲近感。

第二，随着职业技能的细化分级标准的引入，法方军政府的德国雇员被划分成了不同的工资等级，实际上形成了一种严格的公务员分层制度。这一分层制度基于每个雇员的受教育程度、实践经验与专业技能形成，能够刺激德国的精英人才在军政府的行政架构中进行"攀登"，从而达到吸引人才为法方服务的目的。对于每个具体雇员来说，从今以后能够决定他们在军政府架构中地位与待遇的，是他们的能力与经验，而不是他们与自己法国上级间的私人关系（如在维希官员与其德国亲信之间那样），或是他们在地方上的个人影响力（如在一些德国地方政府公务员身上体现出的那样）。以往滥行征发劳动力之举也极难再发生了：得益于招募时划分"临时等级"的制度，刻意忽视或者低估德国人员工作能力的现象不复存在。不具备相应资质的人员会被很快淘汰，因为"任用部门"无权直接聘用就职者，只能向"雇用部门"提出所需的相应"等级"人员，并由其进行评审和复核。一切有关等级划分的争议均由不同机构代表组成的委员会进行审议。通过招募应对不同职能的多层次人员，法方军政府可以最大化地利用德国的人力资源，形成能够让德国人积极参与且努力提高自己的内部管理局面。而德国雇员为了在这一分层体制内实现由低到高的晋升，获得更好的待遇，势必会主动顺应法方军政府的策略方针，自觉自愿地为法方利益服务，实现原本因"占领者""被占领者"身份之别而潜在对立的双方利益的一致化。

不仅如此，在德国雇员的宏观分层之中，还存在有一个潜在的"二次分层"——在雇员各工资等级中，由 S 级到Ⅲ级人员组成的"高级干员"群体，被《第 1831 号训令》特别重视。所有有关这类人员的分级建议或争议，均由中央行政当局各个重要机构专门派出代表组成委员会进行直接审议。凡"高级干员"均享有最高达每月 400 马克的职位津贴。每个 S 级干员更是在其他雇员所享有的补助津贴权利之外，还享受远远高出其他等级雇员的基本工资与住房补贴。令其他等级望尘莫及的 S 级人员的产生，遵循先前将德人任用管控权向中央收拢的策略，是与以优渥物质条件吸引德国精英人才为法所用的手段相互结合的产物，实际成了法占区内直接为占领当局所用的精英公务员。对于德国人来说，这些高等级雇员的存在便是时局进步的象征：法方占领者摈弃前嫌，公开允许德国人参与占区的高层乃至中央行政，并且以厚禄鼓励精英人士投身其中。

第三，正如民事官员主持军政府政务时流亡者所得到重用和优待那样，到军官派再度主宰军政府行政时，他们也在法方军政府的外籍群体中遴选自己所亲近的人群给予优遇。作为军人，他们最终在《第1831号训令》中选定了曾同样在法军战斗序列中并肩奋战的前外籍军团战士作为自己特有的亲信群体。这些老战士被赋予了一系列的特殊待遇，鼓励其亲近占领当局，为法方占领者服务。这一身份的雇员即便在战后普遍困难的条件下，虽然自身并没有能力在军政府严密的雇员分层中取得高位，也能够依靠军政府凭其从军经历拨发的诸多奖金改善自己的生活：如军团资历奖金、月度职衔津贴、荣誉奖金。由此可见军政府鼓励其与占领者、法方当局达成友好关系的诚意。

我们可以在流亡难民与这些前外籍军团军人之间做出相应的比较。流亡者这一群体往往是由多国人员组成的，其主体并非德国人，故虽然身处德国境内，却往往并不被占领者视为战败者或者"有罪的德国人"，反而被盟国方面定义为应立即加以救助的战争受害者。对于民事官员来说，通过军政府招募这些流亡者能够有效减轻法占区接纳与安置战争难民的压力。同时，通过让流亡者去担任那些当局因不信任德国人而不愿交由当地人承担的职务，军政府的人员编制和行事效率也就得到了保障。这也正是"外国辅助干部"这类性质的流亡人员组成的公务员团队一直颇受民事官员青睐的原因。在军官派与前外籍军团成员间也存在着类似的关系。在法国占领军军方看来，这些外籍军团的德国老战士无疑具有特殊的身份认同感：他们跟法国军人一样，都曾是法兰西的捍卫者，因德国国籍而起的不信任感也就因此烟消云散了。

另一个能体现法方军政府遴选优待亲法德人意愿的，便是"法语奖金"的设立：除了"高级干员"以及因法语能力任职的雇员以外，所有通过法语Ⅱ级考试的德国雇员都能够领取到这笔每月30马克的奖金。从行政成本角度来看，这未免有些奇怪：既然只有较高级别的雇员以及文案翻译人员才有懂法语的实际需要，那么在无需法语能力的职位上，似乎应该尽量使用低成本的德国劳动力来节约军政府本就拮据的预算资金，又为何要专门设立这样的奖金呢？显然，其立意就是要鼓励那些长期被排除在法德人员沟通交流之外的中低层雇员主动学习法语，从而让越来越多的德国雇员逐渐了解法国、亲近法国。通过设置法语课程，发放"法语奖金"，法方占领者——尤其是军官派——过去所秉持的"法国特色非亲善"政策在军政府人事关系中被彻底推翻：当局不仅不再禁止法德人员进行必要交流，还积极鼓励本无沟通必要的德国人学习法语，来进一步促进交流。就此，占领军军方积极拉拢前外籍军团人士作为自己在德国雇员中的亲近群体，整个军政府又鼓励法德人员互相学习对方的语言文化，进一步推动了双方交流。① 自此，禁止深入接触的藩篱被打开，军政府内法德双方人员之间的距离被大大缩短。

1948年12月11日发布的《第1831号训令》是法方军政府在其德国人员直接任用制度化方面迈出的最后也是最重要的一步。虽然1949年也曾出现对这一训令的修正法案，但其实际上也不过是对训令中行文数字的略微修改而已，并无具体制度上的变化可言。② 《第1831号训令》的主旨并未改动，其所确定的规章制度一直沿用到法方军政府解散。通过这一套前所未有的完整严密的体系，"法方军政府直属德国公务员"这一社会身份才真正最终建构完毕。在《1831号训令》中，法方军政府直接任用的所有属于训令适用范围的德国人，均享有一个共同的头衔："干员"（Agent）。根据训令中涉及"劳工"（Ouvrier）人群的规定，"干员"招募与待遇条件不适用于"劳工"，"劳工的工作条件与薪酬发放依照各州相关职业现行规定予以确定"③，因此实际上将"劳工"这一体力劳动者阶层，与"干员"这一进行脑力劳动与管理工作且直接向军政府负责公务员群体相区别。再者，军政府雇用的德国司机的工作与薪酬条件也被独立在"干员"规定之外，以显示其与实际作为军政府公务员任用的"干员"群体在技术分工上的差别。由此可见，《第1831号训令》文本中所使用的"雇员"一词不再只是一种占领者

---

① 如前所述，法方人员也被军政府邀请去参加当局开设的德语和英语课。见："La lettre du général Kœnig à Monsieur le secrétaire d'Etat aux Affaires Allemandes et Autrichiennes: Cours de langues vivantes destinés au personnel d'Administration en Allemagne, le 27 mai 1948", AMAE, *1ADM3/2*, Secrétariat allemands: 1948.

② "La Note no. 301 CCSG/SAG/AG: Additif et modification à l'Instruction 1831 du 11. 12. 48 fixant les modalités de gestion et de rémunération du personnel allemand ou ayant le statut de personne déplacée employé par le CSTO et les Organismes d'administration et de Contrôle, le 31 janvier 1949", AMAE, *1BONN 117*, *ADM I Ad3*, *Main d'œuvre allemande（1947 – 1949）*, *Dossiers rapatriés de l'Ambassade de France à Bonn*.

③ "L'Instruction du général Kœnig fixant les modalités de gestion et de rémunération du personnel allemand ou ayant le statut de Personne Déplacée employé par le C. S. T. O. et les organismes d'administration et de contrôle, le 11 décembre 1948", p. 21.

用来模糊地表示某人处于被军政府雇用状态的宽泛表述了，它在与"干员"一词的等同运用中，显示出了一种依照占领者要求执行脑力劳动或是管理工作的"代理者"特性。法方作为法占区治理当局，依照他们工作能力的差别，在军政府架构中分别给予其执行具体职能的责任，成为实际意义上的"直属公务员"。经过将近4年的占领后，在法方军政府先后直接任用过的所有德国人群体里，终于出现了一个能够被法方当局赋予定义并官方正面认可的稳定"公务员"群体。

然而，历史留给法方军政府的时间已然不多了。到1949年时，西德建国已迫在眉睫。9月1日，法方军政府被法国高参委员会取代，作为军政府一员的"直属公务员"群体也随即消失。1948年底签发的《第1831号训令》成为法方军政府界定和管理这一特殊公务员群体的最终文件，也是这一群体最后一次出现在法占区军政府的官方训令之中。后续的法方在德当局基于《第1831号训令》文本发布了一系列修正案和增补案，以继续指导其在德机构内部的德国人员任用。① 因此名义上《第1831号训令》的主旨精神依然适用于法国高参委员会及法国在西德驻留部队所任用的德国雇员。但是，对于法方军政府的这些后继组织来讲，它们本身并不能构成一个对某个独立占领区域有完整治理机能的政府组织，因而在实际运作中也无法再按照《第1831号训令》的要求维持一个特殊而复杂的公务员群体了。在这些机构里，"德国雇员"的定位逐渐发生了劣化，失去了公务员的社会服务职能与占领者"集中管控""优待亲近"德国人才的意义，最终又回到了指代法方使用的辅助人员或简单劳动力的宽泛含义之上。《第1831号训令》所制定的职业等级分层体系曾对后来法国在德驻留机构相关法令文本的撰写产生深刻影响。但在后续训令发布以后，"法方军政府直属德国公务员"的特殊地

---

① "La *Note No.* 30716/*HC*/*DGAB*/*P*：Additif et modification à l'Instruction No 1831 du 18 – 12 – 1948 fixant les modalités de gestion et de rémunération du personnel allemand ou ayant le statut de Personne Déplacée employé par le C. S. T. O. et les organismes d'administration et de contrôle, le 19 septembre 1950", AMAE, *1HC18*, *Contrôle*；"Personnels d'exploitation et d'entretien, le 28 janvier 1955"，"No 515/CCFFA/4/SMOE, le 18 juin 1955"，"Personnels G. M. T. C., le 28 mai 1956，"No. 2241/CCFFA/I/Pers. Civ.：Directives relatives à la gestion du personnel civil étranger, le 18 juin 1955"，*Service historique de la Défense*，*GR 3U 245*，*Commandement des Grandes Unités et des Services*：*Organisation*，*gestion des personnels civils étrangers*.

位逐渐被一个新的用来形容法方雇用人员的专用名词取代：PCE（Personnels civils étrangers，外国民事服务人员），与1945年占领初期称呼当局所征用德国民间劳动力的口吻相似，可见其中的劣化意味。

法方军政府对德人直接任用体制的发展，是德国雇员这个占领时期特殊人群地位待遇不断提升的过程，也是"法方军政府直属德国公务员"这一社会身份的形成历程。在被占领的德国这一复杂环境之中，在盟国对德管制委员会、法方军政府、三占区融合等诸多外界因素影响之下，法方占领当局发布了诸多立意不尽相同的重要法令，逐步推进了这一进程。在法国对德占领的各个不同阶段，除了文本上一直沿用的"雇员"这一称谓之外，法占区内军政府所直接任用的德国人在占领者的官方文件中曾被冠以"被征用者"（les réquisitionnés）、"仆役人员"（le personnel domestique）、"劳动力"（la main d'œuvre）、"开发人员（le Personnel d'exploitation）""辅助人员"（le personnel auxiliaire）、"干员"（les agents）等大相径庭的称呼。随着这些称呼的交替变迁，可以窥见他们在法占区行政架构中地位的逐步提升。

在此之中，仆从、工人与司机被先后从"雇员"这一群体中排除出去，导致其规模体量逐步缩小，使得一个在军政府界定下明确细化的雇员群体得以产生，并定型为服务占区治理的行政公务人员。对于这些直接受军政府任用的德国公务员来说，他们的待遇与地位逐步实现了"正规化"，之后又获得了进一步的提升。"正规化"的过程主要是1945年到1947年间，他们的待遇地位与德方当局公务员待遇地位趋向等同的历程。而从1948年起，他们的待遇地位骤然得到了长足提高，最终可以凭借能力或关系在占区行政架构中拥有相对较高（尤其是S级的"高级干员"）的职位。

如果法方军政府能像军官派所设想那样继续长期统治法占区，那么在《第1831号训令》这类政策刻意培养下，有朝一日是有可能出现一个稳固的亲法德国精英公务员群体的——他们将会逐步接手军政府中真正握有大权的重要职位并成为法国占领方名副其实的真正"合作者"（Collaborateurs）。然而历史不容假设，法方军政府之后的执政时间是如此之短，而这一政策变化来得又是如此之晚，以至于这一进程方才步入正轨，便被联邦德国成立（1949年5月23日）和法方军政府解散（1949年9月1日）这些历史大事所阻断。对于法方军政府的占领者来说，其对德人的任用一直围绕着两个基本点进行：利益（法国的利益）与控制（对德国人的管控）。法方占领者对于所有德国人根深蒂固的不信任感，阻碍了这一最接近法方当局的德国人员的人事发展。占领者对此类人员在军政府架构内的地位上升保持谨慎而迁延的态度。面对这些直接归属法方当局内部，或者在当局中央重要机构工作的德国人，法国人近乎本能地优先选择对这一人力资源进行严格管控。我们可以在法方军政府针对其德国雇员发布的首个法令——1945年12月14日的《第2886 CC/CAC/G号部门通知：德国人员的任用》中清晰地看到这一点。在这一通知中，法国利益、人员可信度调查的重要性被突出强调。[1] 甚至连一向主张提高德国人员待遇条件的行政总管拉丰，也一再坚持对其加以严密的监督管控。[2] 对劳动力的滥行征发、对于任用职位的有意限制管控，以及姗姗来迟的招募程序制度化规定，共同导致了军政府的德国雇员群体在形成稳定的直属公务员阶层方面的步履蹒跚与最终的骤然消亡。它的存续完全取决于其所服务的占领者意愿和偏好，而不是对占领区进行行政治理的实践需要。其随军政府占领结束而一并消失的命运也就不可避免。对于法方占领者而言，其任用的德国人首先必须是"善于服务者"（les bons pour le service）[3]；而对于1948年底最终形成的军政府直属公务员们来说，由于过去招募升迁中所受的种种限制，实际上其擅长服务的对象只有法方军政府而已，并没有足够的时间和权限来充分投入占区本身的行政管理实践。若他们服务的对象不复存在，那么这些"善于服务者"在接手政权的德方当局眼里，也就没有继续作为公务员任用的必要了。

---

[1] "Note de Service No 2886 CC/CAC/G: Emploi du personnel allemand, le 14 décembre 1945", AMAE, *1BONN 117*, ADM Ⅰ Ad3, *Main d'œuvre allemande（1947-1949）*, *Dossiers rapatriés de l'Ambassade de France à Bonn*, pp. 1-2.

[2] "Décision 221: Portant Création d'une Direction du Personnel Allemand, le 15 septembre 1947", AMAE, *1AP5/3*, *Notes du secrétariat général du CCFA sur le personnel allemand（1946-1949）*.

[3] Marc Hillel, *L'occupation Française en Allemagne（1945-1949）*, p. 254.

由于上述限制条件，尽管法方军政府以缓慢而渐进的节奏努力改善了这些德国人员的境况，但这些直属法方军政府的德国雇员终究没能作为一个亲法精英公务员群体及时出现并长久存在，更没有能力如部分占领者所想象那样，成为"将来我们在这个国家最好的对话人"①。事实上，占领时期法方占领当局真正意义上的德国"合作者"另有其人——那就是间接为法方军政府服务的德国地方公务员。相对于完全要由占领者一手培养并严加监管的军政府直属德国公务员群体，这些在战后临时性的德国地方政府机构中任职的公务员是一种业已完备的人力资源，可以立即加以利用，也能够方便地进行清洗筛除。因此，由法方军政府间接任用的德国公务员，实际上担负起了支撑法方军政府占区行政管理的重责大任。

---

① "L'Administrateur Général Laffon à Monsieur le Général Commandant en Chef Français en Allemagne: Logement et nourriture des Allemands employés par les Service de l'Administration centrale, le 14 décembre 1945", AMAE, *1AP4/3*, *Règlementation relative aux Allemands travaillant dans les services du G. M. (1945 - 1946)*, p. 1 - 2.

第四章 "宝贵的德国人"

——法方军政府间接任用的德国公务员

第二次世界大战后，法占区军政府在占领工作中面临着严峻考验：为了法国的在德利益，必须尽快重建占领区的政治经济秩序，以保障德国社会的稳定和占区的物资生产。为此，占领方留用了地方上一部分有经验的德国公务员，并将其视为一种特殊的人力资源予以维护。然而，根据盟国之间达成的协议，对于德国行政当局人员的非纳粹化清洗，以及对于公共职能部门的民主化改造，仍是不可回避的必要措施。

1942年时，第三帝国有1517000名公务员效忠纳粹政权；到1950年时，联邦德国则有400000名公务员依照民主原则履行职务。① 西方盟国——法国亦包括在内——处理德国公务员的政策，引发了一场行政变革，对于联邦德国公职部门的人员结构产生了深远影响。在法占区这一典型案例里，法方军政府在其占领期间采取了多种措施，以达成其在德目的，并依照法方观点落实盟国的对德改造政策。因而德国地方政府公务员们既有受到非纳粹化免职的，也有借助军政府保护得以留任或复职的。在法占区之内，法方当局对德国地方行政机构建立起了一整套管控操纵机制。法方占领者甚至尝试在德国移植法国式的公务人员培训机制，以培养训练新的德国公务员作为法方军政府占领政策的忠实执行者，并依靠法占区内发起的"清洗"运动将其掌控在手。

---

① Arnold Brecht, "What is Becoming of the German Civil Service", *Public Personnel Review*, 12, No. 2 (April 1951), p. 85.

第一节　德国行政"去中央集权化"的开端与"清洗"运动的组织方式

战后初期，对于法方当局来说，其在德国地方政府公务员问题方面有两项迫在眉睫的重责大任要处理：一是要通过"去中央集权化"的方式重组德国行政架构，二是要把对法方占领不利的德国人从德国地方行政架构中清除出去。在其军队进占德国之初，法方便已开始依照其占领区域的实际情况，开始采取其认为必要的措施应对在德治理问题。这些措施后来为法方军政府所承袭发展，成了其在德国行政改革与法占区非纳粹化方面的政策基础。1945年末，一系列针对德国地方公务员的政策措施已然筹划完毕，只待在法占区全面落实，付诸实践。

一　"应急之举"：在法占区行政管理中任用德国公务员的起因

在希特勒政权土崩瓦解之后，德国社会的行政治理处于巨大的危机之中。根据盟国对德管制委员会的命令①，各盟国占领区内的一切纳粹政权行政组织均须立行解散。显然，对于面积最小的法占区而言，不仅其人力资源相对处于匮乏境地，甚至连社会秩序的维持都有着很大问题。为了克服这一困难，法方在占领之初便要求立即在德国重建行政管理体系。

为了重启战败国千疮百孔的行政管理体系，只能由占领者直接任命既有的德国公务人员来填补其中的空缺。而希望对德国进行"去中央集权化"的法国人，也认为这正是趁热打铁的良机：占领者可以通过对德国公务员的任免，间接对德国行政架构的全面改革施加影响。这对于法国既是难得的机遇，也是必须面对的挑战：与其他投入对德作战的同盟大国不同，法国是唯一曾经向德国投降并被占领领土的国家。在纳粹四

---

① "Law, No. 2: Providing for the Termination and Liquidation of the Nazi Organization (10/10/1945)", *Enactment and Approved Papers of the Control Council and Coordinating Committee 1945*. Vol. 1, p. 131.

年的倒行逆施之后，法国需要比他国更多的赔偿来实现自身的恢复。因此在与其他盟国一致的管制行动之外，法国人还要求尽可能地从德国获得利益，尤其是这个战败国的经济潜能。然而，法国是靠着其他三国"允许"才最后一个加入盟国对德管制委员会的，它并没有充分的时间来为德国的行政改革做准备，而其他盟国在进行相关决策协商时也没有顾及法国的意见。1943—1944 年，华盛顿、伦敦与莫斯科均已各自成立了一系列相关的政策研究与协调组织，而巴黎方面的同类机构，德奥事务国际委员会直到 1945 年 7 月，也就是德国战败两个月后才仓促成立。再者，法方军政府的法方人员团队也是在 1944 年末 1945 年初才匆匆召集起来的，其中大部分人员只是在索邦大学简单培训了 4 周而已。作为军政府人员召集与培训项目的负责人，科尔兹将军就曾抱怨称极度缺乏人手，尤其缺少有行政经验的人员。① 这两项不利条件迫使法方占领者不得不选择与德国地方公务员"合作"，由后者来具体承担法方占领工作在整个占区的落实与开展，重建法占区的地方行政管理。自此，这类由德方行政机构雇佣的德国公务员，实际上就已经间接为法方占领当局办事了。

二战末期，法国占领军便已开始任命德国公务员。事实上，1945 年 4 月时法国第一集团军在刚刚占领斯图加特城之际，便任命了著名的反纳粹主义者阿赫努尔夫·柯莱特（Arnulf Klett）为斯图加特市长（Oberbürgermeister），并赋予其大权以组织地方委员会"清洗"该市行政机构中残留的纳粹分子。同时，法方也给予他签发"特殊许可"（Permission spéciale）的权力，可以留用必要的"技术专家"（Experts techniques），而唯一的条件就是柯莱特本人做出保证，确保留用人员是"'技术上出类拔萃'的特殊人才，品德上无可指摘，是毫无保留的反纳粹主义者"②。1945 年 7 月，该市市政府便指派了七成的部门主管，恢复了正常运行。在当时环境下，德国其他各地地方政府往往人心惶惶、人事涣散，像柯莱特这样由法方占领者任命的行政官员人事任免权限作用之大可见一斑。

---

① Frank Roy Willis, *The French in Germany*, pp. 71–73.
② Perry Biddiscombe, *The Denazification of Germany: A History 1945–1950*, p. 163.

在法方军政府 1945 年 8 月 1 日的成立宣言中，明确指出了法方军政府在重建德国行政与德国公务员任用方面的关键作用："军政府的作用不仅是要对德国行政进行非纳粹化，更要在清洗完成后使其得以运转，并对其进行监督。不仅要清除那些纳粹公务员，更要对其组织形式乃至行政当局进行变革。"就此，法方军政府向德国人民承诺："随着德国的各机构恢复运行，军政府将向其转移执行职能，并致力于对其政令实施的监督工作。"① 对于德国公务员的间接任用政策、非纳粹化运动与法德行政当局之间的权力转移就此在法占区内形成了彼此间的紧密联系。此外，在法方占领之初，实现德国行政体系的重新运转与开始非纳粹化运动是占领者的两项当务之急。因而对于地方政府中剩余公务员的直接任命与维护，被法方占领者——尤其是缺少地方行政经验的占领军方面——视为临时性的"应急之举"，是尽快重建德方行政体系的必要措施，在长久稳固的法方中央行政当局形成之前更是如此。

但在法方军政府成立后，法方的民事官员更希望在法占区贯彻法方进行政策主导、德方负责具体执行的"间接治理"（Administration indirecte）原则，对于军方这种直接任命德国公务人员的粗放手法颇为不屑，将其视为一种非正规手段。在 1945 年 8 月 13 日的《军政府巴登州分部部门通知》便显露出了这一看法：

> 禁止一切悖于我方军政府所奉行之间接治理原则的行径。为贯彻这一原则，（人员）擢升应由德方当局依照现行升迁法则规定予以执行。公务部门公务员与雇员的任命、解职、退休也应由德方当局依照军政府批准的管理措施予以执行。确实有一些县长和市长是由军事长官直接任命的。但这是一种例外程序，其所符合的是其他一些指令，并且是根据具体情况做出的。②

---

① "Evolution du statut politique de l'Allemagne Occidentale de 1945 à 1948, Paris, 8 mars 1949", Archives Nationales (AN), Les archives des assemblées nationales: commissions, projets et propositions de lois, Carton 32, *République Allemande: documentation*, C//15923, p. 7.

② "Note de Service: no. 3088/331/ADM: Promotion et nomination des fonctionnaires allemands, le 13 août 1945", AMAE, *1AP22/1: Fonctionnaires allemands: généralité; rémunération; congés; nomination; révocation (1945–1949)*, p. 151.

于是，"直接任命"便被认为是"一种例外程序"了，而德方当局被视为唯一有权依据法方军政府批准的措施管理德国公务员的机构方面。事实上，法方的民事官员与他们的军方同僚一样准备不足，较之于其他战区的占领者更缺乏对于占领区人员状况的了解。在这样的情况下，鉴别和批准德方当局推荐的人员，要比自己去寻找或培养某一职位的理想人选要容易多了：在德国投降后仅一周，1945年5月15日，美国占领军便拟出了一份"值得信赖"的高级公务员名单[1]；而到1945年6月10日，一批在1933年被纳粹撤职的高级公务员便在英国占领军要求下在英占区重新就职了[2]。但是，在法占区却一直没有出现类似的"值得信赖"的德国人名单；直到1945年11月13日，柯尼希将军才向法国临时政府领导层提交了一份经法方军政府认可的萨尔地区高级公务员清单，而这也是因萨尔地区的特殊地位做出的。[3] 显然，在德国人"全体责任"理念以及法国人普遍的对德国人的不信任感影响下，在法方占领者，尤其是那些认为德国仍是地缘政治威胁的人眼中，除了萨尔这块即将被法国经济兼并的土地以外，德国再没有哪里的公务员真正值得信任了。再者，眼下军政府全部有关德国公务员的措施，本质上都是暂时应急的行为，为的是方便法占区在行政和经济上的尽快重建。因此在法方当局看来，此时任何有利于法方利益的德国人选都不能轻易放弃。即便会出现诸多问题，军政府也大可在局势稳定后凭借非纳粹化运动，轻易地将那些惹了麻烦的德国公务员一一解职乃至加以惩罚。所以，尽管法方军政府声称其希望实现"间接治理"，不直接介入德国地方机构公务员的任免管理，但管控这些德国公务员的实权其实一直掌握

---

[1] "Letter from G-5 section SHAEF to Headquaters 6th army group: Trustworthy Germans, le 15 mai 1945", AMAE, *1BONN116*: ADM: I. Direction générale des affaires administratives: A. Affaires intérieures: d) Personnel Allemand: 1. Statut des fonctionnaires, p.733.

[2] "Lettre à Monsieur le Commandant en Chef de l'Armée anglaise d'occupation, Section administration civile, le 10 juin 1945", AMAE, *1BONN116*: ADM: I. Direction générale des affaires administratives: A. Affaires intérieures: d) Personnel Allemand: 1. Statut des fonctionnaires, p.736.

[3] 因法国方面长期将萨尔地区视为需加以经济吞并的领土进行治理。见："Le Général de Corps d'Armée Kœnig à Monsieur le Chef du Gouvernement Provisoire de la République Française: Personnalité allemandes mises en place depuis l'occupation, le 13 novembre 1945", AMAE, *1BONN 116*: ADM: I. Direction générale des affaires administratives: A. Affaires intérieures: d) Personnel Allemand: 1. Statut des fonctionnaires, p.799。

在法方手中。对于法方民事官员来讲,这一阶段最为迫切的要务,是建立起一套在他们领导之下的行政体系并加以巩固,以保证军政府对占领区内德国各地方行政机构的控制,维持法方当局在法占区至高无上的支配地位。

在占领之初,德国各地方临时政府的归属其实一直不甚明确。大部分德国地方行政机构,都希望能有一个高层当局在战后乱局中领导它们,以形成一个完备的行政构架,恢复德国的社会治理。而法方军政府民事官员又迫切需要德国公务员的配合与辅佐,来真正掌握占区内的地方行政。双方的要求相互呼应,便催生了行政总管拉丰的一系列法令,旨在明确德国地方政府公务员与法方军政府民事官员间的从属关系:《行政总管第5号法令:莱茵州高级代表团的组建》①《行政总管第7号法令:萨尔高级代表团的组建》②《行政总管第8号法令:巴登州高级代表团的组建》③《行政总管第9号法令:普法尔茨与黑森—莱茵州高级代表团的组建》④《行政总管第10号法令:符腾堡州高级代表团的组建》⑤《行政总管第11号法令:各州政府代表团的组织形式》⑥ 等。根据这些法令规定,法方军政府组织起由法方人员构成的代表团,将其派遣至法占区各州建立州级临时政府(Gouvernements provisoires des Länder),执行

---

① "L'arrêté No. 5 de l'Administrateur Général organisant la délégation supérieure de Rhénanie, Le 5 septembre 1945", *Journal Officiel du Commandement en Chef Français en Allemagne*, No. 2, Gouvernement Militaire de la zone française d'occupation, le 17 septembre 1945, p. 9.

② "L'arrêté No. 7 de l'Administrateur Général organisant la délégation supérieure de la Sarre, Le 5 septembre 1945", *Journal Officiel du Commandement en Chef Français en Allemagne*, No. 3, Gouvernement Militaire de la zone française d'occupation, le 08 octobre 1945, p. 17.

③ "L'arrêté No. 8 de l'Administrateur Général organisant la délégation supérieure de Bade, Le 10 septembre 1945", *Journal Officiel du Commandement en Chef Français en Allemagne*, No. 3, p. 17.

④ "L'arrêté No. 9 de l'Administrateur Général organisant la délégation supérieure du Palatinat et de Hesse - Rhénanie, Le 8 septembre 1945", *Journal Officiel du Commandement en Chef Français en Allemagne*, No. 3, pp. 17 - 18.

⑤ "L'arrêté No. 10 de l'Administrateur Général organisant la délégation supérieure du Wurtemberg, Le 26 septembre 1945", *Journal Officiel du Commandement en Chef Français en Allemagne*, No. 4, Gouvernement Militaire de la zone française d'occupation, le 11 octobre 1945, pp. 22 - 23.

⑥ "L'arrêté No. 11 de l'Administrateur Général portant organisation des délégations pour le Gouvernement des provinces, Le 14 septembre 1945", *Journal Officiel du Commandement en Chef français en Allemagne*, No. 4, pp. 23 - 24.

民事管理任务。法占区所有的德国地方政府机构都在不同层级的法方代表团（州、地区、专区）管控监督之下，每个州各自形成一个互不从属的临时政府，作为德国"去中央集权化"进程的行政基础。自此，地方政府中的德国公务员被吸纳进了法方军政府的行政架构之中，成为占领者意愿的基层执行者，同时也是当局非纳粹化运动整肃的目标。

除了那些在占领之初便留在德国地方政府机构中的公务员之外，法方军政府的民事官员还发现，占领军方面早已在法占区征用了大量的德国人员为军政府服务。但该阶段这类人员往往囿于底层职业之中，单纯为占领者日常生活服务，并没有能力在民事官员领导下推动占区的行政与经济重建。因此民事官员转而寄希望于获得德国高级公务员的帮助以完成这一重责大任，占区重建中必不可少的经济专家更是受到他们的格外青睐。1945年9月7日，行政总管拉丰向军政府财政与经济总局主管下达了《第546号通知》，要求后者"研究设置与各州当局功能相当，但权限扩展到整个占区的德国机构"①。在征询意见得到回应后，拉丰决意在坚持"去中央集权化"的同时兼顾经济重建，从而达到整顿法占区行政的目的。

> 我曾多次强调尽快设置德国财政经济管理机构的必要性。
> 到现在为止，我们只看到了"州"一级的此类德国机构的重组与形成；理所当然的是，在不远的将来，经济上的需要势必会迫使我们去设置占区一级的德国组织，并向其转移一定的责任，使其能在我们的管控和领导下，对他们权限范围内的事务进行管理。②

为了达到这一目的，搜集能够担负如此财政经济职能的德国专业人才无疑是重中之重。1945年9月19日，拉丰致信法占区五州的高级代

---

① "Note no. 546 à l'attention de Monsieur Filippi, le 7 septembre 1945", AMAE, *1AP75/6*: *Notes et rapports des services du G. M. Z. F. O sur l'état d'avancement des opérations d'épuration*, p. 638.

② "Note no. 556 à l'attention de Monsieur Filippi: Mise en place des administrations allemandes, le 10 septembre 1945", AMAE, *1AP75/6*: *Notes et rapports des services du G. M. Z. F. O sur l'état d'avancement des opérations d'épuration*, p. 637.

表，要求其配合建立有关德国高级公务员的个人信息材料库：

> 望您不吝拨冗，向有关部门提交一份有关副主管或以上级别德国公务员名单，此类人员应供职或曾供职于财政与经济总局管制下的分支机构，并且现已回到您的辖区之内。您为军政府提供的这一清单应针对可能重用的人选的品质做出全面评价。若我们对于某位德国公务员并没有掌握身份以外的任何其他信息的话，是万不可能给予他任何职位或是任务的。因此，我衷心请您为每个情况存疑的公务员，细致地依照我为您所附的模板形式和内容建立一份信息卡片。①

这一针对财政经济方面高级公务员的清查要求，反映了法方军政府，尤其是拉丰这样的民事官员领导人招揽和管理这类重要人士，使其能更好地为法方当局服务的意愿。事实上，在法占区这个最为独立自主的占领区内，德国公务员往往处在完全封闭的环境之中。且法方占领者所倡导的德国"去中央集权化"主张，也对德国公务员的活动产生了限制性影响。1945 年 10 月 15 日，拉丰向军政府各部主管和各州高级代表签发了《第 3755 号通知》，强调对德国公务员活动的管控：

> 这样一件事近来引起了我的注意：最近盟国占区德国人员传召我们占区德国人员去参加会议的次数越来越多。此类积习若是一直继续下去，任由那些盟国事实上无从管控的跨占区委员会的长短会议到处举行，势必有妨碍我们在德政策的可能性。所以，你们要禁止你们管控下的德国公务员，在未经你们同意的情况下，私自接受其他占区德国人员发起的邀约。②

---

① "L'Administrateur Général Laffon à Messieurs les Délégués Supérieurs pour le Gouvernement Militaire de Bade, Wurtemberg, Rhenahie, Palatinat, Sarre: Etablissement de fiches individuelles pour certains Catégories de fonctionnaires allemands, le 19 septembre 1945", AMAE, *1AP75/6*: *Notes et rapports des services du G. M. Z. F. O sur l'état d'avancement des opérations d'épuration*, p. 634.

② "L'Administrateur Général Laffon à Messieurs les Gouverneur Délégués Supérieurs, Messieurs les Directeurs Généraux, Messieurs les Directeurs: Convocation adressée par des personnalités allemandes des Zones alliées à des personnalités allemandes de Zone Française, le 15 octobre 1945", AMAE, *1BONN48*: *Participation d'allemands de notre Zone à des réunions interzones*, p. 72.

这一指令实际上禁绝了法占区与其他占区德方当局人员之间的直接接触。法占区限制德国地方公务员的跨占区流动，但其他占区的公务员却仍然能够进入法占区为法方服务。法占区这种"许进不许出"的态势，确保了其治下的德国公务员唯法方当局马首是瞻，而不会受到他们来自其他占区的德国同僚的影响。此外，由于法国人在盟国对德管制委员会中的"不合作"态度，其他占领国的理念或是其他占区的消息也极难直接传达给法占区的德国公务员。于是法占区内很快形成了一个德国公务员方面的"信息盲区"。尽管法方军政府致力于搜集有能力的德国公务员人才，但法占区与其他占区公务员交流的阻断，却使其难以及时掌握那些从其他占区"投奔"而来的"流亡"公务员的真实情况。

　　我们可以在以下的典型事例中体会到这一问题的影响：1945年冬季，美方在"非纳粹化"方面针对"法国式纵容"（la tolérance française）现象发起猛烈攻讦。从这一年的10月份起，美国新闻媒体发布了一系列报道批评法方占领当局，甚至连法国国内媒体都受到了《纽约时报》一篇名为《法国人雇用美占区纳粹分子》的报道影响[1]，对法方当局任用德国公务员的政策发出了质疑。这篇报道引用了一位匿名美国官员的谴责言论，声称法方占领当局正为那些被美方驱逐的纳粹分子提供在德国地方行政机构，尤其是警察机构中的职位。报道称被法方重用的被逐纳粹公务员达27人，其中多为财政（11人）或教育（16人）方面的相关人士。在另一篇报道中，则指责法方当局明知此类任用问题广泛存在，但却睁只眼闭只眼放任这类德国人员弄虚作假瞒天过海混得官职。[2] 美英占领当局对法方"不合作"态度素来不满，更是将此类报道视为"法国式纵容"的力证，大张旗鼓加以宣传。在这类报道基础之上，产生了美英占区内许多贬损法占区非纳粹化成绩的流言蜚语，造成了恶劣影响。在媒体压力之下，法方当即做出的反应与解释十分仓促无力，颇有些急于应付息事宁人之意，没能给出明确的官方回应。事后，为了搞清其中来龙去脉，法方军政府立即下令，在1945年10月当

---

　　[1] "French use Nazis from U. S. DistrictAmerican Officer declares that men ousted by us have regained positions", *New York Times*, Octobre 21, 1945.
　　[2] "French sift Nazi hiring Say those fired in U. S. Zone may have been taken on by error", *New York Times*, October 24, 1945.

月便发起相关调查,根据行政事务总局最后提交的调查报告来看,事实情况其实与报道大相径庭:

> 美国多家报纸及巴黎多个报社所转载发表的若干文章,指控法国在德占领区军政府继续任用被美方解职的德国公务员。其批评指责尤其针对教育和财政部门。
> 因此巴登巴登中央机关发起了一次调查,根据各州总督反馈的调查结果显示:
> 1)教育:并未发现任何符合报纸所揭露之情况的案例。
> 2)财政:在其所揭露的有关公共财政部门的17起案例中,其所涉及人员有:
> 2 名政府主管(Regierungsdirektoren)
> 4 名总监(Oberinspektoran)
> 11 名小文员(如打字员等)
> ……要看到的是这17名公务员绝大多数都从未与纳粹党有任何瓜葛。美国政府方面(开除他们)的决议的理由,要么是说他们在纳粹政权下曾留职工作,要么甚至简单地声称他们在投票中支持过这个政权……
> 总而言之,事情远没有那些居心叵测的媒体所意图渲染的那样夸张。①

这一风波凸显了法方军政府占领之初在德国公务员任用问题方面所处的犹豫不定的态势。法方占领者,尤其是民事官员,需要尽可能地利用手头的一切人手来优先实现法占区行政与经济的重建。当地的德国公务员,乃至于一些来自其他占区的公务员,因此被法方当局大规模动员起来,以实现法占区行政体系的初步运作。在这一过程中,尽管针对某些占领方特别关注的高级别人员进行了信息搜集,但法方占领者自己也

---

① "Note de la Direction générale des affaires administratives: Epuration, le 31 octobre 1945", AMAE, *1AP75/6*: *Notes et rapports des services du G. M. Z. F. O sur l'état d'avancement des opérations d'épuration*, pp. 491 – 492.

清楚他们并没能掌握所有这些"效劳者"的真实情况；因为法占区公务员独立隔绝的状况，对那些从其他占区逃亡而来的公务员更是知之甚少。美方的宣传正是利用了法方的这一"信息盲区"，有意地把"被美占区驱逐的人员"混淆为"纳粹分子"，来激起外界的关注。事实上，有许多德国人并非因为"非纳粹化"原因被美方驱逐。如康拉德·阿登纳和卡尔罗·施密特（Carlo Schmid，1896－1979）[①] 就是因为美英占领当局拒绝让他们依法担任公职，而于1945年末出走至法占区的。[②] 其实只要立即做出明确答复，澄清真相，法方当局便可轻易摆脱以上攻讦。但法方当时的确对于美方所开名单里的人员情况没有把握，只好虚与委蛇不敢强硬辟谣，结果使得法方军政府从占领伊始便陷入了非纳粹化争议之中，在以后的外界媒体报道中留下了非纳粹化不力的刻板印象。自此以后，但凡法方当局利用其在盟国对德管制委员会中的否决权阻挠盟国议案，法方军政府立刻便会在法占区非纳粹化方面招致外界媒体"纵容纳粹分子的黄金国"（EL Dorado de tolérance）、"戏谑行事"（cynique）、"自以为是"（idéaliste）乃至"再纳粹化"（rénazification）的辛辣讽刺与猛烈抨击。不过，这是不是意味着法方管制当局在一开始就全然违逆了非纳粹化事业呢？答案是否定的。法方军政府的占领者们遵循自己的原则推动着法占区的非纳粹化，这些原则与其他盟国的相关政策导向不尽相同，具体到德国公务员的非纳粹化实践方面更是别有千秋。

二 法占区公务员清洗运动的发端

（一）法占区非纳粹化与"全体责任"论

在盟国远征军最高司令部的《在德军政府手册》中，罗列了18类必须解职或逮捕的公务人员或政客官员。[③] 基于盟国方面的这一划分标

[①] 卡尔罗·施密特（Carlo Schmid，1896－1979）：德国社会民主党（SPD）要员，1946年至1947年任符腾堡—霍亨索伦州州长，1949年第一次联邦选举后担任联邦议会副议长。

[②] Frank Roy Willis, *The French in Germany*, p. 161.

[③] *Handbook for Military Government in Germany*, the army library, Washington D. C. 1944 December, Part Ⅲ, "Table B Political Officers and Civil Servants who should be Dismissed or Suspended".

准,法军的同类文件还额外增加了3类其他职位的德国公务员。此外,法国临时政府对军方发布的秘密指南《我们在德国的行为准则》(Directives pour notre action en Allemagne)这一文件里,强调了法国对于德国行政当局人员的以下政策要点:

1)惩罚战犯。
2)肃清纳粹主义,至少要清除那些躲藏起来或持伪造证件的盖世太保、党卫队及纳粹党务人员。
3)监督建立起一套诚实、公正、快捷、高效的行政管理体系,保证各方面管制不致瘫痪。①

因此可以说,法占区在其形成之初,与其他占区一样,对于《盟国管制委员会第2号法律》所列举的德国"有罪"组织中的一切要员进行了果断而坚决的逮捕镇压。② 在法军占领刚开始的几周时间内,便有约2万名纳粹党、冲锋队、党卫队要人直接被投入监狱,其中许多人后来受到了严正的控告审判。③ 在此类指令和行动出台实施后,法方当局进行了大规模的撤职运动,许多德国人被禁止担任公职。根据1945年10月25日《费加罗报》的报道:"法国在德当局目前所采取的针对纳粹公务员的清洗措施是极其严厉的。被撤职的公务员比例在巴登州达62%,在莱茵州占34%,在普法尔茨有35%,在符腾堡更是高达75%。"④ 1945年夏季期间法方当局发起的这场声势浩大的"大撤职"后来被德国方面称之为"野蛮清洗"(法语:l'épuration sauvage,德语:wilde Säuberung)。不过要注意的是,许多此类撤职措施在当时其实都是一纸空头文书而已,并未立即得到真正完全地贯彻落实,因为事实

---

① Document No. 1: Gouvernement provisoire de la république française: Directives pour notre action en Allemagne, le 20 juillet 1945, AMAE, Y: 1944 – 1949/433.

② "Law No. 2: Providing for the Termination and Liquidation of the Nazi Organization (10/10/1945)", Enactment and Approved Papers of the Control Council and Coordinating Committee 1945, Vol. 1, p. 131.

③ Marc Hillel, L'occupation Française en Allemagne (1945 – 1949), p. 240.

④ "66% des bourgmestres allemands ont été remplacés dans la zone d'occupation française", Le Figaro, 25 octobre 1945.

上法方当局也同时明确宣布，为了不致因组织失序徒增混乱，在非纳粹化方面尚不要求依据规定立即执行。① 于是就出现了一种怪现象，许多名列撤职清单中的德国人依然在地方政府中任职，甚至仍可继续栖身高位。

为什么法方军事占领当局会选择去"暂时保留"这些依指令本应即行撤职乃至逮捕归案的德国公务员呢？这无疑要从他们对于德国人责任的独特观点说起，也就是前述的"全体责任"论与具体德国人"个人责任"论的结合。一方面，在二战以后，法国没有哪个政治派别愿意轻易"饶恕"德国人。尤其右翼沙文主义者，更是认定所有德国人都有罪，把错误全部推脱到纳粹党身上根本是有害无益之举。在这种观点影响下，法方当局甚至一度有意对占区内全部394.9万成年人进行具体登记和深入调查，而不是像其他占领方一样只着眼那些中高层的政客官员。在占领军军官派眼中，非纳粹化理应是一场波及每个德国人的大规模行动，甚至可以称之为"去日耳曼化"（dégermanisation）。在这样的观点下，一个德国人是否纳粹分子，抑或其纳粹倾向是否可能纠正这类问题根本无关痛痒，因为每个德国人都曾有助长纳粹之罪，都曾有敌视法兰西之心，宏观来看并无区别。② 这也正是为何在法方文件之中，其他盟国常用的"非纳粹化"（dénazification）一词鲜有提及，反而以"清洗"（épuration）或"肃清"（purge）代之的原因所在：在法方看来，要做的并不是一个个地精确拔除所谓的"纳粹分子"，而是要像波浪荡涤污秽一般，扫除隐藏在整个德国人口之中的军国主义遗毒。③ 对此，法方军政府曾经做出过明确的诠释：

> 我们所主张的"清洗"常常被冠以"非纳粹化"之名。这个以前在盟国远征军最高司令部命令中用到的词，并不完全符合我们所希望实现的事情。我们之所以用"清洗"这个词，正是因为

---

① Perry Biddiscombe, *The Denazification of Germany: A History 1945–1950*, p. 164, 167.

② Eugene Davidson, *The Death and Life of Germany – An Account of the American Occupation*, 2nd eds, Columbia: University of Missouri Press, 1999, p. 82.

③ Frederick Tayor, *Exorcising Hitler: The Occupation and Denazification of Germany*, Bloomsbury Publishing Plc, 2012, p. 317.

不满于后者的含义过于狭隘,只着眼于德国威胁中最近的一方面。这种把德国人员清洗问题狭隘化为单纯清除前纳粹党要员的举措,在我们看来是大错特错的。这也正是我们在依据远征军最高指挥部的规定发起非纳粹化运动后,着力于将其过渡为一场更大范围清洗的原因所在。我们所希图的清洗运动,所具有的不只是镇压的性质,而应能够在开创新的德国精神思维方面起决定性作用。①

然而,由于人手不足、管制经验匮乏,准备并不充分的法方当局别无选择,必须利用那些前德国公务员继续为其服务,以控制地方民政,维持占区运行。后来的一份法方军政府报告,便揭露了德国公务员非纳粹化方面问题的严重性:

> 看起来,在德国光是在1945年就已有一半以上的公务员登记入(纳粹)党。这就表明了一个非常严峻的结果,更不要说其在政治、经济、财务等诸多不同门类公务员中的比重了……在符腾堡,1945年时的108000名公务员中,就有17000人不仅入了纳粹党,而且还是纳粹党干部。此外,在1933年时,仅有4%的公务员加入了纳粹党。但到1938年,大门便为胜利者们打开了……从1939年开始,所有新公务员都必须加入纳粹党。可以确信,在1945年时,纳粹公务员的数量是极其可观的。阿尔萨斯那边就确认说,他们那儿95%的公务员都是纳粹党员。②

法方当局甚至不得不承认:"在这样的情况下,如果清退全部纳粹公务员,显然会导致一场大动乱,从而丧失掉任何进行'间接治理'

---

① "Rapport général au 31 décembre 1945 sur l'actions d'épuration en zone française d'occupation, le 21 janvier 1946", AMAE, *1AP79/2*, *Epuration du personnel allemand*: *statistiques* (*1945 - 1946*): *ZFO*, p. 169.

② "L'épuration en matière économique et financière, le 5 septembre 1945", AMAE, *1AP77/3*, *Epuration*: *rapports généraux sur l'épuration en Z. F. O.* (*1945*), pp. 1 - 2.

的可能。极端化的非纳粹化举措势必会造成混乱失调。"① 为了保障行政效率，确保利用德国人力资源的可行性，较之于某个具体的德国人过去在纳粹党或是德国国家机构中的职位，法方开始更加重视其个人当前情况。为在战后初期的乱局中区别"全体责任"与"个人责任"，法方占领者倾向于依靠日常监督来决定某个德国人能否为其所用。他们主张只有针对个人的品行进行审查之后，才能做出留用、解职乃至逮捕德国人员的决定。根据柏林盟军司令部法方参谋负责人米歇尔·布克（Michel Bouquet）的说法来讲："我们不能无视收到的指令……但我们可以在稍多注意具体个人及其个别情况的条件下再对其做出解读。"②

法方当局的这种处理办法后来遭到了美方占领当局乃至后世历史学家的诟病，被称之为"完全机会主义的办法"③。根据历史学家罗伊·威利斯的观点来说："在法占区里，非纳粹化永远不可能按照有名的'调查表'（Fragebogen）中所规定的严格区分原则那样得以执行。法国人对于'个人'的理解，与军政府中大多数官员所表现出的尽量理解态度相关联，使得法国人倾向于依照每个个案中不同的个人品质情况做出处理，而不是像在美占区那样按照严格的分级制度来做出决定。"换言之，相对于美方依照"调查表"这样的材料对德国人员的罪责进行严格量化定性，法方更倾向于在针对个人的调查中"具体问题具体分析"，只把"调查表"这类手段视为参考，而非决定因素。这也正是法方占领者理论上虽也采纳调查表作为非纳粹化手段，但这些文件在法占区的作用远不及在美占区重要的原因。法方占领者不愿单纯依赖德人在调查表中的答复做出选择，而更希望对他们进行具体地逐一甄别。法方军政府的民事官员，更是对想凭借区区几张纸来精确评判德国公务员品质的做法嗤之以鼻④，法方军政府的一份劳动统计报告中就做出了这样

---

① "La dénazification, particulièrement en matière économique et financière（I），le 29 novembre 1945"，AMAE，*1AP77/3*，*Epuration: rapports généraux sur l'épuration en Z. F. O.（1945）*，pp. 9 – 10.

② Perry Biddiscombe，*The Denazification of Germany: A History 1945 – 1950*，p. 158.

③ Rainer Möhler，*Entnazifizierung in Rheinland – Pfalz und im Saarland unter französischer Besatzung von 1945 bis 1952*，Mayence: v. Hase & Koehler，1992.

④ "Fragebogen de la ZFO，le 10 Octobre 1945"，AMAE，*1AC123: Relations Universitaires et Scolaires*，pp. 251 – 266

的论述：

> 盟国的决定只能反映一些外在标准方面的状态，诸如是否从属于纳粹党或其附属组织。"调查表"依然凭借它的130道问题而盛名在外，专家们以此为基础确定每个人——公务员或是职工、医生或是律师——的所谓"受毒害"程度。法方占领当局尽管受到外界的批评——它已然习惯于此了——但仍认为不应再给初期的乱局再增添因这些最后幸存下来的公职部门的组织失序而造成的混乱；它留出时间去搜集、培训替代者，同时也可以面对面地认清这些人，而不是刻板地根据被迫入党的经历或是无中生有的告发来做出判断。有多少更为危险的家伙，只因置身纳粹党外的巧妙手腕而公然获得了"无可指摘者"（unbelastet）的名头啊！一场干部构架的动荡就要发生了。我们无法回避所有的错误举措，但至少可以不去质疑那些细枝末节，不让那些受我们态度所鼓舞的人受苦。①

简言之，法方在非纳粹化方面的长期方案是对整个蛮横好战的德国人口进行"去日耳曼化"。就法方军政府的短期计划而言，则是要清洗德国行政当局并使之得以重新运作以实现"间接治理"。在法方这边，这种不甚完美的应急之举只不过是一个长期进程中的短短初始阶段而已，存在一些缺陷与不足是必然的。就历史角度来看，法国人将纳粹主义视为普鲁士主义的化身，是德国历史不可避免的产物。用法国驻柏林大使，安德雷·弗朗索瓦—庞瑟（André François-Poncet）的话说："民族社会主义，是德国鬼子对于德国人的胜利。"② 故而，法方当局将德意志民族的非纳粹化设想为一个缺乏基础的漫长疗程，为此必须进行长期的医治；换句话讲，就是长久的占领。这一理念为法占区最高长官柯尼希所公开认同："在确保民主意识牢牢扎根于德国人民之中前，我们是不会离开的。需要三十到四十年时间让德国人能够理解这一民主的优

---

① Claude Albert Moreau, Roger Jouanneau‑Irriera, *Présence Française en Allemagne*, Paris：Editions Henri Neuveu, 1949, p. 274.

② Jérôme Vaillant, *La dénazification par les vainqueurs：La politique culturelle des occupants en Allemagne, 1945–1949*, Lille：Presses Universitaires du Septentrion, 1981, p. 20.

越性。"① 既然这不过是长期占领的开始阶段而已,为何不充分利用以德国公务员为代表的人力资源,以方便战后困难条件下的治理管控呢?在饱受战火破坏的社会里,劳动力本就具有极高价值,更不要说其中更加宝贵珍稀的那些有经验的公务员了。

(二)"自主清洗"

通过对德国公务员进行大规模调查并进行相应的清除,盟国实际上大大削减了战后德国行政与经济架构中剩余的干部数量,而这些人对于稳定局势来说又恰恰是必不可少的。在美英占区许多与经济财政相关的部门里,缺乏相应资质的人员以致部门运转艰难的现象比比皆是,使得这些在行政管理局面上已然处于糟糕境地的占区进一步陷入了雪上加霜的窘境。更有甚者,德国各行政机构中那些本就堪比珍稀动物的非纳粹、反纳粹人士,也因为以"调查表"方式进行非纳粹化的缘故,被大量集中起来负责繁复的调查表收集与审议工作,而无暇承担日常的管理任务。这种对于占区人力资源的闲置与浪费,正是法方当局所不愿付出的代价。一方面,在占领之初,为了尽快在战后乱局之中建立起有效的行政、经济管制,占领军方面就已将充分利用包括公务员在内的当地人力资源视为必要的应急之举了。另一方面,在战争结束后的数月时间里,刚刚草创的法方军政府,既没有时间也没有能力独自系统地推行一套进行全面"清洗"的政策。在这些因素影响下,法方军政府开始寻求以一种简单而有效的体制来执行非纳粹化清洗,并且在其中贯彻法方独特的非纳粹化理念。

幸运的是,法方军政府统治的这片"袖珍占领区",恰恰是德国最具自由主义传统的土地,其所处的西南德国区域本身也是德国受第三帝国纳粹思想影响最小的地方。加之法军正是从西南边境攻入德国,因而大批纳粹要人早在法军入境时便已逃离此地转投德国中部,从而成了其他盟国占区的问题。② 因此较之于其他占区,法占区各州的居民受纳粹

---

① "Déclaration du Général Kœnig", 1946, cité par Cyril Buffet, *Mourir pour Berlin*, *la France et l'Allemagne*, 1945–1949, Paris: A. Colin, 1991, p. 20.

② "Rapport général sur la dénazification en zone française d'occupation pour le mois de novembre 1945, le 22 décembre 1945", AMAE, *1AP77/3*, *Epuration: rapports généraux sur l'épuration en Z. F. O.* (*1945*), p. 5.

毒害较少，反而因毗邻法国的关系，在历史文化上受法国影响颇深。1945年9月，法方军政府做出过评估，认为法占区有50万纳粹党员，但其中仅3万人被认为属于"有敌意的纳粹分子"（Nazis virulents）①。因此，若论人口纳粹化程度，法占区在任用德方人员发展经济以弥补法国战时损失方面有着得天独厚的优越条件。其非纳粹化负担相对较小，且完全可以成为开展落实占领者"社会与经济计划"（projet économique et social）的人员任免工具。② 法方认为，若是在法占区以适当的巧妙手法进行非纳粹化，完全可以既在当地精英人士中培养起亲近法国的导向，又将持反法观点的敌对者驱逐出法占区地界，而无须拘泥于其是否为纳粹党员。此外，在盟国对德管制委员会方面，在非纳粹化上采取一套特立独行的政策，也有助于法国推行其分裂德国的理念，抵制其他盟国助长中央集权的、针对非纳粹化政策进行统一的想法。总之，即便在非纳粹化大潮之下，法方军政府也完全可以凭借法占区的实际情况，依照自己的政策放开手脚任用德国公务员。

在这样的背景下，法占区的非纳粹化是在一种极为特殊的原则主导下进行的——"自主清洗"。根据法方军政府非纳粹化专家弗朗索瓦·库希拉（François Amédée Curial）拟定，并由行政总管埃米勒·拉丰于1945年9月19日向军政府各部主管传达的《第722号指令》，非纳粹化必须在德国机构的帮助下严格执行。在这一指令中，拉丰明言法占区非纳粹化过程中所面临的难处：

> 法方当局承认，目前业已实施之清洗尚存不足。该看法为身居外国之德国难民及德境内之反纳粹主义者所共持。该情况严重之处有二：一方面，法方对于反纳粹主义者应对不周，使其因心灰意冷

---

① "MI-14 'Mitropa', No. 5, 22 Sept 1945", FO 371/46967, NAUK (National Archives of the United Kingdom). *Les diverses catégories de nazis*：A) *Les nazis virulents*，B) *Les nazis de cœur*，C) *Les membres nominaux du parti - national - socialiste*. "La dénazification, particulièrement en matière économique et financière (I), le 29 novembre 1945", AMAE, *1AP77/3, Epuration*: *rapports généraux sur l'épuration en Z. F. O. (1945)*, p. 2.

② Hellmuth Auerbach, " 'Que faire de l'Allemagne ?' Diskussionsbeitrage Französischer Deutschlandexperten 1944 - 1960", *Cahier de l'institut d'histoire du temps présent* 13 - 14 (1989), p. 292.

而改弦更张不愿投身政治，拒绝协助现政权。另一方面，法方当局机构在清洗之中独揽大权，以致所负责任过于沉重，不堪实行。

基于此，拉丰表示："就此看来，必须继续依照最为严格之基础政策，在德国机构协助之下，继续加紧清洗运动。"① 事实上，这一指令要义在于做出了这样的公开宣示，即法占区的非纳粹化体系须尽可能独立于法方当局进行。换言之，便是法方"间接治理"理念在非纳粹化事业上的贯彻落实。自1945年10月起，法方率先把德国人员安排进了非纳粹化进程中，但保留了己方被称为"否决权"（véto）的最终决定权。在当时，法占区是四大占领区中第一个将部分非纳粹化责任交付到德国人手中的。遵照《第722号指令》，军政府建立起了一系列由德国人团队组成的非纳粹化委员会机构，如：地区级的"清洗委员会"（Säuberungskommissionen）、中间监管机构"训令代表团"（Untersuchungsauschuss）。② 根据《第722号指令》规定，每一类德国行政机构，都要在各州的军政府"肃清部"（détachement E，Epuration）分支机构所在地设立一个专门委员会，处理自己机构部门的人员清洗事宜。该委员会由一名主席，两名相同行业的公务员，以及两名机构外人员组成——这两名机构外人员的遴选是根据其在纳粹掌权时期的政治抗争或是所受迫害而做出的。这些人选由德方相关机构首脑具体推荐，并由法方高级代表指定生效。委员会负责审查所有公务员中的纳粹党员或是纳粹依附者的案卷，并且对此类人员做出处罚建议。其所能提出的处罚意见如下：

留职，
调职，
降职，

---

① "CCFA/CAB/C 722 Monsieur l'Administrateur Général Laffon à Messieurs les Directeurs Généreux, Directeurs et délégués Supérieurs：Dénazification des administrations, le 19 septembre 1945"，AMAE，*1AC106*，*Affaires culturelles*：*Relations Universitaires et Scolaires*：*Université de Fribourg – Epuration – Dénazification*，pp. 58 – 62.

② Perry Biddiscombe，*The Denazification of Germany*：*A History 1945 – 1950*，p.167.

强制退休,

解职且不支付退休金。①

　　而训令代表团则设立于各地区乃至行政专区的中心地带,其具体数目由高级代表和肃清部主管确定。这个"代表团"负责为前述"清洗委员会"的工作在地方上做准备。每个训令代表团有3名成员,其中至少有一人是相关职业的公务员。成员人选由地方上相关机构主管举荐,再由法方高级代表或地区代表批准指派。总之,所有此类德国组织都由德方当局举荐的反纳粹主义者组成。为履行非纳粹化职责,他们必须暂时从自己的行政岗位或是政治活动中退出,一心一意投入对相同职业群体的德国公务员的非纳粹化案件审查中。法方军政府掌握对所有成员候选人的最终批准权,可以自主否决德方推荐的候选人。每个行政专区(Kreis)的训令代表团负责验证德国人员填报的"调查表"的真实性,或是登记记录相应的证据证词,以决定具体案例是否应上报清洗委员会进行调查。清洗委员会从训令代表团那里接手其建议调查的案件的相关卷宗,进行审查并做出处理建议。

　　根据法方军政府的设想,在更高层级上,法方当局将在法占区各州任命有威望的德国反纳粹主义人士为"州专员"(Staatskommissar),由其出面在德国机构内部获取非纳粹化情报,并在必要情况下直接向军政府提出对于嫌疑者的处置意见。军政府设有"肃清部"以决定德国审判机构人选并监督州委员会的运作,由法方对德事务专家莫里斯·布蒙(Maurice Baumont)、皮埃尔·阿纳勒(Pierre Arnal)负责该部门的建设。较之于当时法方军政府的庞大人员编制(1945年10月15日时有20205人)②,肃清部编制较小,在巴登巴登的中央机构仅辖4个团队小

---

① "CCFA/CAB/C 722 Monsieur l'Administrateur Général Laffon à Messieurs les Directeurs Généreux, Directeurs et délégués Supérieurs: Dénazification des administrations, le 19 septembre 1945", AMAE, *1AC106, Affaires culturelles: Relations Universitaires et Scolaires: Université de Fribourg – Epuration – Dénazification*, pp. 59 – 60.

② "Evolution des effectifs du GMZFO", AMAE, *1ADM65, Cabinet civil: 2. Effectifs: personnel du gouvernement: effectifs théoriques, prévisions budgétaires et réduction des effectifs*.

组，在各州首府的分支机构也只有 5—10 人，但极为高效。① 这一法方机构的主要任务是尽可能多地对德方机构提出的非纳粹化处理意见进行复核。若法方对德方的决议不满，或是要求获得关于案件的更多细节，法方军政府便会要求政治协商委员会（Conseil Consultatif Politique）重新审议处理决定。一名美占区军政府的观察员就曾赞许称："这在应对德国人及德国政党因承担非纳粹化责任而犹疑缄默时极其有效。"② 由此，非纳粹化所有繁琐的基层任务实际上都被分配给德国方面执行了，法方军政府则独掌最终裁定之权，只需应对德方机构提出的处理意见即可。

1945 年与 1946 年之交，通过《第 722 号指令》建立起的德人"自主清洗"架构，法方当局开始在非纳粹化运动中扮演起"间接遥控"的角色。法方军政府将这一"自主清洗"体制视为对于非纳粹化的成功创新：

> 舍弃了 SHAEF 那套只够应付占领初期的简单应急措施，法方当局希望能够既深入又系统地实现这一事业（非纳粹化）。"清洗必须由德国人自己来完成"这一理念被奉为圭臬。事实上，不让法方当局直接卷入政策司法运作之中，也会带来一种心理上的好处。让德国人自己承担起他们的责任这一点是极为重要的，尤其在这一类难免会出现冤假错案的案件审理中更是如此，这样他们就不能对法方私怀怨望。最后，较之于那些在占领之前对德国一无所知，且对政治清洗的活儿缺乏准备的法国官员，曾同生活在纳粹政权之下的德国人更信赖德国的调查人员。③

"自主清洗"制度还给予了法方军政府在非纳粹化相关事务上的极大弹性。在德方机构协助下，军政府可以通过以下四个步骤对绝大部分

---

① Michael Balfour, *Four - Power Control in Germany and Austria*, 1945 - 1946, p. 106.
② Perry Biddiscombe, *The Denazification of Germany: A History 1945 - 1950*, p. 172.
③ "Rapport général sur la dénazification en zone française d'occupation pour le mois de novembre 1945", AMAE, 1BONN264, C - La France et la Z. F. O.；III Zone française：1）L'occupation；1 - Questions politiques et administratives；c）Epuration et dénazification（1945 - 1947），pp. 66 - 68.

德国公务员进行清洗：第一步广泛审查（由训令代表团进行）——第二步筛选立案（由训令代表团进行）——第三步再次调查（由清洗委员会进行）——第四步复核判决（由州专员及军政府肃清部完成）。这一多阶段流程，给予了法方当局充分的时间在实践中评估一个德国公务员，从而可以在最终阶段做出决定前，暂时宽大处理那些被证明必不可少或是暂时无人能够顶替的人员。

此外，根据在同一行业群体中挑选成员的原则，具体负责德国公务员非纳粹化任务的德方非纳粹化机构成员往往也是熟稔同类公务员真实情况的人员。这也就有助于解决一个在公务员非纳粹化工作中经常出现的重要疑问："谁才是真正的纳粹？"毕竟，在第三帝国时期，德国公务员（如行政官员、教师、法官等）是必须强制服从于纳粹政权的。他们个人往往别无选择，只能遵从纳粹党的政策决定。根据著名建筑师赫尔曼·盖勒博士（Dr. Hermann Geiller，1898 - 1987，因其在第三帝国时期的建筑成就与希特勒对其的青睐而闻名）的说法，德国同时是存在着两种"纳粹分子"的：一种是自觉自愿加入纳粹党的"自愿的纳粹"（Will - Nazis）；另一种是不得不加入纳粹的"被迫的纳粹"（Muss - Nazis），在盟国方面的文件里也被称为"名义上的纳粹"（nazis nominaux）或者"小纳粹"（petits nazis）。① 如在一份法占区报纸上所做出的评述一样："把工人，视作跟强迫他们进纳粹党的老板一样一同加以惩罚，无疑是极为不公的。把下层公务员与对他们下了相同命令的上级高官一并处置也同样不合适……可以确信的是，人人都知道当时许多人都被施加了强大的压力——尤其是公务员——以迫使他们加入纳粹党。"② 法占区这些德方非纳粹化组织里的成员出身同行，自然也感同身受，可以深刻理解德国公务员所处的这一特殊境况，也就可以提出较之于其他占区更具洞察力的处理意见，而不会拘泥于"调查表"中列举的是否或何时加入纳粹党这类刻板的评价标准来做出决议。

由于这种处理"弹性"的存在，法方军政府可以让自己青睐的公

---

① Hermann Geiller, "Muss - Nazis", *Badener Tagblatt*, Januar 9, 1946.

② "Gewerkschaften in der französischen Zone: Die grundlegende und die Ausführungsbestimmungen", *Südkurier*, Oktober 19, 1945.

务员洗脱罪名，或是为其拖延时间，以尽可能地利用其才能。正如法方"清洗"一词与其他盟国方面"非纳粹化"称谓之别，法方军政府发起的这场针对德国人的清洗运动，并不仅仅是为了清除危险分子，也有着为"洗白"（blanchir）那些有益于法方利益之人提供方便的考量。行政总管拉丰就曾表示：

> 该自主清洗程序，正合于我占区所期望遵循的从严政策与司法公正，在其原则上多多少少获得了德国民众的一致认同——远胜于美占区那些粗暴生硬且简陋马虎的办法。我并未忘记，今后的重要问题将是重新任用那些被解职的公务员。若是任由这数量可观的人员被迫处于迷惘无业的境地，势必会使他们不断抵制我们的民主行动，投身一场可能会爆发的德国反抗运动之中，这在我看来极为不妥。①

由于这种"弹性"政策所带来的交涉空间，甚至连已经被非纳粹化组织做出开除决议的公务员，也可以凭借一纸"光荣抵抗证明"（Attestation d'honorabilité résistante）提请辩护，同时借助调查的拖延保住自己的职位。只要嫌疑人提交得出德国反纳粹主义者甚至是法方抵抗人士开具的证明或是支持信，说明其在纳粹当政时期的抵抗行为，法方当局也就可以光明正大地在清洗程序的最后阶段介入，利用最终否决权干预判决结果。这些文件会跟当事人的简历与其填写的"调查表"一并收归其公务员个人档案之中。此外，这类证明文件签署人的职位或影响力往往决定了证明的效力和法方军政府的关注程度。比如，一位诺伊施塔特（Neustadt）高中教师乔治·费弗尔（Georges Pfeiffer）就曾面临被清洗委员会要求解职的惩罚。但得益于法国抵抗者，1946年法国政府财政部部长罗伯特·舒曼（也就是后来的法国外交部长）的来信支持，他最终得以保住了自己的职位。在收到了舒曼的证明信后，拉丰亲自干

---

① "Rapport de l'Administrateur Général à monsieur le Général de Corps d'Armée, le 10 novembre 1945", AMAE, *1AP77/3*, *Epuration*：*rapports généraux sur l'épuration en Z. F. O.* (*1945*), p. 4.

预此事并使得德方非纳粹化机构修改了处理决定。① 于是在法占区的德国公务员之中，掀起了一股千方百计求得"光荣抵抗证明"，以图在清洗运动中自保的潮流。事实上，由于使用"光荣抵抗证明"的案例越来越多，以至于如果都是真的的话，第三帝国史恐怕得改写成抵抗史。② 甚至连法方军政府控制下的《美因茨日报》，也在1945年末担忧称：

> 必须把民族社会主义与军国主义者的支持者隔离到一切公务或经济部门之外……（纳粹分子）得到好处的情况今天仍在继续，那些自称"可接受的"（convenables）纳粹党徒获得了授权，可以继续保留他们的工作，做他们的生意，甚至有时还能在人手不够的情况下占据高位；而那些不幸的人们要费尽心力才能保住自己的微薄职位，还在苦苦等待那些纳粹早就拒绝给予他们的升迁机会。③

但要注意到的是，以上述及的这些自主清洗制度的特性，诸如法方的间接身份与弹性的存在，并不意味着法方军政府放弃了对于德国公务员的监督管控。实际上，非纳粹化成了军政府进一步巩固加强对法占区行政构架中德国人员的日常管制的正式手段。

一方面，法方当局的管控，首先体现在法方军政府对于德方非纳粹化机构成员人选的批准权，然后是对于德方处理建议的最终否决权。德方清洗委员会的任何决议，都必须由法方军政府通过才能具备法律效力。另一方面，从德方非纳粹化组织的定期报告中，法方军政府可以在节省法方人力物力的条件下，保持对于每个德国公务员具体情况的关注，并且及时做出有效的评估，判断每个人员的任职状况是否合适。部分类别的德国人员因其在法方眼中的重要性，而受到了法方军政府的特别关注。

---

① "Le cas de PFEIFFER, le 12 décembre 1946", AMAE, *1AC117*, *Affaires culturelles：Relations Universitaires et Scolaires：Enseignement primaire – Documents de base（1945 – 1948）：Divers*, pp. 305 – 322.

② Marc Hillel, *L'Occupation Française en Allemagne*, p. 241.

③ "Das Dilemma der Entnazifizierung", *Mainzer Anzeiger*, Dezember 18, 1945.

（三）法方军政府的干预：从"SHAEF 清洗"到"系统化清洗"

1945 年 10 月，"自主清洗"制度随《第 722 号指令》发布而开始形成，但法方仍在介入非纳粹化的具体执行。当然，由于"自主清洗"的限制，法方并没有干预基层执行具体命令的过程，但是他们为公务员的非纳粹化政策划出了着重点，从而引导德方非纳粹化机构随其意愿行动。1945 年 11 月 5 日，为了摸清法占区的经济情况以加强管控，军政府经济与财政总局行文法占区各机构部门，要求清除德方机构中经济统计方面人员里的"民族社会主义者"①。1945 年末 1946 年初，以柯尼希将军和拉丰为首的军政府领导人又对德国技术专家的情况产生了浓厚兴趣，于是下令对法占区内的所有专家学者发起调查，以摸清以下情况：

1）技术研究局所雇用的德国学者有哪些。他们的研究领域、活动性质以及取得的成果。

2）对于那些未能直接雇用的德国学者（也就是被德方当局雇用的）所实施的管控如何。他们的活动情况。②

显然，与其说这类行动是为了"非纳粹化"做准备，倒不如说是在借"清洗"调查之便把握占区内特殊人群的情况与动向。有时，法方军政府甚至会直接发布有关特定公务员群体的特殊指令，以应对占区的现实需要。比如，1945—1946 年的严冬之后，法占区处于医疗人员紧缺的困境。拉丰遂于 1946 年 1 月 17 日签发了一份有关医疗人员清洗的专门文件。他在该命令中表示："近一半的德国医生都曾加入纳粹党"，因此对于医疗方面公务员（Amtsärzte）的清洗应暂时从宽："该级别所有纳粹党员身份的医生均应自动解职。不过，他们必须继续承担他们的工作，直到可以被有效地顶替为止。被解职的医生类公务员可以

---

① "Note pour monsieur le Directeur général de l'économie et des Finances, le 5 Novembre 1945", AMAE, 1AP75/6: Notes et rapports des services du G. M. Z. F. O sur l'état d'avancement des opérations d'épuration, pp. 620 – 621.

② "Note No. 158 CC/CAM/G pour Monsieur l'Administrateur générale (Cabinet Civil), le 7 janvier 1946", AMAE, 1BONN116: ADM: I. Direction générale des affaires administratives: A. Affaires intérieurs. d) Personnel Allemand: 1. Statut des fonctionnaires, p. 741.

以私人医生身份继续行医。"① 这一清洗放宽政策适用于法占区许多特殊的非纳粹化案例。德国技术专家往往可借此继续留职,或者以私人名义承担同样的工作,直到当局找到合适的代替人员为止。尽管此举招致盟国诸多非议,但也确实在客观上有助于法占区的重建工作。

  另外一个典型的特例就是公共教育方面的公务员问题了。如前面章节所述,青少年的再教育工作是法方占领者在德国的重责大任之一,这也正是法占区中对于德国教师团队的非纳粹化最为严格的原因所在——在战后的头三周里,法国占领军就已经清退了占区内四分之三的教师。法方军政府更是明确宣布,所有加入纳粹党的教师均须按照其1945年8月24日的指令予以开除。② 但是与此同时,柯尼希又希望尽快加速德国青少年的再教育,故而命令法占区所有学校必须在1945年9月准时开学授课,远远早于其他西方占区的计划。最终,拉丰发布的《行政总管第1号法令:关于中小学教育机构的重开》明确规定了开课时间:"法国在德占领区所辖一切地域内,凡中小学教学机构均获授权,应于1945年9月17日恢复其教学活动。"③ 与此同时,图宾根大学与弗赖堡大学的许多科系也须相继复课。④ 开课期限迫在眉睫,法方军政府公共教育局发现自己正处于进退两难的境地:要么对德国教员进行细致的非

---

① "L'Administrateur Général Laffon à Messieurs les délégués supérieurs: Epuration du Corps Médical, le 17 janvier 1946", AMAE, *1AP75/6*: *Notes et rapports des services du G. M. Z. F. O sur l'état d'avancement des opérations d'épuration*, pp. 503 – 505.

② "Le directeur de l'éducation publique à Monsieur le Général d'armée Kœnig: Instituteurs suspendus réintégrés, le 22 novembre 1946", AMAE, *1AC117*, *Affaires culturelles: Relations universitaires et scolaire: enseignement primaire – Documents de base*, pp. 138 – 189.

③ "L'Arrêté No. 1 de l'Administrateur Général concernant la réouverture des établissements scolaires des premier et second degrés, le 22 août 1945", *Journal Officiel du Commandement en Chef Français en Allemagne*, No. 1, p. 5.

④ "L'Arrêté No. 2 de l'Administrateur Général concernant la réouverture des facultés de théologie des Universités de Tübingen et de Fribourg, le 22 août 1945", *Journal Officiel du Commandement en Chef Français en Allemagne*, No. 1, p. 5; "L'Arrêté No. 12 de l'Administrateur Général concernant la réouverture des facultés des sciences, de médecin, de droit et d'économie politique de l'université de Tübingen, le 7 octobre 1945", *Journal Officiel du Commandement en Chef Français en Allemagne*, No. 5, Gouvernement Militaire de la zone française d'occupation, le 30 octobre 1945, p. 29; "L'Arrêté No. 13 de l'Administrateur Général concernant la réouverture de la faculté de droit de l'université de Fribourg, le 7 octobre 1945", *Journal Officiel du Commandement en Chef Français en Allemagne*, No. 5, p. 29; etc.

纳粹化而不得不大大推迟开课教学，要么就得牺牲非纳粹化效果而尽快地落实青少年的再教育。之前对德国教师的大规模解职，使得1945年9月的开学几乎成了一场灾难。最终，在1945年底，法方军政府公共教育局对之前开除的教员进行了大规模复职，允许他们在没有官方身份的前提下继续工作。① 于是，这绝大部分复职的教师不再享受公务员待遇，他们的复职只是应对法占区复课的权宜之计而已。他们并没有在各自的非纳粹化调查中获得有利的处理决定，却因为再教育的急迫要求，而作为"无可替代者"（Personnel irremplaçable）暂时留任，但也因此失去了"公务员"的头衔。

可见，法方军政府虽然主张要在"清洗"中保持"间接"立场，但实际上却一直在非纳粹化事务的处理中保持着积极的应对态度。除了在《第722号指令》中规定的对德方非纳粹化机构人选的批准权、对清洗处理决议的最终否决权外，法方军政府其实还一直把持着对于德国特定人员群体发起重点清洗，抑或是采取特殊复职这样的政策主动权。

再者，法方军政府对于非纳粹化进程的例行监督从未放松。自法方军政府建立起，其民事官员每月撰写一份总体报告，一方面对占区的非纳粹化进展进行评估，另一方面则根据占区各州当月的处理决定进行数据统计，建立精确报表。② 到1945年末，法方军政府要求各州高级代表团搜集有关公务员清洗的数据资料，以总结1945年清洗运动的情况概要。1946年1月21日，一份年度总体报告由此问世，其中表明了1945年德方人员清洗运动的动机与成果。③ 在这一报告中，1945年法占区的清洗活动被划分为两个截然不同的阶段：德国投降并由盟军占领后第一时间由盟国远征军最高司令部（SHAEF）发起的"SHAEF清洗"（l'Epuration SHAEF），与8月份开始由正式建立的法方军政府确立的

---

① Frederick Tayor, *Exorcising Hitler：The Occupation and Dénazification of Germany*, p. 321.

② "Rapport général sur la dénazification en zone française d'occupation pour le mois de novembre 1945", AMAE, *1BONN264, C – La France et la Z. F. O.：III Zone française；1）L'occupation：1 – Questions politiques et administratives. c）Epuration et dénazification（1945 – 1947）*, pp. 138 – 189.

③ "Rapport général au 31 décembre 1945 sur l'actions d'épuration en zone française d'occupation, le 21 janvier 1946", AMAE, *1AP79/2, Epuration du personnel allemand：statistiques（1945 –1946）：ZFO*, p. 169.

"系统化清洗"（l'Epuration systématique）。这第二阶段是从第一份旨在修正旧有非纳粹化政策的法方草案提交军政府上层研究算起，至1945年9月19日《第722号指令》发布而完全确立，标志着法方占领者舍弃以往粗放的大规模解职或是依靠"调查表"进行决定的办法，转而开始对所有在职公务员的具体情况进行细致审查。

基于这两个不同阶段的划分，年度非纳粹化总体报告由4个部分组成：陈述，各州统计数据（SHAEF清洗阶段按各州地域划分的公务员清洗数据），各部门统计数据（SHAEF清洗阶段按照公务员所属不同部门机构划分的清洗数据），"系统化清洗"阶段当前的进展数据。这一报告可以说是对法占区初期清洗政策的总体回顾，也是1945年清洗成果的数据记录。事实上，这也反映了法占区占领当局通过修正和落实非纳粹化政策，而实现的对德国人员管控的渐进发展。1945年10月底，亦即《第722号指令》颁布1个月后，法方当局已在全占区范围内审阅了52506份公务员非纳粹化案件。而从此以后，清洗行动交由德国方面自行按照新指令规定实施：

表4-1　　1945年10月为止的法占区公务员清洗数字[①]

区域	1939年人口（万人）	已审案件（件）	解职（次）	停职（次）	降职或调职（次）
法占区	632	52506	16954	4615	1053
莱茵—黑森—拿骚州	158.5	13719	3275	—	386
黑森—普法尔茨州	151	18001	8839	—	—
巴登州	123.4	11682	2558	3367	72
符腾堡州	114.9	8275	1733	978	445
萨尔	84.2	2834	908	830	145

所有被解职或是停职的德国公务员的账户均被冻结，法方当局只让他们每月从中领取300马克的生活费。到1946年1月初，法占区完成

---

① "La dénazification, particulièrement en matière économique et financière (I), le 29 novembre 1945", AMAE, *1AP77/3, Epuration: rapports généraux sur l'épuration en Z. F. O. (1945)*, pp. 11 – 12.

了一次人口普查。根据1946年1月1日的统计数字显示，在1945年清洗之后，占区18岁以上人口中仍有96595名公务员在职，约占全部成人就业人口（共计1920571人）的5%：

表4-2　　　　　1946年1月1日时法占区公务员数量①　　　　（单位：人）

符腾堡		巴登		普法尔茨		莱茵		萨尔		总数		
男	女	男	女	男	女	男	女	男	女	男	女	总数
13946	2112	18897	2307	18351	2583	21963	2662	11834	1940	84991	11604	96595

简言之，战后法方军政府对德国地方公务员加以间接任用的主要原因，是为了应对法占区行政与经济重建的燃眉之急。一方面，法方民事官员准备不足，需要德国公务员的协助来开展其在德工作。另一方面，法方军政府自己也需要把德国地方政府吸纳到其管制架构之下，以真正实现其对法占区每个州、地区乃至专区的管理，因此需要暂时保留这些机构中的德国公务员。法方在行政与经济上的利益需求迫使法方军政府尽可能地在德国公务员中搜罗现存的专家人才，使其能够继续发挥作用，为法方当局服务。通过清除一切危险分子，洗白必要的有用人士，法方军政府实际上已然修正了各盟国最初所秉持的非纳粹化理念，使之演化为法方所主张的"清洗"，旨在有效地控制德国公务员，而不是单纯地消除纳粹分子而已。伴随着法方当局的"间接治理"与德方机构的"自主清洗"，法占区的行政效率得到了保证。尽管所有这些利用德国公务员或者对其进行非纳粹化的措施常常遭到其他盟国的非议，但一套稳固的行政架构借此在占区内确立了起来。进一步来讲，正是因为法方当局在1945年下半年的这一系列决策，才使得法方军政府对所有德国公务员的持续监督管控成了可能。

对于法方占领者而言，任用德国公务员是一个不可避免的选择，就像历史学者马克·希尔勒所评述的那样："若执意贯彻原则，将所有那些曾在某个时段沦为纳粹党员的人都排除在合作之外的话，就永远不会

---

① "Zone française: Personnes de plus de 18 ans, le 1 janvier 1946", AMAE, *1AP109/1, Statistiques sur les salariés en ZFO（1946）*, p.5.

有足够的公务员或是雇员来重整工业生产，保障这个国家的行政、贸易与重建重任的完成了。"① 在法方军政府眼中，战后乱局中的当务之急，是建立起能让他们能够简单快捷地控制住这块占领区的制度体系。法方占领者相信，那些具体的问题自会在以后漫长的占领时期中得到解决。这就给予了法占区的德国公务员在其职位上积极发挥自身作用的机会，尽管他们仍要承受非纳粹化运动的巨大压力。

第二节 "变"而治之：清洗运动中的德国公务员与法占区的政策转变（1946）

从1946年开始，法方军政府开始建设一整套新的行政构架，旨在通过对德国公务员的管控实现对法占区的"统治"：一方面，"系统化清洗"在整个占区范围内贯彻执行，以实现德国人员的非纳粹化，方便那些在占区治理方面有重要价值的公务员复职。另一方面，德国地方政府被法方当局加以变革，法方占领者意图借此对其所辖德国公务员进行间接地"去政治化"（dépolitiser），从而逐步确立起法方对于法占区一切德方机构的掌控。法方军政府的领导人甚至做出了按照法国理念培训新一代德国公务员的最初尝试。

一 "改头换面"的公务员：1946年对德国公务员的清洗

至1945年末，法方军政府已开始在法占区内执行"系统化清洗"计划了。而法方民事官员，也正希望借德国公务员的协助尽快实现占区的行政与经济重建。再者，法方占领者还意图借德方的自主清洗，根据法方"间接治理"的原则，"洗白"法占区的公务员队伍。在法方眼中，在这一必不可少的敏感人群经受非纳粹化考验的过程中，维持自己高高在上的"间接治理"才是最为实际有效的选择。然而，其他盟国所推动起来的非纳粹化大潮又迫使法方当局不得不在这方面做点文章，表现既严格又积极的处置态度，证明法方的诚意。

① Marc Hillel, *L'occupation Française en Allemagne* (1945–1949), p. 244.

1946年1月12日，包括法方科尔兹将军在内的盟国协调委员会四国代表在柏林签署了《盟国管制委员会第24号指令：撤销各部门与责任职位上纳粹分子及反对盟国意图分子的职务》。盟国对德管制委员会的这一指令立即被认定为德国各占区非纳粹化执行的全新指导方案。该指令要求以更为雷厉风行的态度推行非纳粹化，但同时也默许占领方根据实际情况灵活应对具体问题：

> 若嫌疑人不应再被任用或是授权来留职处理其事务，而其他在政治上更为可靠的人士又在行政工作上不甚合适的话，那么应给予此类人员尽可能低的职位，直至他们能够证明自己也在政治上可靠为止。①

在其他占区，《第24号指令》几乎成了全套非纳粹化制度的唯一支柱，决定了应予解职的人员类别，并给出了非纳粹化程序所应遵循的标准范式。但对于已经在自己占区内推行"系统化清洗"的法方军政府来说，这一原则性文件只被看作盟国方面对于法方德国人员非纳粹化理念的承认而已。事实上，鉴于法方占领者把持着法占区德国公务员任用方面的最终决定权，那些法方认为"无可代替"的人选自然而然地可以继续留职，而无须等待开出《第24号指令》里这样的指示：在法占区这样一个独立自主的占领区内，往往正是法方当局自行决定某个德国人是否"不可替代"，抑或其领导职位是否已"尽可能低"。事实上，《第24号指令》中所规定的"尽可能低的职位"往往是由各占区自行做出界定的。比如在美占区，根据1945年9月26日生效的《美占区军政府第8号法律》规定，但凡纳粹党及其附属组织成员，除要从公务员岗位上开除外，还不得在工商业或是一切其他类似企业任职，只能充当体力劳动者，以"巩固强化那些旨在消除德国公共舆论中

---

① "Control Council Directive No. 24: Removal from office and from positions of responsibility of Nazis and of persons hostile to allied purposes, 12 January, 1946", *Enactment and Approved Papers of the Control Council and Coordinating Committee Jan – Feb. 1946* (Vol. 2), Berlin: Legal advice branch, Drafting section office of military government for Germany, 1946, p. 44.

纳粹影响的措施"①。因此，实际上美占区内纳粹分子所被容许承担的"尽可能低的职位"也就是进行体力劳动的劳工。但是，在《第24号指令》颁布前，法占区并没有制订纳粹人员的具体从业禁令，也就难以针对这类"尽可能低的职位"做出确切规定了。因此，在法占区内，盟国对德管制委员会的这一指令并未像在其他占区那样在非纳粹化运动中掀起滔天巨浪，因为法方占领者认为他们早已脱离了过去的"SHAEF清洗"模式，创建起了一套理想的新体制。不过，《第24号指令》毕竟是盟国在非纳粹化方面的一项重要决策，出于应对，法方军政府不得不表现出积极介入非纳粹化事务的态度，维持一场在外界看来严厉而又浩大的清洗，以显示对于盟国非纳粹化运动的支持与配合，而不能仅仅像《第722号指令》规定的那样在德方"自主清洗"中安居"最终仲裁者"之位作壁上观。

此外，通过诸多公务员非纳粹化政策的颁布，法方当局开始认识到，这正是管理调控德国地方政府公务员人员结构的有效办法，可以借此引导这一人群进一步为法国利益服务。1946年的非纳粹化已不单单是清除德方机构中的危险人物，抑或"洗白"必要人员的应急之策了，它使得法方军政府可以在非纳粹化外衣下有意地"更新"公务员阵容，使被留用的公务员得以"改头换面"——他们的社会身份不再是旧德国未被追究的旧公务员，而是新占区唯法方意志是从的"更新"过的公务员。法方开始借助这一被"更新"的人群推进法占区的治理，最终实现对德国人员的牢牢掌控。

（一）旧公务员的复职任用与重划等级（1946年初）

1945年底，随着德方自主清洗原则的确立与系统化清洗的开展，法方军政府开始有条不紊地对清洗中剩余的德国公务员进行"洗白"和复职，以维持法占区的行政运作。但到1946年，在《第24号指令》横空出世所带来的全新非纳粹化形势下，依旧苦于德方机构人员不足的法方占领者认识到，他们必须给予占区内广大旧公务员一个新的名分——即便是临时的亦可——从而使其能暂时不受非纳粹化运动干扰，

---

① Carl J. Friedrich, "Denazification, 1944 – 1946", in Friedrich et al., *American Experiences in Military Government in World War II*, New York: Rinehart and Company, pp. 253 – 275.

重新为法方当局服务。从这一年初开始，法方开始创建一套旧公务员复职与等级重划体制，并将之视为更新德国公务员社会身份以应付眼前问题的实用做法。

1946年1月27日，亦即《第24号指令》颁布仅仅两周之后，行政总管拉丰向军政府各州高级代表发布了一份名为《CAB/C 749号参考文件》（Référence CAB/C 749）的密件，以向其说明法方当局为应对《第24号指令》而制订的有关德国公务员的新处理办法。在密件中，拉丰命令在法占区各州现有的"自主清洗"体系之外再设立审查委员会（Commission d'examen）和等级重划委员会（Commission administrative de reclassement）。通过这两个新委员会的运作，任何旧德国公务员，只要尚未收到不利的非纳粹化最终判决，都可以获得一个"临时身份"（statut provisoire），以得到复职甚至是升迁。当时，各地清洗委员会均有大量非纳粹化案件积压待查，加之法方当局强调非纳粹化调查应按照各人不同情况具体分析，因而非纳粹化机构难以及时对各旧公务员个人做出最终处理意见。这一措施的实施，实际上使得广大处于待查状态的公务员不致被闲置，能够以新的"临时身份"投入工作，不因非纳粹化进程的延宕而受到束缚：

> 一旦按照1945年9月19日第722号文件规定建立德方清洗委员会的行动完成，所有在职公务员的档案均须进行审查。
>
> 但是，就今后看来，定然会出现新公务员入职、法占区德国行政机构人员整合、来自其他占区人员的任用、战俘人员的复员等一系列问题。
>
> 这些人员的入职与复职由相关机构主管负责，但也要进行极为谨慎细致的审查。建立审查委员会以拟定专门的调查表，对他们的档案文件加以审核，是十分重要的。
>
> 以等级重划委员会形式管理在职人员的升迁事项也同样十分重要。
>
> 鉴于其所应对处理的案件数量相对有限，原则上每州设置一个常务审查委员会就已足够，由其在案卷数量达到一定标准时开会处理。

为了不妨碍新公务员入职，防止常务审查委员会议程过于频繁，入职者可暂时以"临时身份"就职，等待委员会做出有关他的决议。该临时身份有效期无论如何不得超过3个月。

这些审查委员会将按照清洗委员会的精神进行组建，并且按照同样的原则进行评判——其决议亦须经军政府通过方能生效。

由各高级代表向德方当局发起交涉，以合适形式设置此类常务审查委员会。①

《CAB/C 749号参考文件》给予了原本因新一轮非纳粹化大潮而受到限制的旧公务员一项"临时身份"以实现复职，实际上秘密地承认并重申了法方当局在非纳粹化事务处理上秉持的"弹性"。作为对1945年9月19日《第722号指令》的补充，法方军政府所掌握的"最终决定权"——也就是就每个非纳粹化案件在最后关头进行核准的权力——以及法方高级代表在此事上对于德方当局的干预权也在这一参考文件中得以强调。有了这3个月的"临时身份"，那些旧公务员的身份便实现了更新，从因战时流散或战后大规模解职而脱离原有行政单位的旧公务员，摇身一变成了军政府承认的"更新"了的公务员：只要清洗委员会还没有对他们做出不利判决，甚至只要法方还没有最终核准这类不利判决，他们便可以得到复职，并在自己岗位上工作下去。这一群体不仅限于那些之前已在德国当局机构中留职的公务员，而是涉及一切已接受调查但尚等待非纳粹化机构最终判决的人员，其范围无疑是大大拓宽了。法方军政府这种让德国公务员"改头换面"以便利用的意向，在拉丰之后发布的另一份文件《CAB/C 805号参考文件：德国公务员等级重划》中也有所体现：

德方行政机构的许多公务员都因为他们在纳粹政权时期的政治态度而面临升迁延迟甚至仕途完全停滞的问题。

---

① "Référence CAB/C 749 (Confidentielle): Circulaire 722 du 19-9-45, Personnel des Administrations Allemandes, Promotions engagements et réintégrations, le 27 janvier 1946", AMAE, 1AP22/2: Evolution de la législation sur la répartition des torts causés aux fonctionnaires lésés par le nazisme (Rhénanie-Palatinat et Bade) (1949), pp. 36-37.

只要不违反政治上的考量，就应该把这些公务员提拔到按其资历所应达到的阶层上来。

酌请诸位高级代表向各机构部门交涉此事，以在各州当局建立等级重划委员会。

组成：

该委员会由相关机构部门的4位代表组成，各自按其不同阶层选拔。委员会由部门主官或其指定的代表负责领导。

委员会成员的任命须交高级代表批准。只有积极反对纳粹的公务员才能被采纳为委员会成员。

职能：

等级重划委员会针对那些认为自己的升迁被不公正延迟或停滞，且要求委员会出面处理的正式公务员及行政机构雇员，进行档案材料的研究。（须采取必要措施，以防出现全体公务员受到煽动要求重划等级的局面。）

在相关情况下，由委员会提出相关人员的重划等级建议；必要时可以进行追认。

其建议转达至46/1/27《第748号文件》所设之常务审查委员会处理。

等级重划委员会的决议，只有在获常务审查委员会及军政府方面批准后，方可最终生效并告知相关人员。①

对于法占区绝大多数旧公务员来讲，《CAB/C 749号参考文件》与《CAB/C 805号参考文件：德国公务员等级重划》给予了他们在军政府管制下名正言顺地重新履行职能的良机。只要经过审查委员会与等级重划委员会的调查，他们便可轻易复职，甚至还能获得升迁。可以说，这两份文件的目的显然就是要恢复乃至推动对于旧公务员这一闲置人力资源的任用，尤其以那些曾被纳粹政权排挤的公务员为主体形成法占区新

---

① "Référence CAB/C 805 (Confidentielle): Reclassement des fonctionnaires allemands, le 4 février 1946", AMAE, *1AP22/2*: *Evolution de la législation sur la répartition des torts causés aux fonctionnaires lésés par le nazisme* (*Rhénanie – Palatinat et Bade*) (*1949*), pp. 38 – 39.

的公务员队伍。但是，如前文所述及的那样，事实上要"完全清除所有纳粹公务员"①是不切实际的，因为1937年公务员法便规定一切德国新公务员须向希特勒效忠②；从1939年开始，所有新公务员都必须加入纳粹党③。基于这一现实，这两份文件所真正起到的作用，其实并非为吸引所谓的反纳粹的"新"公务员，而是将那些尚未被法占区清洗体制最终宣判有罪的旧公务员"改头换面"，使其能够以"更新"的临时身份继续工作。

但是也要注意到，这一"复职"政策毕竟不适用于那些已被明确宣判为纳粹分子的公务员。在《第24号指令》颁布之后，法方军政府首次做了正式表态，明确了其禁止纳粹公务员复职的立场。在1946年2月8日的一封密件《CAB/C 964号参考文件》中，拉丰向法方高级代表下达指令，要求严格限制重新任用被开除的纳粹分子：

> 必须严加警惕，清洗委员会的决议不容转圜。凡已被其解职的公务员，不论其阶级为何，均不得在任何公职或半公职机构再加以任用。④

可以说，1946年初法方军政府民事官员拟定了一系列密令以图"更新"法占区现存的德国公务员人员结构。审查委员会与等级重划委员会在各地建立起来，以确保此类人员的身份转换得以顺利实现。作为对于盟国对德管制委员会《第24号指令》的应对，法方军政府也开除

---

① "La dénazification, particulièrement en matière économique et financière (I), le 29 novembre 1945", AMAE, *1AP77/3*, *Epuration*: *rapports généraux sur l'épuration en Z. F. O.* (*1945*), pp. 9 – 10.

② "No. 4033/DGAA/INT/4 SECT, Note pour Monsieur l'Administrateur Général: Serment exigé des agents de chemins de fer allemands, le 5 novembre 1946", AMAE, *1AP21/1*: *Statut des fonctionnaires* (*1946 – 1949*), p. 1.

③ "L'épuration en matière économique et financière, le 5 septembre 1945", AMAE, *1AP77/3*, *Epuration*: *rapports généraux sur l'épuration en Z. F. O.* (*1945*), pp. 1 – 2.

④ "Référence CAB/C 964 (Confidentielle): Emploi des nazis révoqués, le 8 février 1946", AMAE, *1BONN264*, *Conseiller Politique*: *C – La France et la Z. F. O.*: *III Zone Française d'occupation*: *1 – Questions politiques et administratives*: *c*) *Epuration et Dénazification*, *Dossiers rapatriés de l'Ambassade de France à Bonn*, pp. 56 – 57.

了那些已然被控诉为纳粹的公务员，并且明确表示永不叙用。至于其他那些尚在等候清洗最后判决的公务员，则获得了一个"临时身份"以继续承担其职能，实际上并不受正在进行的非纳粹化调查影响。到1947年1月1日为止，总共有281019名公务员在清洗程序中最终获得了"留职"的有利判决，有5792名公务员以"新入职者"（nouveaux engagés）身份得以任用。① 这些人员中的大多数其实都并非真正意义上的"新"公务员，而只是受益于法方军政府的这些措施而已。通过"更新"公务员队伍，清退确凿的纳粹分子，法方民事官员可以更为顺利地执行他们的两大行政要务，即德方行政机构的人员改革与非纳粹化。这些关乎公务员复职与等级重划的指令，继承了法方军政府清洗运动的诸多特性，亦即非纳粹化判决上的"弹性"处置、德国人的"全体责任"理念以及法方对于最终决定权的把握。但是，也正由于这些特性的存在，在法占区德国公务员任用中所暴露出的问题始终不断。

（二）有关法占区公务员任用的诸多争议

通过1945年9月19日的《第722号指令》，德方"自主清洗"成了法占区非纳粹化"系统化清洗"阶段的主导原则。从1945年末起，随着"自主清洗"在整个法占区的贯彻落实，这一制度的诸多特性逐渐影响到了法方军政府在非纳粹化案件中所做出的最终判决。然而，在1946年初盟国方面要求加强非纳粹化力度的压力下，除却其他占区对于法占区非纳粹化手段的不断攻讦，法占区乃至法国本土对于法方占领当局"系统化清洗"的质疑声音也愈加高涨。对于德国公务员的任用更是成了其中最为敏感的话题之一。

1946年1月5日，巴登州军政府高级代表施瓦茨将军（Général Schwartz）向行政总管拉丰提交了一份在当地闹得沸沸扬扬的匿名信。②

---

① "Epuration du personnel allemand: Récapitulatif de la Zone française d'occupation, l'ensemble des directions, Total cumulé 1 janvier 1947", AMAE, *1AP78/1*: *Epuration: rapports généraux sur l'épuration* (*1947*), p. 1.

② "Le général Schwartz à monsieur l'administrateur général No. 347/324/ Cultes: Epuration des fonctionnaires allemands, le 5 janvier 1946", AMAE, *1AP/79/1*, *Dénazification: contrôle du personnel allemand* (*rapports non – périodiques*) (*1945 – 1946*), p. 18.

这封匿名信本是 1945 年 11 月 16 日寄给弗赖堡大主教格罗贝尔（l'Archevêque de Fribourg, Mgr. Gröber）的，之后被大主教转交给了巴登州军政府当局。这一书信转交法方的过程之所以如此复杂保密，因为信中涉及纳粹公务员待遇的敏感问题。这一匿名信长达 32 页，文中处处为纳粹公务员辩护，称其往往是被"强迫"加入纳粹党的，属于"被迫的纳粹"，为的只是让一家得以糊口，但却受到开除或停职的惩罚，失去了生计，因此占领当局应给予宽赦以便赈济。① 事实上，这一匿名信的作者讨巧地利用了清洗的"弹性"以及法方占领者的德国人"全体责任"理念，试图说服法方军政府将"弹性"政策无限放大，给予所有曾为第三帝国效力的公务员宽大待遇，即便那些已被清洗委员会明确宣判有罪并被从其职位上驱逐的人员也不例外。尽管此信意图通过大主教转交的形式，体现其以人道主义为出发点，但军政府认定这是对现行清洗制度的挑战，是德方蓄意搅乱"自主清洗"体制的阴谋，是对法方军政府最终决定权的妨害。因此，法方严正回绝了这一"请愿"，坚称法占区一切与清洗相关的事务均须依照"自主清洗"制度既定进程进行处理，概无例外：

> 我（施瓦茨）已回复弗赖堡大主教，坚持了这一事实。那就是在法占区之中，当局始终对每个案件进行具体研究，并且最近已设立了只有德国人组成的清洗委员会。只有这类委员会可以给予相关人员重新审核其最初判决措施的可能。②

但与法方占领者坚定支持"自主清洗"的态度不同的是，法国本土政府以及驻在德法邻国的法国大使外交官员对于军政府采取的"自主清洗"的效果却十分担忧。其中原因在于他们对法占区形势极为关注，

---

① "An Seine Exzellenz Herrn Erzbischof von Freiburg, le 16 novembre 1945", AMAE, *1AP/79/1*, *Dénazification: contrôle du personnel allemand (rapports non – périodiques) (1945 – 1946)*, pp. 19 – 50.

② "Le général SCHWARTZ à monsieur l'administrateur général No. 347/324/ Cultes: Epuration des fonctionnaires allemands, le 5 janvier 1946", AMAE, *1AP/79/1*, *Dénazification: contrôle du personnel allemand (rapports non – périodiques) (1945 – 1946)*, p. 18.

但又缺乏其非纳粹化方面的具体消息。这使他们极易受到盟国的不利宣传或是德国当地媒体的消极报道影响。比如，1946年3月13日，法国驻瑞士大使亨利·霍巴诺（Henri Hoppenot）就曾专门摘录一篇瑞士德语左翼报纸的报道①，上报至国内外交部以表达其对法占区非纳粹化形势的不安。该信后来由法国外交部长转发致在德军政府以作提醒：

> （德国）民众对于清洗并不满意，甚至可以说是极其不满的。法国占领当局并未对民族社会主义者表现出足够的严厉态度，他们中的许多人依然还在自己的职位上。②

对于本土政府以及驻邻国外交人员来说，这种不安情绪是事出有因的，因为当时对于法占区清洗运动的类似质疑充斥德国的媒体报纸之中，并且言辞往往十分激烈。在法占区的康斯坦斯湖区，一份当地报纸就严厉地批评称：

> 那些因为纳粹主义的过错而沦入失业境地的非纳粹人士，会容忍那些纳粹分子依旧留在企业及公共部门之中吗？……"政治领导团队"（corps des dirigeants politiques）的成员操持着检察审判之权。这些出身战犯组织的家伙，将要去审判那些纳粹主义的受害者！……这样的例子足以表现那些清洗相关当局的一贯嘴脸了……前纳粹分子被保留在领导岗位之上，或是充当公共部门中的高官，这样的事不断地在招致抱怨与指责……对于当局的忠心使得他们免于一切攻讦。③

---

① Schaffhouse, "Die politische Säuberung der Franzosen in Deutschland", *Arbeiter - Zeitung*, März 4, 1946.

② "M. Henri Hoppenot à monsieur le ministre des affaires étrangères: informations du pays de Bade, le 13 mars 1946", AMAE, *1BONN264, Conseiller Politique: C - La France et la Z. F. O: III Zone Française d'occupation: 1 - Questions politiques et administratives: c) Epuration et Dénazification, Dossiers rapatriés de l'Ambassade de France à Bonn*, pp. 193 - 195.

③ Von Prof. Dr. Franz Kircheimer, "Hintergründe", *Sudkurier*, Februar 22, 1946.

这些批评迫使法方军政府必须就真实情况做出澄清。从1946年2月1日到12日，军政府派遣赫内·德·诺瓦斯上尉（le capitaine René de Naurois）作为调查专员，到军政府中央附近最早开始执行"自主清洗"政策的巴登州和符腾堡州两地，就"自主清洗"社会反响进行专项调查。他与德国当地人口中各个阶层的人士进行了广泛接触（如：农民、医生、中学和大学教师、宗教人士等），以确保调查结果的可信度。他的秘密报告明确指出法方在清洗方面的措施事实上获得了这两州人民大众的普遍支持：

> 清洗——德国人对于法方在清洗方面的措施，以及民事官员们在这一事务中所体现出的良好意愿致以了敬意。他们说，法国人与美国人截然不同之处在于有着纤细敏锐的心思，能够进入他们要判别的人的意识之中（也就是说他们能做到"移情"[Einfülung]），依照具体情况对每个个别的案件做出相应的处置。他们所采取的措施，没有他们的盟国所不幸采用的那种泛泛而谈、大而化之的恶劣特性。清洗是严格的——它本就应当如此——但它同时也是公正而细腻的。①

既然德国的公众舆论并不反感法占区的清洗运动，那么为何法占区当局会在1946年面对新闻媒体的诸多攻评呢？其根本原因在于德方"自主清洗"与军政府最终决定权之间存在着不可调和的矛盾。根据《第722号指令》，清洗委员会的成员首先必须是反纳粹主义者。随着1945年末这类委员会的陆续建立与自主清洗制度的启动，这些反纳粹主义者立即意识到法方的"否决权"成了他们面前一个无法逾越的障碍：军政府可以借此最终介入非纳粹案件的审理，并要求修改判决，以保护所谓"必要"的人员——尤其是那些有利于占区行政和经济的公

---

① "Observations faites au cours d'un voyage en Bade et Wurtemberg par le Capitaine R. de NAUROIS (confidentiel), le 1er - 12 février 1946", AMAE, *1BONN264, Conseiller Politique*: *C - La France et la Z. F. O*; *III Zone Française d'occupation*: *1 - Questions politiques et administratives*: c) *Epuration et Dénazification*, *Dossiers rapatriés de l'Ambassade de France à Bonn*, p. 197.

务员。从 1946 年 1 月到 6 月，在法占区各清洗委员会审查的 77924 名嫌疑人中，有 58% 的人得以保留原职，只有 35% 的人确定被开除，8% 的人不再叙用。① 这样的数字既不合于战后初期所理应达到的力度，也不符合法方就其清洗严厉程度所一再做出的保证，引起了这些反纳粹主义者的普遍不满。

1946 年 3 月 27 日法占区警务特殊专员的一份有关德国民众对法方非纳粹化措施所持心态的通报，证实了赫内上尉的判断，并且强调一直在呼吁要进行"更为深入"的清洗正是左翼"社会主义者方面"（milieux socialistes）：

> 就宏观而言，鉴于法占区至今所采取之措施较之于其他盟国占区更为合理，人们喜欢慢节奏但谨慎持重的法式非纳粹化更甚于美国人时而有失公正的从快从简判决。
>
> 也有着这样的说法，认为我们对于一些底层的纳粹组织成员过于苛刻，这主要涉及自由职业者、商人、工厂主、艺术家或是那些我们常打趣成为"代人背锅的小人物"（lampistes）的公务员。
>
> 新措施的执行将会扭转这一看法，德国民众不会再提出显眼的批评指责。但社会主义者方面一直是态度最为激烈的，仍在强调发起更为深入的清洗运动的必要性。②

为了确保对于清洗的最终决定权，法方军政府甚至还对德方非纳粹化机构中他们认为"过于激进"的反纳粹主义者进行撤换。1946 年 3 月 7 日，拉丰下令在每个州的高级代表团中设置一个"清洗政治委员会"（Conseil Politique d'Epuration）。该委员会由各州三个主要政党各派遣一名代表组成，向该州高级代表和德方当局首脑负责，是各州清洗管

---

① Marie-Bénédicte Vincent, "Punir et Rééduquer: Le processus de dénazification (1945 – 1949)", *La dénazification*, Paris: Presses de la Fondation nationale des sciences politiques et Perrin, 2008, p. 30.

② "Note d'Information du Commissaire spécial de Police: Etat d'esprit de la population allemande à l'égard des récentes mesures de dénazification, le 27 mars 1946", AMAE, *1AP77/4: Epuration: rapports généraux sur l'épuration (jan. – sept. 1946)*, p. 875.

图 4-1 1946 年讽刺非纳粹化德国政治漫画：黑色的狼跳进"非纳粹化"机器，出来时就变成了白色的绵羊

资料来源：Perry Biddiscombe, *The Denazification of Germany: A History 1945 – 1950*, p.160.

控的最高德方机关。委员会的任务是督促清洗委员会的工作，就清洗委员会的人员组成及工作成果提出建议，与军政府在各州的代表团互相联动，故而可以对任何它觉得处理不当（往往是认为清洗委员会判决过轻）的案件进行复核。① 于是，"清洗政治委员会"的成员获得了"州级顾问"（Conseil d'Etat）的称号，成了各州清洗工作中地位最为重要的德国人。

于是，巴登州共产党主席，非纳粹化运动的急先锋，享有"非纳粹化沙皇"（Tsar de la dénazification）之名的埃尔温·艾克特（Erwin Eckert）立即被法方当局任命为巴登州的州级顾问。但如前所述，他很快认识到法方其实并不愿意授予他足够的实际执行权，而只把他作为一个起宣传作用的幌子而已。于是，他尝试自行拟定一项法案，为巴登州建立一套完全基于德方法制的非纳粹化体制，而不再任由占领方的命令左右非纳粹化程序。具有讽刺意味的是，他这一旨在削弱法方"否决权"的方案最终却被法方占领者"否决"了：法方当局认为，艾克特让地方非纳粹化完全独立运行，拒绝占领者介入的计划，已经大大超出了他自己的权限。艾克特遂于1946年10月25日被解除职务②，他的计划也随之付诸东流。艾克特的解职正是当时法占区清洗机构中反纳粹主义者命运的典型例子，他们要么放弃自己在非纳粹化机构中的位置，要么就得向法方军政府做出妥协任其摆布。

但是，尽管这些反纳粹主义者无法正面抵抗法方在清洗机制中的最终控制权，但他们可以通过"公开辞职"（démissionnant publiquement）③ 抑或私下向当地报纸透露负面消息的方式表达自己的不满，并造成可观的社会影响。在盟国占领时期，非纳粹化一直是敏感而又热门的新闻主题，这些流出的负面消息也就很容易被德国媒体披露转载，甚至大肆夸大，以吸引公众的眼球。1946年时，对于法占区清洗委员会中的许多反纳粹主义者来说，从非纳粹化机构辞职是当时经常使用的一种抗

---

① "La lettre de Laffon à Kœnig: Epuration du Personnel Allemand, le 4 avril 1946", AMAE, *1AP77/4: Epuration: rapports généraux sur l'épuration (jan. - sept. 1946)*, p. 2.

② Reinhard Grohnert, *Die Entnazifizierung in Baden 1945 - 1949*, Stuttgart: Kohlhammer, 1991, pp. 153, 172 - 179; Rainer Möhler, *Entnazifizierung in Rheinland - Pfalz und im Saarland unter französischer Besatzung von 1945 bis 1952*, Mainz: Hase & Koehler, 1992, ss. 247 - 250.

③ "Télégramme du NOVATEUR à CIGOGNE: N° de Circulation 0583, le 31 janvier 1947", AMAE, *1BONN264, Conseiller Politique: C - La France et la Z. F. O; III Zone Française d'occupation: 1 - Questions politiques et administratives: c) Epuration et Dénazification, Dossiers rapatriés de l'Ambassade de France à Bonn*, p. 53.

议方法。到 1947 年初，仍有反纳粹主义者以"政治辞职"的方式抗议法方在清洗事务上的干预。比如，有一份叫做《美因茨新闻报》的地方报纸就在 1947 年 1 月刊登了两名德国代表从普法尔茨清洗法庭辞职的声明。① 1947 年时，随着法占区各州清洗立法的陆续完成，法方的干预能力受到了削弱，德方非纳粹化机构成员主动辞职抗议的现象也就随之减少了。

随着清洗委员会中的所谓"极端"反纳粹主义者逐渐被更为保守的人士所取代，德国内部又出现了另一种批评的声音。部分人抱怨称，由于清洗的缘故，导致部分必不可少的德国公务人员处于心神不宁的"怠工"（Sabotage）状态。相应的，那些得益于《CAB/C 749 号参考文件》获得了"临时身份"的复职公务员也希望尽可能地拖延清洗判决，以尽量保住自己的职位。1946 年 10 月，在诺伊施塔特举行的一次德国高级公务员会议就公开提出抗议，称："若此类行动的结果就是任由重要事务搁置的话，他们就不愿再执行 ZSK（清洗委员会）所做出的解职令了……除非职位可以立即得到填补，或者政治清洗委员会能够接受上诉并做出最后决议，否则解职行动就必须搁置下来。"②

然而，法方占领者作为征服者和监管者，其实并不屑于理睬那些德国反纳粹主义者的批评或是保守分子的抱怨。因为赫内上尉的调查报告以及法占区行政的正常运行已经证明了清洗政策的效力，给他们吃下了定心丸。对于法方军政府来说，唯一有威胁的批评意见在于法国本土的忧心。1946 年 1 月 31 日，在外务委员会建议下，法国制宪国民议会派出了一个 24 人的代表团赴法占区进行调查。在 1946 年 4 月 9 日的《总报告》中，法占区的非纳粹化政策受到了严厉批评：

> 眼下，在这些计划中出现了一场混乱，一场损害了占领国权威，妨害了法兰西利益，让那些为数依然不少的德国希特勒残党额手称庆的混乱。③

---

① "Zwei deutsche Vertreter traten vor dem Pfälzer Reinigungsgericht zurück", *Neuer Mainzer Anzeiger*, Januar 14, 1947.

② Perry Biddiscombe, *The Denazification of Germany: A History 1945 – 1950*, p. 163.

③ "Rapport Général fait au nom de la Commission Parlementaire chargée d'enquêter dans les zones d'occupation franchises d'Allemagne et d'Autriche, le 9 avril 1946", Archives Nationale, Site de Pierrefitte – sur – Seine, *Allemagne, C//15893*, p. 4.

而在非纳粹化的专项报告里，调查团为这一"混乱"做出了解释并对法方军政府加以维护。他们指出，这一不利局面实际上是因为1946年初代表团进行调查时，军政府尚无充分时间深入贯彻部署清洗机制所致：

> 要承认的是，这些新近引入的原则是相当完美的，因为所有公务员都要毫无例外地接受案卷审查诉讼，或是由训令代表团进行，或是最终由清洗委员会进行；那么如何解释为何这加倍的警觉未能确保其得以严格遵守呢？在议会调查团到来时，亦即行政总管训令下达近4个月后，大部分的清洗委员会和训令代表团才刚刚开始工作。若考虑到创设大量此类机构所造成的耽搁，那这些缺陷势必是可以弥补的。但事实上就每个高级代表团而言，其各个分支部门都只有一个清洗委员会与之对应，而各个乡县更是只有少量乃至没有训令代表团，因此事情本不应如此。①

相对于总报告中的直言不讳，这样的批评显然是极其委婉的。连最为盟国方面所诟病的清洗中的"弹性"处理问题，也在议会调查团就非纳粹化进行观察时，被描述为依照地方情况因地制宜的必要之举：

> 我们相信，应当保持一个足够灵活的体制，以适应具体环境，使得与地方上具体情况相对应的政治因素可以从中进行干预。②

显然，法国本土对于法占区非纳粹化的猜疑忧心之处，几乎统统被调查团解释为了清洗进程尚未企及的空白区域，虽说批评的意味仍在，却也给法占区清洗机制的继续运行留了个台阶。行政总管拉丰为此承诺

---

① "Rapport présenté par M. Roger VEILLARD au nom de la 1ère Section de la Commission d'enquête parlementaire sur la dénazification, le 24 avril 1946", *Archives Nationale*, Site de Pierrefitte – sur – Seine, *Allemagne*, *C//15893*, p. 2.

② "Note sur les observations faites par la commission d'enquête parlementaire au sujet de la dénazification, le 13 avril 1946", AMAE, *1AP75/6*：*Epuration*：*Notes et rapports des services et des sections du G. M. Z. F. O. sur l'état d'avancement des opérations d'épuration*（1945 – 1946）, p. 4.

会进一步推进非纳粹化，清除那些被其他占区驱逐而来的可疑公务员，甚至为此发出了严厉警告，声称任何违反清洗命令的人员都要被投入监狱，概不留情。①

（三）1946年"系统化清洗"的进展

正如议会调查团所总结的那样，1946年法方军政府非纳粹化的主要任务，在于贯彻落实其"相当完美"的清洗原则，督促德方清洗机构的建设和运行。于是，就法方当局而言，1946年法占区德国公务员的"系统化清洗"可以分成两大部分：

1）延续和发展1945年末订立的清洗政策。
2）通过"自主清洗"让德方投入非纳粹化实践之中。

在第一部分里，对于既有清洗政策的延续和发展，其实意味着1945年末针对部分留职公务员的特殊政策得到了实施，并且在1946年得以正式制度化，以继续引导法占区"自主清洗"的进行。

就第二部分来说，德方清洗机构必须担负起对德国公务员进行具体调查之责，并且向法方提供现成的非纳粹化处置意见。法方军政府始终掌握决策权，并且通过统计数据时刻监督着1946年的非纳粹化成果。

法方军政府手握最终否决权，可以在清洗行动中做出最终判决时对必要人员进行干预甚至赦免，因此可以有效地引导德方清洗机构的调查，甚至可以发起对案件的复核以推翻原判，实际上从此之后法方军政府一直依靠这一手法间接控制着德国公务员。可以说，凭借着这些间接的影响力以及时刻的监督，法占区的清洗一直都在法方当局的掌控之中。在当时，通过延续若干占领之初实施的特殊政策，法方军政府领导人提出并采用了一系列的清洗"例外措施"（mesures exceptionnelles），以使占区内部分公务员获益。于是，法方军政府通过监督管控以及"自主清洗"政策的实施，督促着德方机构尽快完成公务员的非纳粹化任务。

1. 1945年末清洗政策的延续与发展

为了把握法占区经济状况以便管理，法方军政府财政经济总局曾在1945年末尝试加速对于德国经济部门中的纳粹分子的清理。这一措施

---

① Perry Biddiscombe, *The Denazification of Germany: A History 1945–1950*, p. 169.

之后为军政府中负责经济事务管理的民事官员们所承袭，成了提高德国经济部门公务员工作效率的常用办法。民事官员们认为，优先加快对于此类人员的非纳粹化，就能使他们尽早安心投入工作，这样一来军政府也就可以尽快达成其最为重要的经济目标，也就是实现法占区的自给自足，并且向法国偿还战争赔偿和占领费用。军政府经济部门遂在德方"自主清洗"的现行机制下，要求各地方军政府对此类经济相关公务员的清洗工作进行干预。各州高级代表随即命令德方清洗机构，对于相关人员的档案审查给予紧急优先权。由于法方的干预，经济部门的德国公务员相对于其他公务人员而言享有在"非纳粹化"上的优先权，其案卷可以不经排队审核提前得到处理，只要证实清白便可尽快得以复职。

按照这一模式，法方军政府财政经济总局于1946年做出提案，要求将这一非纳粹化优先权授予其他两类德国公务员：会计（Wirtschaftsprüfer）① 以及在法占区法德联动机构（如法国在德占领区对外贸易办公室，Office de commerce extérieur de la zone française d'occupation en Allemagne，简称OFICOMEX）工作的德方公务员②。这些人员或是在幕后担负着占区经济数据的审计职能，或是实际管理着占领区至关重要的进出口贸易，因此法方经济部门的领导人对此类德国专业人员人手不足的情况极为担忧。在他们眼中，甚至连单纯的非纳粹化优先权都不足以保证有足够人员得到复职，必须发布某种"赦免"以招揽更多的专业公务员。拉丰在1946年初提出的有关待查公务员以"临时身份"复职和等级重划的政策，也正有出于这一考量的意味。1946年4月2日，军政府财政主管欧布瓦诺（Auboyneau）向拉丰提议，要求让所有26—27岁的德国公务员复职。他认为，鉴于非纳粹化规定的严厉执行，对于这类年轻公务员的清洗已然造成了极大的麻烦：

---

① "Notes pour Messieurs les Délégués Supérieurs：Epuration prioritaire du corps des Wirtschaftsprüfer，le 13 avril 1946"，AMAE，*1AP75/6*：*Epuration*：*Notes et rapports des services et des sections du G. M. Z. F. O. sur l'état d'avancement des opérations d'épuration*（1945–1946），p. 611.

② "Note pour Monsieur Filippi Direction Générale de l'Economie et des Finances，le 25 janvier 1946"，AMAE，*1AP75/6*：*Epuration*：*Notes et rapports des services et des sections du G. M. Z. F. O. sur l'état d'avancement des opérations d'épuration*（1945–1946），p. 612.

一方面，这些被占领者驱逐的年轻人难以重新融入社会，势必造成人力资源的浪费，增加社会救济压力；另一方面，德方机构中必要的公务员人数编制也难以保证，且大量年轻人员流失难免造成工作效率下降，人员交接难以为继：

> 这一问题无疑非财政部门所独有，应通盘考虑德国全部公共机构。很容易便可发现：一方面，就政治计划而言，若非有极为正当的理由，把所有青年纳粹公务员视为一丘之貉予以回绝，我们势必会使他们被排挤在那些经历过战争的年轻人的正常社交圈之外，使他们自然而然地变成反对者，为在德国复兴的民族主义势力提供最初的生力军；另一方面，就技术上来说，财政机构的公务员或是职员的雇用与晋升必须维持最低限度的可延续性。因此必须有一套更为紧迫的办法来应对年老职员的自行退职，并以更为细致的分层来应对在职位上被压抑已久的年轻德国人。
>
> 就此我们可以研究，只要其政治活动不是太过张扬，便允许所有相关人员以临时身份重新复职。只有在他们在德方清洗委员会那里过堂通过后才给予正式复职；而我们可以在"赦免"期间对这些人的忠诚度以及参与新政权的可能性加以考察。①

然而欧布瓦诺此时提出的"赦免"在军政府其他部门眼里未免过于激进。尽管拉丰曾在《CAB/C 第 749 号参考文件》里提出过要给予尚未被定为纳粹的公务员"临时身份"以实现复职，但这一"赦免"直接就要把这一"临时身份"给到所有政治活动不突出的年轻公务员手中了，而那些具有所谓"名义上的纳粹"（也就是之前提及的"被迫的纳粹"）身份的公务员无疑将成为最大的受益者，这意味着他们即便在清洗中被判为纳粹分子，也可以依靠这一授予所有年轻公务员的"赦免"保住自己的职位。在《第 24 号指令》颁布，议会调查团仍有批

---

① "Note pour Monsieur l'Administrateur General: Problèmes posés par l'application des règles de dénazification au jeunes agents allemands de 26 ou 27 ans, le 2 avril 1946", AMAE, *1AP75/6*: *Epuration: Notes et rapports des services et des sections du G. M. Z. F. O. sur l'état d'avancement des opérations d'épuration*（1945 – 1946）, pp. 1 – 2.

评，法占区非纳粹化风声鹤唳之际，这一提议实在是有些不合时宜，甚至欧布瓦诺自己也承认：

> 要是这个解决办法显得太过危险的话，还可以再做这样的研究：让这些相关人员到"行政学校"（Ecole d'Administration）或是"再教育中心"接受数周的实习培训，他们在那里可以接受大量的反向宣传，尤其是我们还能够凭借可靠的干部人员了解他们每个人的思想和想要实现的目标。我们将会在这一实习培训结束后，对其中的温和人士加以复职，而对其中发现的顽固分子加以安排，使其在我们严密监视之中。①

但是即便在法占区这样独立自主的占领区内，当局最终也没有在此时为这项"赦免"政策开出绿灯。在军政府对欧布瓦诺的回复中，拉丰亲自做出了批示：

> 在我看来，对这些比老一辈人更受民族社会主义毒害的26、27岁德国青年进行全面大赦，根本就是无稽之谈……
>
> 如果从那些极为重要但却仅有一时价值的技术原因来看，我们若是失去了革新德国人事、营造政治生活影响的机遇，那我们之前的所作所为都将付诸东流……
>
> 我不认为在清洗委员会已然做出开除判决且被高级代表通过的情况下还允许所谓的"临时复职"是正当的做法……
>
> 这一问题关乎大局。任由一个纳粹分子在位并不能改善他的品德；相反这会让他产生我们很软弱的恶念。在全面纠正德国人的思想这一方面，无论是在物质层面还是政治层面，都应由占领者来做出决定。
>
> 我不认为欧布瓦诺先生对于（德国人）这类品德的笼统看法

---

① "Note pour Monsieur l'Administrateur General：Problèmes posés par l'application des règles de dénazification au jeunes agents allemands de 26 ou 27 ans，le 2 avril 1946"，p. 2.

足以证明我们的政策需要变化。①

尽管欧布瓦诺的提议被一时搁置下来,但这一倡议的产生再度反映了法方占领者在非纳粹化方面的一项共识:德国人"全体责任"与"个人责任"的结合。法方尤其重视每个公务员个人的品行能力,诸如职业技能、忠诚度、融入新政权的可能性等等。尽管"赦免"倡议当时被拒绝了,但它在法方军政府内部催生出了一种潜在的理念,开始在德国公务员的非纳粹化实践中应用这种将"全体责任"与"个人责任"相结合的观点。此外,它也为法方军政府后来在非纳粹化方面出台的许多重要措施,如对青少年与"名义上的纳粹"的大赦、行政学校的创立等,提供了借鉴参考。事实上,清洗造成了专业人才的进一步匮乏,军政府也逐渐认识到至少必须对那些"名义上的纳粹"公务员给予"临时身份",才能补充进行"间接治理"所需的必要的德方人手。4月份刚刚严词拒绝了欧布瓦诺提案的拉丰在5月初建议公共事业与运输局主管在清洗德国铁路公务员时多多看重德国人员的"技术能力"(caractère technique),从而与地方上的高级代表协作,暂时保住必要的技术人员:

> 他们(德方清洗委员会)确实有权做出任何他们认为可行的处理建议。但是从原则上来看,鉴于这些处理意见与占领部门所施行的管控性质相同,故而也应当具有以专业技术为准绳进行评判的特点。因此这类处理意见因优先考虑清洗措施所针对之德国铁路员工的技术能力,顾及铁路系统的良好运行。我就此强调,在这类根本上属政治性质的决策中,高级代表不应仅仅听从报告而已。在相关的案件中,他应该减免某些惩罚决议,或者延缓某些判决的执行。比如说,一个最长两个月的缓刑便足以为替换被开除的员工留

---

① "Note à M. AUBOYNEAU, Directeur des Finances: Dénazification – Note de M. AUBOY-NEAU du 2 avril 1946, le 16 avril 1946", AMAE, *1AP75/6*: *Epuration*: *Notes et rapports des services et des sections du G. M. Z. F. O. sur l'état d'avancement des opérations d'épuration* (1945 – 1946), pp. 1 – 2.

出必要的时间了。①

除了非纳粹化优先权的延续与对"名义上的纳粹"进行"赦免"的理念产生之外,法方非纳粹化政策还通过德方在"自主清洗"形势下的立法实现了又一突破。1946年,符腾堡—霍亨索伦州制定了法占区第一部州级自主清洗法案。1946年5月28日,《政治清洗法案》(Rechtsanordnung zur politischen Säuberung)得以批准,以指导该州的德方"自主清洗"行动。② 这一法案由法方任命的符腾堡—霍亨索伦州德方行政当局首脑卡尔罗·施密特在其以左翼社会主义者为主的幕僚团队协助下拟就。③ 讽刺的是,拟定这一非纳粹化立法的正是这样一位此前被美占区以非纳粹化借口予以驱逐的人。④ 然而,法方占领者因他坚定的"去中央集权化"立场而对他大力支持。与他在巴登州尝试非纳粹化立法而遭到解职的同僚埃尔温·艾克特截然相反,施密特与法方当局可谓一拍即合亲密无间,他极其拥护法方的清洗构想,意图进行一场有"弹性"的非纳粹化。

> 政治清洗须对纳粹主义与侵略性的军国主义采取严厉措施,但同时也要对每个具体案件予以公正审慎的评判。其应为公益大局服务……
>
> 个人曾为纳粹党,或其附属机构部门之成员或预备成员;个人以其他方式受纳粹政治气氛所操纵或为其服务;个人遵循惯例为纳粹党效力;若属以上情况,且当事人在纳粹党中只负次要职责,则

---

① "Note pour Monsieur le Directeur des Travaux Publics et Transports: Epuration du personnel allemand des chemins de fer allemands, le 2 mai 1946", AMAE, *1AP75/6*: *Epuration*: *Notes et rapports des services et des sections du G. M. Z. F. O. sur l'état d'avancement des opérations d'épuration* (1945 – 1946), p. 2.

② "Rechtsanordnung zur Politischen Säuberung Vom 28. Mai 1946, *AMTSBLATT des Staatssekretariats für das französisch besetzte Gebiet Württembergs und Hohenzollerns*, le 8 juin 1946", AMAE, *1AP74/3*: *Dénazification*: *lois allemandes sur l'épuration* (*Länder Bade*, *Wurtemberg*, *Rhénanie – Palatinat*) (1946 – 1948), p. 67.

③ Perry Biddiscombe, *The Denazification of Germany*: *A History 1945 – 1950*, p. 170.

④ Frank Roy Willis, *The French in Germany*, p. 161.

尚不构成蓄意同谋之罪。①

《政治清洗法案》的颁布标志着德方"自主清洗"制度得以在该州以深入稳定的形式开始贯彻落实。这一法占区首部德方州级非纳粹化立法正合乎法方当局的迫切需要，因此很快就得到了法方军政府的批准和赞扬。拉丰甚至特意向他巴黎外交部的上级、德奥事务专员皮埃尔·施耐德通报了这一法案的颁布，以作为德方"自主清洗"制度取得重大进展的力证。② 一方面，对于希望尽快在法占区实现"自主清洗"占领者来说，这一立法提供了一份理想的"符腾堡模式"（Modèle du Wurtemberg）③ 供其他州效仿，对于推动地方公务员的清洗进程极为有利。在这一法案执行以后，符腾堡—霍亨索伦州的公务员免职比例从10%上升到了23%。这就使得法方非纳粹化机制在该州所给出的处罚结果，比美方占领的北符腾堡州的非纳粹化法庭（Spruchkammern）还要严厉许多，证实了"自主清洗"的优越性，大大扭转了法方一直被美方斥责非纳粹化不利的局面。④ 另一方面，在那些希望通过公务员复职来维持必要德方编制员额的法方官员眼里，在清洗程序启动之初就与德方非纳粹化机构同步协调，默契合作，保住那些必不可少的德国公务员人才，要比军政府在最后阶段公开介入要求修改判决方便得多，也保密得多。这样也就可以从根源上避免法方当局与德方机构间在非纳粹化问题上公开发生争论，减小负面报道的影响。

通过符腾堡的非纳粹化立法，法方军政府民事官员们提倡的"间接治理"原则得以在实践中进一步拓展，并在法占区的非纳粹化事业中得

---

① "Recttsanordnung zur Politischen Säuberung Vom 28. Mai 1946, *AMTSBLATT des Staatssekretariats für das französisch besetzte Gebiet Württembergs und Hohenzollerns*, le 8 juin 1946", p. 67.

② "Lettre de Laffon à Monsieur le Commissaire Général pour les Affaires Allemandes et Autrichiennes: Loi Allemande sur l'épuration, le 6 juillet 1946", AMAE, *1AP74/3*: *Dénazification: lois allemandes sur l'épuration（Länder Bade, Wurtemberg, Rhénanie – Palatinat）（1946 – 1948）*, p. 295.

③ Perry Biddiscombe, *The Denazification of Germany: A History 1945 – 1950*, p. 171.

④ Klaus – Dietmar Henke, "Politik der Widerspruch. Zur Charakteristik der Französischen Militärregierung in Deutschland nach dem Zweiten Weltrieg", in Claus Scharf and Hans – Jürgen Schröder, eds., *Die Deutschlandpolitik Frankreichs und die Französische Zone 1945 – 1949*, Wiesbaden: Steiner Franz Verlag, 1983, SS. 88, 96, 120.

到部分实现。一个现成的"符腾堡模式"树立到了其他各州眼前，成为法方当局首肯的榜样。同时，一些法方民事官员产生了正式给予部分德国公务员非纳粹化优先权乃至"赦免"权的意向，希望通过延续和发展此前为确保必要公务员员额而采取的特殊政策，来维持占领区经济与行政机制的良好运行。

2. 德方在"自主清洗"制度下的非纳粹化实践

在1946年4月21日巴登巴登的一次记者会上，法方军政府的发言人宣布："行政清洗业已完成。"① 然而，法方军政府的这一断言，其实并非指法占区全部德国公务员的非纳粹化工作已经完成——根据议会调查团的报告，这跟当时的实际状况相差甚远。事实上，这句话在这一场合的真实含义，是指由法方军政府直接发动的对德国行政当局公务员的清洗已然结束，德方"自主清洗"制度此时已经在法占区确立起来。此外，根据1946年1月27日的《CAB/C第749号参考文件》，那些尚未收到清洗机构的最终不利判决的德国公务员能够以军政府承认的"临时身份"暂时留职，甚至因资历得到升迁。因此，对于待查的德方公务员来说，由法方当局执行的清洗确实已经告终，那些暂时得以留职的公务员已然获得军政府首肯，"改头换面"成了占领区行政架构的正式一员。从此，他们所直接要面对的其实是承担了继续进行非纳粹化重任的德方清洗机构，纵然此类机构事实上仍在法方军政府控制之下。

既然法方占领者已经宣布"行政清洗结束"，在非纳粹化的具体执行上撂了挑子，1946年1月12日盟国对德管制委员会《第24号指令》的非纳粹化压力也就自然而然地落到了德方清洗机构肩上。但正如议会调查团后来的报告显示，由于时间紧迫，准备不足，直至1946年4月份为止，只有巴登州宣布完成了清洗的第一阶段工作——也就是说各训令代表团已审查完州内全部州级、地区及市

---

① "Conseiller politique: Conférence de presse à Baden‐Baden du 21 février 1946, le 22 février 1946", AMAE, *1BONN264*, *Conseiller Politique*: *C – La France et la Z. F. O*; Ⅲ *Zone Française d'occupation*: *1 – Questions politiques et administratives*: *c) Epuration et Dénazification*, *Dossiers rapatriés de l'Ambassade de France à Bonn*, p. 2.

镇级别人员的相关材料。① 符腾堡则声称训令代表团的工作"实际上近乎完成"②。在其他三个州（黑森—普法尔茨、莱茵—黑森—拿骚、萨尔），德方当局均表示他们难以在彻查公务员方面赶上进度，不过"训令代表团和清洗委员会正在满负荷工作"③。言下之意，至少就这三个州而言，"自主清洗"制度中的基层组织——训令代表团——其实还不能确定其尚需审查的非纳粹化案件的具体数目，何时能完成这一初步工作尚存疑问。

在清洗委员会以及其他在"自主清洗"制度中处于高层的机构方面，至1946年4月末为止，案件数目统计如表4-3。

表4-3　　　德方公务员清洗统计表（至1946年4月底）④　　　（单位：件）

总数＼州＼类别	巴登州	符腾堡州	黑森—普法尔茨州	萨尔	莱茵—黑森—拿骚州	总数
已审查案件	13295	6667	63245	2347	6091	91645
留职	7258	4140	38434	1421	3262	54515
兼职	—	—	930	—	—	930
调职—降职	3516	1907	12871	380	1748	20422
停职或暂时性的禁止任事	259	149	133	—	—	541
拒绝工作要求	—	—	88	—	—	88
开除或禁止任事	2157	475	10789	334	1081	14836
软禁	8	—	—	9	—	17
拘捕（监狱）	1	—	—	164	—	165
强制退休	96	—	—	—	—	96

① "Rapport général: Pays de Bade, avril 1946", AMAE, *1AP77/4: Epuration: rapports généraux sur l'épuration* (jan. - sept. 1946), pp. 1-2.

② "Rapport général: Territoire du Wurtemberg, avril 1946", AMAE, *1AP77/4: Epuration: rapports généraux sur l'épuration* (jan. - sept. 1946), p. 1.

③ "Rapport général: Territoire de Rhénanie Hesse Nassau, avril 1946", AMAE, *1AP77/4: Epuration: rapports généraux sur l'épuration* (jan. - sep. 1946), p. 2.

④ "Rapports généraux: Pays de Bade, Territoire du Wurtemberg, Territoire de Rhénanie Hesse Nassau, La Sarre, Territoire de Rhénanie Hesse Nassau, avril 1946", AMAE, *1AP77/4: Epuration: rapports généraux sur l'épuration* (jan. - sept. 1946), pp. 876-889.

续表

总数＼州＼类别	巴登州	符腾堡州	黑森—普法尔茨州	萨尔	莱茵—黑森—拿骚州	总数
削减待遇	—	—	—	39	—	39
惩罚性处置总数	6 037	2 526	23 881	926	2 829	36 199
已审案件中惩罚性处置所占百分比	45%	37.8%	37.7%	39.4%	46.4%	39.5%

从表4-3中的数据可以看出，尽管法占区各州的"自主清洗"进度不同，但各自已审案件中惩罚性处置所占的百分比却保持在一个相近的水平线上，大约在39.5%左右。这一结果要与当时的具体环境相联系，也就是盟国方面因《第24号指令》而掀起的非纳粹化热潮。从1946年第二季度到第三季度期间，相对于已审案件数的剧增，法占区"自主清洗"中做出的惩罚性判决数量大大减少，其中原因涉及多方面因素，如《第24号指令》的影响力随时间减退、"赦免"部分德国公务员的理念在部分法方官员中的形成、德方清洗机构中的"激进"反纳粹主义者被保守人士所取代，等等。然而，法方军政府方面采取措施遏制了这一趋势。鉴于欧布瓦诺"赦免"年轻公务员的倡议在4月16日被军政府驳回，《CAB/C第749号参考文件》授予部分德国公务员的"临时身份"也被加以严格限定以防滥用。

鉴于德国青少年再教育事业的重要性以及合格教员不足的窘境，1946年5月27日，公共教育局主管雷蒙德·施密特兰（Raymond Schmittlein）提议以"临时形式"对旧式教师或是流亡教师进行复职任用，"以确保公共教育局在必要情况下能够不经任何行政程序将其停职"[①]。他的建议被拉丰采纳，并被视作对复职德国教员进行限制的有

---

① "Note à monsieur l'Administrateur Général：Epuration du personnel allemand de l'Education Publique, le 27 mai 1946", AMAE, *1AP75/6*：*Epuration*：*Notes et rapports des services et des sections du G. M. Z. F. O. sur l'état d'avancement des opérations d'épuration*（1945–1946）, p.1.

效之法，因为这种"临时形式"实际上近乎单方面征发，使其不具有作为公职人员的"临时身份"，直接受法方当局摆布。就像在1945年末因开学而被紧急重新任用的那批同僚一样，根据这一方案得以复职的德国教师依然无法受惠于其他复职公务员所享受的"临时身份"：

> 公共教育局已开除所有纳粹党员，无一例外。其中的有一定数量的人得到了复职，但公共教育局绝不容他们重获公务员身份。他们只能以辅助人员身份留下，随时可以将其开除（即便清洗委员会对他们做出的是其他性质的处罚）。①

像拉丰这样的民事官员，寄希望于维持一场严厉清洗以确保德国公务员非纳粹化的稳步进行。1946年9月，在答复外交事务委员会有关军政府对被清洗人员有否进行"大赦"设想的质询时，拉丰斩钉截铁地指出：

> 对于在清洗名义下受到惩罚的人，绝无任何"大赦"措施可言。
>
> 再者，尽管各政党一再提出要求，然军政府至今为止已然拒绝制订任何（就非纳粹化进行）上诉程序。②

到1946年第三季度为止，在仅仅5个月过后，已审案件数便从91645件激增到225771件（约146.4%），已审案件中的处罚比例则减少了0.8%。惩罚性处置总数增加了141%（从14836件到36199件），开除数量则增长了99.5%（从14932件到29794件）。

---

① "Message de Laffon à Kœnig: les réponses aux questions posées par la Commission des Affaires Etrangères à M. le Commissaire Général aux Affaires Allemandes et Autrichiennes, le 21 septembre 1946", AMAE, *1ADM64/4*: *Laffon*: *Cabinet civil*: *Questions posées par la Commission des Affaires Etrangères (1946–1947)*, p. 8.

② "Message de Laffon à Kœnig: les réponses aux questions posées par la Commission des Affaires Etrangères à M. le Commissaire Général aux Affaires Allemandes et Autrichiennes, le 21 septembre 1946", p. 7.

第四章 "宝贵的德国人" ◆◆ 267

表4-4　　　　德方公务员清洗（1946年1—9月）①　　　（单位：件）

月底总数＼州＼种类	巴登州	符腾堡州	黑森—普法尔茨州	萨尔	莱茵—黑森—拿骚州	总数
已审查案件	50780	19246	88723	41462	25560	225771
留职	30735	10750	53681	16152	13040	134358
调职—降职	12965	5872	17637	10179	9408	55461
停职或暂时性的禁止任事	438	502	51	335	—	1.326
拒绝工作要求	—	1	931	—	—	932
强制退休、开除或禁止任事	6578	2121	13187	4796	3112	29794
软禁	37	—	—	—	—	37
拘捕（监狱）	27	—	—	—	—	27
惩罚性处置总数	20045	8496	31206	15310	12520	87577
已审案件中惩罚性处置所占百分比	40%	48%	35.2%	36.92%	49%	38.7%

但如前述及，对于占领者来说，第三季度"自主清洗"成果并不足以令其满意，原因有二。首先，法方官员希望尽量限制非纳粹化对于德国行政人员所造成的损失，鉴于当时情况下暂时还不可能对特定公务员进行"大赦"，因此就必须加速清洗程序，化长痛为短痛，尽快实现公务员人员编制的稳定。但直到9月底，只有黑森—普法尔茨州大体上完成了全部公务员的清洗审查工作。② 在其他各州，德方机构仍有大量案卷积存待查，且基层清洗机构的处置建议还需要相当长的时间来递交高层机构及军政府肃清部以批准生效，只有完成全部这些手续才能说所

---

① "Rapport général sur l'épuration dans la zone française d'occupation en Allemagne (Ensemble Zone, Janvier à Septembre inclus), à fin septembre 1946", AMAE, *1AP77/4*: Epuration: rapports généraux sur l'épuration (jan. – sept. 1946), p. 983.

② "Epuration: Réunion des Gouverneurs: Palatinat, le 1octobre 1946", AMAE, *1AP78/1*: Epuration: rapports généraux sur l'épuration (1947), p. 4.

有案件均已处置完毕：

表4–5　　公务员非纳粹化案卷数（至1946年10月1日）①　　（单位：宗）

各州审查案卷机构	萨尔	莱茵—黑森—拿骚州	符腾堡州	巴登州
训令代表团	49482	30309	24000	87000
清洗委员会	40954	23208	15508	40881
政治顾问	22256	6000	13325	—
肃清部	15859	15208	—	39000
已做最终判决	1682（加上13000名铁路公务员后达14682）	5189	7465	3000

要知道，在尚未完成案卷全面审查的四个州里，只有符腾堡州完成了清洗程序中的初步清查，真正进入层层审批传达的阶段。因此法方军政府必须直接督促其他三个州的德方各级机构清理剩余的案卷，这对于一直想在占领事务上保持"间接治理"的法方当局不啻意料之外的沉重负担。

其次，对于意欲维持严厉清洗的法方官员来讲，这一迁延使得他们对于德方当局的非纳粹化诚意产生了质疑。他们认为德方非纳粹化机构正一意拖延清洗进程，以求维护部分纳粹公务员，证据就是"自主清洗"的效果尚不及法方当局在1945年直接发动的清洗运动。当然，如果对比已审查案卷数量的话，法方的非纳粹化机构在1945年5月到12月期间审查处理了90000份案卷，而在1946年的头7个月里，德方清洗委员会做出了大约175000份处置建议，似乎并无问题。但是，1945年时的法方相关机构数量有限手段匮乏，而1946年时的德方清洗机构数量已然十分可观，且行事有现成章程可循，效率理应远远高于"系统化清洗"尚未落实时的法方机构。警惕的法方官员就此认为德方总体上未尽全力，各州领导人也未与姑息风潮进行充分斗争。于是，法方对德

---

① "Epuration: Réunion des Gouverneurs, le 1octobre 1946", AMAE, *1AP78/1*: *Epuration: rapports généraux sur l'épuration* (*1947*), p. 2.

方当局做出了批评,称其在某些情况下以"无人顶替"的名义放任了纳粹分子保留职位。在他们看来,这一举动是完全不可容忍的,因为只有法方当局才有权为了法方利益最终"洗白"必要的德方人员,抑或暂时让其"改头换面"得以任用。毕竟,在德方"自主清洗"制度中,若是德方非纳粹化机构从一开始就直接为嫌疑人隐瞒罪责蓄意维护的话,法方军政府的否决权便无从行使,法方在非纳粹化事务上的最终决定权也就毫无意义了。

出于不满,法方占领者责成德方当局加速案卷审查并严格执行判决处罚。在1946年10月1日的军政府各州总督(亦即高级代表)会议期间,德方清洗机构行事不力与各州"自主清洗"立法的延宕问题成为法方研讨的重心所在①,但是此后一项盟国间的决策立即打乱了法方原本的计划。1946年10月12日,《盟国管制委员会第38号指令:对反对分子、纳粹分子、军国主义分子的拘捕惩罚及潜在危险德国人员的扣留、管制、监督令》②正式颁布,成为盟国在非纳粹化事业上的新导向。相对于强调对纳粹分子大规模解职的《第24号指令》,《第38号指令》内容更为细致,在案件审查与惩罚处置方面规定得更为详细审慎。这一指令本身源于美占区1946年3月5日施行的《从纳粹主义和军国主义中解脱出来的法律》(Loi de la libération du national-socialisme et du militarisme),强调让德方当局在占领方监管下对德国人进行非纳粹化,以加速非纳粹化进程。③ 这一主张无疑正和法方德人"自主清洗"的理念相契合。

《第38号指令》将非纳粹化调查中的德国嫌疑人具体划分为五个

---

① "Epuration: Réunion des Gouverneurs, le 1er octobre 1946", AMAE, 1AP78/1: Epuration: rapports généraux sur l'épuration (1947), p. 1, 2.

② "Control Council Directive, No. 38: The Arrest and Punishment of War Criminals, Nazis and Militarists and the Internment, Control and Surveillance of potentially Dangerous Germans, 12 October 1946", Enactment and Approved Papers of the Control Council and Coordinating Committee Oct. – Dec. 1946 (Vol. 5), Berlin: Legal advice branch, Drafting section office of military government for Germany, 1946, pp. 12 – 48.

③ "Law for liberation from National Socialism and Militarism, 5 March 1946", Denazification: cumulative review: Report, 1 April 1947 – 30 April 1948 No. 34 (1948), Germany (territory Allied occupation, 1945 – 1955: U. S. Zone): Office of Military Government/ Civil Administration Division, 1948, pp. 52 – 97.

级别，并按照各个级别提出了相对应的处置措施：

1）主犯（Délinquant graves）
2）一般罪犯（Délinquant）
3）轻罪犯（Délinquants de moindre importance）
4）从犯或同情者（Sympathisants ou complices）
5）豁免人士（Personnes exonérées）①

该指令对于最后一类人员——亦即由曾加入纳粹组织，但可以证实自己曾或消极或积极地反抗纳粹政权的人所构成的"豁免人士"——予以宽大，实际上也就接纳了法方"全体责任"与"个人责任"相结合的评判德人的理念。在非纳粹化中做出灵活处置也就具备了合法性，正意味着法方清洗中常见的"弹性"政策得到了其他盟国的认同。

当此之时，法占区的内外环境促使法方军政府诚心接受了《第38号指令》。首先，1946年底非纳粹化案卷审查工作进度缓慢，惩罚处置执行不力的现状，迫使法方官员尝试对现有"自主清洗"制度进行革新，而这一盟国新指令的颁布恰逢其时，无疑正是一个理想的新机制样板，法方可借此尽快完成剩余的非纳粹化任务。其次，法方军政府需要在1947年3月10日莫斯科外长会议举办前制造舆论②，以回应外界长期以来在法占区非纳粹化问题上的批评指责。正式宣布执行这一盟国对德管制委员会指令，将会是未来外长会议报告中体现法方非纳粹化决心的白纸黑字的铁证，无疑有利于在短期内改善法国的外交形象，减轻以往"不合作"态度在外长会议议程中带来的负面影响。③

结果，法方军政府有关在法占区执行《第38号指令》的决策在

---

① "Control Council Directive No. 38: The Arrest and Punishment of War Criminals, Nazis and Militarists and the Internment, Control and Surveillance of potentially Dangerous Germans, 12 October 1946", *Enactment and Approved Papers of the Control Council and Coordinating Committee Oct. – Dec. 1946* (Vol. 5), p. 14.

② "The fourth session of the Council of Foreign Ministers, Moscow, March 10 – April 24, 1947", *FRUS 1947: Council of Foreign Ministers; Germany and Austria*, Vol. 2, Washington: Government Printing Office, 1960, p. 139.

③ Perry Biddiscombe, *The Denazification of Germany: A History 1945 – 1950*, p. 174.

1946 年 11 月 22 日行政总管拉丰致各州高级代表的通告中得以表达。①虽然法方当局决定采纳这一指令本是为了加快清洗进程,但事实上,为执行这一新指令而做的准备工作反倒拖延了 1946 年底的清洗总体进程。其中具体原因有二:首先,法占区自盟国对德占领开始起便一直在非纳粹化事务上秉持独立自主的立场。甚至连盟国对德管制委员会的《第 24 号指令》都没有在法占区清洗的组织过程中得到全面采纳。到了《第 38 号指令》这里,尽管其采纳了"自主清洗"的方针,但毕竟只是一部盟国内部的宏观指导文件而已,并非为法占区所特设,因此必须按照占区实际进行相应调整才能在法占区良好地贯彻运行。故而法方官员也就需要更多的时间来解读这一指令文件,并起草必要的命令文本,将其吸纳进法占区现有的清洗机制之中。甚至到了 1947 年初,法方军政府的行政事务总局主管还在他 1 月 19 日致管制委员会法方团队(Groupe Français du Conseil de Contrôle,GFCC)的信中坦言"虽然自接到《第 38 号指令》便开始了研究,但我们现在仍无法告知你们我方最终将采用的具体文本,因为其撰写工作尚未完成"②。连具体命令文本一时间都难以确定,其执行之迁延也就可以想象了。

其次,对于法占区各州的德方当局来说,他们执行"自主清洗"将近一年,已然驾轻就熟,《第 38 号指令》的颁行便成了意料之外的麻烦。德方的非纳粹机构必须依照这一盟国指令的要求进行相应调整,德方州级清洗立法也是同样。那些本来正在准备立法的州现在便不得不延迟清洗法案的起草,以研究参考这一新指令文本。而已然完成州级立法的地方,亦即符腾堡—霍亨索伦州,就不得不以更为繁琐的程序对已有法案进行修正,以颁布新的法案版本。这样一来,该州不但无法享受清洗法案早早确立的便利,还要面对比其他未立法州更大的麻烦。这就是施密特及其同僚,一再向法方坚称法占区现有清洗制度已经足以做出

---

① "Notes particulières concernant la Directive 38, le 22 janvier 1947", AMAE, *1AP78/1*: *Epuration: rapports généraux sur l'épuration* (*1947*), p. 1.

② "Lettre du Directeur Général des Affaires administratives (Section Sécurité Publique) au Groupe Français du Conseil de Contrôle (Berlin): Epuration, le 19 janvier 1947", AMAE, *1AP78/1*: *Epuration: rapports généraux sur l'épuration* (*1947*), pp. 1 – 2.

与盟国对德管制委员会《第38号指令》等同的处置效果的原因所在。①

由于对法方军政府清洗执行命令以及德方当局"自主清洗"立法的影响，贯彻执行《第38号指令》的要求实际上大大拖延了法占区完成"系统化清洗"的总体进程。不过，清洗的力度也因为法方史无前例地采纳盟国非纳粹化指令而得以加强。这一效果在德国公务员的清洗数据中体现得尤为明显：

表4-6　　　　德方公务员清洗（至1947年1月1日）②　　（单位：件）

已审查案件	455015
留职	281019
调职—降职	85600
停职或暂时性的禁止任事	13451
强制退休、开除或禁止任事	69068
软禁	44
拘捕（监狱）	41
惩罚性处置总数	168204
已审案件中惩罚性处置所占百分比	36.9%

至1947年元旦为止，在455015例已查案件中，做出了168204项处罚，有69068名公务员被开除。较之于1946年9月底的统计数据（已审查案件：225771，执行处罚：87577，开除：29794），其数字在短短三个月内各自增长了101%、92%和131%。鉴于此时已显庞大的基数和该季度期间因政策革新而带来的困难，可以合理地认为德方非纳粹机构已然开足马力，以依照法方军政府要求尽快结束"行政清洗"。然而，由于法占区"系统化清洗"内部矛盾的存在（德方"自主清洗"与法方军政府最终决定权之间不可调和的矛盾）以及仓促采纳《第38号指令》的关系，德方非纳粹化机构即便拼尽全力，此时也无法实现法

---

① Perry Biddiscombe, *The Denazification of Germany: A History* 1945–1950, p. 177.

② "Récapitulatif de la Zone Française d'Occupation: Epuration du personnel allemand, total cumulé au1/1/1947, ensemble des territoires", AMAE, *1AP78/1: Epuration: rapports généraux sur l'épuration (1947)*, p. 1.

方在1946年初便已放出的那个"行政清洗业已完成"的论断。

总体而言,随着1946年初大量旧公务员的复职与等级重划,法占区现存的公务员获得了"临时身份"以暂时填补德国行政机关中的空缺。德国公务员的人员编制得以加强,实现了相对的稳定。德国公务员群体作为法方军政府的"间接雇员",因为1946年"系统化清洗"的进展而被法方当局掌握得更加牢固。随着《第38号指令》的颁布,甚至出现了在这个向来独立的占区执行盟国非纳粹化一致决策的可能性。但是其中也潜藏着这样的危机:尽管1946年时"自主清洗"原则已在法占区各州广泛落实,但德方"自主清洗"与法方军政府最终决定权间的内部矛盾也逐渐在法占区的诸多非纳粹化争议中显现出来。这一不可调和的矛盾,妨碍了法方以清洗来控制利用德国公务员的计划。事实上,随着旧公务员的复职,1946年对于德国公务员的清洗,虽然看似严厉,但其实只是将这一群体的现存编制人员进行了暂时性的"改头换面"而已,并没有为公务员群体加入多少真正的新鲜血液。此时,必须进一步对这些公务员的社会身份予以变革,甚至引入完全按照发放需求培养起来的"全新"的公务员,才能实现对德国行政治理的真正改造。

二 "去政治化"的公务员:1946年德国公务员政治状况

(一)"选举年"对公务员进行"去政治化"的最初尝试

对于盟国占领者而言,1946年是极具标志性的全新一年。经历了1945年下半年的初步磨合之后,每个占领国都已着手在德国实践其各自的"民主"理念。而要建立民主政权,推行民主措施,首先必然要征询当地人民,让他们适应于自行选择处理政务的代表。各盟国在这方面各自做出了努力,推动德方各级地方进行各类选举,以至于使得1946年成了轰轰烈烈的"选举年"(Année électorale)。[①] 自1945年12月起,在其他盟国占区以民主选举为中心的政治重建压力之下,法方军政府也不得不允许法占区的德国居民参与进各类政治活动之中。

1945年12月12日和13日,法方军政府发布了一系列指令:《第

---

① Marc Hillel, *L'occupation Française en Allemagne* (1945–1949), p.218.

22号命令：法占区结社权的重建》①、《第23号命令：法占区反民族社会主义民主政党的组建》②、《第26号法令：有关1945年12月13日第23号命令的实施》③。随着这些命令法令的发布，法方军政府正式允许各类会社组织与政党在法占区进行重建工作。这些政令条文有着共同的核心主旨，即此类会社组织或是政党团体必须具备反纳粹主义的"民主性质"。在法占区军政府的严密监督下，这些会社政党若不获得军政府首肯便寸步难行，毕竟整个法占区之内只有法方占领者才有权就"民主性质"具体为何做出界定和解释。

出于法国人长期以来对于德国人深深的不信任感，大部分的法方占领者此时其实并不相信德国可以通过1946年9月15日进行的首轮选举产生足够数量且名副其实的"民主政治家"④。因此法方军政府致力于在政治上隔绝现有的德国公务员群体，以尽量减小这场他们眼中效果堪忧的选举给这一人群带来的不利影响。归根到底，在军政府中那些希望维持对德长久占领的法方人员看来，一个巩固稳定且经验丰富的地方公务员队伍，比起那些鱼龙混杂、派系林立且见风使舵的投机政客，更能忠实高效地执行针对这个特立独行占区的治理任务。随着法方军政府部分特定的行政权力向德方当局过渡，德国公务员面对着一个全新的政治局面：法方军政府对于公务员"去政治化"的迫切要求。

法方针对德国公务员"去政治化"的首次尝试，是在盟国间因为

---

① "Kœnig: Ordonnance No. 22: Rétablissement du droit d'association en Zone Française d'Occupation, le 12 décembre 1945", AMAE, *1BONN264*, *Conseiller Politique*: *C - La France et la Z. F. O.*: *III Zone Française d'occupation*: *1 - Questions politiques et administratives*: *c) Epuration et Dénazification*, *Dossiers rapatriés de l'Ambassade de France à Bonn*, pp. 107 - 108.

② "Kœnig: Ordonnance No. 23: Relative à la constitution des partis politiques démocratiques et anti - nationaux socialistes dans la Zone Française d'Occupation, le 13 décembre 1945", AMAE, *1BONN264*, *Conseiller Politique*: *C - La France et la Z. F. O.*: *III Zone Française d'occupation*: *1 - Questions politiques et administratives*: *c) Epuration et Dénazification*, *Dossiers rapatriés de l'Ambassade de France à Bonn*, p. 106.

③ "Laffon: Arrêté No. 26: Portant application de l'ordonnance No. 23 du 13.12.45 relative à la constitution des parties politiques démocratiques et anti - nationaux socialistes dans la Zone Française d'Occupation, le 13 décembre 1945", AMAE, *1BONN264*, *Conseiller Politique*: *C - La France et la Z. F. O.*: *III Zone Française d'occupation*: *1 - Questions politiques et administratives*: *c) Epuration et Dénazification*, *Dossiers rapatriés de l'Ambassade de France à Bonn*, pp. 109 - 110.

④ Marc Hillel, *L'occupation Française en Allemagne (1945 - 1949)*, p. 218.

柏林警务人员政治活动管控问题发生争论时，以法方提案的形式做出的。要说明的是，盟国占领时期德国警察（Police Allemande）的地位变得极为重要。根据《盟国管制委员会第16号指令：德国警察的武装》①与《盟国管制委员会第18号指令：德国军事力量的遣散与解体》②，德国警察成了盟国占领状态下唯一获得占领方授权，可持有武备的德国武装力量。故而该组织及其人员的公开言论、政治态度，乃至警方的人员任免，都对占领区的管理有着极大影响——这也正是法方占领者对其极为重视的原因所在。德国警察就此成了各个占区军政府政治管控的首要目标。

1946年8月26日，盟国驻柏林军事管制司令部中的各方指挥官代表就柏林警务人员的政治活动问题进行研究。这一问题随即根据法方和苏方代表要求，被上报盟国对德管制委员会进行审议。③ 苏方代表之所以提出这一要求，是因为他拒绝接受美方指挥官单方面做出的禁止柏林警务公务员积极介入政治斗争的命令。④ 他认为美方的这一禁令与苏方"政治统一"德国的方案相悖。而法方代表之所以要求将此问题上报盟国对德管制委员会处理，则是因为法方认定对于柏林警务人员的"去政治化"尚不足够，应该进一步对其进行推广。

1946年9月16日，在盟国对德管制委员会内务与通信管理局第42次会议上，法方军政府代表认为应就这一问题的讨论进行深入拓展，将探讨内容扩大到所有公务员的政治活动。他坚持称："德国公务员可以自由地拥有自己的政治观点并行使投票权，但同时也必须保证其职能以

---

① "Control Council Directive, No. 16: Arming of German Police, 6 November, 1945", *Enactment and Approved Papers of the Control Council and Coordinating Committe 1945*（Vol. 1）, p. 182.

② "Control Council Directive, No. 18: Disbandment and dissolution of the German Armed Forces, 12 November, 1945", *Enactment and Approved Papers of the Control Council and Coordinating Committee 1945*（Vol. 1）, p. 188.

③ "DIAC/P（46）296, BK/ACC（46）60: Kommandantur alliée de Berlin, Bureau du Chef d'Etat – major: Activité Politique du Personnel de la Police de Berlin（confidentiel）, le 26 août 1946", AMAE, *1AP18/2*, *Activité politique des fonctionnaires*（1946）, p. 35.

④ "Appendice 《A》DIAC/P（46）296, BK/ACC（46）60: Kommandantur alliée de Berlin, Bureau du Chef d'Etat – major（Délégation soviétique）: Opinion Commandant Soviétique de Berlin concernant l'activité politique de la Police de Berlin（confidentiel）, le 19 août 1946", AMAE, *1AP18/2*, *Activité politique des fonctionnaires*（1946）, p. 36.

高效而公正的方式得以执行。"① 他的观点在 1946 年 10 月 18 日的会议中得到了英方代表的响应，英方认为对于这一问题的研讨不仅应从柏林警察政治活动的视角出发，更要从全部警务人员乃至全部德国公务员的政治活动视角来进行，以达成盟国一致政策。② 但是，由于苏方和美方此时对此持消极态度，商讨"并未达成任何协议"，这一问题只得再上报协调委员会仲裁处置。③ 四大占领国之间有关这一议题的磋商持续不断，但直到 1948 年 3 月盟国对德管制委员会瘫痪之时也未能形成一致意见。尽管盟国对德管制委员会始终未曾正式通过法方将所有德国公务员"去政治化"的主张，但法方当局成功地将一场仅涉及柏林警察的地方性争议予以扩大化，最终使得各盟国间就所有德国公务员政治活动的问题进行了正式谈判，也就等于将法方的这一主张摆到了全部占领区的层面之上，大大彰显了法方的立场。此外，法方在德国公务员"去政治化"上的立场赢得了英方当局的支持，形成了以英法一致先应对苏联，再应对美国的有利局面。④ 由于英法方面后来颁布命令强制要求参与议会选举的公务员辞职，故美方当局之后认为英法观点过于偏激，也反对其公务员"去政治化"主张。这一合作态势在盟国对德占领期间极为罕见，本身就值得述及。

然而，面对即将到来的选举以及选举后德方当局不可避免的重组，法方占领者并没有时间等待盟国对德管制委员会在公务员"去政治化"问题上的决断。1946 年时在其他三个占领区都掀起了加强德方行政当局权力的潮流，各盟国军政府争先恐后地向各自占区的德方机构让渡手

---

① "DIAC/MEMO（46）374：Autorité Allié de Contrôle, Directoire Affaires Intérieures et Télécommunications (confidentiel), le 19 septembre 1946", AMAE, *1AP18/2*, *Activité politique des fonctionnaires (1946)*, p. 11.

② "DIAC/M（46）29：Autorité Allié de Contrôle, Directoire Affaires Intérieures et Télécommunications, Procès – verbal de la 45ème réunion (confidentiel), le 18 octobre 1946", AMAE, *1AP18/2*, *Activité politique des fonctionnaires (1946)*, p. 7.

③ "DIAC/MEMO（46）421：Autorité Allié de Contrôle, Directoire Affaires Intérieures et Télécommunications, Activité de la Police de Berlin, Activité des Fonctionnaires Allemands, le 22 octobre 1946", AMAE, *1AP18/2*, *Activité politique des fonctionnaires (1946)*, p. 3.

④ "Ordonnance du Général Kœnig, Commandant en Chef Français en Allemagne, Relative à l'élection des Fonctionnaires de Land à la première Assemblée fédérale", AMAE, *1HC55*, *Lois et Statuts de fonctionnaire allemand*, p. 1.

中的权力。在苏占区，首次地方选举于 1946 年 9 月 1 日在萨克森（Saxe）举行，之后一连串的地方选举也相继进行，州议会的选举工作也陆续发起。在这些选举中，德国社会统一党（Sozialistische Einheitspartei Deutschlands，SED）在苏方军政府扶持下顺利掌权。到 12 月时，索科洛夫斯基元帅公开发出命令，宣布苏方军政府的职权作用仅限于"监督和管控"德方当局的自治，不再干预或决定占区的行政事务。①

至于英占区，从 1946 年 3 月起，其军政府便在"德国经济咨询委员会"（German Economic Advisory Board，GEAB）的名号下设立了多个德方行政组织。1946 年 7 月，该咨询委员会开始以约 400 人的核心德方人员编制，在整个英占区范围内承担特定的管理职能。② 在美占区，1946 年 6 月选举产生了制宪议会，以在美方军政府监督下行使整个占区的立法权。9 月 30 日，美方军政府甚至通令其所属全部军事、民事官员，表示自 1947 年 1 月 1 日起将大大缩减占领当局所保留的职能。③

对于实际管理法占区行政的法方民事官员来说，这一潮流使得他们陷入了尴尬境地。他们既不能对其他占区发生的巨变视而不见，也不能忽视那些军职同僚的不满——军官派对三大盟国在战争末期外交会谈中对于法国的排挤耿耿于怀，向来坚持对盟国方面采取强硬态度。作为战后才被法国本土政府派驻德国的人员，他们本就有着平衡协调占领军中的保守派，至少在表面上维持与其他盟国的合作关系的任务："为使我们的在德政策得到成功，我们必须在力所能及的范围内尽可能地给德国人留下各盟国仍站在同一联合阵线的印象；另一方面，也不能让我们的盟国产生我们想背着他们行事的怀疑，冒着在他们眼中变为可疑之徒的风险，从而招致他们就我们在自己占区所推行的政策做出干涉主义的举动。"④ 就本土政府而言，他们希望这些远比占领军军官们驯服的民事

---

① Norman M. Naimark, *The Russians in Germany*, p. 328, 68.
② "Select Committee on Estimates, 1946 – 1947", The National Archives, *T 223/95*, p. 54.
③ Beate Ruhm von Oppen, *Documents on Germany under Occupation 1945 – 1954*, pp. 163 – 166.
④ "Gouvernement Provisoire de la République Française Le Document No. 1: Directives pour notre action en Allemagne, le 20 juillet 1945", AMAE, *Y: 1944 – 1949/433*.

官员能够消除法国与其他占领国之间的过往芥蒂,与法国政府在德国问题上的外交努力相协调。因此,在德方移交部分占区治理权力的潮流之下,法方军政府的民事官员也必须有所响应,以体现与其他盟国方面的协同。但是作为占区实际管理者,他们本身也坚持要保留部分关键权力以保持对德方当局的行政管控。法方民事官员相信,他们可以继续将德国公务员作为法方军政府的下级间接任用,并确保他们的"去政治化",从而在德方当局内部维持对德国的政治势力的总体制衡。这样,尽管权利让渡业已开始,法方的掌控依然需要保证。法方军政府的所有占领者就此观点达成了一致,其中原因有二。

首先,这是因为在这一时期,法方民事官员仍然有着占区民事行政事务的决定权。对于他们中的大多数人来讲,容许德国人主导法占区行政可谓为时尚早。德国人应该先在法方帮助下学习建立起一套民主的行政体系来,而不是仓促地在尚未熟悉的新政治环境中操持大权。

其次,如果法方军政府在法占区民事行政管理中的地位被一个德方中央当局所取代,那么法国对德国"去中央集权化"的目标也就彻底落空了。在其他盟国——尤其是美国和苏联——的经济援助或意识形态影响下,这个新的德国中央当局势必将不可避免地倒向两个阵营之一,法占区的独立自主地位也就会受到威胁,这对于1946年的任何法方占领者来说都是明显不可忍受的:对于保守的军官派来讲,必须杜绝任何外界影响,维持长久的法国占领以确保地缘政治安全;就更为开放的民事官员而言,一山不容二虎,一个由法国人单方面主宰的占区更有利于法国本土的经济重建,且法德之间的未来和解只有在德国人——尤其是那些长期维持着国家运行的人,比如公务员——依靠法方占领者的再教育事业得以觉醒的情况下才可能实现。因此,在部分权力向德国州级当局让渡的过程中,法方占领者极力避免给予德方中央当局在其占领区内独揽大权的机会。

(二)间接的"去政治化":权利让渡过程中的立法监管

鉴于在各盟国层面推广德国公务员"去政治化"的尝试已因盟国对德管制委员会的内部纷争而搁置,在盟国方面向德方移交治理权的坚决立场与法方在法占区内一贯要求的德方当局"去中央集权化"之间,法方军政府的民事官员必须另辟蹊径以求解决之法。最终，军政府采取了一套更具妥协性的方案，以同时确保法方与其他占领方在行政建设方面表面上的合作一致以及法方占领者在法占区的支配地位：通过强化法方军政府在权力让渡过程中对地方德方当局的管控，以间接实现德国公务员的"去政治化"。

事实上，早在1946年9月德方第一轮选举开始之前，法方军政府就极为重视德国州级地方当局的立法决策文本。1946年6月16日，拉丰就已在致法方军政府各部门主管的通告中明确强调了这一点：

> 在所附参阅的以往文件中，我已提请您注意我对《德国地方政府公报》（*Amtsblätter*）中央管控的关注，但凡此类文本均应尽量详尽地提交你方，以供深入审查。
>
> 然而，为确保该类管控之效力，我已做出决定，以后任何通报给高级代表，旨在规定德方负责部门对已发布文本进行更改的通告文件，均须在负责协调《德国地方政府公报》管控的司法局中转下，交由我签署生效。通过这一办法，我可以对各州立法行为亲自做出全局性的评判。
>
> 此外，高级代表要意识到这一点的重要性：中央的行政治理取决于对德国地方当局采取的立法行为或规章制度的后发管控。①

根据这一通告，德国地方当局的所有立法文本均须提交拉丰本人批准才能生效，法方管控的优势地位也就得到了保障。随着德方选举的日益临近，拉丰寄希望于通过将法方军政府的"治理责任"（responsabilités administratives）让渡给德方地方政府，来体现占领者的诚意，加强法方与德方行政当局之间的关系。在他1946年9月10日——也就是法占区第一轮选举举行数日前——致各州德方政府主席的讲话中，他宣布：

---

① "Laffon à MM. les Directeurs Généraux, les Directeurs, les Chefs de Service: Contrôle des textes législatifs allemands des Länder, le 16 juin 1946", AMAE, *1AP77/5*, *Epuration: Notes et rapports des services et des sections du G. M. Z. F. O. sur l'état d'avancement des opérations d'épuration（1947–1948）*, p. 413.

一年以来，法方当局在盟国一致的任务框架内，致力于其所负责占区的经济生活条件的重建工作。

法方坚持不懈地致力于交付德方当局越来越大的责任。

在两个月后，这个占区的男女公民将于5年来首次自由地选举其代表。这次民意磋商，将会使德国的州级政府当局取得比你们现已承担的更为深远重大的责任。①

在选举之后，法占区各州的德国地方当局在法方军政府的直接管控下进行了重组。根据柯尼希将军1946年8月30日的声明，法方对原黑森—普法尔茨州和原莱茵—黑森—拿骚州进行了行政重组，在此二州基础上合并成立了一个新的州——莱茵—普法尔茨州，以方便德国的"去中央集权化"。原莱茵省高级代表德·布瓦斯兰贝尔（de Boislambert）被拉丰任命为管控这个新州组建行动的"总代表"（Délégué général）。而普法尔茨州高级代表布罗岑·法福诺（Brozen Favereau）则自1946年12月1日起从驻科布伦茨高级代表团卸任（这个原莱茵—黑森—拿骚州首府也是新的莱茵—普法尔茨州首府）。② 此外，自1946年12月20日起，萨尔不再从属于法占区行政体系。③ 在法占区各州形成了新的德方核心机构：咨询议会（Assemblée Consultative）。1946年10月8日，法方军政府颁布了《第65号命令：设立巴登州咨询议会》《第66号命令：设立符腾堡州咨询议会》《第67号命令：设立莱茵—普法尔茨咨询议会》，从而在此时法占区的全部三个州——巴登州、符腾堡州、莱茵—普法尔茨州——建立起了议会制度。根据法方军政府命令，这些咨询议会拥有以下职能：

---

① "Allocution prononcée par l'Administrateur Général, Adjoint pour le Gouvernement Militaire de la Zone Française d'Occupation aux Présidents des Gouvernement Allemands de Province, le 10 septembre 1946", AMAE, 1BONN48, Relations des Français avec les autorités allemandes (1946/1948), Dossiers rapatriés de l'Ambassade de France à Bonn, p. 15.

② AMAE, 1AP43/2, Rhéno-Palatin: Création et organisation du Land (1945-1949).

③ 萨尔被排除在外，是因为法国希望以特设的"临时治理委员会"（Commission Provisoire d'Administration）形式直接管理此地，以便经济吞并这一地区。

第 25 条 咨询议会就临时政府通报的问题提出意见。

第 26 条 该州之总体预算，以及数目超过 1 亿马克的借款，均须由咨询议会批准。

第 27 条 议会会同临时政府，拟定供未来全民表决之宪法草案……①

由于法方坚持德国"去中央集权化"，法占区并未像其他占区那样建立德方中央行政机构。各州的咨询议会也就成了此时法占区治理架构中地位最高的德方机构了。咨询议会的设立给予了德国人参与占区治理的良机，预示了建立以德人自治为基础的新治理体系的可能。可是，法方军政府的管控并未因 1946 年德方各州的立宪程序而受到显著削弱。相反，咨询议会的设置反而成了法方加强占区管制的借口，因为法方军政府随即进行了一系列内部运作，旨在限制咨询议会及重组过后的德方地方政府的影响力。由于长期缺失中央或是占区级别的德方行政机构，且法方对德国地方当局的管控一再加强，广大德国公务员实际上仍然处于被法方军政府间接任用的状态之中。

此外，尽管法方军政府是德方地方临时政府所服从的法占区唯一中央当局，但在军政府民事官员的具体行事过程中仍存在许多意料之外的妨碍因素。这类妨碍一般分为两种：一是地方驻军的法国军官对民事官员的不屑一顾，二是法占区地方民事部门中诸多"地头蛇"官员的阳奉阴违。而随着德方咨询议会的设立以及各州的陆续立宪，德国地方政府表面上获得了更多的自治权，但实际上却使作为他们潜在上级的军政府或是军政府地方分支——也就是各州军政府高级代表们——得以排除这类妨碍，加强了他们对于德方地方政府的引导与监督作用。

在各州设立咨询议会仅仅一月之后，拉丰就在 1946 年 11 月 27 日

---

① "L'ordonnance No. 65：Instituant une Assemblée Consultative du pays de Bade，Le 8 octobre 1946"，"L'ordonnance No. 66：Instituant une Assemblée Consultative du Wurtemberg，Le 8 octobre 1946"，"L'ordonnance No. 67：Instituant une Assemblée Consultative du Rhéno - Palatin，Le 8 octobre 1946"，*Journal Officiel du Commandement en Chef Français en Allemagne*，No. 41，Gouvernement Militaire de la zone française d'occupation，le 12 octobre 1946，pp. 335 - 338，pp. 338 - 341，pp. 341 - 344.

致各法方高级代表的《CAB/C 第 8655 号通知》中强调称，对于德方咨询议会的活动，法方军政府的管控与高级代表的干预必不可少：

> 我们刚刚赋予了我们占区的德国人部分政治自由权。近来的选举使得他们可以拥有社区乡县"选举"出来的议会，最后甚至是每个"州"的咨询议会！明天，这些州的政府便会在你们将知晓的限度内取得一定的立法决策自主权。
>
> 这就涉及在维持军政府威信和特权的前提下就此类自由权赋予做出协调的问题了。这是个相当微妙的问题：在其他占区，这些选举出来的人比起那些被任命的管理者有更好的理由来为自己辩护，因此近几个月来德方领导人已然染上了不守规矩的毛病，甚至还屡屡抗议——这在我们占区也没少上演。
>
> 1）正是通过你们亲自诉诸德方当局、政党和工会代表的坚决行动，正是通过你们防微杜渐的介入干涉，才能让你们显示出坚定的决心，免得那些若不从头防治便会迅速传播的自作主张的毛病泛滥开来。
>
> 必须让德国人确信，重返民主的道路是渐进的；在我们为他们开辟的这条道路上，他们在走出每一步时都必须证明自己没有忘记纳粹主义的罪责，证明自己理解协助占领国的必要性，并永远感激我们对于他们的信任，因为正是我们赋予了他们这些自由权，这正是认定德国人将会以此来为"普遍利益"（le bien Général）服务的期望！若是这些自由权会让他们发起某种反对我们行动的政治抵抗，我们势必会感到有对其加以限制的必要，从而对他们更为不利。
>
> 2）这些新机构想方设法地不去废除那与以下完全相悖的规章制度：无论何种情况下，德国人都不得批评军政府。不能再在媒体报道中，不能在政治会议时发表的言论中，也不能在咨询议会议程期间发表的演讲或采访中容许对占领当局的指责。
>
> 当然，不要否决德方当局向军政府提出或是筹划的那些看起来对他们有利的措施或是决议，即便这会导致某些批评也无妨。
>
> 但是在公开层面上绝不可容忍此类批评的存在，尤其在这些批

评所基于的事实并不确切的情况下更是如此。

3）德国的所有政党都必须认清我们在这方面的不妥协态度，并应在咨询会议议程期间自觉作为发言人的审查员行动，以免我们自己进行这种审查。①

显然，从拉丰"在维持军政府威信和特权的前提下就此类自由权赋予做出协调"的要求来看，即便咨询议会中新选举出来的成员也必须服从法方军政府的意志，像那些法方占领者任命的德方管理人员一样为"普遍利益"服务。必要时，法方当局还可以就德方当局的"自由权"做出限制，"从而对他们更为不利"，且在公开场合绝不容许任何德方的批评抵触之举存在。因此即使咨询议会可以改组地方政府，由于法方管控的存在，德方当局的公务员仍然必须对法方军政府俯首帖耳。

在盟国方面向德方当局移交治权的压力与咨询议会立宪工作进展的影响下，1946年12月4日，法方驻德最高指挥官柯尼希将军终于向莱茵—普法尔茨州、巴登州及符腾堡州主席及各部部长宣告，法方当局正式向德方各州临时政府移交大部分制订法令规章的权力：

> 莱茵—普法尔茨州、巴登州及符腾堡州临时政府已获授权，可在1946年10月8日命令所限定的范围内颁布规章条例，其有效性至各州宪法生效为限。②

在这一宣告文本中，"盟国管控"——尤其是法方对于德方当局的管控仍被突出强调：

---

① "CAB/C - 8655：L'Administrateur Général Laffon Adjoint pour le Gouvernement Militaire de la Zone Française d'Occupation à Messieurs les Délégué Supérieurs pour les Gouvernements Militaire des cinq Provinces, le 27 novembre 1946", AMAE, *1BONN47*, *Relations Extérieures：CCFA Cabinet Civil：Z. F. O. - Administrations allemandes - Pouvoirs des Länders (1946/48), Dossiers rapatriés de l'Ambassade de France à Bonn*, pp. 1 - 2.

② "Texte de la déclaration faite le 4/12/1946 par général Kœnig Commandant en Chef Français en Allemagne en présence des ministres, présidents des Land Rhéno - Palatin, du Bade et du Wurtemberg, le 4 décembre 1946", AMAE, *1BONN48*, *Relations des Français avec les autorités allemandes (1946/1948), Dossiers rapatriés de l'Ambassade de France à Bonn*, p. 19.

在这一权力的行使上，德方当局必须尊重盟国对德管制委员会的已有规定。

同样，上述当局不可做出任何有悖于法国在德最高指挥官或占区军政府行政总管的命令或决定，或是任何在总体上与最高指挥官亲自做出是以其名义做出的占领区法方政府政策相抵触的决定。①

事实上柯尼希在12月4日的这一宣言，正是对拉丰12月3日致法方各州高级代表公函的简要概括。除了在翌日宣言中公开宣布的内容，拉丰在公函中还特别阐明了德方当局为取得立法权力所应承担的义务：

A. 德方当局必须在这一权力的行使中，尊重管制委员会法律、命令、宣言与指令的规定；不仅要按照行文内容，更要恪守其内在精神予以执行。

B. 同样，德方政府不可做出任何有悖于法国在德最高指挥官或我本人命令或决定，或是任何在总体上与占领区法方政府政策相抵触的决定。

C. 德方政府在制订规章权力的行使过程中做出的任何决定，必须在颁布前提交你方（指高级代表）。

你们有权行使你们的权威，推翻德方一切未遵守以上条件的决定的颁行。②

12月12日，拉丰发布了《行政总管第115号决定》以强化对德方当局的管控。根据这一决定，军政府特设"审批委员会"（Commission des Visas）以确保法方对于"德方政府在制订规章权力的行使过程中做

---

① "Texte de la déclaration faite le 4/12/1946 par général Kœnig Commandant en Chef Français en Allemagne en présence des ministres, présidents des Land Rhéno – Palatin, du Bade et du Wurtemberg, le 4 décembre 1946", p. 19.

② "No. 4381/DGAA /INT/3 SECT: L'Administrateur Général Laffon Adjoint pour le Gouvernement Militaire de la Zone Française d'Occupation à Messieurs les Délégué Supérieurs de Bade, du Land RHENO – PALATIN, du WURTEMBERG: Pouvoirs des Gouvernements Allemands, le 3 décembre 1946", AMAE, 1AP42/2: Pouvoirs des gouvernements et contrôle de la législation: Instructions, rapports et notes de base (1946 – 1947), p. 2.

出的任何决定"的最终管控权。这一委员会的成立可以被认为是对 12 月 4 日柯尼希宣言中规定的管控政策的贯彻实施。审批委员会直接由行政总管拉丰本人或是其幕僚主管统辖。① 随着这一委员会的成立,法方军政府得以在遵循盟国方面向德方移交权力的要求同时,实现了对德方立法活动的集中管控。

尽管各州德国临时政府取得了 12 月 4 日宣言中规定的所谓"权力",但它们对于法方军政府的依附关系依然毋庸置疑,因为法占区仍旧没有一个中央或者占区级别的德方治理机构。相反,法方对于德方地方政府的管控反而逐渐加强,甚至专门成立了一个法方中央委员会来审批德方当局做出的立法决定。诸多关乎占区治理的重要领域②必须为法方军政府所长期监管。对于像埃米勒·拉丰这样的民事官员来说,他们明显是要达成这样一个单纯的目标:通过加强法方管控来削弱德方临时政府,以间接实现为德方当局工作的德国公务员的"去政治化",所谓的权力让渡其实只是顺势而为的幌子而已。既然德方当局任何修改以往政策的立法决定最终都必须由法方军政府审批通过才能生效,那么德方当局中的公务员,甚至那些选举出来的政治领袖的政治倾向、政党在地方议会或政府中所占的比例也就不重要了。在法方民事官员的立法监管下,名义上取得了部分立法权的德方地方政府,实际上最后仍要听任法占区唯一的中央行政当局——也就是法方军政府——的摆布。不仅这些在选举前就由法方占领者任命来操持地方治理的德国公务员,甚至连选举后重组形成的临时政府所招募的那些公务员,都成为法方军政府"间接任用"的人员,必须在治理实践中优先服从法方占领者的意志。1946 年末,在德国地方当局实际上被"去政治化"阉割的背景下,法占区的德国公务员成了一个被间接"去政治化"了的人群,归根到底只能

---

① "Décision No. 115 de l'Administrateur Général portant création d'une Commission des Visas, le 12 décembre 1946", AMAE, *1AP42/2*:*Pouvoirs des gouvernements et contrôle de la législation*:*Instructions*,*rapports et notes de base*(*1946 - 1947*),pp. 1 - 2.

② "Annexe à l'Instruction relative aux pouvoirs des Gouvernements Allemands:Liste des domaines réservés au visa de l'Administration Centrale de Baden - Baden, le 3 décembre 1946", AMAE, *1AP42/2*:*Pouvoirs des gouvernements et contrôle de la législation*:*Instructions*,*rapports et notes de base*(*1946 - 1947*),p. 6.

为法方当局的中央治理服务。

三 德国"新公务员"的培养与法占区行政学校的创立

(一) 第一步：培养公务员的需求与地方行政学校的开设

在法方占领者眼里，所有德国人都是不可信任的——他们都曾服从纳粹政权的驱使；在德国公务员队伍里，无论是那些在清洗运动中成功"改头换面"得到留用的人，抑或是因为军政府对德方当局的管束而被间接"去政治化"了的人，也不过是法方为了维持占区治理的良性运作而做出的权宜之计。归根到底，即便这些德国公务员实现了"改头换面"或是"去政治化"来为法国利益服务，但他们从未被占领者视为能够真诚忠心地贯彻执行法方军政府政策的理想行政管理人员。于是在那些希望教导德国人如何治理自己国家的法方民事官员中，便有人提出了在法占区内依照法国模式培养"全新的公务员"（nouveaux fonctionnaires）。

出于以上目的，同时也为了技术上的需要考虑，这一诉求首先体现在了为恢复法占区经济而训练德国新公务员的行动中。1946年初，面对战后初期专业人才的匮乏与非纳粹化运动期间大批公务员被开除的现状，法方军政府财政局认为法占区需要更多有能力的德国公务员来实现其财政经济的良性运转。该局随即在其各地分支机构中组织了一系列夜间课程，以教授德方公务员相应的知识。此事引起了法方军政府行政事务总局主管的极大兴趣，他随即就训练德国其他类型公务员的可行性向军政府内务与宗教局做出了咨询：

> 财政局已着手安排了一些夜间课程，为帮助其所辖德国公务员更好地适应其职责。
>
> 望您从速与该局进行联络，为非财政方面公务员的相应课程组织做准备。①

但是，由于财政局拒绝认可这类课程，内务与宗教局无从就此展开

---

① "Note pour monsieur le Directeur de l'intérieur: Formation des Fonctionnaires Allemands, le 10 janvier 1946", AMAE, *1AP23/2: Ecole d'administration: Spire; Germersheim (1946–1949)*, p.1.

评估，行政事务总局主管的要求也就被搁置了下来：

> 从文森诺（M. Vincenot）先生处获得的消息称，有关这样一个课程组织的设立之事，财政局并不知情。
>
> 它没有采取，也不打算采取这样的主动行动。
>
> 可能这只是地方上的自发行为，而它并未注意到。
>
> 该局当然希望看到德方当局的财政部门里都是受过良好训练的专业公务员，并且它致力于向其提供一切必要的手段，以筹备和改善此类培训。
>
> 目前在研究的，是一个对以往的跨区域财政预备学校进行改组的计划。法占区内有三个这样的学校，文森诺先生认为，它们还得要好几个月才能重新运作起来。①

在财政局动议的影响下，用于训练德国公务员的学校重建方案其实一直都在筹备之中。在1946年4月2日财政主管欧布瓦诺致拉丰的通信中，就已经提及了"行政学校"（l'Ecole d'Administration）的说法，以指代培养德国公务员的机构。② 但由于法方当局中德国"去中央集权化"的呼声一直占压倒地位，即便有许多法方军政府民事高官对培训德国新公务员很感兴趣，可若法方军政府以占区中央身份出面领衔组建此类培训机构的话，事情反而没有商量余地。因为在其他法方占领者看来，虽然这些学校挂着教育培训机构的牌子，但本质上仍是一个满是德国实习公务员的中央组织，与军政府一贯不允许建立德方中央组织的做法相悖。因此，建立这种德国公务员专门培训机构的最初尝试实际上是在各地的军政府分支机构中开始的。

1946年5月5日，莱茵—黑森—拿骚州军政府高级代表颁布了

---

① "Note à monsieur le Directeur Général des Affaires Administratives: Formation des fonctionnaires allemands, le 12 janvier 1946", AMAE, *1AP23/2: Ecole d'administration: Spire; Germersheim (1946–1949)*, p. 1.

② "Note pour Monsieur l'Administrateur General: Problèmes posés par l'application des règles de dénazification au jeunes agents allemands de 26 ou 27 ans, le 2 avril 1946", AMAE, *1AP75/6: Epuration: Notes et rapports des services et des sections du G. M. Z. F. O. sur l'état d'avancement des opérations d'épuration (1945–1946)*, p. 2.

《有关建立州行政学校的指令》。根据这一文件,莱茵地方当局已与地方军政府合作建立起州行政学校以推行此种培训:

1)新招募的公务员或职员,须从其所属部门尽快熟悉其行使职能所必要的基本及专业知识。

2)可以通过征集青年或是复员军人的方式构成莱茵州人事招募的大体人员框架,并将其特意导向莱茵州的行政管理任务。

由行政学校进行该类人员的培训工作。

德方当局被要求提交以下文件,以供军政府批准:

一份建校方案,

招生与教员选拔制度,

详尽的教学大纲。①

尤其引人注意的是,除了专业知识以外,该行政学校还要展开以下主题的教育教学:

哲学部分:开展教学的主题主要关于正确的人类价值观。个人,人的价值,凸显这些西方专属的观念。该理念在古典时代的源起。基督教与启蒙运动(Aufklärung)中哲学思想的影响。

1789年原则:个人自由。《人权宣言》。这些自由权利的宪法保障。自由的局限性。民主国家——不同观念下的诠释。个人与国家。法国社会学理念简介及其方法论。

历史部分:莱茵地区与西方文明。莱茵地区与法国。莱茵的法国回忆。立足世界的法国——它的历史任务。②

---

① "Directives du gouvernement militaire de Rhénanie Hesse – Nassau pour la création d'une Ecole d'administration de la province, le 15 mai 1946", AMAE, *1AP23/3*: *Ecole d'administration*: *Cochem, Haigerloch, Bade* (*1946 – 1949*), p. 1.

② "Directives du gouvernement militaire de Rhénanie Hesse – Nassau pour la création d'une Ecole d'administration de la province, le 15 mai 1946", AMAE, *1AP23/3*: *Ecole d'administration*: *Cochem, Haigerloch, Bade* (*1946 – 1949*), p. 2.

以上这些教学大纲强调并彰显了西方或者法国价值观。此外,在1946年6月5日与学校德方管理人员的会议中决定了只有青年学生可以入学接受培训:

> 学生员额:学校可以招收大约120名学生。员额分配将在人员需求确定后再行决定。
> 候选者年龄:对于前三期学员,在战争中错失的时间可以被考虑在内:
> 1)已是公务员的候选者年龄上限:35岁,
> 2)其他候选者年龄上限:30,
> 3)最低年龄限制:22岁。①

会议期间,莱茵—黑森—拿骚州军政府方面向德方管理者明确指出,行政学校绝不仅仅是让那些已是干部的行政人员再获提拔的提高班,它必须以培养新人为重:"我们寄望于这所学校的,是依靠广大新的人才精英,以招募干部的方式革新德国的治理。"② 6月20日,法方军政府行政事务总局主管得知了这一消息,遂去信内务与宗教局主管,征询在其他省份推广类似学校的可行性:

> 莱茵州正在筹备,或许已经建立了一所行政学校。
> 请去电详细咨询此事,并告知我在占区其他高级代表团辖地创办同类学校的可行性。③

由于行政事务总局和内务与宗教局的热切关注与讨论,莱茵—黑

---

① "Additif: Directives du gouvernement militaire de Rhénanie Hesse – Nassau pour la création d'une Ecole d'administration de la province, le 5 juin 1946", AMAE, *1AP23/3*: *Ecole d'administration*: *Cochem, Haigerloch, Bade (1946 – 1949)*.

② "Additif: Directives du gouvernement militaire de Rhénanie Hesse – Nassau pour la création d'une Ecole d'administration de la province, le 5 juin 1946", p. 5.

③ "Note pour Monsieur le Directeur de l'Intérieur et des Cultes, le 20 juin 1946", AMAE, *1AP23/3*: *Ecole d'administration*: *Cochem, Haigerloch, Bade (1946 – 1949)*, p. 1.

森—拿骚州的行政学校引起了法方军政府中央高层的注意。1946 年 6 月 25 日，行政总管拉丰致电各州高级代表，要求他们尽快拿出在各自州建一所行政学校的方案。为了向巴登巴登方报告实情，并争取高层的支持，莱茵—黑森—拿骚州军政府高级代表赫提尔·德·布瓦斯兰贝尔（Hettier de Boislambert）于 1946 年 7 月 1 日回复拉丰、行政事务总局和内务与宗教局，正式报告称即将在莱茵州创办行政学校。在这一通报中，他做出了以下阐述：

> 德军撤退前纳粹当局命令下的德国公务员的大规模转移，以及针对实际任事人员的清洗运动，如今已使得德方当局陷入极度缺乏合格人员的境地。
>
> 填补这些空缺，革新治理精神的必要性使它（军政府）认清了自己在莱茵地区的特殊使命，创办州行政学校的需要由此显现了出来。①

根据《1946 年 7 月莱茵—黑森—拿骚州军政府高级代表团月报》，这所学校最终设在了摩泽尔（Moselle）河畔的科赫姆城堡（Château de Cochem），并于 7 月 10 日正式开学。② 因为该校已不再像财政局之前所办的课程组织那样仅仅教授财务之类的专门知识了，拉丰马上意识到了这一学校的重要性及推广的可行性：通过强调法国价值观的课程大纲，该校可以用来培养真正能够满足法方占领者治理实践需要的"德国新式公务员"。随之，拉丰在 1946 年 8 月 5 日的行文通告中直接催促占区其他高级代表加快各州行政学校的建设，以免该校因成为占区唯一此类学校而蒙受有悖于"去中央集权化"的攻讦：

---

① "Le Gouverneur Hettier de Boislambert Délégué Supérieur pour le gouvernement militaire de Rhénanie Hesse–Nassau à Monsieur l'Administrateur Général, Direction général des Affaires administratives, Direction de l'Intérieur et des Cultes：Création d'une école d'administration en Rhénanie, le 1 juillet 1946", AMAE, *1AP23/3*：*Ecole d'administration：Cochem, Haigerloch, Bade* (1946–1949), p. 1.

② "Rapport mensuel de la délégation supérieure pour le gouvernement militaire de Rhénanie Hesse–Nassau du mois de Juillet 1946：Chapitre II Ecole d'Administration, en juillet 1946", AMAE, *1AP23/3*：*Ecole d'administration：Cochem, Haigerloch, Bade* (1946–1949), p. 1.

必须立即有效地组织起必要的人员干部，以使德方行政机构步入正轨。

首先要言明的是：其不可是全占区唯一的学校，不可是依照纳粹教条方法施教的行政中枢性质的学校，而是在每个州设置一所或多所，足以灵活应对当地特殊性且为未来治理者的产生做准备的学校。

我们没有必要出面代替德方当局来做此事，但是要向他们提出创办这些学校的建议，在教程选择与教学实践的监管中起到引导作用。

关于这一点，我们可以从法国公务员培训教育的方法论中汲取有益的经验。①

在这一通信中，除了那些在科赫姆行政学校教学大纲中业已提及的主题（1789年原则、《人权宣言》等）之外，拉丰还特意指出此类学校的文化通识教育必须包含法语的教授。根据他的要求，各州所有关乎行政学校创办的行动措施均须在10月份开学前落实到位。但是，拉丰的决策立即招致了法占区内外的诸多反对。在军政府内部，民事官员与军官派之间的芥蒂此时已然十分明显。尽管莱茵州高级代表已经开办了科赫姆行政学校，尽管拉丰已然批准此举，法国在德最高指挥官柯尼希将军却因为他对德国人一贯的不信任感而被蒙在鼓里，并未收到任何关于此事的官方报告。因为许多人担心柯尼希若得知此事便会不由分说予以否决。1946年8月9日，当他最终得知高级代表布瓦斯兰贝尔在莱茵州开设行政学校培训德国公务员时，震惊的柯尼希立即去函质问拉丰，其中措辞十分严厉：

1）你是否得到有关此举的报告，你是否已对此做出批准？
2）若你答复为是，为何我未被告知？

---

① "L'Administrateur Général Laffon adjoint pour le Gouvernement Militaire de la zone Française d'occupation à Messieurs les Délégués Supérieurs, le 5 août 1946", AMAE, *1AP23/3*: *Ecole d'administration*: *Cochem, Haigerloch, Bade* (1946–1949), pp. 1–3.

3）该行政学校办学目的、教学大纲、学校情况、组织方式究竟为何？①

为打消柯尼希的疑虑，回避反对意见，拉丰在他8月31日的回复中劝说柯尼希，让他确信该学校只不过是州当局为了弥补非纳粹化带来的职务空缺而采取的地方性临时措施而已：

> 作为对您所附消息的回复，我有幸向您通报，眼下并无真正的行政学校存在，而只有旨在为莱茵州公务员进行行政培训的课程而已。布瓦斯兰贝尔先生在他7月份的月度报告中已经向我告知了开设这类课程的消息。
> 我本人没有出面驳回他的举措，因为此举正合乎我们的意图：在您首肯下创办一个或多个课程组织，以培训整个法占区的德国行政人员……
> 此类课程目的在于提供必要的人员干部，以使受到纳粹人员清洗运动极大影响的德方行政机构重新步入正轨。②

但就德方当局这边来说，他们对于这类"法国化"的行政学校并不热衷。确实，那些刚刚"改头换面"暂时坐稳了位子的旧公务员并不情愿被这些年轻学生所取代，而部分保守的领导人更是拒绝将一套外国体系吸纳进公务员培养事业之中。甚至连一些德国左翼政党人士，也对这类学校严加批评，认为这是反动派占领者在德方关键职位上安插亲信的伎俩。7月20日，也就是科赫姆学校建立仅10天后，德国共产党（Kommunistische Partei Deutschlands，KPD）便发起了反对这一学校章程的抗议活动。他们要求所有雇员均有公费入校学习之权，而不能只由于

---

① "No. 5656/CC/DAC/ADM：Message de Kœnig à Laffon, le 9 août 1946", AMAE, *1AP23/3*：*Ecole d'administration*：*Cochem, Haigerloch, Bade (1946–1949)*, p. 1.

② "No 3244/DGAA/INT/ 1 Section：L'Administrateur Général Laffon adjoint pour le Gouvernement Militaire de la zone Française d'occupation à Monsieur le Général d'Armée Commandant en Chef Français en Allemagne：Cours provinciaux d'Administration, le 31 août 1946", AMAE, *1AP23/3*：*Ecole d'administration*：*Cochem, Haigerloch, Bade (1946–1949)*, p. 1.

部或见习公务员独享学费减免，同时学校不得招收任何纳粹党成员。①
此外，由于法方民事官员推崇"间接治理"的原因，拉丰和各高级代
表都倡议由德国地方当局出面创办行政学校。这就意味着德方当局必
须实际承担这类学校的所有创办和运行费用，而做出倡议的法方当局
反而可以置身事外。这一做法看似便利了法方，但却也给了德方当局
阻碍拖延这一方案实施的口实，可以用种种借口回避行政学校的创
办，比如抱怨州政府的财政困难或是声称地方上有相应资质的教员不
足等，而"间接治理"的法方除了极力催促以外反倒没有有效的应对
之法。

最终，到1946年10月为止，按照拉丰倡议另外建成的也只有符腾
堡海格尔洛赫（Haigerloch）的一所行政学校而已。② 根据法方军政府
后来关于行政学校建设的官方报告，这两所行政学校的开办被认为是法
占区"德国新式公务员"培养的"第一步"。

（二）第二步：公共教育局的介入与高级行政学校的诞生

1946年8月5日，拉丰督促各州高级代表创办行政学校的公函草案
被附在了他致公共教育局的《第4274号通告》中。③ 公共教育局主管
雷蒙德·施密特兰（Raymond Schmittlein, 1904-1974）随即注意到了
这一学校的存在，并开始介入其他行政学校的组建过程之中。

施密特兰出生在毗邻德法边境的贝尔福（Belfort），是个地地道道
的德国通，在应对德国事务方面有着丰富的经验。他曾经指挥了"自由
法国"1941年在黎凡特（Levant）对当地维希军队的解除武装行动，
为当时孱弱的"自由法国"政权立下了大功，并在1943年被任命为戴
高乐将军在莫斯科的代表。1943—1944年期间，他成了戴高乐在阿尔
及尔（Alger）的内阁成员，直接影响"自由法国"的高层谋划，并参

---

① "Note d'information: Protestation du K. P. D. contre les modalités de fondation de l'Ecole Rhénanie d'Administration, le 20 juillet 1946", AMAE, *1AP23/3: Ecole d'administration: Cochem, Haigerloch, Bade (1946-1949)*, p. 1.

② "Création d'écoles d'administration en zone française d'occupation, le 13 décembre 1947", AMAE, *1AP23/3: Ecole d'administration: Cochem, Haigerloch, Bade (1946-1949)*, p. 1.

③ "Note pour monsieur le Directeur Général des Affaires Administratives: Création éventuelle d'Ecoles d'administration pour les Allemands dans la Zone Française d'Occupation, le 2 octobre 1946", AMAE, *1AP23/2: Ecole d'administration: Spire; Gormersheim (1946-1949)*, p. 2.

与了"自由法国"在意大利、法国的军事行动与对德境的进攻。① 在法方占领者眼中,这位公共教育局长更像一位资深戴高乐主义战士,而不是一般的军政府民事官员。得益于在战火中与戴高乐将军和柯尼希将军缔结的良好私人关系,他可以运用个人威信来让自己在教育改革方面的方案建议在法占区迅速得到通过。② 他与柯尼希将军一样,认为"人是其成长环境的产物",因此要实现整个德意志民族的"再教育",就必须首先"砸碎德国青少年身上的锁链"③。

在施密特兰看来,法方的管制——尤其是他的公共教育局的直接管控——必须依靠创办行政学校来得以保障。他明确指出法方占领者在德国公务员"去中央集权化"上的担忧是毫无意义的,必须建立起一个高级行政学校(Ecole Supérieure d'Administration)作为必要的占区级组织,来确保各州新公务员所接受的"再教育"的一致性。此外,由于缺乏合格教员,大量建立和运行此类学校可能会招募不到足够人手,也就无法达成在每个州各建一个或多个行政学校的现有方案了。1946年8月6日,他便迅速致信行政学校创办事业的积极推动者——军政府行政事务总局主管,以阐明他的观点:

1)一切高等教育机构均属公共教育局管控之下,其创设也只能依其法令行事。我要求收回公共教育局在创办此类学校上的专属权。若在行政学校这里开了口子(我尚未看到有其他已证实的特例),那么我们自然而然也会为农业、工业生产等行业做出同样的例外处置,也就在实践中放弃了所有的特殊教育。

2)我不同意内务局信中有关学校开设数量的规划。我觉得一所学校便已足够了,顶多也就设两所。我认为,在目前情况下,想在每个州都开上一所是不切实际的,就算做到了也会使其陷入非常粗劣的教学条件之中。此外,招收的公务员数量也不该如此之高,

---

① Marianne Mulon, "Raymond Schmittlein (1904 – 1974)", in *Onoma* Vol. 18 (1974), pp. 626 – 627.
② F. Roy Willis, *The French in Germany: 1945 – 1949*, p. 167.
③ Raymond Schmittlein, "Brise les chaînes de la jeunesse allemande", *France Illustration*, No. 205, le 17 septembre, 1949, p. 1.

以至于要建5所学校来应对。眼下唯一可行的解决办法，就是将行政学校挂靠在大学里。美因茨大学在我看来很适合这么做；而我们先前已另外研究过在施派尔（法语：Spire，德语：Speyer）如何运行的这类行政学校。

3) 对于"我们没有必要出面代替德方当局来做此事"这一段，我更是不认同。我认为我们已经一劳永逸地确定，一切再教育之事均将由我们直接进行。此类学校之筹划及其章程均须由我们制订，并受到极为严格地监督……

作为结论，我认为：

a) 只有公共教育局有资格并具备相应手段去创办高级行政学校。

b) 整个法占区只能有一所这种学校，最多两所。

c) 这一学校必须依照与美因茨大学相同的办学原则开办。①

1946年8月27日，施密特兰和内务与宗教局副主管进行了一次会晤，以咨询科赫姆行政学校的具体情况。起初，这只是一场旨在了解必要信息的会谈，因为他负责帮助柯尼希将军了解真实状况，并且就法方军政府部分民事部门（行政总管、行政事务总局、内务与宗教局、高级代表布瓦斯兰贝尔）内部达成的这一决定合适与否做出评判。但施密特兰认为，创办一个新的高级行政学校以培养公务员——尤其是属于精英人才的高级公务员——正是推进青年公务员"再教育"的良机。因此他并没有像柯尼希将军一样采取严厉追问的态度，反而与这些部门的民事官员合作，承认了"这些课程的必要性"②，并说服柯尼希将军接受了在法占区创办行政学校的理念。

---

① "No. 3389/DGAA/EDU：Note pour Monsieur le Directeur Général des Affaires Administratives：Ecoles provinciales d'administration, le 6 août 1946", AMAE, *1AP23/3*：*Ecole d'administration*：*Cochem, Haigerloch, Bade*（1946－1949）, pp. 1－2.

② "Note pour monsieur le Directeur Général des Affaires Administratives：Création éventuelle d'Ecoles d'administration pour les Allemands dans la Zone Française d'Occupation, le 2 octobre 1946", AMAE, *1AP23/2*：*Ecole d'administration*：*Spire*；*Gormersheim*（1946－1949）, p. 2.

随着施密特兰的介入，行政学校的创办已不再是单纯为了满足个别部门的行政任务需要，而更是为了承担公共教育局制订和监管的总体教育任务。在施密特兰看来，除州级行政学校以外，法占区还需要建立一套完整的学校体系，以训练那些将在德方当局担任各类干部职位的新公务员。在10月5日公共教育部一份有关这一体系组织构建的解释性备忘录中，施密特兰正式提出了在法占区创办高级行政学校的具体设想：

> 漫长的战争与其所造成的恶果，导致德国行政机关陷入了深深的组织混乱之中。除却因死亡、俘虏或是失踪造成的人员损失以外，非纳粹化也清退了大部分有资质的公务员——在特定情况下，甚至可以说是几乎全部的高级干部。迄今为止采用的临时解决方案既不能在数量上填补人手的不足，也无法在质量上提供必要的替换人员。
>
> 如果继续沿用培养德国行政管理者的通常办法的话，仍只是治标不治本的权宜之计，因为这需要相当长的实习经历，并且是根据公务员的正常升迁制订的。因此正常的招募程序无法应对这一完全不正常的态势。此外，那些能够立即为行政治理提供公务员的几代人，恰恰正是受民族社会主义教育毒害最深的。到刚刚复课的大学里接受次短短的培训，并不足以矫正他们的思想。
>
> 这样一来就有必要研究这样一个总体计划了：既要能够在预期中提供大量可招募的新公务员，同时也要保证他们心怀良好意愿。根据宏观总体情况和各州具体实际做出的研究结论如下：
>
> 必须从现在开始培养数期年轻公务员，以承担行政治理中的基层与高级干部职位。
>
> 对于自我们到达德国时起临时任用的公务员，必须给予他们在任职过程中提高自身能力以及掌握必要知识的机会，从而使其能够转正。
>
> 必须对负责这一培训的机构进行集中化，以达到完美的一致性和最佳效果。①

---

① "No. 4191/DGAA/EDU: Exposé des motifs, le 5 octobre 1946", AMAE, *1AP23/2: Ecole d'administration: Spire; Gormersheim (1946–1949)*, p. 1.

根据施密特兰的设想，将在新合并成的莱茵—普法尔茨州的施派尔设立一处高级行政学校，以兼顾培养高级公务员新人和训练法方占领之后在职的旧公务员。最终，这些年轻的精英分子将会通过这一教育体系得到"再教育"，并被引入德方当局，从而在内部激起新的德国行政改革。在施密特兰的极力推动下，一次以行政学校建设为主题的会议于1946年10月17日在军政府行政事务总局召开。法方军政府的所有相关职能部门（内务、健康、邮政、司法、经济、安全等）均受邀共同讨论相关事宜并做出一致决定。施密特兰在会议中做了开场发言，阐述了公共教育局10月5日备忘录中所列举的观点，呼吁与会各部门主管接受他有关高级行政学校的理念，共同创办一个在法方直接监管之下，最多可招收200名学员的全新高级行政教育机构。会议最终决定，该校的创办将以行政总管官方命令的形式公开发布，命令文本须首先予以确定，以保证施派尔的高级行政学校能在1947年春开始运营。①

自1946年10月起，法方军政府全力以赴以求实现德国新公务员培养的"第二步"，也就是创办中央级别的高级教育组织，针对德方当局的高级干部职位，在法方监管下周期性地招收培养或是训练提拔年轻的公务员。由于像施密特兰这样的法方官员的努力，打消了有关行政学校"集中化"、法方直接监管以及学员招收资格等疑虑。法方军政府的所有占领者一致认定了创办行政学校的重要性，将其视为理想中的"德国新式公务员"出现的必要条件予以实施。

1946年时，在法方占领者眼里，德国公务员的任用已不再仅仅是占领陌生领土时所做出的权宜之计。在其他占区的非纳粹化运动和民主选举的压力之下，法方当局通过清洗加强了对于德国公务员的监管——控制住这些直接承担基层行政治理任务的人员，也就确保了他们对于法占区的"间接治理"。德国公务员在"系统化清洗"阶段得到了暂时的"改头换面"，但也因为法方对于德国地方政府的管控加强而被间接"去政治化"了，只能为法占区唯一的中央当局——法方军政府服务。

---

① "Réunion tenue le 17 Octobre 1946 chez M. le Directeur Général des Affaires Administratives au sujet de la création de l'Ecole d'Administration, le 17 octobre 1946", AMAE, *1AP23/2*: *Ecole d'administration: Spire; Gormersheim (1946-1949)*, pp. 1, 3, 12.

与此同时，在那些希望培养真正的"德国新式公务员"以满足德国行政改革需要的法方民事官员呼吁下，法占区已建成两所州级学校，另有一所中央级别的高级行政学校在有条不紊地筹备之中。借助这些变革措施将德国公务员命运牢牢把握于掌中的法方军政府，将自己的权威高据于德国地方当局之上，在1946年的纷乱变局中维持住了对于占区的统治。

第三节　法方军政府对德国公务员管控的弱化（1947—1948）

从1947年到1948年，所有盟国占领方，尤其是法方当局，都面临一个前所未有的艰难抉择：是去是留。美英当局开始建立由德方机构直接管理的"双占区"，苏方军政府则鼓励德国共产党人执掌苏占区政权。面对如此局势，法方军政府决定加速对于法占区德方当局的权力转移，并寻求改革德国公务员法律章程，以求推动对德国行政治理的宏观民主改革。最终，法方对于德国公务员的管控也在这一历程中逐渐弱化消失。

一　法占区德方当局权力的增长与德国公务员章程

在向德方当局转移权力的过程中，法方军政府中的两派人物各有其不同打算，以维持法方对于法占区行政改革的影响力。民事官员主张加强对于德国地方政府的管控，以继续维持法方军政府的"间接治理"。与此相反，军官派则试图减轻法方军政府的中央民事行政负担，以促进德国的"去中央集权化"并减少占领成本，延长法国对德军事占领。法方军政府内部，一场有关行政管控的争议已然呼之欲出。

（一）法方军政府内部两派对德方当局行政管控争议的产生

自法方占领开始之日起，德国地方上的临时政府其实就一直是法方占领者"任命的政府"（gouvernements nommés）。在法方军政府建立后，德方当局更是要把所有人员编制和政令决策提交军政府批准，甚至连日常运作都在军政府各级地方代表的严密监管之下。即便到了1946年这样的"选举年",法方对于德方立法行为的严格监管,依然大大限制着那些名义上已经让渡给德国地方政府的权力的真正实施。1946年11月22日,符腾堡州政府主席卡尔罗·施密特在致新近选举产生的咨询议会的讲话中,坦言德国地方政府长期受制于法方军政府,符腾堡州必须从无到有地建立起新的行政体系来:

> 跟过去一样,政府仍然只对军政府负责;跟过去一样,它必须接受军政府的命令,它自己提出的措施也得由军政府批准。州里许多我们签发的政策措施并非我们自己决议的产物。如果我们能自己做主的话,很多政策措施将会大不相同(尤其是在我们的反对意见不为军政府所采纳时)……尽管我们对一些命令担惊受怕,却还是只得予以执行,因为我们确信,鉴于我们所处的环境而言,为了本州的福祉必须这么做。①

然而,对于法方民事官员来说,将这些地方政府维持在唯命是从的态势对于法方军政府的"间接治理"是至关重要的。在各州宪法编纂以及地方选举稳步进展的情况下,要让德国地方当局继续俯首帖耳,法方军政府就不得不进一步加强管控,给获得越来越多权利让渡的德方行政机构套上更紧的缰绳,使其不敢恃权造次,违逆法方意志。1947年1月7日,在其《第115号决定》发布后仅仅数周,拉丰便出面鼓动各州高级代表以军政府中央的审批委员会为模板,建立各自的德方政策审批团队,从而对德国地方立法形成预先监管机制:

高级代表团级别对于德方当局决议草案的管控
> 建立一个在您领导之下负责审批检查提交给您的文件文本的组织,使您能在其中行使监管之权,是极其有益之举。但要认清的是,您拥有最终决策权,不受该委员会意见约束。

---

① Württemberg - Hohenzollern, *Beratende Landesversammlung*, Verhandlung, November 22, 1946, S.17.

上述委员会可按照我在1946年12月12日的《第115号决定》中做出的中央级别审批委员会的模式组建。①

但是到了1947年,双占区(Bizone)的形成与运作给法占区带来了巨大的压力。在1946年7月的巴黎外长会议之后,苏联与美国之间有关德国未来统一道路方式——"政治统一"还是"经济统一"——的分歧已然大白于世,为法国等盟国所知悉。7月11日,美国国务卿贝尔纳斯(James F. Byrnes)宣布:

> 四国之间协议规定,为执行《波茨坦协定》,德国的治理应视为一个经济整体进行,美国将与任何其他政府或者其他在德占领政府联合,以将我们各自占区视为同一个单一的经济单位。我们已经做好准备,要求我们的在德军事代表立即与其他占领方政府着手建立一套德国行政机制,以将我们的占领区作为一个经济整体进行治理。②

根据1946年12月2日的《双占区合并协议》(Agreement for Economic Fusion of United States and United Kingdom Zones in Germany),美占区与英占区合并为一,从1947年1月1日起正式形成"双占区"③。这一新态势引起了法国保守人士——尤其是那些将德国的"去中央集权化"视为法国安全保障的法占区军官派——的深深忧虑。在法国军官派看来,若法占区并入其他占区的趋势不可避免,比起那些在民事官员严

---

① "L'Administrateur Général Laffon Adjoint pour le Gouvernement Militaire de la Zone Française d'Occupation à Messieurs les Délégués Supérieurs: Pouvoirs des Gouvernements Allemands et organisation du contrôle législatif et règlementaire du Gouvernement Militaire, le 7 janvier 1947", AMAE, 1AP42/2: Pouvoirs des gouvernements et contrôle de la législation: Instructions, rapports et notes de base (1946 – 1947), p. 1.

② "United States Delegation Record, Council of Foreign Ministers, Second Session, Fortieth Meeting, Palais du Luxembourg, Paris, July 11, 1946", FRUS 1946: Council of Foreign Ministers, Vol. II, Washington: U. S. Government Printing Office, 1966, p. 897.

③ James K. Pollock, James H. Meisel, Henry L. Bretton, Germany under Occupation: Illustrative Materials and Documents, Ann Arbor: George Wahr Publishing Co, 1949, pp. 224 – 227.

格管控下惟命是从的地方政府——他们在占领时期就已经习惯于权力集中了，在法方占领者走后也就会自然而然地任由新形成的德国中央政府驱使——持分离主义（séparatiste）立场的地方政府能够在联邦制之下以"自由邦"（état libéral）的身份扮演更为独立自主的角色，从而更有利于未来德国的"去中央集权化"。这也正是柯尼希将军支持黑森—普法尔茨州与莱茵—黑森—拿骚州合并，并在1946年8月30日建立起莱茵—普法尔茨州的用意所在。在军官派眼中，法占区的"州"（Länder）的概念实际上更偏向于有利于"去中央集权化"的独立"邦国"（états）。与之截然相反的是，民事官员则更倾向于将其看作需要占领方中央施加治理的"省"（provinces），以保证法方军政府的管控以及法国利益（尤其是赔款这类经济利益）的实现。既然军官派不愿意将自己的占领区拱手让予他人，更不希望看到德国中央政府在此时成立，那么唯一的选择便是鼓动法占区各州的分离运动，以此来削弱德国未来的中央政府。他们担心若这些德国地方政府已经习惯于服从军政府民事官员的命令的话，也就会理所当然地听命于未来中央政府。既然法方当局已注定难以再维持一个独立自主的占区，那就必须尽量减少法方军政府的干预，从而在法占区形成更为独立的"自由邦"。1947年1月12日，在给法国总统的特急公函中，柯尼希将军指出：

> 看起来，联邦制的邦国总统和参议院，符合且有利于我们以法国安全为重的政策前提：不要苛责邦国对于未来德意志联邦国家的依存关系……
>
> 莱茵—普法尔茨州：由于法国曾在许多场合表示过莱茵兰应享有特殊地位，或者至少认定了其永久占领的必要性；故而现在有必要知道，是否适合使莱茵—普法尔茨成为一个与其他占区的"州"截然不同的真正邦国，抑或接受其在德意志联邦国家之中与其他州相等同。
>
> 现下，我们必须等待莱茵人的意见。我想说，政党代表和国会议员们在此宪法问题上采取的立场确实要明确得多。毫无疑问，我们会被授命去极其谨慎地通告德国各州领导人，传达我方通过的宪法草案。

但是，我个人的明确感想是，不要强加给临时政府和咨询议会一份未经他们自由讨论提出的宪法。

巴登州和符腾堡州：在我看来，为了设立邦国总统和两院制议会，我方应该少做向南巴登州和南符腾堡州的事务官员和咨询议会施加压力的决策。我们必须给他们留出尽可能大的自由讨论与建议权。①

出于同样的目的，1947年1月30日，柯尼希直接向拉丰下达了《第508号训令》，以说服后者执行他在德国未来行政组织形式上的构想：

总方针：目的是在政治、行政和经济上对占区进行组织，使得创建起来的德国组织以后能应付自如地融入未来德国的联邦制框架之中。

为此：

a) 占区各邦国从现在起，接手一切在未来组织框架中应属于德意志邦国的权力。

b) 未来德意志联邦国家的权力，现由占区德方的顾问团或委员会行使。

c) 放弃严格管控的时机尚未成熟，抑或代表着法国特殊利益的部分部门机构，继续由法方领导管理。

管制当局的组织形式：法方管控应着重于决策或执行机构。其组织形式应与德方当局相符，因而以趋向各邦国的去中央集权化为本质特征。

凡交由占区顾问团或委员会处置之事宜，中央当局不得再对德方当局进行直接管控。

无论"去中央集权化"如何进行，中央当局均保留有向总代

---

① "Lettre du général Kœnig à Monsieur le Président du Gouvernement Provisoire de la République Française sur l'élaboration des Constitutions de Land, le 12 janvier 1947", AMAE, *1BONN47*, *Relations Extérieures*：*CCFA Cabinet Civil*：*Z. F. O. – Administrations allemandes – Pouvoirs des Länder (1946/48)*, *Dossiers rapatriés de l'Ambassade de France à Bonn*, pp. 3 – 5.

表或高级代表下达指令并跟进其执行的职责。它还保留有统计与档案职能。

德方当局所做出的决定必须由军政府转达给管控部门下属层级，以使其能够与德方相关机构同步获得消息。

在特定情况下，尤其是在涉及教育的问题上，除非有碍于前述方针之执行，中央管制当局仍暂时保有审批决定之权。这一例外处置旨在就全占区范围针对柏林方面制订的总体规定与法方当局的具体决策做出协调：如非纳粹化和民主化。

该管制体系的贯彻落实由德方当局和各法方机构同步执行，首要任务在于确保相应德方部门的设置。

凡关乎法国或盟国利益的特殊部门，除非有损此类利益，亦须逐渐调整以适应这一新的组织形式。①

于是，1947年的法方占领者之中就出现了这样一个怪现象：那些一直在盟国交往中坚持"不合作"，常常对本土政府的指令视而不见的保守军官派，摇身一变成了要"解放"德国地方政府，给予它们更多行政自由权的"开明人士"。相反，向来呼吁要通过"间接治理"指引德国人学习法国民主，以积极开放的观点闻名的民事官员，反倒在极力加强法方管控，对军官派的指令加以严格限定——即便在收到柯尼希将军的亲笔命令后，拉丰仍然认为削弱法方管控为时过早，因为该管控不仅在向德人让渡权力的关口不可或缺，更是法国在德占领的地位象征：

> 对中央行政的这种管控是确立规章的大权下放给德国当局的必然结果。这标志着我们的存在，使得我们可以将我们政策的方针路线施加于德方当局，对其放松任何一点点警惕的举动都会成为一个危险的先例。

---

① "No. 508/CC/CAC：Instruction pour Monsieur l'Administrateur Général Adjoint pour le Gouvernement Militaire de la Zone Française d'Occupation：Application à la Zone Française des projets remis aux Alliés concernant l'organisation future de l'Allemagne, le 30 janvier 1947"，AMAE，*1BONN47*，*Relations Extérieures*：*CCFA Cabinet Civil*：*Z. F. O. – Administrations allemandes – Pouvoirs des Länder (1946/48)*，*Dossiers rapatriés de l'Ambassade de France à Bonn*，pp. 1 – 2，4.

只有中央当局各行政部门，能够准确核实各州现行的立法或规章制度在技术上与我们在行使占领国权力过程中所采取的措施是否相符……

只有这样，才能实现对于德国立法全面高效的控制，形成"间接治理"的关键形式，占领政策必须迅速，全面地以此为趋向而做出。①

军官派与民事官员之间有关对德方当局行政管控的争议，也就这样大白于天下了。这两派开始各自寻求机会，实践自己有关法占区行政治理的理念方针。

（二）有关德国新政府管控问题的矛盾激化

1947年5月，法占区各州宪法陆续经公投通过，德国地方临时政府随即被按照新宪法产生的各地新政府取代。一套以各"邦国"政府权力为基础的政治去集中化体系也随之建立起来。② 根据各州不同宪法中的一致规定③，德方构建起来的新州政府享有行政自由权。因此就理论上而言，法方军政府也就丧失了其作为德国地方政府行政上峰的中央当局地位，成了被动监管德方自治的单纯占领机构。相应地，这些地方政府中德国公务员原本的法方军政府"间接雇员"的角色，也就应该随德地方当局自治的实现而一并消除。但是像拉丰这样的军政府民事官员，并不愿意就此放弃他们在占领区行政中的支配地位，这就意味着他们必须推动法方军政府进一步发展其管控措施，以应对占区的再次行政重组。这一思路当时得到了许多法德问题专家的支持。斯特拉斯堡大学

---

① "N.03854Cab/c: L'Administrateur Général Laffon Adjoint pour le Gouvernement Militaire de la Zone Française d'Occupation à MM. Les Directeurs Généraux, les directeurs, les Chefs de services: Contrôle des textes législatifs allemands des Länder, le 7 avril 1947", AMAE, *1AP42/2: Pouvoirs des gouvernements et contrôle de la législation: Instructions, rapports et notes de base (1946 – 1947)*, p. 1.

② Beate Ruhm von Oppen, *Documents on Germany under Occupation 1945 – 1954*, pp. 231 – 232.

③ "Référence: Section politique du Cabinet civil du CCFA: Tableau comparatif des constitutions des trois länder de la Zone d'Occupation, le 12 mai 1947", AMAE, *1BONN47, Relations Extérieures: CCFA Cabinet Civil: Z. F. O. – Administrations allemandes – Pouvoirs des Länder (1946/48), Dossiers rapatriés de l'Ambassade de France à Bonn*, p. 90.

法律与政治科学学院院长、国际法知名教授罗伯特·雷德斯洛布（Robert Redslob）就曾在给法方军政府的报告中明确指出法方的立法管控必须高于德国各州宪法：

> 对德占领的特性。这是一次全盘占领。允许各邦国自行组建。法国保留占区最高权力。法国可以随时取消新颁布的地区宪法。法国可以自行颁布法律。正式的权力保留，就此意义上看是可取的。法方更高级别法律的存在并不与立宪邦国的存在相悖。①

专家的主张，鼓励了民事官员们为维持军政府的中央行政当局地位而努力。1947年5月20日，拉丰在公投大选刚刚落幕之时，发出了向德方让渡更多权力的通告。他在通告中承诺，法方军政府不再强迫德方执行其自身并未批准的立法文本。然而，同时他也保留了法方军政府对于德方立法的否决权，甚至还宣布法方当局必须巩固甚至进一步加强其中央权力，对德国地方政府进行更为细致的管控：

> 有必要对各州德国政府所不能行使的权力做出明确而公开的界定。
> a）这些政府不得在未获（法方）总督同意的情况下篡改之前临时政府所制定的法令。
> b）在财政经济事务方面，军政府将就其在中央层面所做之保留事项具体知会各州。
> 关于这一问题，我们将提请巴黎方面根据占区组织形式做出理念确定。
> c）各州政府不得背离管制委员会法律、最高指挥官命令及行政总管法令。
> d）军政府按照莫斯科会议所做决议，对于民主化、非纳粹化

---

① "Consultation donnée au Gouvernement Militaire de la Zone Française d'Occupation par Monsieur Robert Redslob, le 12 mai 1947", AMAE, *1BONN47*, *Relations Extérieures*：*CCFA Cabinet Civil*：*Z. F. O. – Administrations allemandes – Pouvoirs des Länder（1946/48）*, *Dossiers rapatriés de l'Ambassade de France à Bonn*, p. 3.

及非军事化事务保有极其严格之管控权利。在这些方面,各州政府不得自行其是无所顾忌地制订法律;军政府可对其行使绝对否决权。①

可是,在1947年5月底柯尼希将军给外交部欧洲局的有关占区行政重组的通信中,已然提出了赋予德方当局更多职权责任而削减法方当局行政任务的方案:

> 您现在可以在业已确定的框架内做出决定,允许法国以更灵活的体系取代军政府前两年的行政机制,以渐进地拓展德方在各州的责任;各州的巩固仍然是主要目标之一,突显出我们占领政策中的"简单管控"(simple contrôle)阶段。
>
> 这种进展必然包含行政事务的去集中化,以及军政府法方人员人数的大大减少。事实上,特意将各州架构中的某些与直接责任相关的职能交给法国人行使,似乎与承认赋予各州新权力的现状是自相矛盾的。重要的是,州议会内可能不能针对法方当局做出合法批评,大多数责任将被归于这一级别的德国公务员,而军政府则保留一部分属于行政或政治管控范畴的任务。为此,大部分原属军政府行政事务总局的责任要被交付各州政府,由高级代表确保对地方当局的管控。这一总原则的唯一例外在公共教育方面。关于这一问题我会另行对你做出指示。经济秩序的问题仍须在占区层面进行协调,因此法方也必须把这一层面的协调工作掌握在手中。现在就让德国人行使联络协调之权未免为时过早。②

---

① "Note de L'Administrateur Général: relative aux Pouvoirs qui doivent être concédés aux Allemands des 《 Länder 》à la suite des élections générales, le 20 mai 1947", AMAE, *1AP42/2*: *Pouvoirs des gouvernements et contrôle de la législation: Instructions, rapports et notes de base (1946 - 1947)*, pp. 1 - 2.

② "Lettre à la Direction d'Europe du Ministère des Affaires Etrangères (modifications proposées par le général C. C. F. A.): Projet de lettre sur la réorganisation administrative de la zone, fin mai 1947", AMAE, *1AP42/2*: *Pouvoirs des gouvernements et contrôle de la législation: Instructions, rapports et notes de base (1946 - 1947)*, pp. 1 - 2.

相对于拉丰主张的做法——继续加强法方管控以维持法方军政府对于各州新政府的行政权威，柯尼希所支持的"简单管控"旨在向德方当局——尤其是德国公务员——移交更多行政责任，削弱法方军政府的民事行政治理权力。根据这一方案，那些积极地把法方军政府改造成了德国地方当局行政中央的民事官员，如各州高级代表、军政府部门主管乃至行政总管拉丰本人，都会变为德地方政府活动的被动监视者。而在那些柯尼希本人所重视的领域——诸如公共教育（关乎德国青少年再教育）、跨州的经济秩序协调（关乎占区间贸易和经济赔款），法方的管控反而要加以确保。

至此，法方军政府内部两大派系之间的意见分歧已然明了。尽管如此，两派之间依然尽其所能地贯彻执行自己的方案，并尝试与对方阵营相互协调。1947年6月9日，柯尼希将军正式颁布了《第95号命令：关于法占区各州的权力》，这一命令反映了两派之间的暂时妥协：

第一条 各州德国当局行使1947年8月18日投票通过之宪法所赋予之权力。在行使此等权力的过程中，须尊重盟国文本所提出、管制委员会及法国在德最高指挥部所颁布之规定。

第二条 以下领域均排除在各州立法权限之外，由法国在德最高指挥部保留：

1）对于其他国家的物品归还与赔款支付。
2）居民人口与流亡难民的迁移。
3）与国际刑法相关之立法。
4）占领军的需求给养。
5）军事、工业与科技的非武装化。

第三条 法国驻德最高指挥部保留在各州之间进行必要协调的经济领域立法权。该权限清单之后将以法占区军政府行政总管法令形式予以确定。

第四条 一切有关非集中化、非军事化、非纳粹化、公共秩序维持与民主化的方案计划，尤其是与教育相关的事务，均须在向议会提出前先行知会法国驻德最高指挥部。

第五条 盟国当局因战争、占领而造成的一切支出，抑或法国驻德最高指挥部措施规定而导致的任何开销，都应强制计入各州预算之中。

第六条 各州当局所采纳的规章制度及法律文本均须在法国驻德最高指挥部同意后才能颁布。①

《第95号命令》是一项旨在调和各方要求的措施：德方当局自此可以正式行使那些宪法所赋予它们的权力。军官派获得了改革占区行政组织形式的机会，可以借此打造一套去集中化的架构。至于民事官员则在一些关乎法国和盟国利益的领域范畴保留了部分权力——虽然法方对于德方当局的管制不可避免地遭到了削弱，但至少也在一定程度上得以维持，并未被彻底废止。根据命令文本所述，这些权力由柯尼希将军直接领导下的法国驻德最高指挥部保有，而并非归拉丰为首的法方军政府民事机关所有。这就意味着法方民事官员（如各州高级代表团、军政府各部主管乃至行政总管本人）作为法占区行政治理核心的地位已然被否定，军官派从此以后可以在"法国驻德最高指挥部"名义下直接插手法方对德方当局的管控。自1945年8月22日《第2号法令》颁布以来一直实际操持法占区行政的法方军政府的民事官员，尤其是拉丰本人，自此实际上把自己的行政治理之权同时分给了占区的德方各州及法方军官派。只有拉丰一人得到柯尼希首肯，保留了为法国当局保有的立法权力制订具体清单的权利。

1947年6月10日，《第95号命令》发布翌日，拉丰便立即颁布了《第218号法令》。作为对《第95号命令》的回应，该法令界定了法国驻德最高指挥部保有立法权力的具体领域范畴：

> 为执行6月9日《第95号命令》第三条之规定，法国在德最高指挥部在以下方面保留立法权力：
>
> 1) 货币与汇率管控，

---

① "L'ordonnance No. 95: relative aux pouvoirs des Länder de la Zone Française d'Occupation, le 9 juin 1947", *Journal Officiel du Commandement en Chef Français en Allemagne*, No. 78, Gouvernement Militaire de la zone française d'occupation, le 13 juin 1947, pp. 783–784.

2）旧帝国时期债务，

3）海关与对外贸易，

4）工资政策与物价制订，

5）度量衡标准的统一，

6）各州各部门工业生产计划，

7）各州与进出口配额直接承担方之间在物资产品上的总体互补，

8）农林产品生产的总体规划，

9）粮食供给的总体规划，

10）食品与主要工业产品的个人配给定额，

11）运输、邮政及电信政策。①

从这一法令的规定来看，显然德国各州新政府仍然要依附于法方当局，因为后者几乎在所有关乎占区经济政策正常运转的事务方面都对立法权进行了"保留"——尤其是指明了法方对于财政、贸易、生产、供给与运输的管控，这几乎是掐住了德方当局的经济命脉。得益于两年以来对法占区的"间接治理"，法方民事官员对于行使这种管控可以说是经验丰富。因而他们可以利用拉丰手中仅存的清单制定权继续维持对于德方当局的影响力，抵制军官派主张的"简单管控"方案。也正是出于同样的原因，拉丰才一再劝说各州高级代表与军政府各部门要积极行动，主动介入德方的事务处理，而不要陷入"被动监管"的态势。在他看来，德方当局必须被再次限制为法方军政府的行政下级，而不是军官派所喜闻乐见的所谓"自由邦"。

仅仅3天之后的1947年6月13日，拉丰以迅雷不及掩耳之势发布了致各州代表的《第6559号通告》，在其中再次强调维持法方管控的重要性，并以此为出发点阐释《第95号命令》和《第218号法令》的贯

---

① "Arrêté No. 218 de l'Administrateur Général relatif aux matières réservées par le Commandement en Chef Français en Allemagne, en vertu de l'article 3 de l'Ordonnance No. 95 du 9. 6. 1947, le 10 juin 1947", *Journal Officiel du Commandement en Chef Français en Allemagne*, No. 79, Gouvernement Militaire de la zone française d'occupation, le 17 juin 1947, p. 796.

彻落实。① 7月1日，基于《第6559号通告》文本拟定的《第6639号通告》被正式下达给了法占区各高级代表，以指导《第95号命令》和《第218号法令》的具体执行：

> 管控。不能对各德方政府的权力扩展视而不见，这一权力扩展来源于对普选所产生的议会的信任感；如果说这本质上意味着要将军政府从大量问题急务的应对处理中解脱出来的话，反过来说这也使得军政府丧失了从我们这边进行的警惕性管控的能力。
>
> 这一管控必须针对政府计划与行政计划同步进行，其过程必须是既持续又慎重的。
>
> 就政府计划而言，对于所有规章制度和法律条文的强制审批是你们的天职。不过，在此过程中要仔细关注这些规定执行的意图所在，绝不容忍任何触犯指挥部所下达的关于权力保留范畴命令的举动。
>
> 再者，我提请你等注意，对于德方当局决定的后发管控，一如既往，仍由我的立法与司法部门进行。
>
> 在行政计划上，你们手下的专区代表要亲自通过调查访问，通过他们的技术合作者所搜集的情报，通过与专区官员的接触，对你们做出关于德方部门运转情况的务实报告。
>
> 不言而喻，对军政府的任何直接或间接的批评，抑或任何被认为不可接受的排斥举措，都必须立即成为对德方政府进行有力干预的目标所在；这不仅是为了获得补偿或是最后做出必要的惩罚，而更是为了惩前毖后防止同类错误再次发生。②

---

① "No. 6559DGAA/INT/3°SECT：L'Administrateur Général Laffon Adjoint pour le Gouvernement Militaire de la Zone Française d'Occupation à MM. Le Délégué Général du Land Rhéno – Palatin, Les Délégués Supérieurs du Pays de Bade, du Wurtemberg：Pouvoirs des Autorités des Lander de la Zone Française d'Occupation, le 13 juin 1947"，AMAE, *1AP42/2*：*Pouvoirs des gouvernements et contrôle de la législation：Instructions, rapports et notes de base*（1946 – 1947），p. 5.

② "L'Instruction No. 6639/CAB/C：L'Administrateur Général Laffon Adjoint pour le Gouvernement Militaire de la Zone Française d'Occupation à Monsieur Le Délégué Général du Land Rhéno – Palatin, Messieurs Les Délégués Supérieurs du Pays de Bade, du Wurtemberg：Pouvoirs des Autorités des Länder de la Zone Française d'Occupation, le 1 juillet 1947"，AMAE, *1AP42/2*：*Pouvoirs des gouvernements et contrôle de la législation：Instructions, rapports et notes de base*（1946 – 1947），p. 6 – 7.

在《第6559号通告》文本中有这样一句话，后来在正式发布的《第6639号通告》被删除掉了，然而我们恰恰可以从这句话里看出拉丰依然力主维护法方管控的动机所在："我们的自由主义必须同坚决强硬并行，才能确保我们获得尊敬。"① 在他看来，只有对于德方当局的严格行政管控才是真正有益于改造德国，有助于实现法方实现在法占区占领目标的，因此必须以强硬的管控手段赋予德国人民主和自由，而军官派放松行政管控，只求对德国领土进行单纯军事占领的做法对此根本毫无裨益。在这一动机下，拉丰和其他的法方军政府民事官员继续极力维持法方管控，牢牢把持法方所剩余的保留权力，其中就包括对于德方当局公务员要职的任命权。

1947年8月4日，拉丰签发了《第7141号通告：法占区各州政府行为管控——公务员任命》，宣布称：

> 在尊重军政府已有规定的前提下，德国政府根据宪法规定向议会负治理之责，并拥有维持民主政权正常运行所需的行动自由权。
>
> 但占领国必须继续行使管制权，以确保公共秩序与盟国利益，不过这并不表示其不允许各州宪法所定之政府责任的正常行使。
>
> 在公务员任命的相关事宜上，这两种必要性的结合使得我做出了以下决定，望你等恪守不懈：
>
> 1）原则上，我认为制度化地将公务员任命提交军政府预先批准的做法是不甚合适的，且有悖于我方"间接治理"的政策。
>
> 2）然而，要尊重这一极为可取原则——部分特别重要的职位不能交托给那些不利于我方利益的公务员。
>
> 3）此外，不言而喻，我方保留对任何因盟国政策或工作缺陷

---

① "No. 6559/DGAA/INT/3ᵉSECT：L'Administrateur Général Laffon Adjoint pour le Gouvernement Militaire de la Zone Française d'Occupation à MM. Le Délégué Général du Land Rhéno–Palatin, Les Délégués Supérieurs du Pays de Bade, du Wurtemberg: Pouvoirs des Autorités des Lander de la Zone Française d'Occupation, le 13 juin 1947", AMAE, *1AP42/2：Pouvoirs des gouvernements et contrôle de la législation；Instructions, rapports et notes de base (1946–1947)*, p. 5.

而招致严重不满的公务员解职的权利。①

该通告附有一必须法方军政府预先批准才能任命的公务员职位的详尽清单。② 根据清单显示,诸多重要领域方面(如内务、邮政、卫生、难民、教育、劳工、经济、财政、农业、公共事业与运输、司法与警务等)的大多数高级公务员任命,均须由法方军政府不同级别的行政官员负责人(各州高级代表或行政总管拉丰本人)预先批准通过,才能上任履职。然而对于德方当局公务员来说,《第7141号通告》依然堪称历史转折点。因为民事官员毕竟先行承认了各州德国新政府在军官派支持下愈加趋向独立自主的现实趋势。在这一通告发布后,法方军政府作为法占区行政中央的地位已然被无可避免地削弱了,法方管控已不再是积极行使且高于德方的强力意志,而是被动做出并与地方政府决策并行的监督调整。法方对于德国公务员的间接管控也就随法方民事官员所倡导的"间接治理"体系一并衰弱下去。《第7141号通告》正是民事官员们在公务员间接管控方面弃卒保车,至少保住德方新政府高级公务员任命决定权的关键尝试,已然是当时情况下的无奈之举了。

但是,当时所有这些尽量维持法方管控的努力,其成功与否实际上都取决于一点——那就是拉丰在法方军政府中央的重要地位。作为民事行政机构的首脑,法占区仅次于柯尼希将军的二号人物,军政府日常行政事务的实际管理者,他可以随时随地发布行政总管法令以抵制军官派的在行政决策中做出的干预。柯尼希在1946年12月4日的宣言与拉丰的《第115号决定》,以及双方后来的《第95号命令》和《第218号法令》都体现出了军官派与民事官员之间(更确切地说,也就是柯尼

---

① "Note No. 7141/DGAA/INT/4°SECT: L'Administrateur Général Laffon Adjoint pour le Gouvernement Militaire de la Zone Française d'Occupation à Monsieur le Délégué Général, Messieurs les Délégués Supérieurs: Contrôle de l'action gouvernementale des Länder de la Zone Française d'Occupation – Nomination des fonctionnaires, le 4 août 1947", AMAE, *1BONN48*, *Relations des Français avec les autorités allemandes (1946/48)*, *Dossiers rapatriés de l'Ambassade de France à Bonn*, pp. 1 – 2.

② "ANNEXE: Liste des fonctionnaires dont la nomination sera soumise à l'agrément préalable du Gouvernement Militaire, le 4 août 1947", AMAE, *1BONN48*, *Relations des Français avec les autorités allemandes (1946/48)*, *Dossiers rapatriés de l'Ambassade de France à Bonn*, pp. 1 – 3.

希与拉丰之间）在法方军政府对德方当局管控上的这种争论博弈。每次柯尼希将更多权力交给德国地方政府以鼓励分离倾向，拉丰领导下的民事官员便会立即采取措施对这些交付出去的权力加以限制，以尽量确保自己的管控能力。这个循环怪圈直到1947年11月才得以结束——11月15日，拉丰被柯尼希下令解职。柯尼希从此兼任行政总管一职，直至1948年4月法方军政府重组完成，才正式取消了这一职位。此后，柯尼希领导下的法国在德最高指挥部开始直接负责法占区的民事行政事务。

（三）"后拉丰时期"法方行政管控的放开

拉丰离职之后，军官派主导了法方军政府，使其成为一个对德方当局进行被动监管的法方军事占领机构，而非管理整个占领区的民事行政中心。像柯尼希这样的保守派人士致力于维护法国的地缘政治安全，迟迟不愿接受法国政府对美英的妥协方案——也就是西占区的融合乃至西德的建立。在他们眼中，法方军政府对德意志"邦国"政府的权力让渡有利于减少占领开支，延长法国的军事占领和实现德国的"去中央集权化"，可谓一举多得。此外，这些军官本就在行政方面较之于他们的民事同僚缺乏经验，且民事官员们先前为管控德方当局而建立起来的占区行政分层架构（也就是由行政总管、高级代表团及各地德国政府组成的从中央到地方的领导体系）也已经在军官派发动的军政府重组运动中分崩离析。1948年4月12日行政总管之职被取消，在1948年军政府重组之后，各州高级代表团转而由法国在德最高指挥部直接指挥。因此，军官派乐得给予德方政府更多自由行动权，尤其是放手让德方去接管那些经济事务——这一领域本来就为民事官员所掌控，而非军官派所长——以实现法占区各州的治理。而他们则可以集中精力投入盟国间的明争暗斗，以尽量延长法国的军事占领。

1948年1月2日，柯尼希致信德奥事务专员皮埃尔·施耐德，想要说服后者放弃之前命令中所做出的权力保留范围，在经济方面给予德方当局更多责任。从施耐德的回信答复来看，可见柯尼希的设想已然超出了他的预计，甚至要比法国政府当时所预想的方案都激进许多：

> 在咨询相关部门后，我对你的看法表示同意：就那些军政府依照《第 95 号命令》保留至今的经济秩序职责而言，现在到了把它们交给占区各州德国部门机构的时候了。
>
> 不过我也要向您指出，你应该让它们为有朝一日在德国联邦构架之中发挥作用做好准备；事实上我们不能对此视而不见：正是我们所决定要执行的管控政策的严密实施，导致了经济领域"直接治理"权力的减弱，使我们可以至今维持占区的平衡稳定。然而也正是出于同样原因，我们不能全然放弃对于赋予他们的权力的管控。①

然而，1948 年 1 月 4 日和 7 日，法国政府外交部长乔治·皮杜尔向柯尼希将军和施耐德分别下达了指示，要修改法国对德政策的总体方针。② 这意味着占领政策发生了巨变：指示中不仅表示德国经济必须由德人自己迅速重建，甚至明言对于德方当局的行政限制以及对于法占区的经济掠夺已非法方军政府当务之急，相对于战后初期提出的"现在轮到被占领者来占领占领者了""让德国人付出代价"之类的占领口号不啻一场颠覆。因此，施耐德口风一转，在 1948 年 1 月 23 日做出的新训示里确认称，要用逐渐"放松管控"的办法来"维持管控"：

> 这种让德国人自行处置其各州治理的管控政策，既符合我们联邦制原则的逻辑，又符合长期占领的利益；为了使其能够延续下去，就必须加以放松。③

---

① No. 1691/POL: Le Secrétaire d'Etat aux Affaires Allemandes et Autrichiennes à Monsieur le Général Commandant en Chef Français en Allemagne, le 14 janvier 1947, AMAE, *1AP42/2: Pouvoirs des gouvernements et contrôle de la législation: Instructions, rapports et notes de base (1946 – 1947)*, p. 1.

② "Le ministre de Affaires Etrangères à Monsieur le général d'armée Kœnig, le 4 janvier 1948", Archives Nationales (AN), Les archives Bidault, 457AP15.

③ No. 1750/POL: Le Secrétaire d'Etat aux Affaires Allemandes à Monsieur le Général Commandant en Chef Français en Allemagne, le 23 janvier 1948, AMAE, *1BONN47, Relations Extérieures: CCFA Cabinet Civil: Z. F. O. – Administrations allemandes – Pouvoirs des Länder (1946/48), Dossiers rapatriés de l'Ambassade de France à Bonn*, p. 1.

在获得外交部长和德奥事专员这两个国内上级的认同之后，柯尼希于1948年2月4日向各州高级代表和军政府重要部门主管下达了《第800号训令》，为占领政策做出了新的导向。在德方当局权力的管控问题上，他宣布：

> 管控必须建立在可持续的基础之上，并以一套更为轻便的行政机制进行。
> 其必须适应于德方的组织形式，其中各州及更高层级的权力分配应符合法方有关联邦制德国的理念。
> 凡未在最高指挥部《第95号命令》中受到保留限制的各个领域方面，各州权力均应恢复效力。
> 军政府必须能够对其行动加以限制，以确保德国政府的政策决定、立法文本与盟国法令及占领目标相符合。[1]

尤为重要的是，该训令将《第95号命令》与《第218号法令》区别对待。柯尼希的《第95号命令》被视为唯一的基本原则，而拉丰的《第218号法令》（其实也就是拉丰依照《第95号命令》要求制订的法方当局权力保留范畴界定）则要求被"渐进性"修改，以减轻法方管控：

> 在有协调必要的经济领域中，最高指挥官拥有保留权力；只要占领国维持贸易平衡的职责允许，此等权力终有一日将归还德国人。
> 德方跨州级别组织的联动协作办法已在筹划之中……
> 该联动协作之后续步骤，将使得德国人在《第218号法令》所

---

[1] "No. 800/CC/CAC：Note pour messieurs le Délégué Général de l'Etat RHENO - PALATIN, le Délégué Supérieur du BADE, le Délégué Supérieur du WURTEMBERG, le Directeur Général de l'Economie et des Finances, le Directeur Général des Affaires Administratives：Orientation de la politique française d'occupation, le 4 février 1948", AMAE, *1BONN47*, *Relations Extérieures：CCFA Cabinet Civil：Z. F. O. - Administrations allemandes - Pouvoirs des Länder (1946/48)*, *Dossiers rapatriés de l'Ambassade de France à Bonn*, p. 1.

针对的部分保留范畴方面恢复其有效权力。①

此前，法方军政府的民事官员一再坚称应积极干预德方行政以实现法方的"间接治理"。与之针锋相对的军官派则试图维持一种更具持续性的消极监管。这也正是柯尼希此时对拉丰的《第218号法令》加以修改的原因所在。在《第800号训令》下达后，柯尼希在军政府经济与行政部门的手下就曾多次试图推翻《第218号法令》，拟定新的管控范畴。在之后的五个月时间里，由于民事官员的反对呼声，修改该法案以增长德方当局权力竟然成了法方军政府内部争论探讨的热点议题。那些担任物资给养和对外贸易管理之职的法方占领者，往往极为反对柯尼希提出的修改《第218号法令》的主张。甚至连德奥事务专员施耐德及柯尼希自己的总务秘书也就此向其表示不安。② 然而，到了1948年7月1日，依照西方六国1948年初伦敦会议中达成的协议，美、英、法占领军代表在缅因河畔法兰克福（Francfort – sur – le – Main）向西部占区十一州的德国要员正式提出了建立西德联邦制国家所需的条件。作为法国在德最高指挥官，柯尼希将军必须尽早发布有关德方当局决策权的命令，以证明法方帮助德国筹备建国的诚意。最终，在军政府各部门漫长的内部磋商之后，柯尼希于7月15日向各州高级代表下达了《第3936号训令：法国占领政策》，以取代原来的《第95号命令》及《第218号法令》：

---

① "No. 800/CC/CAC：Note pour messieurs le Délégué Général de l'Etat RHENO – PALATIN, le Délégué Supérieur du BADE, le Délégué Supérieur du WURTEMBERG, le Directeur Général de l'Economie et des Finances, le Directeur Général des Affaires Administratives：Orientation de la politique française d'occupation, le 4 février 1948", p. 2.

② "No. 789/CC/SG：Le secrétaire général du Commandant en Chef à Monsieur le Général d'armée Kœnig, Commandant en Chef Français en Allemagne：Remise de pouvoirs aux Allemands en matière économiques, le 7 juillet 1948", AMAE, *1ADM36/8*, *Accroissement des pouvoirs des autorités allemandes*, p. 1；"Note du Secrétaire d'Etat aux Affaires Allemandes et Autrichiennes à Monsieur le Général Commandant en Chef Français en Allemagne (Très confidentiel), le 30 avril 1948", AMAE, *1ADM36/8*, *Accroissement des pouvoirs des autorités allemandes*, p. 1；"Note No. 1211/GCSG/AGR：Note pour Monsieur le Conseiller économique：Accroissement des pouvoirs des autorités allemandes, révision éventuelle de l'Arrêté 218, le 15 juin 1948", AMAE, *1BONN47*, *Relations Extérieures：CCFA Cabinet Civil：Z. F. O. – Administrations allemandes – Pouvoirs des Länder (1946/48)*, *Dossiers rapatriés de l'Ambassade de France à Bonn*, p. 1.

在那些已然形成的制度（及各州宪法与《第95号命令》）运行一年之后，我决定要给予德方当局更大的自由权限。

议会将会被赋予更大的自由表达权，对于规章制度及法律文本的监管将予以放松，建立社团和工会的手续将得以简化，集会权利将被大大扩展，新闻出版界将会形成一个拥有很大权限的邮政高级委员会以实现灵活化，军政府法院所审判的当事人将获得更多的额外保障。

现有训令旨在明确界定该权限让渡的程度以及执行的章程。

首先要向您所在州的德国政府确保，《第95号命令》仍将在《占领章程》中继续适用：它将继续用来界定德方与法方当局各自的权力，并对它们的行动范围作出限定。

各州政府的注意力会集中在那些未来将赋予他们的更加重要的责任之上。它们必须证明自己值得信赖，并且也以此说服自己：权力愈大，责任愈重。

为避免影响公共事务的良好管理，必须避免任何耸人听闻的表达、欠缺考虑的要求，不得忽视占领国的权利。

从法国观点看来，现下措施之要旨在于：不要把迄今为止归于中央当局的权限交予高级代表团，而是要把各方面的决策权力留给德方当局。不过，在经济方面，当协调不可或缺之时，将继续由中央一级与您本人密切联系，并听取德国相关部长应邀做出的建议。①

总体来讲，可以把《第3936号训令：法国占领政策》视为对《第95号命令》的发展，对《第218号法令》的修正。事实上，《第95号命令》的初衷便是向德方当局让渡更多行政自由权，但在民事官员的压力下，当时的军官派不得不在许多领域应民事官员要求保留了法方的立

---

① "No. 3936/CC/CAC/POL: Le Général d'Armée KŒNIG Commandant en Chef Français en Allemagne à Monsieur le Gouverneur, Délégué Général pour le G. M. du Land Rhéno – Palatin, Messieurs les Gouverneurs Délégués Supérieurs pour les G. M. du Pays de BADE, du Wurtemberg: Politique française d'occupation, le 15 juillet 1948", AMAE, *1ADM36/8*, *Accroissement des pouvoirs des autorités allemandes*, pp. 1 – 2.

法管控。而《第218号法令》正是对《第95号命令》中法方所保留权力范畴的明确界定。柯尼希的这一新训令有意地拓展了有利于德方自治的《第95号命令》的适用范围，而谨慎地回避了这两份文件——尤其是《第218号法令》——所提及的对于德方当局的大量行政限制。正如柯尼希所说："第95号法令和第218号法令明确规定了占领当局保留权力的范畴。但反过来讲，它们也就做出了'德国当局在其他领域可以行使主动权'的保障"。显然，柯尼希作为法国在的最高指挥官，并不会心甘情愿地完全放弃"法方管控"，因此他尝试故技重施，搞起所谓的"简单管控"或是"减轻力度的持续性管控"（le contrôle durable et allégé），并为之做出解释："法国当局职能的减轻，会使其得以实现对德方机构的行动更为专注、敏锐、严格的管控。"① 但是，没有积极主动的行政干预，这种"更为专注、敏锐、严格的管控"归根到底也只不过是一种被动监督。鉴于此时法方军政府已不再鼓励其地方分支——也就是各州高级代表团——扮演传达军政府中央权力意志的中层行政机构的角色，去主动地引导或影响德方决策，因此以法方军政府为首的法占区中央集权行政架构已然不复存在了。各州政府也就没有必要在其辖地的治理问题上再对法方军政府俯首帖耳，更不会在做出政策决定时等待法方首肯。德方当局的独立性、自主性也就得到了保证。

这一趋势在该训令中有关德国公务员任命问题的文本中有着清晰的体现。为了标榜自己对法方管控的维护，柯尼希保留了对于公务员任命的管控权："放弃对公务员任命的管控是绝不可能的，德方当局的新生就取决于对他们的遴选。"② 但是，较之于拉丰1947年8月4日制订的

---

① "No. 3936/CC/CAC/POL: Le Général d'Armée KŒNIG Commandant en Chef Français en Allemagne à Monsieur le Gouverneur, Délégué Général pour le G. M. du Land Rhéno – Palatin, Messieurs les Gouverneurs Délégués Supérieurs pour les G. M. du Pays de BADE, du Wurtemberg: Politique française d'occupation, le 15 juillet 1948", p. 2.

② "No. 3936/CC/CAC/POL: Le Général d'Armée KŒNIG Commandant en Chef Français en Allemagne à Monsieur le Gouverneur, Délégué Général pour le G. M. du Land Rhéno – Palatin, Messieurs les Gouverneurs Délégués Supérieurs pour les G. M. du Pays de BADE, du Wurtemberg: Politique française d'occupation, le 15 juillet 1948", p. 4.

《第7141号通告附录》①——拉丰在这一文件中详细罗列了所有任命人选须提交法方军政府预先批准的公务员职位，并清楚划定了军政府有权做出相应批示的各级单位——柯尼希并未就任命公务员的职位抑或法方有预先批准权的机构做出确切规定。其实在他看来——正如训令文本中所体现出的那样——德方当局并无必要再就高级公务员任命求得法方军政府预先批准了，因为法方军政府的同意本就是"默认"的。若法方当局对某个德方人选不满，它必须在8天内及时行使否决权才能生效："为了更快地做出批准，中央当局的同意意见从今往后在必要情况下就是默认的，它可在知悉公务员任职人选姓名后的8天内行使其否决权。"② 虽说"管控"在名义上依然存在，但真正极力加强的反倒是对于"管控方"的管束。这正说明了此时法方占领者中以被动监督取代主动管控的趋势。

简言之，在法方军政府对德方当局的管控问题上，有两种相互矛盾的理念一直在互相斗争：民事官员倡导的由"间接治理"原则派生而来的积极管控，以及军官派主张的基于长期占领理念产生的被动监督。在拉丰被柯尼希解职后，《第95号命令》与《第218号法令》所代表的双方妥协便已失效，法方管控的弱化也就无法避免地随之而来。得益于《第3936号训令》，从1948年7月15日起，德方当局被从法方军政府积极主动的行政管控中解脱出来。德国公务员也就不再需要为法占区过去唯一的行政中央（法方军政府）服务了，他们被军政府"间接任用"的身份就此消失。为了让德国公务员能够适应德方当局权力增长的新环境，公务员法的修改也就迫在眉睫。

（四）公务员法与德国公职部门的民主化

近代德国公共职能的法律基础与司法原则可谓源远流长。在《1818

---

① "ANNEXE：Liste des fonctionnaires dont la nomination sera soumise à l'agrément préalable du Gouvernement Militaire, le 4 août 1947", pp. 1 – 3.

② "No. 3936/CC/CAC/POL：Le Général d'Armée KŒNIG Commandant en Chef Français en Allemagne à Monsieur le Gouverneur, Délégué Général pour le G. M. du Land Rhéno – Palatin, Messieurs les Gouverneurs Délégués Supérieurs pour les G. M. du Pays de BADE, du Wurtemberg：Politique française d'occupation, le 15 juillet 1948", AMAE, *1ADM36/8*, *Accroissement des pouvoirs des autorités allemandes*, p. 4.

年8月22日巴登公国宪法》① 中已然出现有专门针对公务员的规定条款。在德意志第二帝国建立以后，1873年3月31日颁布的《帝国公务员法》（Reichsbeamtengesetz）正是在原有的各州相关立法规定基础上制订的。此后在纳粹执政时期，德国于1937年1月26日通过了一部完整的公职法典以及一套适用于全国的公职纪律条例——这些法律文件本质上正是基于此前的这些相关立法的，但是其中也加入了若干纳粹主义的原则，并且落实了一些此前提及但并未真正实施的立法提案。② 比如，1937年1月26日的这部德国公务员法规定第三帝国的所有德国公务员都必须用以下誓词向帝国"元首"（Führer）正式宣誓效忠：

> 我发誓服从并效忠于帝国和德国人民的领袖——阿道夫·希特勒，我发誓尊重法律，认真履行我的职责，愿上帝帮助我（宗教用语部分可以以沉默形式进行）。③

在第三帝国倒台之后，1937年立法中除却纳粹因素部分的大体规定，依然在德国各州地方上适用。④ 美占区首先于1946年颁布了首部有关德国公务员法的盟国立法文件。1946年4月24日，一份名为《美占区德国公共部门的组织形式》的法律文件制定形成。该文件旨在就实现德国公共服务民主化做出正式呼吁，并且确认了德国各州政府对公务员的管理权：

> 现今及将来为各州以及州辖下的地区（Regierungsbezirk）、城区（Stadtkreise）、社区（Gemeinden）工作的政府人员，均与州级

---

① "Verfassungs – Urkunde für des Grossherzogthum Baden vom 22 August 1818", AMAE, *1AP23/1*: *Activité politique des fonctionnaires*（1945 – 1949），p. 1.

② "Deutsches Beamtengesetz vom 26 Januar 1937", AMAE, *1AP21/1*: *Statut des fonctionnaires*（1946 – 1949），p. 1.

③ "No. 4033/DGAA/INT/4 SECT, Note pour Monsieur l'Administrateur Général: Serment exigé des agents de chemins de fer allemands, le 5 novembre 1946", AMAE, *1AP21/1*: *Statut des fonctionnaires*（1946 – 1949），p. 1.

④ Taylor Cole, "The Democratization of the German Civil Service", *The Journal of Politics*, Vol. 14, No. 1（Feb. 1952），p. 4.

层面上建立的公共服务部门相联结。美占区的这些公共服务部门正在组织形成之中。由州公务员起草该州公共服务之规章制度，以取代《帝国公务员法》。被通过的这些规章制度，将从技术角度就不同公共服务职位的任命基础，公务员的权利与优待，解职、退休的一般办法，以及州公共服务部门的权利与义务做出规定。①

由于美方想要在日后的盟国间会议中再就公务员法达成四国一致的法案，因此该文件并未做出任何严格规定，更没有就各州德方当局筹备中的公务员法案细节做出详细要求。此外，美方当局向来认为必须首先解决非纳粹化和自由选举问题，才能确保德方当局民主化的真正实现。因而，实际上美占区各州仍根据其具体情况差异在不同程度地遵循着1937年的立法规定。

理论上，为了正当地行使职权，法占区的德国公务员同样存在着遵循一部新公务员法行事的需要，德方当局也必须依仗占领者修改确认的新规章制度来对他们进行管理。然而在战后初期，法方军政府既无时间也无意愿关注此类立法。1945年时，法方占领者普遍认为只有对德国公务员加以任用一事才是当务之急，根本没必要为这样一批即将被完全清洗的群体引入任何新的法规。而在1946年，随着非纳粹化的进展，德国公务员事实上成了法占区"系统化清洗"的重点目标，更没必要制定公务员法给清洗制造司法障碍。直到1947年初公务员编制员额因清洗运动的放松而趋于稳定，法方在清洗名义下进行的直接人员管控行将告终，法方占领当局才意识到了对德国公务员进行立法管控的重要性。

法占区改革公务员法的首次尝试是由行政总管拉丰发起的。1947年1月30日，拉丰通过致各州高级代表的《第5066号训令》，要求按照《盟国远征军司令部第1号法律》所规定的"废除纳粹法律"原则对原德国立法——亦即前述《1937年1月26日公务员法》——进行修正：

---

① "Organisation du service public allemand de la zone américaine, le 24 avril 1946", AMAE, *1AP18/1*: *Statuts des fonctionnaires*; *Zones américaine et britannique* (1947), pp. 1 – 2.

该修改须贯彻以下三项命令：

a）从该法律文本中删除一切或与民族社会主义组织相关，或与纳粹政权思想相关之规定。

b）根据我占区现今之组织形式，在各州方案上对旧帝国时期的命令和称谓进行变换。

c）以民主精神对那些在民族社会主义意识形态下制订的规定，尤其是具有独裁主义、种族主义色彩的内容进行重新编纂。①

该训令附有一份致德方当局的详细指示，以指导各州的公务员法改革。但是如之前所述，以拉丰为首的军政府民事官员意图继续维持他们对于德方当局的行政管控。因此，大部分的民事官员，尤其是地方上的高级代表团并不愿意执行这样的改革。他们更愿意行使积极的行政管控以介入对德国公务员的管理，比如利用他们对于高级公务员任命的预先批准权。② 一项由德方当局制订的公务员法势必会影响他们作为所辖地总督的权威。故而，尽管拉丰一再鼓动称："请你等务必做出一切必要训示，以使该新法案草案在3月10日交我批准，不得有误"③，但这一训令的执行依然被搁置下来，并未产生实效。11月26日，拉丰接连向

---

① "No. 5066/DGAA/INT/4°S, L'Administrateur Général Laffon Adjoint pour le Gouvernement Militaire de la Zone Française d'Occupation à Messieurs les gouverneurs：Délégué Supérieur pour le Gouvernement Militaire du BADE, Délégué Supérieur pour le Gouvernement Militaire du WURTEMBERG, Délégué Général pour le Gouvernement Militaire du Land RHENO – PALATIN, Délégué Supérieur pour le Gouvernement Militaire de la Sarre, le 30 janvier 1947", AMAE, *1BONN116*, *ADM*：*I Direction Générale des affaires administratives*：*A. Affaires Intérieures*, d) *Personnel Allemand*, *1 – Statut des fonctionnaires (1949)*, *Dossiers rapatriés de l'Ambassade de France à Bonn*, p. 2.

② "Note No. 7141/DGAA/INT/4°SECT：L'Administrateur Général Laffon Adjoint pour le Gouvernement Militaire de la Zone Française d'Occupation à Monsieur le Délégué Général, Messieurs les Délégués Supérieurs：Contrôle de l'action gouvernementale des Länder de la Zone Française d'Occupation – Nomination des fonctionnaires, le 4 août 1947", AMAE, *1BONN48*, *Relations des Français avec les autorités allemandes (1946/48)*, *Dossiers rapatriés de l'Ambassade de France à Bonn*, pp. 1 – 2.

③ "No. 5066/CGAA/INT/4°S, L'Administrateur Général Laffon Adjoint pour le Gouvernement Militaire de la Zone Française d'Occupation à Messieurs les gouverneurs：Délégué Supérieur pour le Gouvernement Militaire du BADE, Délégué Supérieur pour le Gouvernement Militaire du WURTEMBERG, Délégué Général pour le Gouvernement Militaire du Land RHENO – PALATIN, Délégué Supérieur pour le Gouvernement Militaire de la Sarre, le 30 janvier 1947", p. 2.

莱茵—普法尔茨州总代表、巴登州高级代表和符腾堡州高级代表发出三份措辞严厉的训令①，督促他们推动公务员法改革。然而，拉丰本人已在 11 月 15 日被柯尼希下令解职，后者在 12 月 12 日正式接管了他作为行政总管的职权。② 因此拉丰在权力交接阶段所下达的这些训令实际上被其他法方占领者视为无效命令，也就没有执行的必要了。

此后占据法方军政府主导位置的军官派坚持德国的"去中央集权化"，主张对德方进行被动监管，因此法方当局认定法占区各州公务员法的重新编纂工作不属军政府权限之内，应当鼓励德方当局自主起草法律草案；在军官派看来，法方只应在法案形成之后的后续流程中介入，并监督其执行。在法占区各州，法方的高级代表团也因为其行政地位的下降，而无法主动督促德方的法案起草。于是，各州的新公务员法起草被安于执行 1937 年法现状的德方一再延宕，直到事态发生变化，法方占领者不得不重新重视这一问题，方才出现了转机。这一变化发生于西方盟国开始为德国公共职能"民主化"确立相关原则之时——正如此前法方军政府对德方当局的行政管控导致了德国公务员的间接"去政治化"，盟国此时对德国公共部门的"民主化"改造也就迫使这些机构之中的"德国公务员"的定义随之发生变化，而这一变化的最终确立必须以公务员法改革为基础。

1947 年 9 月 24 日，《德国管制委员会司令部第 15 号训令：英占区地方与区域公共服务组织管理基本原则》颁布实施。英方军政府意图凭借这一训令确保德国公共部门的民主化，对占区内各州公务员规章制度进行统一协调：

（a）在各州及汉堡汉萨自由市，公共服务部门将按照这些区域

---

① "No. 8559/DGAA/INT/4ᵉ S，No. 8560/DGAA/INT/4ᵉ S，No. 8561/DGAA/INT/4ᵉ S：L'Administrateur Général Laffon Adjoint pour le Gouvernement Militaire de la Zone Française d'Occupation à Messieurs les gouverneurs：Délégué Général pour le Gouvernement Militaire du Land RHENO – PALATIN, Délégué Supérieur pour le Gouvernement Militaire du BADE, Délégué Supérieur pour le Gouvernement Militaire du WURTEMBERG, le 26 novembre 1947"，AMAE，*1BONN116*，ADM：*1 Direction Générale des affaires administratives*：*A. Affaires Intérieures*，*d) Personnel Allemand*，*1 – Statut des fonctionnaires*（1949），*Dossiers rapatriés de l'Ambassade de France à Bonn*，pp. 1 – 6.

② F. Roy Willis，*The French in Germany*：*1945 – 1949*，pp. 89 – 90.

现行政治结构的层级进行组织，每个当选机构对其辖下的公务员有最大程度的控制权。

（b）公务员不得被当作特权等级成员。

（c）不可出于性别、信仰、社会经历、种族过往或政治派别原因对任何公务员做出歧视性待遇。

（d）任何普通的中层公务员（einfacher mittlerer Dienst）——抑或同等及以上之人员——若公开对政治表示关注，将处以最低两年最长五年的全面停职，不得上诉。

（e）所有为公务员（Beamten）所设立之法律规章，均须一体等同地适用于雇员（Angestellten）群体，即便其适用之服务时间及条件不同亦不得违反。

（f）职业培训体系应旨在反复教导符合上述（a）至（e）项所述原则的精神，以及公务员为公众服务的思想。①

英方军政府的《第15号训令》是西方盟国正式做出的一项旨在引导和统一德国各州公务员法的重要尝试。随着与双占区双边行政合作的深化，美英双方的军政府开始在德国公务员法的修改工作上寻求一致。此外，法国政府在1948年2月23日同意将法占区并入双占区，显然，法方军政府必须加快法占区各州公务员法的修改工作，才能跟上西方盟国的步伐。作为法方军政府首脑，柯尼希必须就此做出必要的准备，不然法占区不但会背上"民主化"不利的恶名为盟国所耻笑，更可能让占区内德国公务员在公务员法方面趋向英美而丧失掉法国对此的影响力。这对于向来坚持对盟国强硬立场的柯尼希来说是不可容忍的。1948年6月28日及7月24日，他分别向巴登州高级代表和符腾堡州高级代表下达了《第654号训令》②与

---

① "Instruction No. 15 du Commandement de la Commission de Contrôle pour l'Allemagne (Elément Britannique): Principes fondamentaux devant régir l'organisation et l'administration des Services Publics régionaux et locaux de la Zone Britannique, le 24 septembre 1947", AMAE, *1HC55*, *Lois et Statuts de fonctionnaire allemand*, pp. 1 – 2.

② "Instruction No. 654/CCSG/AACS/INT/4ᵉ S: Le Général d'Armée Kœnig Commandant en Chef Français en Allemagne à Monsieur le Délégué Supérieur pour le Gouvernement Militaire du Pays de Bade, le 28 juin 1948", AMAE, *1HC55*, *Lois et Statuts de fonctionnaire allemand*, pp. 1 – 2.

《第 822 号训令》①，就这两州德国政府筹备中的公务员法草案给出了自己的意见。在柯尼希领导下重组后的法方军政府，终于对这一问题恢复了重视。

1948 年 11 月 22 日，军政府财政与司法事务科就德国公务员法起草进度做出了一份详细报告——《法占区公务员法改革》，以供军政府中央高层参考。此报告大为强调了拉丰于 1947 年 1 月 30 日和 11 月 26 日做出的训令的重要性，将其视作法方实现德国公职民主化的原则所在。报告就法占区在这方面已取得的成果进行了概述：

a）公务员法

符腾堡州已于 1947 年 3 月 31 日向军政府提交其法案初稿，但该稿被认定为太过简略并在 1947 年 5 月被发回，新的法案草稿已于 1948 年 5 月 5 日提交，军政府于 1948 年 7 月 24 日表示大体上首肯，但保留有再行知会总督做出某些修正之权。

巴登州已于 1947 年 3 月 7 日提交其法案初稿。对其的具体意见已于 1947 年 6 月 21 日传达该州总督。1948 年 2 月 14 日时已提交二稿，军政府于 6 月 28 日做出了相应的评估。议会尚未得到相应通知。

莱茵—普法尔茨州于 1947 年 3 月 13 日提交了法案。军政府于 7 月 2 日向其通告了具体意见。目前该法案之修正仍在议会各委员会讨论之中。

b）纪律条例

符腾堡州已于 1946 年 12 月 17 日颁布一项法规，暂时恢复 1937 年纪律条例的效力，而不再执行其中有纳粹色彩的规定。

莱茵—普法尔茨州的公务员法案参考 1937 年纪律条例建立了类似的章程体系。新纪律法规的文本仍未起草完成。

巴登州于 1948 年 10 月 4 日颁布了一项有关纪律的临时法规。

---

① "Instruction No. 822/CCSG/AACS/INT/4ᵉ S：Le Général d'Armée Kœnig Commandant en Chef Français en Allemagne à Monsieur le Délégué Supérieur pour le Gouvernement Militaire du Wurtemberg, le 24 juillet 1948"，AMAE，*1HC55*，*Lois et Statuts de fonctionnaire allemand*，pp. 1 - 2.

其采用的章程体系同样源自于1937年纪律条例。①

尽管各州都对其公务员法有所革新，但美英军政府总督早已做好了长期准备，要为双占区乃至整个西占区的公共职能部门引入共同的民主化原则：

> 在（1948年）夏初，克莱将军与罗伯逊将军已直接责成法兰克福的执行委员会筹备法案，并在11月1日前进行投票……尽管美英军政府不愿直接介入德国内部事务，但在由他们自己的部门筹备适用于双占区公务员的立法文本以及须由军政府颁布立法生效这两方面，他们并不肯做出让步。②

美方当局尤其热衷于双占区公职部门人员法案文本的编纂。1948年12月3日，在《（美英）双方媒体通讯第453号》③ 中，就已出现了一份有关双占区公务员管理法案的详细草案。同一天，双占区总督，美方的克莱将军与英方的罗伯逊将军便联名致信双占区执行委员会主席及议会议长，公开宣布："双占区当局明晓军政府颁布双占区级别人员相关法律之权益，该法案将旨在为公共职能引入民主之原则。"④ 甚至连法方军政府的官方报告也表示出了对于法占区进度落后于西方盟国的

---

① "Intérieur et Cultes/Section des Affaires Juridiques et Financières: La Réforme du Statut des fonctionnaires dans la Zone Française d'Occupation, le 22 novembre 1948", AMAE, *1BONN116*, *ADM*: *I Direction Générale des affaires administratives*: *A. Affaires Intérieures*, *d) Personnel Allemand*, *1 - Statut des fonctionnaires (1949)*, *Dossiers rapatriés de l'Ambassade de France à Bonn*, pp. 2 – 3.

② "Note No. 63/OFL de Francfort à M. de Saint – Hardouin: Statut des Fonctionnaires allemands, le 22 janvier 1949", AMAE, *1BONN116*, *ADM*: *I Direction Générale des affaires administratives*: *A. Affaires Intérieures*, *d) Personnel Allemand*, *1 - Statut des fonctionnaires (1949)*, *Dossiers rapatriés de l'Ambassade de France à Bonn*, pp. 1 – 2.

③ "Loi sur l'administration du personnel fonctionnaire de la Bizone, Communiqué de Presse Bipartite No. 453, le 3 décembre 1948", AMAE, *1HC55*, *Lois et Statuts de fonctionnaire allemand*, pp. 1 – 3.

④ "Lettre adressée par les deux Présidents du Bureau de Contrôle Bipartite au Président du Conseil Economique bizonal, au Président du Länderrat et au Président du Comité exécutif, le 3 décembre 1948", AMAE, *1BONN508*, *Questions Politiques*, *16 – gouvernement d'Allemagne fédérale*, *12 – Statut des fonctionnaires (1949 – 1954)*, *Dossiers rapatriés de l'Ambassade de France à Bonn*, p. 1.

担忧：

> 西德的立宪势必会在各盟国军政府中引发一系列的应对措施……
>
> 若我们无法在立法行动中达成平衡之势，那我们在盟国面前所处的不利局势便十分明显了。尤其是这种情况可能会迫使我们去破坏我们所鼓励的那些地方主义倾向，让我们不得不向美占区的制度看齐——这一制度虽然存在着许多令人失望的地方，但看起来更强调原则层面的优点……
>
> 我们所追求的目标是，要让长久以来屡屡对这些问题视而不见的中央当局认清形势；同时要向我们的盟友展现在公务员法方面尚未实现一体成果的法占区，所已经采取的及时而明智的措施。尤其在美国人将公务员法视为德国政令民主化行动重中之重的情况下，更应如此。①

正在美茵河畔法兰克福商谈三占区融合细节的法方军政府代表团，也催促柯尼希尽快介入美英在双占区公务员法问题上的协商："法占区的德国人希望柯尼希将军能够同克莱将军和罗伯逊将军提出，在德国各州议会做出必要审查之前，为了三占区的协调一致暂时搁置其与法占区相关公务员的联络行动"。②

但是，对于以柯尼希为首的军官派来说，一项关乎中央层级（双占区、三占区乃至西德）德国人员的共同法律，本质上就是与他们"去中央集权化"的治理理念相悖的。因此柯尼希并未贸然介入，而是要求其行政顾问"与双占区盟国相关部门首脑进行接触，以查明我们的盎格

---

① "Intérieur et Cultes/Section des Affaires Juridiques et Financières: Statut des fonctionnaires, le 23 décembre 1948", AMAE, *1HC55*, *Lois et Statuts de fonctionnaire allemand*, pp. 1 – 2.

② "Délégation du Gouvernement Militaire Français de Francfort: Fiche pour le Général Kœnig: Statut des fonctionnaires allemands, le 12 janvier 1949", AMAE, *1HC55*, *Lois et Statuts de fonctionnaire allemand*, p. 1.

鲁－撒克逊同僚在德国公务员法问题上的明确立场"①。之后，在其行政顾问建议下，柯尼希授权与美英当局合作，起草一份包含以下要点的共同指令：

> 在德国行政机制中引入必要的民主原则，但不得扰乱德国传统制度。
> 在公务员法中加入联邦制原则，避免公共职能的过度统一。②

通过这两个要点，法方当局便可以既保住此时法占区各州筹备中的公务员法案，又确保德国公共职能"去中央集权化"不动摇。然而，在1949年2月25日三方首次会议，法方军政府终于有机会向它的西方盟友表明立场之前，美英当局就已经在2月21日③径自颁布了《双占区第15号法律：双占区行政人员管理》④，为双占区经济统一体的所有公务员订立规章制度。这部于1949年3月15日生效的法律与德国传统上的此类立法大不相同，受到了美国现行相关法律原则的极大影响，有着许多过往德国法律中所没有的规定内容。法方当局也对此极为不满，因为该法不但丝毫没有提及法方主张的前述要点，甚至还鼓励以"双占区经济统一体"为基础实行德方双占区当局的"中央集权"式治理。

---

① "No. 711/CC/ADM：Le Préfet Hors－Classe, Conseiller Administratif à Monsieur le Général d'Armée, Commandant en Chef Français en Allemagne：Statut des fonctionnaires allemands, le 11 février 1949", AMAE, *1BONN116*, ADM：*I Direction Générale des affaires administratives*：A. *Affaires Intérieures*, d) *Personnel Allemand*, *1 － Statut des fonctionnaires（1949）*, *Dossiers rapatriés de l'Ambassade de France à Bonn*, p. 1.

② "Note pour Monsieur le Conseiller administratif：Statut des fonctionnaires allemands, le 21 février 1949", AMAE, *1BONN116*, ADM：*I Direction Générale des affaires administratives*：A. *Affaires Intérieures*, d) *Personnel Allemand*, *1 － Statut des fonctionnaires（1949）*, *Dossiers rapatriés de l'Ambassade de France à Bonn*, p. 1.

③ "Télégramme de la Délégation Francfort à CIGOGNE Cabinet civile Baden－Baden：Loi No. 15 sur le statut des fonctionnaires, le 21 février 1949", AMAE, *1HC55*, *Lois et Statuts de fonctionnaire allemand*, p. 1.

④ "Law No. 15 Bizonal Public Servants, le 18 février 1949", AMAE, *1BONN116*, ADM：*I Direction Générale des affaires administratives*：A. *Affaires Intérieures*, d) *Personnel Allemand*, *1 － Statut des fonctionnaires（1949）*, *Dossiers rapatriés de l'Ambassade de France à Bonn*, pp. 1 – 18.

由于《第 15 号法律》在双占区的先行颁布，法方军政府在 1949 年 2 月 25 日盟国间德国公务员法工作委员会（Comité de Travail Interallié pour le Statut des fonctionnaires allemands）的首次议程中处于极其被动的态势。面对既成事实，再加争论也是毫无用处，且法方当局此时已无法对美英决策产生真正影响，妄加反对也是徒然无功。相反，鉴于三占区融合已无可避免，西德国家建立在即，双占区当局反倒可以进一步逼迫法方占领者接受既成事实，采纳美英提案。然而，法国代表也做出了扭转局面的尝试，以求在公务员法中引入法方军政府所主张的民主化原则，其办法就是另辟蹊径，以更为积极的"合作"态度转移盟国方面的步步紧逼，倡导拟定一个全新的西方盟国占区的共同法案，以取代《第 15 号法律》。最终，在法方代表的不懈努力下，"盟国代表团表示有意建立纯粹内部性质的共同文件，旨在确定已经达成协议的诸多要点"①。法方巧妙地扳回了一局。

1949 年 2 月 25 日的会议之后，深感局势严峻的法方军政府开始主动采取措施应对《第 15 号法律》的影响。一方面，应德奥事务专员施耐德的要求②，柯尼希将该法律副本派发国内，以求本土政府加以支援，在外交层面上介入未来三占区公务员法的协商之中。③ 另一方面，柯尼希秘密责成各州高级代表，要求他们联络各州部长主席，尽快征得他们在公务员法具体规定方面（如招募、工作条件、义务、政治活动、

---

① "Compte‑rendu de la Réunion du 25 février 1949 du Comité de Travail Interallié pour le Statut des Fonctionnaires, le 25 février 1949", AMAE, *1BONN116, ADM*: *1 Direction Générale des affaires administratives*；*A. Affaires Intérieures*，*d*）*Personnel Allemand*，*1 – Statut des fonctionnaires* （*1949*），*Dossiers rapatriés de l'Ambassade de France à Bonn*, p. 5.

② "No. 326/POL：Le Commissaire Général aux Affaires Allemandes et Autrichiennes à Monsieur le Général, Commandant en Chef Français en Allemagne, le 4 mars 1949", AMAE, *1BONN116, ADM*: *1 Direction Générale des affaires administratives*：*A. Affaires Intérieures*，*d*）*Personnel Allemand*，*1 – Statut des fonctionnaires* （*1949*），*Dossiers rapatriés de l'Ambassade de France à Bonn*, p. 1.

③ "No. 609/CC/CAC：Le Général d'Armée Kœnig, Commandant en Chef Français en Allemagne à Monsieur le Commissaire Général aux Affaires Allemandes et Autrichiennes：Loi No. 15 sur le statut des fonctionnaires en Zones US et UK, le 9 mars 1949", AMAE, *1BONN116, ADM*: *1 Direction Générale des affaires administratives*：*A. Affaires Intérieures*，*d*）*Personnel Allemand*，*1 – Statut des fonctionnaires* （*1949*），*Dossiers rapatriés de l'Ambassade de France à Bonn*, p. 1.

公共部门行政乃至不适合任职人选等）的意见。① 柯尼希此举的目的在于掌握法占区德国人对这一问题的看法，以达到知己知彼的目的。这样在之后的盟国间谈判中，他就可以加快法占区州级公务员法的拟定工作，并提出区别于美英占区总督设想的法方理念，借此与美英方面讨价还价。最终，法占区拖延已久的各州新公务员法在 1949 年 3—4 月期间相继投票通过。② 只要法方军政府最终批准同意，这些由德方当局筹划的法案便可立即生效。而在盟国间的三方会谈中，驻法兰克福的法国代表团也说动了美方当局，双方共同起草了一份全新的关于德国民主化的草案：1949 年 4 月 20 日《德国公共职能民主化总体原则》。③

两天后的 4 月 22 日，这一共同草案被法国和美国代表团正式递交给了盟国间德国公务员法工作委员会。为了说服美方共同拟定这一草案，法方当局做出了让步，放弃了此前在盟国对德管制委员会会议中对德国公务员"去政治化"的主张，以此换取美方对德国各级公务员管

---

① "No. 795/CC/ADM (SECRET, URGENT): Le Général d'Armée Kœnig, Commandant en Chef Français en Allemagne à Monsieur le Délégué Supérieur pour le Gouvernement Militaire du Wurtemberg: Fonctionnaires allemands, le 14 mars 1949", AMAE, *1BONN116*, *ADM: I Direction Générale des affaires administratives: A. Affaires Intérieures, d) Personnel Allemand, 1 – Statut des fonctionnaires (1949), Dossiers rapatriés de l'Ambassade de France à Bonn*, pp. 1 – 2；"No. 796/CC/ADM (SECRET, URGENT): Le Général d'Armée Kœnig, Commandant en Chef Français en Allemagne à Monsieur le Délégué Supérieur pour le Gouvernement Militaire du Pays de Bade: Fonctionnaires allemands, le 14 mars 1949", AMAE, *1BONN116*, *ADM: I Direction Générale des affaires administratives: A. Affaires Intérieures, d) Personnel Allemand, 1 – Statut des fonctionnaires (1949), Dossiers rapatriés de l'Ambassade de France à Bonn*, pp. 1 – 2；"No. 797/CC/ADM (SECRET, URGENT): Le Général d'Armée Kœnig, Commandant en Chef Français en Allemagne à Monsieur le Délégué Général pour le Gouvernement Militaire du Land Rhéno – Palatin: Fonctionnaires allemands, le 14 mars 1949", AMAE, *1BONN116*, *ADM: I Direction Générale des affaires administratives: A. Affaires Intérieures, d) Personnel Allemand, 1 – Statut des fonctionnaires (1949), Dossiers rapatriés de l'Ambassade de France à Bonn*, pp. 1 – 2.

② "Loi du Pays portant statut des fonctionnaires dans le Pays de Bade, le 15 mars 1949", AMAE, *1HC55, Lois et Statuts de fonctionnaire allemand*, pp. 1 – 18；"La Loi sur les fonctionnaires (Rhéno – Palatin), le 28 mars 1949", AMAE, *1HC55, Lois et Statuts de fonctionnaire allemand*, pp. 1 – 50；"La Loi relative à l'état de Service des fonctionnaires (Wurtemberg), le 13 avril 1949", AMAE, *1HC55, Lois et Statuts de fonctionnaire allemand*, pp. 1 – 18.

③ "Texte commun Américain – Français: Principes généraux concernant la démocratisation de la fonction publique en Allemagne, le 20 avril 1949", AMAE, *1HC55, Lois et Statuts de fonctionnaire allemand*, pp. 1 – 3.

理"去中央集权化"的承诺：

I. 公务员地位：
1）公务员的司法地位由法律规定。
2）直接公务员与间接公务员的区别应予以取消，联邦国家只对联邦公务员拥有权威。
……
V. 公务员的权利与义务：
1）公务员为所有人服务，并不属于某一阶级或政党。他必须服从上级，除非他所收到的命令显然是违法或者不道德的。若在后一种情况中消极服从，则他应对此负有个人责任。
2）公务员在其个人权利行使过程中，只要其活动不影响其职务履行，便不受任何特殊限制。其唯一以法律规定形式禁止进行的，是与他的专业独立性相抵触的活动，抑或危害其专业独立性质的活动。①

长期以来，美方占领者都认为自由选举是民主制度最为关键的象征。美占区总督克莱将军更曾表示"尽早选举是美方的信条"②。因而美方一贯反对英法禁止一切德国公务员参与政治活动的做法，尤其是选举。此外，尽管法方军政府与英方军政府曾经在1946—1947年间的盟国会议中一致要求对所有德国公务员进行"去政治化"，但在1948年法方军政府重组过后，由军官派掌权的法方当局实际上已经不再关注这一问题。在当时的美占区，公务员在特定情况下甚至会占到州议会议员的30%—40%。而同时代的法占区也曾上报存在类似的情况。可见美法双方在公务员参与政治，尤其是议会选举上已然态度趋同。③ 由于军官派

---

① "Principes généraux concernant la démocratisation de la fonction publique en Allemagne (Texte commun américain – français), le 22 avril 1949", AMAE, *1HC55, Lois et Statuts de fonctionnaire allemand*, pp. 1 – 4.

② Michael Balfour, John Mair, *Four – Power Control in Germany and Austria*, p. 187.

③ Bericht von Schuster, "Beamte und Funktionaere in den europaeischen Parlamenten", in Arnold Brecht, eds., *Neues Beamtentum: Beiträge zur Neuordnung des öffentlichen Dientes*, Frankfurt am Main: Wolfgang Metzner, 1951, ss. 254 – 257.

主张对德方当局进行"被动监督",因此法方军政府在这一草案中也只对"消极服从"加以反对,而没有再提以往严格的"去政治化"吁求,逼迫入选议会的公务员辞去公职。作为回报,美方当局保证未来的联邦国家不得以公务员法为媒介操纵非联邦级别的公务员。

然而,尽管法方军政府做出了让步并求得了美方的支持,但它之前在德国公务员"去政治化"问题上的合作伙伴——英方军政府却拒绝全盘接受这一草案。在1949年4月9日的盟国间德国公务员法工作委员会第五次议程中,英方在尚未审议完法方起草的这一法案的情况下,便坚称在德国目前政治环境下,再向德方当局给出任何有关公职民主化的强制指令已毫无意义:

> 除非德国人拥护赞同这些与公职相关的措施,使其可能被包括在基本法之中,并被各国长官所最终接受,从而具有正式效力,不然军政府有关公职问题的行动势必沦为占领章程中的区区文字与精神,看起来只能在德国人需要的情况下起到些许的建议作用。①

英方代表随即宣称,他无论如何都不会建议其占区长官向英占区各州下达指令,加入任何与他们在1947年9月颁布的《第15号训令》不符的规定。② 由于英方的反对,1949年4月20日《德国公共职能民主化总体原则》最终仍只是一份仅有美法两方同意的法案,无法诉诸整个三战区乃至未来西德政权。尽管三个西方军政府最终在4月22日会议后发布了一份题为《指导公共职能的总体原则》,但其本质上只是对三

---

① "Compte - rendu de la Réunion du 19 Avril 1949 du Comité de Travail Interallié pour le Statut des Fonctionnaires, le 19 avril 1949", AMAE, *1BONN116, ADM: 1 Direction Générale des affaires administratives: A. Affaires Intérieures, d) Personnel Allemand, 1 – Statut des fonctionnaires (1949), Dossiers rapatriés de l'Ambassade de France à Bonn*, p. 1.

② "Instruction No. 15 du Commandement de la Commission de Contrôle pour l'Allemagne (Elément Britannique): Principes fondamentaux devant régir l'organisation et l'administration des Services Publics régionaux et locaux de la Zone Britannique, le 24 septembre 1947", AMAE, *1HC55, Lois et Statuts de fonctionnaire allemand*, pp. 1 – 2.

方现存一致观点的概括而已。① 事实上，由于《德国公共职能民主化总体原则》未能通过，直至1949年9月1日法方军政府解散，西方盟国都未能形成共同的有约束力的决议，从而有效地干预德方当局在联邦一级重新制定公务员法的行动。在军政府占领结束之际，西方驻德高参员会各国专员在1949年9月12日的会议中决定将《第15号法律》作为临时适用于德国联邦公务员的公务员法。这一临时措施一直持续到1952年3月22日西德联邦政府颁布新的正式法案才最终完全失效。②

1949年5月时，德意志联邦共和国的成立已是旦夕间事，柯尼希将军意识到法方军政府已没有时间说服其他西方盟国再接受一份新的共同法案。于是他在5月12日果断下令批准法占区三州业已颁布的全部新公务员法③，希图借此"从下而上"地影响未来的联邦公务员法，为西德行政"去中央集权化"提供有利条件。就此，法方军政府打出了自己手上的最后一张牌，以求能够引导或影响西德的公务员法修订工作，推动德国公共职能的民主化。接下来就轮到它的继任者，法国高参委员会专员来负责与西德及其他西方盟国就此问题再行协商了。

---

① "Les Principes Fondamentaux dirigeant la Fonction Publique, le 22 avril 1949", AMAE, *1HC55*, *Lois et Statuts de fonctionnaire allemand*, pp. 1–3.

② "Note sur le projet de loi portant règlement provisoire du Statut des Fonctionnaire de la Fédération, le 2 décembre 1949", AMAE, *1BONN508*, *Questions Politiques*, *16 – gouvernement d'Allemagne fédérale*, *12 – Statut des fonctionnaires（1949 – 1954）*, *Dossiers rapatriés de l'Ambassade de France à Bonn*, p. 3; "Loi de la Haute Commission Alliée portant abrogation de certaines dispositions des Lois des Gouvernements Militaires sur les Fonctionnaires des Services de la Bizone, le 22 mars 1952", AMAE, *1BONN508*, *Questions Politiques*, *16 – gouvernement d'Allemagne fédérale*, *12 – Statut des fonctionnaires（1949 – 1954）*, *Dossiers rapatriés de l'Ambassade de France à Bonn*, p. 1.

③ "No. 940/CC/CAC/ADM: Le Général d'Armée Kœnig Commandant en Chef Français en Allemagne à Monsieur le Délégué Général pour le Gouvernement Militaire du Land Rhéno – Palatin, le 12 mai 1949", AMAE, *1BONN508*, *Questions Politiques*, *16 – gouvernement d'Allemagne fédérale*, *12 – Statut des fonctionnaires（1949 – 1954）*, *Dossiers rapatriés de l'Ambassade de France à Bonn*, p. 1; "No. 941/CC/CAC/ADM: Le Général d'Armée Kœnig Commandant en Chef Français en Allemagne à Monsieur le Délégué Supérieur pour le Gouvernement Militaire du Wurtemberg, le 12 mai 1949", AMAE, *1BONN508*, *Questions Politiques*, *16 – gouvernement d'Allemagne fédérale*, *12 – Statut des fonctionnaires（1949 – 1954）*, *Dossiers rapatriés de l'Ambassade de France à Bonn*, p. 1; "No. 942/CC/CAC/ADM: Le Général d'Armée Kœnig Commandant en Chef Français en Allemagne à Monsieur le Délégué Supérieur pour le Gouvernement Militaire du Pays de Bade, le 12 mai 1949", AMAE, *1BONN508*, *Questions Politiques*, *16 – gouvernement d'Allemagne fédérale*, *12 – Statut des fonctionnaires（1949 – 1954）*, *Dossiers rapatriés de l'Ambassade de France à Bonn*, p. 1.

1949年5月23日，以议会委员会在5月8日波恩会议中所通过的基本法宪章为基础，德意志联邦共和国在三占区建立了起来。这一基本法中本身便涵盖了一部分与公务员法相关的规定：

第33条第1—5款：担任公职的条件，公职规章制度总体方针；
第85条第2款：有关州级公务员任命的规定；
第137条：公务员的政治活动。

这些条款标志着德方当局已全然掌握了拟定公务员法和进行公职民主化的权利。自此，联邦德国发布了多项有关公务员问题的法案和修正案，尤其是针对联邦公务员的：1950年5月17日，《联邦公务员临时法》颁布①；1953年7月14日，《联邦公务员法》获联邦议会最终通过②。尽管其中波折不断，但德国公务员最终不再受纳粹政权的独裁专断所摆布，也不必再向诸如盟国干预这类的外国势力俯首帖耳。自此，他们"必须万众一心地支持政府之民主观念"③。

由于主张行政"去中央集权化"及"被动监督"的法国军官派的支持，在这一时期的法占区，法方的行政管控逐渐弱化，而德方当局的权力得以增长。随着德国各州政府被从试图维持"积极管控"的法方民事官员的"间接治理"中"解脱"出来，德国公务员也从被法方军政府"间接任用"的行政身份中得以解脱。不同层级德国公务员法的重新编纂，使他们最终摆脱了法方军政府在"去政治化"方面的干预和控制。在盟国的客观帮助之下，凭借着占领时期积累起来的经验教训，德国公务员基于新联邦共和国的民主原则，开始真正独立自主地为自己的同胞服务。

---

① "Gesetzes zur vorläufigen Regelung der Rechtsverhältnisse der im Dienst des Bundes stehenden Personen vom 17 Mai 1950", *Bundesgesetzblatt*, Nr. 25, Juni 15, 1950, SS. 207 – 208.
② "Bundesbeamtengesetz vom 14. Juli 1953", *Bundesgesetzblatt*, Nr. 36, Juli 17, 1953, SS. 551 – 585.
③ "Bundesbeamtengesetz vom 14. Juli 1953", *Bundesgesetzblatt*, S. 561.

二 法占区非纳粹化的结束

不过,除了"间接治理"下的行政管控,法方军政府还掌握有一项能够更加直接有效地控制德国公务员的手段:非纳粹化。1946年时,随着"系统化清洗"在法占区各州的全面展开,德国公务员的旧人员队伍受到了清洗,同时也为服务法方军政府而得以"改头换面"。此外,法方当局还寻求依照法国模式训练"全新的公务员"。自1947年起,法方的所有这些努力都开始遇到意料之外的困难,抑或来自占区之外的挑战。德国公务员得以逐渐摆脱非纳粹化的影响,而法方军政府最终失去了这一间接对德国公务员施加影响的利器。

(一) 法占区德国公务员"系统化清洗"的结束

得益于1946年清洗运动的稳步进行,法占区德国公务员的非纳粹化进展显著。但是,由于1946年末盟国对德管制委员会《第38号指令》的颁布,法方军政府组织下的"系统化清洗"进程中止了。法方占领者发现这一盟国指令支持了法方德人"自主清洗"的非纳粹化理念,遂认为应对法占区现行的"系统化清洗"机制再行研究甚至改革,以便实施这一新的指令。然而,他们一直没有意识到这一指令的真正动机是为了加快调查进度,尽快结束非纳粹化:一方面,1947年起,欧洲的外交局势已然发生变化,在盟国对德管制委员会和外长会议中开始出现些许冷战对峙的迹象。对于其他三个占领国来说,其目的已不限于对德国进行"非纳粹化",更要利用德国来与敌对阵营抗衡。较之于美苏两大阵营之间的意识形态斗争,非纳粹化已非德国最为关键之事。另一方面,德国人已经疲于应对漫长而复杂的非纳粹化流程,开始进行抗议反对。从1948年开始,德国人近乎一致地发起了抵制非纳粹化的浪潮,声称盟国的非纳粹化"只拍苍蝇,不打老虎",而且无休无止没完没了。[1]

到1947年初为止,法占区只有黑森—普法尔茨一州宣布完成了对

---

[1] F. Roy Willis, *The French in Germany: 1945–1949*, p. 162.

其德国公务员的清洗工作。① 但此时军政府主持建立的新莱茵—普法尔茨州已经形成，为此黑森—普法尔茨州与莱茵—黑森—拿骚州进行了合并，失去了独立性，而后者在合并时又尚未完成清洗，所以这一成果也就没有多大意义了。② 因此，可以说在1947年初的法占区，其实还没有任何一州真正完成了公务员"系统化清洗"的任务。对于法方占领者来说，1947年也就成了继续"系统化清洗"，实现全部德国公职部门"非纳粹化"的关键一年。但此时在其他占区，占领当局已然反其道而行之，开始减轻非纳粹化运动力度。1947年2月2日，苏占区军政府针对所有1919年1月1日以后出生，加入过希特勒青年团及曾自动转为纳粹党员的德国青年公开颁布了大赦令。③

事实上，美占区早在1946年7月24日就发布过类似的赦令④，美占区时任总督麦克纳内将军（Joseph T. McNarney，1893－1972）更是在同年12月31日宣布特赦近80万人，以作为给德国人的"圣诞礼物"（un cadeau de Noël）。然而，由于盟国对德管制委员会时期各占领国之间的分歧以及法方当局在对德事务，尤其是非纳粹化政策上的"不合作"态度，法方军政府当时在决策上往往靠近效法同样主张占区独立自主的苏方军政府，而并不一意追随美英西方盟国的政策。根据一份致法国国民议会的官方报告，苏占区的非纳粹化被认为是极其成功的：

> 波茨坦时所主张的非纳粹化，并未在各个占区以同样的重视程度及执行力度得以实现。在苏占区，对于战犯的惩罚堪称典范；法官队伍已经受到清洗；在教育方面，纳粹教师被加以驱逐。苏方全力以赴以确保民主教育。我们发现，在苏占区，民主原则已然贯彻

---

① "Epuration：Réunion des Gouverneurs：Palatinat，le 1octobre 1946"，AMAE，*1AP78/1*：*Epuration*：*rapports généraux sur l'épuration*（1947），p. 4.

② AMAE，*1AP43/2*，*Rhéno – Palatin*：*Création et organisation du Land*（1945 – 1949）.

③ "Écoute radiophonique de la Zone Russe No. 1533：Berlin（Associated Press，3，21h10），le 2 février 1947"，AMAE，*1AP80/4*：*Etat des opérations de dénazifiant en zones alliées*（1945 – 1948），p. 1.

④ "Note d'information：Zone Américaine Amnistie générale pour les jeunes nazis de moins de 25 ans，le 24 juillet 1946"，AMAE，*1AP80/4*：*Etat des opérations de dénazifiant en zones alliées*（1945 – 1948），p. 1.

在立法、政府以及行政治理之中。①

相反,美英占区的非纳粹化则被法方大加诟病:

> 在西方占区中,德国的民主化远没有达到等同的节奏,更没有得到同样强大的推动力。非纳粹化不仅步履蹒跚而且处处漏洞。常常还有纳粹分子得以在职当权,而并未遵循一致且有力的非纳粹化政策。许多有影响力的纳粹并未被触及,甚至还得到了"平反"。故而西方占区的非纳粹化至今仍不过骗人的幌子而已。②

这也就是法方当局格外关注苏方非纳粹化态度的原因所在。苏方的大赦令,使法方军政府开始考虑在法占区执行类似的赦免措施。而盟国对德管制委员会《第38号指令》的落实,也需要对1945年9月19日的《第722号指令》规定的"系统化清洗"机制进行变革,以尽快结束盟国方面执行的非纳粹化行动。这对于法方占领者而言,这意味着必须进一步发展原有的德方"自主清洗"机制,以满足新形势的需要。结果,在1947年初,德方想要尽早结束盟国主导的非纳粹化行动的意愿、苏占区大赦令颁布的压力、《第38号指令》发展变革"自主清洗"的要求,所有这些因素都推动法方军政府做出了一系列有关德国公务员非纳粹化的新决策。

1947年2月18日,法方军政府颁布了《最高指挥官第79号命令:管制委员会第38号指令的执行》,着重强调各州在非纳粹化上的自主性。③ 该命令将《第38号指令》奉为非纳粹化具体实施的根本框架,责成德国各州政府在该框架之内采取必要的立法或行政措施来实现非纳粹化。在柯尼希将军1947年3月21日致德奥事务专员施耐德的报告

---

① "Rapport pour l'Assemblée Nationale: La dénazification et la démocratisation de l'Allemagne, le 14 mars 1947", Archives Nationale, Site de Pierrefitte – sur – Seine, *Réparations Allemandes: Documentation 20 décembre 1945 – 20 mars 1952*, C//15923, pp. 9 – 10, 12.

② "Rapport pour l'Assemblée Nationale: La dénazification et la démocratisation de l'Allemagne, le 14 mars 1947", pp. 10 – 14.

③ "L'ordonnance No. 79: relative à la mise en œuvre de la Directive No. 38 du Conseil de Contrôle, le 18 février 1947", *Journal Officiel du Commandement en Chef Français en Allemagne*, No. 56, Gouvernement Militaire de la zone française d'occupation, le 27 février 1947, pp. 163 – 164.

中，德方急于形成和加快德人协助下的系统化"全面清洗"（épuration totale）新机制的吁求，通过法方军政府转达给了巴黎方面：

> 不要忘记，（德国的）所有政党，以及其领导人，大多都曾是纳粹主义的受害者，是非纳粹化的支持者。他们希望我们加快这一行动，以免清洗运动从根本上威信扫地，以结束这种不确定状态给公共生活和经济造成的重负。他们呼吁一场全面清洗，不仅针对纳粹，尤其那些战犯和积极的党徒，还要触及那些从独裁暴政和军国主义中渔利之辈。①

1947年3月底，法方军政府在一份占区总体报告中就德国公务员的清洗状况进行了统计：

表4-7　德方人员清洗：涉及公务员的案件（1947年3月底）②　（单位：件）

已审查案件	476657
留职	244724
新入职	10086
调职—降职	101956
停职或暂时性的禁止任事	1342
强制退休、开除或禁止任事	53435
罚金或部分财产充公	27167
全部财产充公	503
拒绝工作要求	2038
软禁	24

---

① "No. 1447/CC/CAC/POL: Le Général d'Armée Kœnig, Commandant en Chef Français en Allemagne à Monsieur le Commissaire Général aux Affaires Allemandes et Autrichiennes: Mesures d'amnistie en faveur de certaines catégories de nazis, le 21 mars 1947", AMAE, 1BONN264, Conseiller Politique: C – La France et la Z. F. O: III Zone Française d'occupation: 1 – Questions politiques et administratives: c) Epuration et Dénazification, Dossiers rapatriés de l'Ambassade de France à Bonn, p. 2.

② "Epuration du personnel allemand: La Zone française d'occupation, l'ensemble des directions, fin mars 1947", AMAE, 1AP78/1: Epuration: rapports généraux sur l'épuration (1947), p. 1.

续表

拘捕（监狱）	47
为重建提供强制劳动	4
留待处理案件	19
惩罚性处置总数	186535
已审案件中惩罚性处置所占百分比	39%

较之于1946年末的统计数据，《第38号指令》的颁布使得报表清单不仅可以体现当局做出处罚的总体情况，更可以通过相应处罚所严格对应的分层级别，更为细致地体现德方嫌疑人本身的总体情况与其所承受的相应处罚状况。已审查案件的数量（1946年的455 015与1947年的476657）以及惩罚性处置的数量（1946年的168204与1947年的186535）并没有出现之前那样的大幅提升。实际控制着"系统化清洗"具体行动的法方民事官员因此认为，这一统计数据正是证明德国公务员清洗已近结束的充分证据。而像柯尼希将军和公共教育主管施密特兰这样向来强调德国人"全体责任"的保守人士，更是认定当此之时，维持法方军事占领及青少年再教育要比坚持将所有纳粹分子一一追责重要得多。大部分的法方占领者其实在1947年4月达成了一个潜在的共识：对于德国公务员的非纳粹化不得妨碍法占区德方当局的运作。于是也就到了停止公务员"系统化清洗"，进一步发展"自主清洗"制度，从而放手让德国人处理非纳粹化问题的时候了。

在1947年4月16日的一次新闻发布会上，法方军政府向在场的德国记者公开宣布："从今以后，看来已不可能在不危及公共生活的前提下，驱除一切纳粹党及其附庸组织的成员了。月初，当局已经清除了所有占据要职重任的民族社会主义分子。这一行动现已结束。"[①] 在此之前，法方军政府也曾公开表示过对于德方当局的清洗业已结束，但那不过是出

---

① "Projet de conférence de presse, le 12 avril 1947", AMAE, *1AP77/5*: *Epuration*: *notes et rapport des services et des sections du G. M. Z. F. O. sur l'état d'avancement des opérations d'épuration* (*1947–1948*), pp. 1–3.

于政治上策略考量的对外表态,在实践中其实并未照此行事。① 但这一次,甚至在法方军政府内部,法方占领者都已承认没有理由再维持现有的"系统化清洗"措施了。在 1947 年 4 月底一份有关法占区清洗的官方内部报告中,再次确认称法方军政府已经放弃了在法方领导下对德国公共部门进行非纳粹化的理念:"我们所关切的,一直是要把那些从政治履历来看有害的危险分子排除到有影响力的职位之外。就此而言,以系统化方式进行的行政当局净化行动可以说已经大功告成了。"②

在法方军政府推动下,法占区各州德国政府或是颁布,或是修改了③自己的"自主清洗"立法文本。之后重新拟定的符腾堡州新法案很大程度上是遵照《第 38 号指令》所做的修正案。3 月 30 日,《有关从民族社会主义与军国主义中解脱的州级命令》在巴登州弗赖堡颁布④;4 月 17 日,《关于莱茵—普法尔茨州政治清洗的州级命令》在莱茵—普法尔茨州的科布伦茨颁行⑤;而最后,基于 1946 年 5 月 28 日命令法案修改而成的《1947 年 4 月 25 日政治清洗命令》也在符腾堡—霍亨索伦州的图宾根批准通过。⑥ 尽管这些德国州及立法依然保有浓厚的"系统化清洗"色彩,比如清洗委员会、训令代表团的设置、法方的否决权

---

① "Conseiller politique: Conférence de presse à Baden – Baden du 21 février 1946, le 22 février 1946", AMAE, *1BONN264*, *Conseiller Politique*: *C – La France et la Z. F. O*: *III Zone Française d'occupation*: *1 – Questions politiques et administratives*: *c) Epuration et Dénazification*, *Dossiers rapatriés de l'Ambassade de France à Bonn*, p. 2.

② "Rapport général sur l'épuration dans la Zone Française d'Occupation en Allemagne, fin avril 1947", AMAE, *1AP78/1*: *Epuration*: *rapports généraux sur l'épuration (1947)*, p. 1.

③ "Rechtsanordnung zur Politischen Säuberung Vom 28. Mai 1946", *AMTSBLATT des Staatssekretariats für das französisch besetzte Gebiet Württembergs und Hohenzollerns*, le 8 juin 1946, AMAE, *1AP74/3*: *Dénazification*: *lois allemandes sur l'épuration (Länder Bade, Wurtemberg, Rhénanie – Palatinat) (1946 – 1948)*, p. 67.

④ "Landesverordnung über die befreiung vom Nationalsozialismus und Militarismus Vom 29 März 1947", *Amtsblatt der Landesverwaltung Baden*, *Französisches Besatzungsgebiet*, Nummer 14, 15 April 1947, S, 69 – 76.

⑤ "Landesverordnung zur politischen Säuberung im Land Rheinland – Pfalz Vom 17 April 1947", *Verordnungsblatt der Landesregierung Rheinland – Pfalz*, Nummer 9, 21 April 1947, S, 121 – 129.

⑥ "Rechtsanordnung zur politischen Säuberung Vom 25 April 1947", *AMTSBLATT des Staatssekretariats für das französisch besetzte Gebiet Württembergs und Hohenzollerns*, Nummer 26, 8 Mai 1947, S, 639.

等，但德国非纳粹化机构从此不再是执行法方军政府清洗政策的德国地方分支组织，不再任由法方当局摆布。它们自此可以依照本州法律规定行使非纳粹化方面的自主行动权。依照1945年9月19日《第722号指令》建构起来的"系统化清洗"集中架构到此完全崩塌。法占区非纳粹化不再仅仅是法方军政府领导下的德方"自主清洗"，而是在法方监督下依靠德方立法进行的全新"自主清洗"。然而，尽管法方占领者领导下的"系统化清洗"时代已然告终，法方军政府却并未完全放弃它在非纳粹化事务上的最终决定权。鉴于德方当局不但承担了执行之责还掌握了立法之权，法方军政府开始着重将另外一项权力牢牢掌控在手：赦免权（le droit de grâce）。

（二）赦免还是监督？有关德国公务员大赦问题的争论

宏观看来，对于法占区当局的德国公务员来说，尽管法方军政府已经宣布放弃继续领导"系统化清洗"，但是非纳粹化本身并未结束。因为法方的声明是明确基于法方占领者的这样一个共识之上的：几乎所有的德国公务员案件都已审查完毕并做出了相应的处置。因此，尽管德方制定了新的法律规定，但各州当局并没有权限和能力去推翻那些在"系统化清洗"时代已然做出的判决。

此外，对于绝大多数被认定为"被迫的纳粹""名义上的纳粹"抑或"小纳粹"的公务员来说，即便法方军政府基于德国人"全体责任"的理念从未有意施以严惩，但他们依旧担惊受怕，生活在随时可能受到追究的恐惧之中。这也使得法占区的德方当局做出了发起大赦的尝试，好让他们吃到定心丸，安心履职工作。

然而，法方占领者认为"赦免权"是法方在非纳粹化事务上的最终决定权的体现，因此他们不愿轻易拱手交于德方。确实，"在整个占领时代期间，法国人始终拒绝交由德方当局实际行使赦免之权"[①]。鉴于实际上只有法方当局可以借助军政府的否决权赦免德国嫌疑人，因此也就只有法方军政府可以授权在法占区发起大赦了。

在其他盟国占区——如苏占区和美占区，当局早已对特定的德国人员群体进行了大赦，以便利德方当局行政治理的良好运行。在法国本

---

① Perry Biddiscombe, *The Denazification of Germany: A History 1945–1950*, p. 172.

土，1947年5月时法国共产党退出了巴黎的三方联合政府，该党对于法占区非纳粹化的批评以及倾向于激进非纳粹化的决策影响力也随之大大削弱。盟国方面的压力，以及本土放任其行动的现状，使得法方占领者，尤其是法方军政府的民事官员开始研究对德国人进行大赦的可能。作为法占区地方行政的实际管理者，他们认为此时非纳粹化对于法占区的法德当局双方而言已是过于沉重的行政负担，继续运行庞大的清洗机器对剩余的小纳粹分子赶尽杀绝，未免得不偿失。且既然法方军政府已经按照他们的建议宣布结束"系统化清洗"，就应该继续及早发起大赦以真正结束非纳粹化，让占区行政重回正轨。法方军政府民事幕僚中的清洗专家，军政府德国人员管理局主管，行政总管拉丰的亲信，继皮埃尔·阿纳勒之后被称为全法占区"非纳粹化沙皇"（Tsar de dénazification de toute la ZFO）的阿伦·拉德纳克（Alain Radenac），就曾倡议针对属于《第38号指令》中"追随者、同情者或从犯"一级的人员进行大赦。由于大多数旧公务员都属于"被迫的纳粹"，这也就意味着法占区德国公务员的非纳粹化实际上已近乎终结，因为对于这些"名义上的纳粹"的调查审判占用了德国非纳粹化机构的大量工作时间。通过一场大赦，德方机构也就不再需要集中精力落实对这些"小纳粹"的处罚。但是，他的动议遭到了柯尼希将军的断然否决。作为一个"冷漠"的保守主义者，柯尼希倾向于跟随其他盟国采取的措施后发而动，不愿做出头鸟首先发起比其他占区更为激进的大赦举动。他认为发动这样的赦免行动还为时过早，如若仓促实施，法占区势必会成为诸多舆论批评的众矢之的，德方当局也会质疑法方军政府在非纳粹化方面的坚定决心。再者，柯尼希将军在赦免一事上自有其主张，我们可以在他1947年3月21日致德奥事务专员的报告中看出这一点：

> 所有的党派都要求大赦，或者至少发起一个类似的行动，以使以下人员获益：
>
> 1919年1月1日以后出生，非公认犯罪组织成员且未犯战争罪、反人类罪的青年。
>
> 追随者（Des Mitläufer）。
>
> 主题要旨在于"抓大放小（Poursuivre les gros et laisser courir les

petits）。一项由军政府筹划的青年人员大赦方案目前已在研究之中，将立即提交给最高指挥官（柯尼希本人）。"①

显然，柯尼希也同意"抓大放小"的原则，但他更希望能从赦免德国青年开始，实行渐进性、多批次的赦免程序。在他的推动下，《法国在德最高指挥部第92号命令：关于青年的赦免》于1947年5月2日公布。② 根据这一命令，不得对1919年1月1日以后出生的人员采取清洗措施，且以往遭受处罚的这一规定适用者也可取消其清洗处罚，按照现行规定恢复一切权利（不过该命令并不适用于那些身为纳粹党直属干部的公务员 [hauptamtlich]）。对于法占区那些尚未得到拉丰1946年1月27日《CAB/C 749号参考文件》③ 所赋予的"临时身份"的年轻德国公务员来说，《第92号命令》无疑正是重新得以复职的良机。该命令也可以被看作对财政局主管欧布瓦诺一年前所提出的"恩赦"建议——亦即由法方军政府出面赦免一切政治活动不张扬的年轻公务员④——的具体落实。

在《第92号命令》颁布以后，法方军政府的民事官员立即开始依照拉德纳克的方案着手准备第二波赦免行动。5月21日，法方军政府民事幕僚向拉丰提交了一份新的命令草案，旨在赦免更多德方人

---

① "No. 1447/CC/CAC/POL：Le Général d'Armée Kœnig, Commandant en Chef Français en Allemagne à Monsieur le Commissaire Général aux Affaires Allemandes et Autrichiennes：Mesures d'amnistie en faveur de certaines catégories de nazis, le 21 mars 1947", AMAE, 1BONN264, Conseiller Politique：C – La France et la Z. F. O：III Zone Française d'occupation：1 – Questions politiques et administratives：c) Epuration et Dénazification, Dossiers rapatriés de l'Ambassade de France à Bonn, pp. 2 – 3.

② "L'Ordonnance No. 92 du Commandement en Chef Français en Allemagne portant amnistie de la jeunesse, le 2 mai 1947", Journal Officiel du Commandement en Chef Français en Allemagne, No. 78, Gouvernement Militaire de la zone française d'occupation, le 5 mai 1947, pp. 700 – 701.

③ "Référence CAB/C 749 (Confidentielle)：Circulaire 722 du 19 – 9 – 45, Personnel des Administrations Allemandes, Promotions engagements et réintégrations, le 27 janvier 1946", AMAE, 1AP22/2：Evolution de la législation sur la répartition des torts causés aux fonctionnaires lésés par le nazisme (Rhénanie – Palatinat et Bade) (1949).

④ "Note pour Monsieur l'Administrateur General：Problèmes posés par l'application des règles de dénazification au jeunes agents allemands de 26 ou 27 ans, le 2 avril 1946", AMAE, 1AP75/6：Epuration：Notes et rapports des services et des sections du G. M. Z. F. O. sur l'état d'avancement des opérations d'épuration (1945 – 1946).

员。在这一命令文本的动机陈述部分里可以清楚地看到典型的民事官员观点:

> 军政府在清洗事项上的目标,一直是要把那些从政治履历来看有害的危险分子排除到有影响力的职位之外,并且对那些为民族社会主义做出了有罪行为的人员——无论其职位如何——进行压制。
>
> 此外,军政府一直期望这一政治净化行动可以在兼顾效力的同时尽快执行。这一行动如今正在顺利完成之中。
>
> 军政府也希望被告人,或曰嫌疑人,能够获益于民主政体对于被告的一切保障措施。各州所推行的新法律,也应贯彻管制委员会《第38号指令》,对"主犯"及"一般罪犯"做出严厉而明确的判决,并给予他们复核与上诉的机会。
>
> 为了以同一政策兼顾司法公正、安全与社会安定,军政府通过现行"恩赦"措施,让人口中相关的部分劳动阶级人员得以重新融入社会生活之中。此类人员必须未曾做出过有害或是牟取私利的恶行,只是因名义上对民族社会主义的归附而受到连累而已。①

这一命令草案在1947年6月到7月间由拉丰及法占区各州高级代表团做出了审议修正。② 然而,由于柯尼希将军的反对,民事官员们必

---

① "Note à Monsieur l'Administrateur Général: Projet de Grâce, le 21 mai 1947", AMAE, *1AP74/1: Dénazification: projets d'amnistie (1947) mise en congé de captivité de prisonnier de guerre (1946 – 1948)*, p. 1.

② "No. 1005/CAB: Le Délégué Supérieur pour le Gouvernement Militaire du Pays de Bade à Monsieur l'Administrateur Général Laffon: Les différentes observations du projet d'ordonnance portant amnistie d'un certain nombre de personnes sanctionnées pour raisons d'épuration, le 19 juin 1947", AMAE, *1AP74/1: Dénazification: projets d'amnistie (1947) mise en congé de captivité de prisonnier de guerre (1946 – 1948)*, pp. 1 – 2.
"No. 2835/CAB/JCD/MS: Le Délégué Supérieur pour le Gouvernement Militaire du Wurtemberg à Monsieur l'Administrateur Général Laffon: Projet d'amnistie pour certaines catégories de nazis, le 20 juin 1947", AMAE, *1AP74/1: Dénazification: projets d'amnistie (1947) mise en congé de captivité de prisonnier de guerre (1946 – 1948)*, pp. 1 – 3.
"No. 4211/CAB/EPU/MR/JR: Le Délégué Général pour le Gouvernement Militaire de l'Etat Rhéno – Palatin à Monsieur l'Administrateur Général Laffon: Projet d'Ordonnance sur la grâce des petits nazis, le 20 juin 1947", AMAE, *1AP74/1: Dénazification: projets d'amnistie (1947) mise en congé de captivité de prisonnier de guerre (1946 – 1948)*, pp. 1 – 2.

须证明该命令并不先于其他盟国占区,尤其是苏占区的相关决策,才能正式予以颁布,以免各界舆论"枪打出头鸟",对法方军政府的威信造成不利影响。于是,苏方军政府颁行的措施再一次意外影响到了法方军政府的非纳粹化决策。

1947年8月16日,苏方军政府发布了《第201号命令:有关非纳粹化方面管制委员会第24号与第38号指令的实施》。① 在这一命令中列举了苏占区在非纳粹化、民主化方面所取得的诸多成果,已到了对没有进行任何真正意义上法西斯活动的"名义上的纳粹"进行相应待遇改善的时候了:

> 在现今情况下,有必要以积极的法西斯主义者、军国主义者以及实际参与了战争罪行及其他希特勒党徒已认定的犯罪行径的人员为一方;以未做出任何实际行动,且实际上能够与法西斯主义意识形态一刀两断,与德国人民民主阶层通力合作共同致力于建设和平民主之德国的"名义上的法西斯分子"为另一方,依照莫斯科外长会议第四次议程的结论规定进行严格的区分。②

根据这一命令,"名义上的纳粹"已不再是苏占区司法追究的对象。所有以前的纳粹党员,只要没有犯下破坏和平的罪行抑或伤害到其他人民(包括德国人民)的安全,就都可以参与选举,拥有被选举权或担任为行政治理服务的公务员。在1947年莫斯科的外长会议第四次议程中,苏联外交部长莫洛托夫将苏占区非纳粹化成为巨大的成功,并且尝试说服西方盟国进一步深化非纳粹化:"领导着反纳粹任务的苏方军政府,集中力量驱逐了那些积极的法西斯主义者以及那些在希特勒统

---

① Timothy R. Vogt, *Denazification in Soviet-Occupied Germany, Brandenburg, 1945–1948*, Cambridge, Mass: Havard University Press, 2000, p. 95.

② "Ordonnance No. 201 du Chef suprême de l'Administration militaire soviétique Commandant en Chef des Troupes d'occupation en Allemagne: Instruction pour l'Application des Directives No. 24 et No. 38 du Conseil de Contrôle, concernant la dénazification, le 16 août 1947", AMAE, *1AP74/1: Dénazification: projets d'amnistie (1947) mise en congé de captivité de prisonnier de guerre (1946–1948)*, p. 1–3.

治下占据着公职或半公职的人,用民主团体推荐的人选加以取代……我向你们呼吁:看看那些报纸上登的吧,苏占区开除或是禁止再任公职的纳粹公务员数目已经达到390478人了,比其他任何一个占区都要多得多。"① 8月27日,法国大使兼政治顾问 J. 塔尔贝·德·圣·安度因(J. Tarbe de Saint Hardouin)致信法国外交部长乔治·皮杜尔,以表达他对苏方非纳粹化命令的看法。在这封信中,他首先细致地对比了苏方命令与美英占区遭到批评抨击的赦免案例,由此指出:"有关命令的颁布似乎只是在德国加强和促进苏维埃和共产主义宣传的手段而已"②,因为事实上,美占区早已在1946年12月的"第二次大赦"(Seconde Amnistie)中洗白了约800000"小纳粹"③,而英方军政府也在1947年2月的《第54号执行令》中放弃了"非黑即白"(tout noir ou tout blanc)的非纳粹化原则,赦免了英占区的数十万"名义上的纳粹"④。表面上,此信主要是在批评苏方的宣传言过其实,但其潜在深意却是向法国本土高层展示其他盟国在这一方面的进展,暗示法占区相应赦令的缺失。法国政府立即领会了其中深意,随即命令驻柏林的法方管制委员会代表团就该苏方军政府命令向苏方代表进行细节咨询,并责成拉丰处理后续事宜。⑤

《第201号命令》在苏占区的颁布就给了法方民事官员一个发起新

---

① Timothy R. Vogt, *Denazification in Soviet - Occupied Germany*, Brandenburg, 1945 - 1948, p. 95.

② "No. 454/EU: M. J. Tarbe de SAINT HARDOUIN Ambassadeur de France Conseiller Politique à Son Excellence Monsieur Georges BIDAULT Ministre des Affaires Etrangères Direction d'Europe: Ordonnance soviétique sur la dénazification, le 27 août 1947", AMAE, *1AP74/1: Dénazification: projets d'amnistie (1947) mise en congé de captivité de prisonnier de guerre (1946 - 1948)*, p. 3.

③ "Rapport pour l'Assemblée Nationale: La dénazification et la démocratisation de l'Allemagne, le 14 mars 1947", Archives Nationale, Site de Pierrefitte - sur - Seine, *Réparations Allemandes: Documentation 20 décembre 1945 - 20 mars 1952*, C//15923, p. 12.

④ "Note d'information: La Zone anglaise, le 16 février 1947", AMAE, *1AP80/4: Etat des opérations de dénazifiant en zones alliées (1945 - 1948)*, p. 1.

⑤ "Note pour Monsieur l'Administrateur Général Compte - rendu de mission à Berlin les 3, 4, 5 septembre: Récentes mesures d'amnistie en zone soviétique, problème des petits nazis en zone français, le 11 septembre 1947", AMAE, *1AP74/1: Dénazification: projets d'amnistie (1947) mise en congé de captivité de prisonnier de guerre (1946 - 1948)*, pp. 1 - 3.

大赦的天赐良机。在法方军政府内部协商之后，上有本土政府外交部尚方宝剑，下有各州高级代表鼎力支持的拉丰，便可以名正言顺地说服柯尼希接纳新的大赦方案。1947年10月1日，拉丰向柯尼希提交了赦免令草案，并附了一份动机说明，要求柯尼希签署颁发。他在动机说明中指出：

> 该草案针对民族社会主义党及其附属组织之名义成员。
> 出于公众舆论之殷切期盼，较于其他盟国在其占区业已实行之措施，此次赦免乃法方占领当局至今所实行的最为重要行动举措之一，您将会发现此举已获（德奥事务）专员首肯通过。
> 该宽容措施之要旨在于，使从经济及民主视角上能力有利于我方利益，且被判定不甚危险的人员，得以重新融入政治与社会生活之中。①

然而，柯尼希采取了"拖延战术"，在十月份整整一个月时间里都刻意回避签署这份不合他意的命令。其原因在于该草案第一条规定，"从今以后，不得针对纳粹党及其附属组织中任何不具备头衔或职能的普通名义成员执行清洗措施"②，直截了当地反映了民事官员通过赦免尽可能多的"小纳粹"来尽快结束非纳粹化的意愿。但对于像柯尼希这样的保守派来讲，这也就意味着法方军政府将完全丧失其对非纳粹化进程的掌控。事实上，柯尼希所设想的非纳粹化方向，应该是优先确保非纳粹化的良好进展，在排查清楚处置稳妥后再对判决较轻的人员加以赦免，以体现法国的宽宏大度，而不能以直接从轻赦免的形式轻率结束非纳粹化。

---

① "No. 9979/CAB/C：Laffon à Monsieur le Général d'Armée Commandant en Chef Français en Allemagne：Projet d'amnistie des membres nominaux du parti national – socialiste，le 1 octobre 1947"，AMAE，*1AP77/5*：*Epuration：notes et rapport des services et des sections du G. M. Z. F. O. sur l'état d'avancement des opérations d'épuration* (1947–1948)，pp. 1–4.

② "No. 9979/CAB/C：Laffon à Monsieur le Général d'Armée Commandant en Chef Français en Allemagne：Projet d'amnistie des membres nominaux du parti national – socialiste，le 1 octobre 1947"，p. 4.

另外，1947年10月30日发生的一件事，进一步刺激柯尼希做出了抵制行为。这一天，拉丰对德国教师人员中的"小纳粹"进行了一次"小规模赦免"（petite amnistie）。① 鉴于专业教员不足，法方军政府早在1945年末便重新启用了大量纳粹党员身份的教师，以确保德国青少年的再教育工作。② 根据公共教育局主管施密特兰的提议，这些纳粹教师的复职启用是以"临时"方式进行的，不享有公务员身份及任何待遇，因此当局可以随时随地将其开除解职，以防其在教学活动中对"再教育"造成不利影响。③ 但到1947年5月，法占区教员短缺的情况仍无多大改善，新培训出来的教师仅占教员人数总额的12%；且全占区高中教师总数较之于1939年时数字仍缺近5000人，问题不可谓不严重。④ 拉丰于是做出决定，"那些在清洗判决中被完全'洗白'的教师公务员，也就是被证实无罪（Entlastet）或是不受处罚的人，可以享受公务员身份复职，恢复一切权利；那些受到轻罪判决的人，则可以在军政府进行审查后得以完全复职——该审查期之前期限未定，现依照《第38号指令》规定，自当事人判决或相应决定下达后维持3年"。⑤ 虽然规定可谓缜密，但这一决议毕竟给予了所有"小纳粹"身份的教员一个最终作为正式公务员复职的机会。拉丰做此决定速度之快以及该决议文本之激进程度，让一向关注"再教育"问题的柯尼希将军大吃一惊，以致使他产生了这样的怀疑：是否应该接受拉丰这种"唯快是从"的

---

① "No. 10965 CAB/C：L'Administrateur Général Laffon Adjoint pour le Gouvernement Militaire de la zone Française d'occupation à toutes DELSUP：Réintégration dans le cadre des fonctionnaires des membres de l'Enseignement, le 30 octobre 1947", AMAE, 1BONN539, Relations Extérieures：ZF - Zone française d'occupation en Allemagne：4 - Questions politiques：5 - Dénazification（1947 - 1949）, Dossiers rapatriés de l'Ambassade France à Bonn, pp. 1 - 2.

② Frederick Tayor, Exorcising Hitler：The Occupation and Dénazification of Germany, p. 321.

③ "Note à monsieur l'Administrateur Général：Epuration du personnel allemand de l'Education Publique, le 27 mai 1946", AMAE, 1AP75/6：Epuration：Notes et rapports des services et des sections du G. M. Z. F. O. sur l'état d'avancement des opérations d'épuration（1945 - 1946）, p. 1.

④ Perry Biddiscombe, The Denazification of Germany：A History 1945 - 1950, p. 165.

⑤ "No. 10965/CAB/C：L'Administrateur Général Laffon Adjoint pour le Gouvernement Militaire de la zone Française d'occupation à toutes DELSUP：Réintégration dans le cadre des fonctionnaires des membres de l'Enseignement, le 30 octobre 1947", AMAE, 1BONN539, Relations Extérieures：ZF - Zone française d'occupation en Allemagne：4 - Questions politiques：5 - Dénazification（1947 - 1949）, Dossiers rapatriés de l'Ambassade France à Bonn, p. 1.

结束非纳粹化方法？

最终拉丰也做出了一定让步。11月7日，他再度向柯尼希提交了一份修改过的赦免令草案，并向他表明该草案已获德奥事务专员（柯尼希理论上的上级，传达本土政府意志的中介）及公共教育局主管施密特兰（柯尼希"再教育"方面的亲信）同意。① 在这份新草案里，原第一条被放到了第三条位置，新的第一条强调了军政府希望由德方当局尽快达成非纳粹化的意愿："各州政府应采取一切必要措施，以加快非纳粹化的进度及其最终完成。"② 显然，这样一来既能满足保守占领者继续由德方当局执行非纳粹化的要求，也能体现民事官员尽快结束非纳粹化的意愿。为了表明自己的态度，消除柯尼希的忧虑，拉丰甚至在11月10日严正表态，要求各州高级代表积极就非纳粹化事务干涉德方当局行动："若军政府不发一言，一种有系统地进行纵容包庇的罪恶倾向势必会破坏掉两年以来所共同达成的清洗事业的累累硕果。我请求你们，一旦有这种倾向露头，就要担负起你们责任来，立即对德方的政府、政党以及工会做出有力的干涉。"③

拉丰之所以主动修改命令法案并明确强调法方军政府在非纳粹化问题上对德方当局的干预权，自然是为了向柯尼希保证法方军政府依然会将非纳粹化的最终决定权掌握在手，以此求得柯尼希批准这一新的赦免令。11月17日，柯尼希批准了这一法案并以《法国在德最高指挥部第133号命令》④ 的形式予以颁布。但讽刺的是，这一法令的始作俑

---

① 这也就意味着国民议会与柯尼希亲信均已讨论并同意了这一草案。

② "Lettre de l'Administrateur Général Laffon, Adjoint pour le Gouvernement Militaire de la Zone Française d'Occupation à Monsieur le Général d'Armée Commandant en Chef Français en Allemagne: Projet d'ordonnance relative à la dénazification, le 7 novembre 1947", AMAE, *1AP77/5*: *Epuration: notes et rapport des services et des sections du G. M. Z. F. O. sur l'état d'avancement des opérations d'épuration* (1947 – 1948), p. 1.

③ "No. 11385/CAB/C: L'Administrateur Général Laffon Adjoint pour le Gouvernement Militaire de la zone Française d'occupation à toutes DELSUP: Dénazification, le 10 novembre 1947", AMAE, *1BONN539*, *Relations Extérieures: ZF – Zone française d'occupation en Allemagne: 4 – Questions politiques: 5 – Dénazification* (1947 – 1949), *Dossiers rapatriés de l'Ambassade France à Bonn*, p. 1.

④ "L'ordonnance No. 133: relative à la dénazification, le 17 novembre 1947", *Journal Officiel du Commandement en Chef Français en Allemagne*, No. 122, Gouvernement Militaire de la zone française d'occupation, le 21 novembre 1947, pp. 1244 – 1245.

者——行政总管拉丰，却在11月15日被柯尼希解职。本来，拉丰寄希望于以之前的让步换得柯尼希首肯，再在赦免令正式发布之后，借助自己管理占区行政的实权在实际执行中加以灵活应用。然而他去职之后，柯尼希统揽法占区军政大权，反倒可以随心所欲地就这一命令的落实执行做出具体解释了。这可能也正是柯尼希将军最终会答应接受这一民事官员方提出的法案的原因所在。

根据《第133号命令》第四条规定，第三条受益者可同时获得其全部政治及公民权利，从此以后可以担任任何公私职务。以拉丰为首的民事官员将这一赦令看作让那些被划为"名义上的纳粹"的公务员重新复职任事，以结束非纳粹化之举。但正如该命令第一条所规定的那样，柯尼希则认为此命令主旨在于激励敦促德方当局积极加快行动，以推动非纳粹化进展。在拉丰去职后，柯尼希的理念主宰着法方军政府。在他影响之下，这一命令的"大赦"意味有所减免，我们可以在1947年末巴登州发生的一次争议事件中看出这一矛盾之处的端倪。在12月巴登州议会就非纳粹化问题进行讨论之时，该州主席声称："目前就赦免令而言尚无具体的执行规定。"① 他的言论随即被法方军政府立法司法部门大加批判：

> 这句话给人的印象，就好像巴登州政府是在等着军政府方面给出《第133号命令》的具体执行安排似的，还给这个命令安上了"赦免令"这样一个不甚贴切的名头。不过，这种消极等待的态度看起来与这个被人民敬为迈向两国和解重要一步的关键命令的理念并不切合……州政府的观望态度可能会有损于民众对于柯尼希将军命令的极其热忱的反应。为了排除因无所作为或恶意行事而对该命令规定造成的破坏，应当给予各州政府明确而严格的指示，以立即贯彻执行这一在发布后一个月仍迟迟没有产生效果的命令。②

---

① "Protokoll der Sitzungen", *Badener Tagblatt*, Dezember 16, 1947.

② "Rapport du Conseiller Juridique allemand de la Direction relatif à un article paru dans le *Badener Tagblatt*, le 16 décembre 1947", AMAE, *1AP77/5*: *Epuration*: *notes et rapport des services et des sections du G. M. Z. F. O. sur l'état d'avancement des opérations d'épuration (1947 - 1948)*, pp. 1 - 2.

尽管民事官员们当初筹划这一命令是为了发起大赦，但《第133号命令》在颁布后便转而强调法方对于德方当局执行的非纳粹化进程的监督了。德国公务员因非纳粹化而背负的行政负担并未完全解除，因为在柯尼希这样的法方保守派占领者眼中，非纳粹化的顺利进行远比赦免"小纳粹"更重要。然而，虽然柯尼希力图维持占区独立性，抵制外界影响，外交压力依然迫使法国本土政府及军政府最终接受了大赦政策。

（三）"恩赦自法兰西出"：法方军政府非纳粹化的终结

1948年初，德国其他三个占区采取了一系列非纳粹化收尾措施，美英苏三国领导下的非纳粹化行动的结束已迫在眉睫。美方当局从1947年末起便已修改了1946年3月5日制订的《解脱法》①，给予了德国检察官复核重定纳粹嫌疑人所属等级的权限。大量原来负第二等级罪责的"一般罪犯"得以被重划为第四等级的"从犯"，从而获得了被赦免的资格。② 1948年1月，英方占领者则下令禁止德方当局重审已经判决的非纳粹化案件，以尽快结束非纳粹化程序。③ 同样，苏方军政府也在1948年2月26日发布《第35号命令：解散非纳粹化委员会》，正式宣告苏占区完成非纳粹化任务，各地非纳粹化委员会组织自1948年3月10日起功成身退。④ 而在德国这边，各占区内也时有反对继续非纳粹化的抗议发生，以宣泄德人对非纳粹化久拖不决的不满。1948年2月2日，德国天主教派代表巴斯德·尼默勒（Pasteur Niemöller）带头向各占领方发出公开信，称德国人拒绝再为延长非纳粹化提供合作。⑤ 甚至连那些最积极的反纳粹主义者，如德国的共产党人，也开始认为非纳粹

---

① "Law for liberation from National Socialism and Militarism, 5 March 1946", *Denazification*: *cumulative review*: *Report*, 1 April 1947 – 30 April 1948. No. 34 (1948), Germany (territory Allied occupation, 1945 – 1955: U. S. Zone): Office of Military Government/ Civil Administration Division, 1948, pp. 52 – 97.

② Carolyn Woods Eisenberg, *Drawing the Line*: *The American Decision to Divide Germany*, *1944 – 1949*, New York: Cambridge University Press, 1996, p. 373.

③ Ian Turner, "Denazification in the British Zone", in Ian D. Turner, ed., *Reconstruction in Post – War Germany*: *British Occupation and the West Zones*, *1944 – 1945*, New York: Oxford University Press, 1989, p. 262.

④ Деятельностьсоветскойадминистрациив Германии (СВАГ) подемилитаризации Советскойзоныоккупации Германии (1945 – 1949). М., 2004. с. 507.

⑤ F. Roy Willis, *The French in Germany*: *1945 – 1949*, p. 162.

化是"新反动派"（nouveaux réactionnaires）政治阴谋的工具。莱茵—普法尔茨州的共产党机关报就呼吁道："'调查表'战争该结束了！我们向非纳粹化负责人做出严正警告：若近期还不对沿用至今的非纳粹化措施做出变革，任由非纳粹化变成'再纳粹化'，那么莱茵—普法尔茨的德国共产党将不得不拒绝承担他们在非纳粹化委员会中的工作。"①

鉴于这一形势，法国政府向法方军政府施压，要求其改革非纳粹化措施，尽快将此事了结。1948年3月16日，德奥事务专员皮埃尔·施耐德致信柯尼希将军，要求他修改法方军政府此前有关非纳粹化的命令：

> 我们的目标既在于消灭真正危险的纳粹分子，也包括在确保占领方受益的前提下尽快结束非纳粹化。
>
> 我们占区内的非纳粹化是依据盟国间指令进行的，有时甚至超前于此类指令之精神要义。因此看来这类非纳粹化行动必须进入尾声了。不过，就这一问题方面的专家看来，还需要好几个月甚至几年来完成此事。但这样的期限是无法接受的……
>
> 由于具体执行之严厉，有关青年和"小纳粹"的《第92号命令》和《第133号命令》所寄托的期望已然落空，必须以自由开放的思路对其加以修正。就非纳粹化管理机制现状而言，再颁布任何新的律令文本，只会让相关人等和德国司法人员耗费更多时间来解读诠释，从而造成新的麻烦，拖延非纳粹化的进展。所以，根本在于给予他们大赦令完全的效力，在没有新的律令文本的情况下通过行政手段来推动非纳粹化的进展。②

事实上施耐德的言下之意，就是要说服柯尼希放弃文字游戏，按照当初民事官员的原意一丝不苟地遵循《第92号命令》与《第133号命

---

① "Der Fragebogen – Krieg sollte vorbei sein!", *Neues Leben*, März 5, 1968.
② "No. 1985/POL: Le Secrétaire d'Etat aux Affaires Allemandes et Autrichiennes Schneiter à Monsieur le Général d'Armée Commandant en Chef Français en Allemagne, le 16 mars 1947", AMAE, *1BONN539, Relations Extérieures*: *ZF – Zone française d'occupation en Allemagne*: *4 – Questions politiques*: *5 – Dénazification*（1947 – 1949）, *Dossiers rapatriés de l'Ambassade France à Bonn*, p. 1 – 2.

令》的规定。这也就意味着这些命令，尤其是《第133号命令》，必须首先被视为是赦免命令，而其中强调法方对于非纳粹化进程的监督的部分应予以删减，以便德方当局尽快达成非纳粹化。柯尼希将此信视为本土政府对其"保留法国监督以施压德方加快非纳粹化，积极落实处置措施"策略的否定。作为对施耐德的回应，他做出了些许让步。1948年3月27日，他命令各州高级代表释放法占区所有不属于"主犯"（第一级别）及一般罪犯（第二级别）的德国非纳粹化囚犯。① 不过，在之后的几个月时间里，他依然一再拖延，迟迟没有依照施耐德要求"以自由开放的思路"对相关命令做出修正。

1948年夏，在酝酿了三个月之后，法方军政府——或者更确切地说，柯尼希本人——才最终下决心修改《第133号命令》，按照施耐德要求发起大赦。他在对各州高级代表的预先指示中承认道：

> 1947年11月11日之《第133号命令》旨在推行有利于特定等级"小纳粹"的措施，似乎并无任何理由来阻止他们恢复公民权利，并在将来竞争一切公职岗位。
> 事实上，该目标由于以下两项主要原因而未能达成：
> a）其第三条适用条件过于狭隘。
> b）清洗委员会对于相关人等进行经济处罚的权力得以维持，而并未诉诸《第133号命令》对此类处罚进行减免。
> 各清洗组织已然发现其任务愈加沉重，非纳粹化行动也进展缓慢。②

为了弥补此类不足，柯尼希于1948年7月13日颁布了《第165号

---

① "No. 197/DGAA/INT/DENAZ: Le Général d'Armée Commandant en Chef Français en Allemagne à Messieurs les Gouverneurs, le 27 mars 1947", AMAE, *1BONN539*, *Relations Extérieures: ZF – Zone française d'occupation en Allemagne: 4 – Questions politiques: 5 – Dénazification（1947 – 1949），Dossiers rapatriés de l'Ambassade France à Bonn*, p. 1 – 2.

② "No. 631/CCSG/ AACS/INT/DENAZ: Le Général d'Armée Kœnig Commandant en Chef Français en Allemagne à tous les Délégués Supérieurs: Application de l'Ordonnance No. 133, le 6 juillet 1948", AMAE, *1AP79/3: Epuration: états statistiques sur le contrôle du personnel allemand（1945 – 1950）*, pp. 1 – 4.

命令：第 133 号命令补正》，实际上也就是《第 133 号命令》的修正案。原文中法方军政府要求德方当局"加快非纳粹化的进度及其最终完成"这句话被完全删除。而《第 133 号命令》第三条中的限定范围"不具备任何头衔或职能"一语也被新命令取消，以让那些纳粹党低阶成员也能适用于命令所规定的宽赦条款。有关公民权与公职任用的第四条也随之做了相应修改。通过这些修正增补，该命令成为一项针对法占区全部"小纳粹"的真正大赦：

> 第一条　对于1947年11月17日有关非纳粹化的《第 133 号命令》第三条修改如下：
> 从今以后，不得针对纳粹党及其附属组织中任何普通名义成员执行清洗措施。
> 第二条　以下规定取代该命令第四条：
> 该命令第三条所适用之已受罚人员恢复其全部政治及公民权利，从此以后可以担任任何公私职务。
> 此外，凡被处以支付 15000 马克及以下罚金，抑或充公 15% 及以下全部财产者，自本规定颁行之日起不再需要支付此类处罚。①

作为对《第 133 号命令》的重新定义和进一步扩展，该修正案体现了当时发起大赦的这一首要目标，而不再额外强调法方军政府的最终决定权抑或德方当局的非纳粹化执行效力。随着第三条与第四条内容的修改，任何被划分为"轻罪犯"（第三等级）和"从犯"（第四等级）的德国旧公务员，从此以后都可以无障碍地担任公职。另外，通过赦免"小纳粹"，取消一定金额以下的经济处罚，新命令大大减轻了德方非纳粹化机构中公务员的行政负担，使得他们可以尽早完成清洗任务回归本职部门工作。

在《第 165 号命令》颁布后，德方当局对前纳粹分子进行了大规模

---

① "L'ordonnance, No. 165 complétant et modifiant l'Ordonnance No. 133, le 13 juillet 1948", *Journal Officiel du Commandement en Chef Français en Allemagne*, No. 183, Gouvernement Militaire de la zone française d'occupation, le 16 juillet 1948, p. 1588.

的"洗白"。至 1949 年 1 月 1 日，法占区共清查非纳粹化专案 610000 件，其中 324000 件（近 53%）未做出任何处罚措施；在 286000 名已判决应受惩处者中，又有 149000 人（约 24.5%）得益于《第 133 号命令》和《第 165 号命令》的赦免措施而未受追究。① 这些被赦免者同时恢复了其公民权益与政治权力，可以名正言顺地重新投入公职。到 1948 年末，巴登州超过 41% 的公务员都是前纳粹分子。② 但是，法国政府此时乐见非纳粹化早日完结，因此对这些情况视若无睹。至此，实际上法占区的非纳粹化已失去了管控德国公务员的作用，只是在柯尼希本人对法方最终决定权的坚持下才没有正式画上句号。1948 年 12 月 1 日，法国外交部长乔治·皮杜尔及德奥事务专员施耐德联名下令，要求柯尼希必须为法占区非纳粹化行动的"最终完成"敲定一个确切的日期。③ 这就迫使柯尼希不得不在赦免权行使上转变态度，从主观上的消极被动变为被迫的积极主动，以求非纳粹化及早完成。1949 年 1 月 4 日，柯尼希命令各州高级代表干预德方当局执行的非纳粹化行动。不过，柯尼希命令的干涉意图与 1947 年 11 月 10 日拉丰的训令主旨截然相反，不但没有强烈谴责德方在非纳粹化中的"有系统的纵容包庇"，反而鼓励法方代表以积极行动促成对更多德方人员的赦免。柯尼希此举的真正动机在这一训令文本中表露无遗：

> 在执行管制委员会《第 38 号指令》的 1947 年 2 月 18 日《第 79 号命令》所设立德方特殊司法机关运行的最初阶段，我就认为应该交予这些机构全部权力以介入相关事务，只保留你们在我名义

---

① "Projet de Kœnig à Monsieur le député, en août 1947", AMAE, *1AP77/5*：*Epuration*：*notes et rapport des services et des sections du G. M. Z. F. O. sur l'état d'avancement des opérations d'épuration*（1947 – 1948），p. 1.

② Marie – Bénédicte Vincent, *Punir et Rééduquer*：*Le processus de dénazification*（1945 – 1949），*La dénazification*，Paris：Presses de la Fondation nationale des sciences politiques et Perrin, 2008，p. 33.

③ "Le Ministre des Affaires Etrangères et le Commissariat d'Etat aux Affaires Allemandes et Autrichiennes à Monsieur le Général, Commandant en Chef Français en Allemagne, le 1er décembre 1948", AMAE, *1AP77/5*：*Epuration*：*notes et rapport des services et des sections du G. M. Z. F. O. sur l'état d'avancement des opérations d'épuration*（1947 – 1948），p. 1.

下行使的否决权。我至今仍不认为应该动用我在德国作为法国总司令所固有的赦免权……

较之于之后所做出的判决,这些清洗机构在其形成之初给出的处置措施显然要严厉得多。部分受审者所获最终判决,在如今看来,是与他们所受的指控不相符的,应该从宽处理。

为了改正这一状况,我已决定从今天起动用这方面的赦免权。故我授权你等,可以就你们看来尚有探讨余地的人员向我申请赦免权利,从公平及政治境况考虑,做出减刑处理。①

根据这一训令的要求,法方军政府成立了由各部代表组成的非纳粹化赦免委员会(Commission des grâces de dénazification),以审核各州高级代表提交的推荐赦免人选的材料。在获得该委员会首肯后,便可对这些受到非纳粹化措施惩罚的德国人——往往正是以前的高级公务员——行使"法方的恩赦权"(la grâce française)。不过其实真正得益于这一委员会"恩赦"的德方人数相当有限,一方面是由于这个唯一的委员会必须在会议中逐一审核各个推荐人选的具体材料,流程极慢;另一方面,更是因为来自各个部门利害关系不同的委员会成员往往要争论很长时间才能做出最终决定,效率极低。② 1949 年 8 月 27 日,亦即法方军政府解散前仅 4 天的议程中,仍有 14 个要求赦免的人选尚待委员会审查。③ 其适用人员范围之小,与具体执行的低效,实际上已然无法影响

---

① "No. 1804/CCSG/AACS/INT/DENAZ: Le Général d'Armée Commandant en Chef Français en Allemagne à Messieurs les Gouverneurs, Délégués Général et Supérieurs: Exercice du droit de Grâce en matière de dénazification, le 4 janvier 1949", AMAE, *1BONN539, Relations Extérieures: ZF – Zone française d'occupation en Allemagne: 4 – Questions politiques: 5 – Dénazification (1947 – 1949), Dossiers rapatriés de l'Ambassade France à Bonn*, pp. 1 – 2.

② 这一点在该委员会的会议记录中体现的十分清楚:"Procès – verbal de la réunion de la Commission des grâces en matière de dénazification tenue à l'hôtel Brenner le 11 mai 1949 sous la présidence de Monsieur le Contrôleur Général LABE, le 11 mai 1949", AMAE, *1BONN539, Relations Extérieures: ZF – Zone française d'occupation en Allemagne: 4 – Questions politiques: 5 – Dénazification (1947 – 1949), Dossiers rapatriés de l'Ambassade France à Bonn*, pp. 1 – 10.

③ "Note du Conseiller Politique du CCFA à l'attention de l'Ambassadeur, Haut – Commissaire, le 27 août 1949", AMAE, *1BONN539, Relations Extérieures: ZF – Zone française d'occupation en Allemagne: 4 – Questions politiques: 5 – Dénazification (1947 – 1949), Dossiers rapatriés de l'Ambassade France à Bonn*, pp. 1 – 2.

德国公务员群体了。因此，这一委员会的设置实际上主要是为了彰显法方军政府在非纳粹化问题上的权威地位，体现柯尼希对法国非纳粹化控制权的坚持：既然在讲究仔细严格的"系统化清洗"阶段，只有法方军政府可以对德方清洗机构做出的较轻判决行使否决权，要求从重严惩；那么到了大行赦免的时代，也还是只应由法方军政府这唯一权威来撤销德方做出的处罚，行使恩赦之权。"法方的恩赦权"，已是法方军政府手中最后一张可以显示占领者在非纳粹化方面权威的底牌了。

1949 年 9 月 1 日法方军政府解体之后，法国高参委员会继承了这一"恩赦权"。随着三占区融合与联邦德国的成立，非纳粹化的责任完全转移到了德方手中。对于那些没能在占领时期得以复职的公务员来讲，1949 年 5 月 23 日《基本法》中的第 131 条"前公职人员法律地位"给予了他们一个前所未有的良机：

> 凡于 1945 年 5 月 8 日任公职之人，包括难民及被放逐者，因公务员规程或俸给规程以外之原因离职，迄今未任职或未就任与其以往地位相当之职位者，其法律地位由联邦立法规定之。凡于 1945 年 5 月 8 日有权领退休金或受其他救济之人，包括难民及被逐者，因公务员规程或俸给规程以外之原因未再领此项退休金、救济金或相等之物者，亦同。①

尽管《基本法》第 139 条"维持非纳粹化相关规定效力"指明"为'解救德国人民肃清纳粹主义及军国主义'所制定之法规，不受本基本法规定之影响"②，但第 131 条毕竟给予了德国联邦当局处置前公务员的法律自由权。有大约 55000 名德国公务员受益于这一条款得以复职，以至于他们被后世历史学者统称为"131 者"（131er）。③ 1950 年

---

① "Grundgesetz fur die Bundesrepublik Deutschland vom 23. Mai 1949", *Bundesgesetzblatt*, Nr. 1 Mai 23, 1949, S. 17.

② "Grundgesetz fur die Bundesrepublik Deutschland vom 23. Mai 1949", *Bundesgesetzblatt*, S. 18.

③ Norbert Frei, *Vergangenheitspolitik. Die Anfänge der Bundesrepublik und die NS - Vergangenheit*, München: C. H. Beck, 1996, pp. 70 - 71.

12月15日，联邦议会通过法案，要求联邦政府推动各州当局采取一致立法，以完全终止西德的非纳粹化进程。凡之前未被划分为"主犯""一般罪犯"（即第一、二等级）的旧公务员可在1951年4月10日后重新获得担任公职的权利。① 此举最终使得近39000名在非纳粹化中丢官去职的前纳粹分子在1953年3月重返公职岗位。②

许多人，甚至是不少法方军政府领导人，都认为西占区的非纳粹化实际上导致了一场西德的"再纳粹化"（Rénazification），法占区亦不例外。公共教育局主管施密特兰后来说道："这段历史的悲剧之处在于，非纳粹化什么也没'非纳粹化'掉。"③ 但必须看到的是，这一对于非纳粹化的讽刺仅仅建立在对"非纳粹化"这一名词极为简单狭隘的理解之上，亦即"必须清除一切纳粹分子"④。不幸的是，在战后初期德国的困局之下，这样的计划根本无法实现。甚至连各盟国最初正式一致提出"非纳粹化"的《波茨坦协定》，就已默认了对于"名义上的纳粹"公务员的赦免："一切纳粹党徒除仅在名义上参与该党活动者外，以及其他对于盟国目的持敌对行为者，不得担任公职及半公职，并于若干重要私人事业上，亦不得居负责地位。"⑤ 对纳粹分子斩钉截铁、一视同仁加以排除的理想"非纳粹化"，从一开始就不曾存在于各盟国实际筹划之中。

在法占区，法方军政府的占领者基于德国人"全体责任"理念，倾向于发动一场更有"弹性"的灵活"清洗"，以清除不利于法方占领

---

① John J. McCloy, "Present Status of Denazification", in Office of the High Commissioner for Germany, *5th Quartely Report on Germany: October1 – December 31, 1950*, Cologne: Office of the High Commissioner for Germany, 1951, pp. 45 – 55.

② Marie – Bénédicte Vincent, *Punir et Rééduquer: Le processus de dénazification* (1945 – 1949), p. 33.

③ Marc Hillel, *L'occupation Française en Allemagne* (1945 – 1949), p. 248.

④ "Table B Political Officers and Civil Servants who should be Dismissed or Suspended", *Handbook for military government in Germany*, The army library, Washington D. C. 1944 December, Part Ⅲ.

⑤ "Les Quatre Grands et l'Allemagne: De Postdam à Moscou, Première partie: L'Organisation politique et administrative de l'Allemagne (7 août 1947)", AN, Les archives des assemblées nationales: commissions, projets et propositions de lois, Carton 32, *République Allemande: documentation*, C//15923, p. 3.

的德国人，而不愿墨守成规地执行一项针对全部纳粹分子且更为严厉复杂的非纳粹化。部分有益于法国利益的德国公务员得到了法方军政府的保留与维护。在1945年的"SHAEF清洗"阶段，他们在法方"应急之举"的借口下得以临时留用；在之后的"系统化清洗"阶段，他们又以"临时身份"改头换面得以重获任用；1947—1948年，在"系统化清洗"结束后，法方军政府逐渐出台了一系列的赦免令，乃至在1949年直接行使"法方的恩赦权"，以使他们彻底摆脱非纳粹化的影响。就宏观而言，只要德国公务员接受为法方占领政策服务，法方军政府便以"通融的非纳粹化"（dénazification conciliante）[1] 形式与其在清洗运动中达成妥协。在占领时期，这一颇具"弹性"的法方非纳粹化态度使得德国公务员员额得以稳定，且客观上有利于法占区经济与行政的有序重建。较之于其他西方占领区，非纳粹化并未在法占区造成行政混抑或是专业人员的严重短缺。借助非纳粹化政策上的"弹性"，法方当局可以随时随地随心所欲地临时起用或开除必要的德方人员以满足占领者的具体需要。再者，"设身处地"的人性化因素与在监督管控中建立的个人认同，成了法占区非纳粹化政策的重要特色，这极大地缓和了法方占领者与德方被占领者之间的紧张关系，对于法德两国的未来和解也是功不可没。

在法方军政府领导的整个占领时期，非纳粹化一直是法方占领者维持对德国公务员人员管控的有效手段。自1945年10月起，随着"系统化清洗"的建立，法方军政府尽早地赋予了德国人非纳粹化进程的执行权，以减轻自身因清洗行动造成的行政负担。然而，法方军政府又一直保留着否决权以确保自己对非纳粹化的控制。但在法方军政府占领的最后几年里，随着"系统化清洗"的结束和德国各州清洗法律的颁布，军政府又转向行使"恩赦权"以继续彰显自己的控制地位。可以说，法方军政府是西方各占领国当局中最先将非纳粹化执行交付德人之手的，但也是最后一个放弃对其全部管控的。[2] 得益于对法占区德国公务员非纳粹化问题的研究，可以清楚地看到，法方军政府借非纳粹化名义

---

[1] Marie‐Bénédicte Vincent, *Punir et Rééduquer*：*Le processus de dénazification*（1945 - 1949）, p. 29.
[2] Justus Fürstenau, *Entnazifizierung*：*Ein Kapitel deutscher Nachkriegspolitik*, Lüchterhand：Politica：Abhandlungen und Texte zur politischen Wissenschaft, Bd. 40, 1969, s. 134.

进行了对原德国公务员人群的间接任用，实现了对公务员人力资源的有效管理。反对法方占领政策的德国人被驱逐到公职体系之外，有利于法方占领的人则获得复职任用乃至赦免，来为法方利益服务。对于法占区的德国公务员来说，占领时期能够通过非纳粹化真正决定他们任免的正是法方军政府，这一特殊形势促使他们从个人层面优先致力于服从法方占领者指示，为法方占领利益服务。

三　法方行政学校建设规划的最终成果

（一）施派尔高级行政学校的创办

1946年法占区建成了两所行政学校以依照法国模式培养"全新的公务员"。1946年10月起，法方军政府开始筹备旨在训练德方行政当局高级干部的中央高级行政院校，以作为实现德国公务员培养改革的第二步。1947年初，根据公共教育局的计划，行政总管拉丰颁布了《第194号法令：创办高级行政学校》："兹将设立一所高级行政学校，以供培训法占区各州当局之高级干部。该校坐落于施派尔，配备有端正可靠之人员，财政上完全独立。"①

根据这一法令规定，施派尔城的这所高级行政学校于1947年5月1日正式开学。该校一般通过报考形式接纳那些已完成高等教育正在实习之中的学员。学校教育分为两个教学阶段，每阶段又分为两个学期（每学期占半年时间），涉及多项行政事业培训：行政总务、财政、司法等。学校除了司法通识培训及个别专门培训科目以外，还设有必修的文化及语言课程（尤其是法语）。这些课程由具备相因资质的公务员及大学教授传授，在课程完成时学员将在德方当局各部门中进行相关的短期实习。鉴于纳粹统治及战争造成的人员短缺的现状，凡被认为忠诚可靠的学员都可以提前一年进行毕业考试，以便尽早投入行政工作。② 行政总

---

① "L'Arrêté No. 194 de l'Administrateur général portant création d'une Ecole Supérieur d'administration, le 11 janvier 1947", *Journal Officiel du Commandement en Chef Français en Allemagne*, No. 52, Gouvernement Militaire de la zone française d'occupation, le 17 janvier 1947, p. 538.

② "Annexe à L'Arrêté No. 194 de l'Administrateur général portant création d'une Ecole Supérieur d'administration: Ecole Supérieur d'administration: Statuts, le 11 janvier 1947", *Journal Officiel du Commandement en Chef Français en Allemagne*, No. 52, Gouvernement Militaire de la zone française d'occupation, le 17 janvier 1947, pp. 539 – 540.

管拉丰对这所学校寄予厚望，曾在 1947 年学校初创时便引用知名学者萨林·德·巴勒教授（Salin de Bale）的赞誉以佐证法方的这一成就："在我看来，施派尔行政学校，是德国少有的我们以真正的主动精神开创并实现了真正重要之事的地方了。"①

随着施派尔高级行政学校的建成，法占区依照公共教育局的设想形成了一套专门针对新公务员培养的分层体系。② 如果说之前设立科赫姆及海格尔洛赫这两所学校的目的在于各自为所在各州培训一般干部人员的话，施派尔高级行政学校的办学主旨便是要为整个法占区的各个州当局提供具有特殊资质的高级干部。根据法方占领者的计划，在经过四个学期的在校培训后，这些依照法国模式培养出来的德国学员便会被安排进德方行政当局之中，以取代那些不受法方信任而之前又没人能够顶替的重要公务员，或者填补德方行政构架中那些尚无合适人选的关键职位。在《第 194 号法令》所附的高级行政学校办学章程里，甚至做出了这样的规定："该校之毕业文凭未来将为一切高等级公务员任命所必须。"③

然而，在 1947 年 5 月法占区各州立宪之后，地方上原本对军政府俯首帖耳的临时政府已经被更为独立自主的新政府所取代。其中在位任职的德国公务员开始公开地批评抵制法方的行政干预，尤其对法方以行政学校培训新公务员的政策大加抨击——这些学员将来对于他们而言无疑是极大的威胁。他们宣称这些在"法方庇护"（protégés des Français）之下的学员是占领方有意挑选出来的，看的不是他们的专业素养，而是他们对于法国的亲近程度。④ 起初，法方军政府认为在职公务员的这一

---

① "No. 7474/DGAA/EDU: l'Administrateur Général Laffon Adjoint pour le Gouvernement Militaire de la Zone Française d'Occupation à Monsieur le Général de Division NOIRET Adjoint au Commandant en Chef pour le G. F. C. C. : Création éventuelle d'écoles d'Administration, le 18 septembre 1947", AMAE, *1AP18/3*: *Groupe d'Etudes des services publics allemands*: *Création d'écoles d'administration （1945 – 1948）*, p. 2.

② "No. 4191/DGAA/EDU: Exposé des motifs, le 5 octobre 1946", AMAE, *1AP23/2*: *Ecole d'administration*: *Spire*; *Gormersheim （1946 – 1949）*, p. 1.

③ "Annexe à L'Arrêté No. 194 de l'Administrateur général portant création d'une Ecole Supérieur d'administration: Ecole Supérieur d'administration: Statuts, le 11 janvier 1947", p. 540.

④ "No. 83/SUR/R. G. /INF, Note d'information: Ecole d'Administration de COCHEM, le 12 mai 1947", AMAE, *1AP23/3*: *Ecole d'administration*: *Cochem*, *Haigerloch*, *Bade （1946 – 1949）*, p. 1.

态度，只不过是那些大多曾为纳粹服务的顽固旧公务员出于"吃不到葡萄说葡萄酸"的嫉妒之情说说风凉话而已。但是1947年5月19日，施派尔高级行政学校校长向拉丰报告了一个意料之外的情况：符腾堡州政府的司法与内务部门竟然劝阻一名曾就职于地方法院的法学毕业实习生（Referendar）进入该校培训，并向其保证称："符腾堡州这里法学研究总归是有优先地位的。"① 其言下之意便是认为高级行政学校无足轻重，符腾堡方面不会将其考虑为公务员任职的必要条件。这个汇报立即引起了拉丰的重视，他认为德方当局蓄意执拗地限制他有关高级行政学校法令的执行效力。于是他在1947年6月5日向符腾堡高级代表下达了专门训示，要求后者立即就此事向德方做出干预：

> 根据（校长）这一来信来看，符腾堡当局在由该校负责法占区高级公务员培训一事上的敌视态度已昭然若揭。
> 内务与司法部门的人员似乎以一种执拗刻板的形式不建议法学毕业生进修行政学校的课程，还向他们确保当局的高位要职将一直倾向于那些做过实习法官的人……
> 望您提请符腾堡当局注意到这一事实，"该校之毕业文凭未来将为一切高等级公务员任命所必须"（《第194号法令》所附章程第4f条）。因此，若符腾堡当局不向施派尔行政学校派出学员，则其未来便会被剥夺任何做出此类任命之可能。
> 我要着重指出，该校宗旨之一即是要打破德国司法官员在行政架构中的主宰地位，绝不可任由法官出身的公务员转入行政。②

在这一训示中，可以清楚地看到拉丰打破德国官僚传统的坚定决心以及对行政学校良性运行的积极支持。为了防止其他州出现类似状况，

---

① "Lettre du Dr. HAUSSMANN à Laffon, le 19 mai 1947", AMAE, *1AP23/2*: *Ecole d'administration*: *Spire*; *Germersheim*（1946–1949）, p. 1.

② "No. 1362/DGAA/EDU: L'Administrateur Général Laffon Adjoint pour le Gouvernement Militaire de la zone Française d'occupation à Monsieur le Délégué Supérieur pour le Gouvernement Militaire du WURTEMBERG, le 5 juin 1947", AMAE, *1AP23/2*: *Ecole d'administration*: *Spire*; *Germersheim*（1946–1949）, pp. 1–2.

7月31日，拉丰再次就施派尔学校问题向法占区各州高级代表下达训令。这一次，除了强调《第194号法令》重要地位以及"打破德国司法官员在行政架构中的主宰地位"的必要性以外，他还要求各州代表确保德国当局严格遵守法令规定，"正因为你所在州的一些德国当局采取不情愿的态度，做出这一发展的必要性才毋庸置疑"①。

但是，在1947年6月9日柯尼希的《第95号命令：关于法占区各州的权力》② 和1947年8月4日拉丰的《第7141号通告：法占区各州政府行为管控——公务员任命》③ 颁布之后，德国各州政府在州级行政方面获得了更大的自由权，军政府也不再鼓励对德国公务员任命进行直接干涉。对于法占区各州高级代表来说，他们难以违逆柯尼希和拉丰这些命令中所制订的原则，也就无法再在德方政府不同意的情况下强迫他们派出相应的学员了。为了解决这一难题，拉丰于1947年9月19日向高级代表们下达了有关高级行政学校学员招收的专门指示：

> 我已获知，部分德方当局机构依然无视所附之《第194号法令》在设立高级行政学校制订高级干部入职条件方面之规定要义……
>
> 为支撑其顽固态度，它们假称行政高级职位一贯倾向于那些在它们选择的机构实习完成的法学毕业生（référendaire），而无须从该校培训毕业。
>
> 此外，为了掩盖此举与该法令相悖的矛盾之处，这些当局还将放手对现行法学毕业生的培养与招募条例进行大肆修改。
>
> 我再次声明，德方当局的此类解释毫无根据，我已决意在不久

---

① "No. 1362/DGAA/EDU: L'Administrateur Général Laffon Adjoint pour le Gouvernement Militaire de la zone Française d'occupation à 4 Délégués Supérieurs sauf Sarre, le 31 juillet 1947", AMAE, *1AP23/2*: *Ecole d'administration*: *Spire*; *Germersheim* (1946 – 1949), p. 2.

② "L'ordonnance No. 95: relative aux pouvoirs des Länder de la Zone Française d'Occupation, le 9 juin 1947", pp. 783 – 784.

③ "Note No. 7141/DGAA/INT/4°SECT: L'Administrateur Général Laffon Adjoint pour le Gouvernement Militaire de la Zone Française d'Occupation à Monsieur le Délégué Général, Messieurs les Délégués Supérieurs: Contrôle de l'action gouvernementale des Länder de la Zone Française d'Occupation – Nomination des fonctionnaires, le 4 août 1947", pp. 1 – 2.

的将来采取措施，制止一切不符合《第 194 号法令》及其所附章程之规定的高级公务员任命。

不过，为了简化招募流程，我同意做出额外规定，以 1948 年夏末（9 月 30 日）为限，允许在高级行政学校以外任命公务员干部。过此期限，便不再有任何破例可能。①

至此，有赖于公共教育局的筹备和拉丰这样的法方军政府领导人支持，各行政学校，尤其是高级行政学校，终于在法占区占据了稳固的一席之地。行政学校的分层架构真正在德国新公务员培养中占据了根本地位，而德方当局的敌对态度则受到了法方军政府的有力压制。法方占领者相信，法占区已然牢固地建立起了一套德国公务员培养模式的理想典范。以拉丰为首的民事官员，将行政学校——尤其是高级行政学校——的创办视为间接控制德国公务员任命的有效措施：各州行政学校毕业学员享有招募优先权，而任何想要在德国公职部门担任高级公务员干部职位的人首先要获取高级行政学校的文凭。法占区行政的专业人才需求得以满足，法方军政府也可以学员的遴选对未来公务员进行预先筛选。当然，对于柯尼希将军和公共教育局主管施密特兰这样相对保守的占领者来说，除却专业技能的培训外，另外一种教育也至关重要，那就是这些学校里传授的语言与文化知识。这将会如他们所愿，对这些年轻的德国公务员形成一种"行政再教育"（rééducation administrative）。于是，在行政学校体系建设起来之后，法方军政府内部各界达成了这样一项共识：行政学校乃是法方在法占区民主化方面的成就象征，必须将之推广给其他盟国当局，以彰显这一光辉成就，并推动所有占区以法方为范例进行民主化改造。

（二）法方向其他盟国当局推广行政学校的尝试

自从 1947 年 5 月施派尔高级行政学校开办以来，法方军政府的代

---

① "No. 7599/DGAA/INT/1SECT: L'Administrateur Général Laffon Adjoint pour le Gouvernement Militaire de la zone Française d'occupation à Monsieur le Délégué Général, Messieurs les Délégués Supérieurs: Recrutement des fonctionnaires des cadres supérieurs, le 19 septembre 1947", AMAE, *1AP23/2: Ecole d'administration: Spire; Germersheim (1946 – 1949)*, pp. 1 – 2.

表就一直在盟国间会议中尝试说服其他占领当局，希望将行政学校作为各占区通用的德国新公务员培养之法。1947年7月14日，在盟国教育委员会（Comité Allié de l'Education，CAE）第30次会议中，法方代表提交了一份旨在为各占区建立三级（基层、中级、高级）行政学校的详细计划。他宣称：

> 鉴于德国民主重建之未来有赖于政党、工会以及对德国人民的广泛教育，故而必须认清这一点：未来数年中德国的公共生活将在很大程度上由其各级行政所引导。一个民主的公务员队伍将使德国转入通向真正民主的康庄大道；一个不甚民主甚至反民主的公务员队伍则会阻碍这一进程，使得民主重建毁于一旦……
>
> 必须通过创办行政学校来为德国配备一个民主的公务员队伍；这些学校将在确保专业培训的同时提供极为深入的政治、社会与民主教育……
>
> 这些学校的创办将带来以下的好处：
>
> a）能够在相对较短的时间内为德方当局配备各个级别的合格公务员。
>
> b）依靠在入学考试以及在学期间所做测试评估中进行的筛选，能够更好地抵制纳粹的腐蚀。
>
> c）可以在真正的民主理念下形成未来的行政治理当局。
>
> d）最后至少还可以部分地吸纳分流大量的大学报考者，引导他们中的一部分人进入基层或中级的行政学校。①

这一法方提案在1947年7月22日盟国教育委员会议程中进行了审议，与会代表认为教育委员会之权限尚不足以就这一问题做出决定，表示应将其提交盟国民事行政委员会（Comité Allié de l'Administration Civile，CAC）商议为妥。法方代表遂将相关文件提交给了民事行政委员会

---

① "DIAC/AEC/M（47）16 - complété（Confidentiel）：Mémorandum du Comité Allié de l'Education：Ecoles d'administration, le 14 juillet 1947", AMAE, *1AP18/3*：Groupe d'Etudes des services publics allemands：*Création d'écoles d'administration（1945 - 1948）*, pp. 1 - 3.

并向其强调了这一问题的重要性。其间美方当局代表一直持消极态度,因美方军政府认为应首先致力于推动非纳粹化以及自由选举,才能真正确保德方当局的民主化。但盟国教育委员会苏方及英方代表均对该问题表示关注,并认同法方提案价值,认为有进一步研究的必要。苏方代表更是表现出了极为积极关切的态度,就法方计划做出了以下建议和补充:

> 应允许各级行政学校招收大量学员,让那些尚不具备在民主基础上重建德国的实践工作所需的理论知识的人,也可以在最少两年的时间里展现出其能力来;这些人需要接受补充教育、通识教育及技术教育,通过理论培训完善他们的实践知识,成为国家行政的合格公务员。不能让那些积极纳粹分子或是军官进到行政学校中来。①

1947年8月26日,在柏林的盟国对德管制委员会总部进行的民事行政委员会第65次议程中,盟国代表们就法方提案进行了磋商。英方代表认为就行政学校进行讨论的时机尚不成熟,因为各占领方本身还未就德国公职问题形成四方一致的共识。在公务员本身的界定尚不统一的情况下就安排建立各占区一致的公务员培训学校未免为时过早。与之相反,苏方代表则认为法方方案提出的正是时候,表示以此依照民主原则进行教育,正好可以在以后数年时间里提供积极认同且有能力为未来民主德意志国家服务的合格公务员。故而,苏方代表建议为此类行政人员教育建立统一的原则,并呼吁民事行政委员会重视这一问题。最终,民事行政委员会决定在原则上接受建立行政学校以按照民主原则教育公务员的做法,要求教育委员会为此拟定具体筹备方案,并责成下属的"民事部门研究团队"(Groupe d'Etudes du service civil)制订此类行政学校办学之原则方针。②

---

① "DIAC/AEC/M (47) 16 - révisé (Confidentiel): Mémorandum au Comité d'Administration Civile: Ecoles d'administration, le 30 juillet 1947", AMAE, *1AP18/3*: *Groupe d'Etudes des services publics allemands*: *Création d'écoles d'administration (1945 - 1948)*, pp. 1 - 2.

② "DIAC/CAC/M (47) 17 (Confidentiel): Procès - verbal de la 65ème réunion du Comité d'Administration Civile, le 27 août 1947", AMAE, *1AP18/3*: *Groupe d'Etudes des services publics allemands*: *Création d'écoles d'administration (1945 - 1948)*, pp. 2 - 3.

鉴于各盟国当局已在"原则上"接受了建立行政学校的提案,法方军政府开始寻求以其在法占区行政学校创办中积累的经验影响未来的四方计划。1947年9月2日,法国驻德最高指挥官副手兼管制委员会法方团队首脑诺瓦黑将军(Général Noiret)向拉丰提交了一份专门报告,其中叙述了教育委员会及民事行政委员会会议期间各盟国就行政学校在各占区创办问题所做的商讨。他要求拉丰提供他关于行政学校更为详尽的信息,以便他在将来的盟国谈判中占据先机:"若是占领区内已经做出过尝试并积累了此类经验那就再好不过了;如果确实如此的话,请告知我其所遵循的所有原则方针并提供给我一切相关文件,尤其是学校章程,以及任何有关已取得抑或期望达到的成果的信息。"① 拉丰对诺瓦黑的报告十分重视,于9月16日回复他称军政府方面十分乐意促成这一盟国决议,并特意强调了创办此类学校的必要性:

  毫无疑问,在军政府的理念中,创办此类学校之举既能满足单纯的职业需要,又能符合其政治目标所在。德方的行政管理者几乎全员皆是民社党党徒——他们要么是该党根据其先前的政治信仰挑选出来的,要么就因为种种原因后来与该党站到了一起——非纳粹化已然深入地解构了其全部行政机制。还留存的少量人员并不值得信任,但若要撤换他们也会造成目前难以克服的困难。招募公务员的老办法也无法有效地快速填补眼下大量的空位。相反,公务员学校可以通过通识教育与职业实习的结合,迅速地显露出公务员的价值,让最有能力的人可以在短短几年内跃升到在一般情况下得耗数十年才能达到的级别之上。

  从政治角度来看,行政学校有着很大的优势,它对青年公务员精神思想有着深刻的影响,使得招募的效果令人完全满意。此外,它还可以打破德国司法官员的主宰地位,从而扫除德国民族主义的

---

① "No. 2848/CAB/DGAA: Le Général de Division NOIRET Adjoint au Commandant en Chef pour le G. F. C. C. à Monsieur l'Administrateur Général Laffon Adjoint pour le Gouvernement Militaire de la Zone Française: Création éventuelle d'écoles d'Administration en Allemagne, le 2 septembre 1947", AMAE, *1AP18/3*: *Groupe d'Etudes des services publics allemands*: *Création d'écoles d'administration* (1945 – 1948), pp. 1 – 2.

最后一块顽石，再者也能避免那些惯于在行政当局中安插自己的党魁成员来走权力后门的政党产生过大的影响力。同时，还可以借此防止司法公务员与行政公务员纠缠不清——它本身便清楚地体现着作为民主根基的权力分离。①

在拉丰做出答复之后，管制委员会法方团队于9月22—23日在巴登巴登进行了一次内部会议。② 法方军政府各相关部门都受邀参加，以鼓励其积极支持法方团队在盟国间有关行政学校的协商中所持的立场。10月14日，民事部门研究团队在法方及苏方代表推动下，出台了在各占区创办和运行行政学校的前期草案。③ 但是，在10月17日民事部门研究团队第5次会议中，各方代表在行政学校相关原则方针的规定细节上意见相左，再次引发了争议。④ 美方代表在其发言之初便质疑称，设置一系列（哪怕就一个）此类学校的行动，未必就能达成实效；且鉴于中央行政方面尚无四国一致之协议支撑，现在谈论此事为时尚早。英方代表此时也表示讨论该问题的时机目前尚不成熟，并历数公务员职业培训之复杂艰难，认为低阶公务员并无必要专门在行政学校接受此类教育。只有苏方代表仍支持法方主张，坚持创办此类学校以培养中高级干

---

① "No. 7474/DGAA/EDU：l'Administrateur Général Laffon Adjoint pour le Gouvernement Militaire de la Zone Française d'Occupation à Monsieur le Général de Division NOIRET Adjoint au Commandant en Chef pour le G. F. C. C.：Création éventuelle d'écoles d'Administration, le 18 septembre 1947", AMAE, *1AP18/3*：*Groupe d'Etudes des services publics allemands*：*Création d'écoles d'administration*（1945 – 1948）, pp. 1 – 2.

② "Conférence inter – Baden, G. F. C. C. à Baden – Baden：Création éventuelle d'Ecole d'Administration en Allemagne, le 22 – 23 septembre 1947", AMAE, *1AP23/2*：*Ecole d'administration*；*Spire*；*Germersheim*（1946 – 1949）, p. 1.

③ "DIAC/CAC/CA/P（47）1（Confidentiel）：Directives générales à appliquer dans les différentes zones d'occupation en Allemagne, pour la création et le fonctionnement d'Ecole d'Administration（Avant – projet présenté par le Secrétaire en Exercice）, le 14 octobre 1947", AMAE, *1AP18/3*：*Groupe d'Etudes des services publics allemands*：*Création d'écoles d'administration*（1945 – 1948）, pp. 1 – 2.

④ "Note du Monsieur le Préfet, Directeur Général des Affaires Administratives sous le couvert de Monsieur le Chef de la Division des Affaires Intérieures：Groupe d'études du Service Civil, compte – rendu sommaire de la réunion du 17 octobre 1947, le 18 octobre 1947", AMAE, *1AP18/3*：*Groupe d'Etudes des services publics allemands*：*Création d'écoles d'administration*（1945 – 1948）, pp. 1 – 3.

部人员的必要性。

　　显然，此时美英当局的意见与法方存在极大偏差。美方的反对实际上主要是借题发挥，其针对的是法方在中央行政方面一意孤行的"去中央集权化"主张；而英方则持保守观望态势，仍认为法方的提案尚不成熟可行。尽管美英代表在法方与苏方代表的据理力争下态度一度有所动摇，同意先行尝试起草一份有关创办行政学校的共同方案，但他们也提出了这样一个先决条件：这类学校不得插手操纵公务员的招募。显然，这样的要求是与法方军政府1947年1月11日的《第194号法令》背道而驰的，拉丰在这一法令中明确规定高级行政学校文凭乃是担任高级公务员的必备条件。①

　　1947年12月7日，苏方军政府新闻办公室对外宣布："出于培养高素质公务员人才之目的，为回应东部占区民主组织之吁求，苏方军政府当局已授权德国中央人民教育机构在该占区建立一所德国行政学院（Deutsche Verwaltungsakademie）。"②该院校在柏林郊区的迅速创设震惊了各西方占领当局。在之前的会议后，苏方代表团并未按照会议要求及时提交苏方的行政学校创办草案，其在民事部门研究团队的代表也未参加10月29日的会议。因此各西方当局之中当时存在流言，称苏方对于创办行政学校设想的支持不过是宣传作秀而已。此时该校的突然开设给西方带来的意外冲击也就可想而知了。根据苏方计划，该学院并不仅仅承担为占区各州、各城市"自治"培训管理经济事务的高级公务员之职，还负责训练在"农业学校"（Ecoles d'agriculture）执教行政技术课程的专门教师。此外，该院校还为已担任领导岗位的公务员提供进修课程，统揽一切"新民主治理范畴的科学研究"③。苏方军政府还承诺将在占区内创办更多类似的学校，宣告必将赋予"千万工农、劳动者及知

---

　　① "L'Arrêté No. 194 de l'Administrateur général portant création d'une Ecole Supérieur d'administration, le 11 janvier 1947", *Journal Officiel du Commandement en Chef Français en Allemagne*, No. 52, Gouvernement Militaire de la zone française d'occupation, le 17 janvier 1947, p. 538.

　　② "Tagliche rundschau", *Berliner Zeitung*, Dezember 7, 1947.

　　③ "DIAC/CAC/CS/Mémo（47）2（Confidentiel）: Création d'écoles d'administration pour la formation des fonctionnaires des Services Publics, le 29 octobre 1947", AMAE, *1AP18/3*: Groupe d'Etudes des services publics allemands: Création d'écoles d'administration（1945-1948）, p. 1.

识分子劳动者"入校攻读的优先权。① 较之于法占区内分层严密,受众等级分隔明确的行政学校,苏占区的这所学院更像是一所为占区内所有阶层的德方干部人员提供各种培训与进修机会的"大众行政教育学校"(institution générale),在意识形态上正符合苏占区的向来主张。

　　苏占区成立这一行政学校之后,苏方军政府实际上也就形成了自己的行政学校理念,并且同样开始致力于向其他占区推广这一模式,有时甚至比最早提出这一方案的法方还要积极。在 1947 年 12 月 9 日的民事部门研究团队会议,便是因为苏方指责当时担任会议轮值主席的美方代表未尽责推进行政学校建设事业而提前结束,不欢而散。② 12 月 15 日,苏方代表再次呼吁立即签发共同指令以协调四占领区依苏占区院校之例开办行政学校。然而美英代表仍倾向于认为此类方案尚不成熟③,而法方代表则认为苏方给予工农劳动者和知识分子以优先入学权的做法殊为不妥。在法方看来,对社会各阶层开出不同入学条件有悖于民主公平的原则。因此,美英法三方代表暂时达成了一致,要求苏方代表等到 1948 年初伦敦外长会议时再行探讨此事。④

　　总体而言,1947 年随着施派尔高级行政学校在法占区的成立,一整套行政学校分层体系建构完成,并开始在德国新公务员培训中发挥至

---

① "DIAC/CAC/CS/P (47) 1 (Confidentiel): Organisation des écoles d'administration en Allemagne (Projet de la Délégation Soviétique), le 28 octobre 1947", AMAE, *1AP18/3*: *Groupe d'Etudes des services publics allemands*: *Création d'écoles d'administration* (1945 – 1948), pp. 1 – 3.

② "Note du Monsieur le Général de Division Commandant le G. F. C. C. (Bureau d'Etudes) sous le couvert de Monsieur le Préfet, Directeur Général des Affaires Administratives: Compte – rendu sommaire de la séance du 9 décembre 1947 du Groupe d'Etudes des Services publics allemands, le 10 décembre 1947", AMAE, *1AP18/3*: *Groupe d'Etudes des services publics allemands*: *Création d'écoles d'administration* (1945 – 1948), p. 1.

③ "Procès – verbal d'un entretien particulier entre Monsieur Mauleon, Chef de la Division des Affaires Intérieures à Berlin et Monsieur HOLVECK, Directeur de l'Intérieur et des Cultes assisté de Monsieur Tournie, Directeur – Adjoint ayant eu lieu au cours de la conférence BERLIN – ZONE le 16 décembre 1947 à Baden – Baden: Création éventuelle d'Ecole d'Administration dans le différentes Zones d'Occupation (sujet proposé par Berlin), le 16 décembre 1947", AMAE, *1AP23/2*: *Ecole d'administration*: *Spire*; *Germersheim* (1946 – 1949), p. 1.

④ "Note du Chef de la Section de l'Administration Civile à Monsieur le Général Noiret Chef du G. F. C. C. (Bureau d'Etudes): Groupe d'Etudes des Services publics allemands Compte rendu de réunion, le 16 décembre 1947", AMAE, *1AP18/3*: *Groupe d'Etudes des services publics allemands*: *Création d'écoles d'administration* (1945 – 1948), p. 1.

关重要的作用。在盟国对德管制委员会层面，法方军政府代表团发起行动，主动向其他盟国占领当局推广行政学校模式，希望以此在整个德国的行政管理上发挥法方的影响力。尽管美英当局一直不愿完全接纳这一理念，苏占区又建立了有别于法国模式的公务员院校，法方在德国创办行政学校的建议毕竟在"原则上"为各占领当局所接纳，成了四占领区理论上的一致政策。德国公务员民主培养模式的改革，从其开始之际便带有鲜明的法国印记。

（三）弃卒保车：柯尼希对高级行政学校的巩固

1947年底1948年初，在行政总管拉丰被解职，盟国对德管制委员会行将就木之时，在行政学校问题上，法占区德方当局对于改组后的法方军政府所持的立场不甚明了：一方面，拉丰制订的许多政策已然被柯尼希废止；另一方面，柯尼希向来以对盟国的"不合作"态度闻名。故而德国公务员尚无法确定法方军政府是否会遵循拉丰的政策，继续支持行政学校并努力向其他占区推广。

柯尼希将军在1946年时曾对科赫姆行政学校的设立表示质疑，自有其一套特殊的行政学校理念。为了确保法占区各州行政当局的独立性，以形成有利于实现未来德国"去中央集权化"的"自由邦"，柯尼希向来反对过度干涉德国地方行政之举。因此旨在培养中低层公务员的两所州级行政学校（即科赫姆和海格尔洛赫行政学校）并未入柯尼希法眼。相反，对于他的亲信同僚公共教育局主管施密特兰创办施派尔高级学校以训练全占区年轻高级公务员的设想，柯尼希倒是青睐有加。在他看来，此举正是通过培养青年亲法精英以实现德国政权官员再教育的必要措施。

1948年1月19日，柯尼希颁布了《第9116号训令：高级公务员招募》，公开宣布法方当局将继续遵循拉丰有关高级行政学校的1947年1月11日的《第194号法令》及1947年9月19日《第7599号训令》。其中更是就高级公务员任命条件做出了更为细致严格的规定，比之拉丰所做指示有过之而无不及：柯尼希甚至严令在1947年9月19日到1948年9月30日拉丰所定豁免期之内任职的人员，也必须到施派尔学校进行短期的课程培训与在职实习。① 法方军政府对德国当局所做的唯一让步，就是给予了德方对 1947 年 6 月后入学学员的职位自由分派权。鉴于当时占领方赋予德方当局行政权力的大势，他还着重强调，即便在他给予各州自由行政权的《第 95 号命令》颁布生效之后，《第 194 号法令》的规定依然不受影响，继续有效：

> 我提请你等（即各州高级代表）关注部分德人因 1947 年 6 月 9 日《第 95 号命令》而在此事上产生的错误理解。
> 1947 年 1 月 11 日有关组建施派尔高级学校的《第 194 号法令》旨在深入贯彻行政当局之民主化。因此，其适用性不受《第 95 号命令》所界定之任何自由权所影响。②

自此，柯尼希重拾了拉丰的理念，并产生了自己的理解。他继续给予高级行政学校以特权地位，并严格监督防范德方当局——尤其是该校所在的莱茵—普法尔茨州当局——所做出的任何不利举动。2 月 25 日，莱茵—普法尔茨州议会审议了一份有关施派尔行政学校的法案，要求由州当局全面控制该校的预算开支及运行管理。③ 这一议案立即引起了柯尼希的关注，他在 1948 年 3 月 2 日指示莱茵—普法尔茨总代表，表示法方军政府绝不会接受州议会的这一动议：

---

① "No. 9116/DGAA/INT. 1. SECT：Le Général d'Armée KŒNIG Commandant en Chef Français en Allemagne à Monsieur le Gouverneur, Délégué Général pour le Gouvernement Militaire du Land Rhéno – Palatin, Monsieur le Gouverneur, Délégué Supérieur pour le Gouvernement Militaire du Wurtemberg, Monsieur le Gouverneur, Délégué Supérieur pour le Gouvernement Militaire du Pays de Bade：Recrutement des fonctionnaires supérieurs, le 19 janvier 1948", AMAE, *1AP23/2：Ecole d'administration：Spire；Germersheim（1946 – 1949）*, pp. 1 – 3.

② "No. 9116/DGAA/INT. 1. SECT：Le Général d'Armée KŒNIG Commandant en Chef Français en Allemagne à Monsieur le Gouverneur, Délégué Général pour le Gouvernement Militaire du Land Rhéno – Palatin, Monsieur le Gouverneur, Délégué Supérieur pour le Gouvernement Militaire du Wurtemberg, Monsieur le Gouverneur, Délégué Supérieur pour le Gouvernement Militaire du Pays de Bade：Recrutement des fonctionnaires supérieurs, le 19 janvier 1948", p. 2.

③ "Contre – projet de Loi sur l'Ecole d'Administration de Spire, le 25 février 1948", AMAE, *1AP23/2：Ecole d'administration：Spire；Germersheim（1946 – 1949）*, pp. 1 – 5.

根据《第95号命令》条款规定，此类草案在议会讨论之前须上交军政府审阅。你所在州的政府方面可能只把这一学校的创设视为单纯的行政措施；如果这就是我们的理念，那么我们也就不会主动去创办这样的学校了。施派尔行政学校之主旨在于为德方高级行政提供民主的干部；触及该校的这一法案首先就影响了民主化事业，尤其是侵犯到了我们明确做出权力保留的教育领域。我请你立即将这一意见转告你所在州的政府当局。同时你要让他们明白，他们所拟定的这一方案绝不会得到军政府的批准。①

德方当局就施派尔学校做出另一争议性决策发生在符腾堡州。1948年2月3日，符腾堡州内务部向施派尔学校致以公函，称该州预算困难且公职空位不足，故将停止接收任何该校毕业生入职。② 该信后来被校方转呈柯尼希。柯尼希遂于1948年3月11—12日的法方军政府内部会议中听取了符腾堡州代表的专门报告，认定必须采取措施，重申《第194号法令》原则及他在1月19日所做有关公务员招募的指示乃是具有"强制性"（un caractère obligatoire）③ 的，绝非德方虚与委蛇所能逃避。他批评称符腾堡当局的动议乃是"弄虚作假的借口"（prétexte fallacieux），为的就是抵制本应对该校学生进行的"政府书记官"一职的任命（Regierungsreferendare）：

　　1) 要重申《第194号法令》之规定永久有效，绝不容忍其任何抗拒行为之继续存在。

---

① "Le Général d'Armée KŒNIG Commandant en Chef Français en Allemagne à Monsieur le Délégué Général pour le Gouvernement Militaire du Land Rhéno – Palatin: Projet de loi sur l'école supérieur d'administration, le 2 mars 1948", AMAE, *1AP23/2: Ecole d'administration: Spire; Germersheim* (1946 – 1949), pp. 1 – 2.

② "Ministère de l'Intérieur du Land Wurtemberg – Hohenzollern à l'école supérieur d'administration de Spire, le 13 février 1948", AMAE, *1AP23/2: Ecole d'administration: Spire; Germersheim* (1946 – 1949), p. 1.

③ "Conférence inter G. M. – G. F. C. C. des affaires administratives politiques et judiciaires: procès – verbal, les 11 et 12 mars 1948", AMAE, *1AP22/5: Nomination des fonctionnaires* (1946 – 1949), p. 1.

2）若如今校内之符腾堡州的学员乃是在 5 月 10 日入学，则再到该日期时其任命必须安排妥当。

3）根据《第 194 号法令》，若求职者未通过施派尔学校培训则不可任命其为高级公务员。任何有违这一规定的任命行为，都是无视对我 1948 年 1 月 19 日《第 9116 号公函》所做的指示。

4）符腾堡政府声称要采取的措施，必然会从根本上阻碍公务员招募。这与我们的意图完全相悖，因为德国行政之革新不可能通过招收老迈一代的无能庸碌之辈实现，而只有通过从基层进行人才招募方能达成。①

在巴登州，在 1948 年 6 月 30 日的议程中，州政府同样采纳了内务部的观点，要求巴登州在施派尔学校登记入学的学员数量必须与州当局当前的空缺职位数额相符。② 法方当局也认为这只是德方有意限制施派尔学校学员招收的借口。在他们看来，德方当局明显是要自作主张地根据自己的意愿决定该校的招生与学员入职，而没有依照法方军政府意愿以及民主原则行事。

德方当局的这些举动使得柯尼希下决心加强对于高级行政学校相关事务的监督。1948 年 8 月 16 日，柯尼希要求各州高级代表向他报告 1 月 19 日训令的具体执行成果——亦即统计上报各州 1948 年 1 月 19 日以来通过施派尔学校毕业考试并以优先待遇入职的"候补文官"（Assessoren）数量。③ 但是，完成高级行政学校 4 个学期的学习需要两年时

---

① "No. 1681/CC/SG/EDU: Le Général d'Armée Kœnig Commandant en Chef Français en Allemagne, à Monsieur le Délégué Supérieur pour le Gouvernement Militaire du Wurtemberg, le 30 avril 1948", AMAE, *1AP23/2*: *Ecole d'administration*: *Spire*; *Germersheim* (1946 – 1949), pp. 1 – 2.

② "Extrait du Résumé de la 41ème Séance du Gouvernement du Pays de Bade tenue le 30 juin 1948 à 9 heures, le 30 juin 1948", AMAE, *1AP23/2*: *Ecole d'administration*: *Spire*; *Germersheim* (1946 – 1949), p. 1.

③ "No. 977/SG/AAGS/1. SECT: Le Général d'Armée KŒNIG Commandant en Chef Français en Allemagne à Monsieur le Gouverneur, Délégué Général pour le Gouvernement Militaire du Land Rhéno – Palatin, Monsieur le Gouverneur, Délégué Supérieur pour le Gouvernement Militaire du Wurtemberg, Monsieur le Gouverneur, Délégué Supérieur pour le Gouvernement Militaire du Pays de Bade: Recrutement des fonctionnaires supérieurs, le 18 août 1948", AMAE, *1AP23/2*: *Ecole d'administration*: *Spire*; *Germersheim* (1946 – 1949), p. 1.

间，此时其实还没有多少学员能提前修完课程取得文凭。① 实际上，绝大多数此类"候补官员"只在施派尔学校接受了为期3个月的培训，然后按照柯尼希1948年1月19日《第9116号训令》中的特别规定通过毕业考试获得了文凭，其实并不能说是完全按照高级行政学校章程正常完成学业的。因此，对于法方高级代表来说，柯尼希要求人数统计之举之真意，并非完全在于关心具体人数之多少，而是要彰显他支持高级行政学校的决心，提醒他们要随时关注他相关训令的具体落实情况，监督德方的动向。

根据1948年9—10月间各州高级代表的答复②，法方军政府宗教与社会行政事务司（Division des Affaires administratives Cultuelles et Sociales）于1948年10月完成了一份1948年1月19日以后法占区三州"候补文官"入职统计总体报告，其中说明：

> 莱茵—普法尔茨州：有12人从施派尔学校毕业并被任命为"政府候补文官"（Regierungsassessoren），另有3人尚在等待入职任命。此外，自1948年1月19日起，有6名"候补文官"通过"州统一考核"（Grosse Staatsexamen）获得相应文凭，未经施派尔学校培训按照过往程序入职成为高级干部。最后，相同日期起，有

---

① "No. 9116/DGAA/INT. 1. SECT：Le Général d'Armée Kœnig Commandant en Chef Français en Allemagne à Monsieur le Gouverneur, Délégué Général pour le Gouvernement Militaire du Land Rhéno – Palatin, Monsieur le Gouverneur, Délégué Supérieur pour le Gouvernement Militaire du Wurtemberg, Monsieur le Gouverneur, Délégué Supérieur pour le Gouvernement Militaire du Pays de Bade：Recrutement des fonctionnaires supérieurs, le 19 janvier 1948", AMAE, *1AP23/2*：*Ecole d'administration：Spire；Germersheim（1946 – 1949）*, p. 2.

② "No. 777/DAA/CA/1256：Le Gouverneur Hettier de Boislambert Délégué Général pour le Gouvernement Militaire de l'Etat Rhéno – Palatin à Monsieur le Général d'Armée KŒNIG Commandant en Chef Français en Allemagne：Recrutement des fonctionnaires supérieurs, le 15 septembre 1948", AMAE, *1AP23/2*：*Ecole d'administration：Spire；Germersheim（1946 – 1949）*, pp. 1 – 2； "No. 545/DAA/I：Le Commissaire de la République, Délégué Supérieur pour le Gouvernement Militaire du Pays de Bade à Monsieur le Général CCFA：Contrôle du recrutement des fonctionnaires supérieurs（Ecole de Spire）, le 30 septembre 1948", AMAE, *1AP23/2*：*Ecole d'administration：Spire；Germersheim（1946 – 1949）*, p. 1. "No. 6706/DAA/INT/RB/JP：Le Gouverneur, Délégué Supérieur pour le Gouvernement Militaire du Wurtemberg à Monsieur e Général Commandant en Chef Français：Recrutement des fonctionnaires supérieurs de l'Administration du Land, le 15 octobre 1948", AMAE, *1AP23/2*：*Ecole d'administration：Spire；Germersheim（1946 – 1949）*, p. 1.

6名通过"学术考核"(Wissenschaftliche Prüfung)的"在读候补文官"进入州当局各部任职。

符腾堡州：有2名"候补文官"从施派尔学校毕业，其中一人进入内务部，另一人进入劳工部，成为"政府顾问人员"(Regierungsratanwärter)。相反，入职内务部的5名"候补文职官员"中的另外4名，以及财政部所招募的1名，就是以"例外"形式入职的。

在巴登州，只有1名从施派尔学校毕业的公务员被任命为内务部"政府候补文官"，但也没有宣布任何"例外"的任命。①

这样一来，1948年1月19日以来法占区各州新任命高级公务员的总体状况也就能够以下表形式予以体现：

表4–8　　　　　1948年1月18日之后任命的高级公务员

州	施派尔学校毕业生任命	以例外形式进行的任命
莱茵—普法尔茨	12	12
符腾堡	2	5
巴登	1	0

根据法方军政府的判断，只有莱茵—普法尔茨州真正放开接纳了施派尔学校的毕业学员。但也要着重看到的是，有同样数量的任命给予了那些通过其他培训方式产生的候选人。符腾堡方面则成果远不如人意，符腾堡当局以"例外"方式招了5名"候补文官"，而受任命的施派尔学校毕业生反而只有2名。至于巴登州，德方当局解释称造成这一结果的原因在于行政机构已无空缺职位。鉴于其唯一招收的人员便是施派尔学校的毕业生，法方军政府接受了这一说法。总体来讲，每个州都或多或少地任命了该校学员，所以法方军政府认为态势虽仍不甚明了，但毕

---

① "Le Chef de la Division des Affaires Administratives, Culturelles et Sociales à Monsieur le Chef de la Division de l'Education Publique, le 26 octobre 1948", AMAE, *1AP23/2: Ecole d'administration: Spire; Germersheim (1946–1949)*, pp. 1–2.

竟还是有所进展的：

> 可以这么说，在总体上，从该教学机构毕业的学员都已在德方各部门得到了安置，这对于这些年轻人的管理和发挥价值，是有极大裨益的。因此，有理由认为，尤其是在莱茵—普法尔茨州这样的地方，施派尔学院将来最好的宣传，便是他们先前所培养的这些学生。①

但是，尽管法方当局一直对法占区行政学校的发展寄予厚望，1948年末以后的法方军政府却也在一步步地丧失自己对这些学校的支持力，以及对其相关事务的积极干预能力。在 1948 年 7 月 15 日柯尼希颁布《第 3936 号训令》之后，军政府实际上已无法对德方当局的决策进行积极的行政干预。② 1948 年 11 月 8 日，柯尼希在致各州高级代表的指示中重提行政学校，强调称行政学校机构之维系乃民主化之关键，《第 194 号法令》必须一直严格有效地贯彻下去。③ 而事实上，这些只能依照《第 3936 号训令》进行"被动监督"的代表，已经无力再确保法占区行政学校体系的存在发展了。自 1946 年以来好不容易建立的这一体系，最终在 1949 年初迎来了崩溃——法方军政府引导下建立的第一所行政学校被莱茵—普法尔茨州政府关停。

1949 年 1 月 19 日，莱茵—普法尔茨州议会决议颁布法令裁撤科赫

---

① "Le Chef de la Division des Affaires Administratives, Culturelles et Sociales à Monsieur le Chef de la Division de l'Education Publique, le 26 octobre 1948", p. 2.

② "No. 3936/CC/CAC/POL: Le Général d'Armée KŒNIG Commandant en Chef Français en Allemagne à Monsieur le Gouverneur, Délégué Général pour le G. M. du Land Rhéno – Palatin, Messieurs les Gouverneurs Délégués Supérieurs pour les G. M. du Pays de Bade, du Wurtemberg: Politique française d'occupation, le 15 juillet 1948", AMAE, *1ADM36/8*, *Accroissement des pouvoirs des autorités allemandes*, pp. 1 – 2.

③ "Le Général d'Armée KŒNIG Commandant en Chef Français en Allemagne à Monsieur le Délégué Général pour le Gouvernement Militaire du Land Rhéno – Palatin, Monsieur le Délégué Supérieur pour le Gouvernement Militaire du Pays de Bade, Monsieur le Délégué Supérieur pour le Gouvernement Militaire du Wurtemberg: Politique en matière d'Education Publique, le 8 novembre 1948", AMAE, *1BONN47*, *Relations Extérieures: CCFA Cabinet Civil: Z. F. O. – Administrations allemandes – Pouvoirs des Länders (1946/48), Dossiers rapatriés de l'Ambassade de France à Bonn*, pp. 1 – 5.

姆行政学校。① 这一学校早在1946年夏便已成立，旨在培训提高年轻公务员人才，来填补该州当局的中层行政岗位。自1947年春起，已陆续有三期共计百余名学员在此修习毕业，在民主原则下履行公职。其中有50%的年轻公务员投身行政总务事业，30%进入财政事业领域，另外20%加入农林管理方面。该校最后一期学员刚刚才在1949年1月初通过毕业考试，而议会法案要求该校在1月31日正式关门。② 德方当局抱怨称该州之财政状况不佳，且公职岗位空缺所剩无几，已难以维持这一学校的运作。这一情况显然是与法方军政府一直以来为支持行政学校体系所做出的努力背道而驰的。可是这一次，军政府竟然批准了德方的这一法案，该州的军政府高级代表也没有驳回这一动议。法方军政府中央之所以没有做出否决，是因为法方提出的一个新设想，即科赫姆学校的地位将被"一所旨在培养为整个三占区工作的公务员的专门学校"所取代。③

要分析法方当局在裁撤科赫姆学校一事上的这一不同寻常态度，就得了解当时情况下法方军政府行政学校政策的新指向。以往在拉丰及公共教育局引领之下，法方军政府意图维持一整套分层的学校体系，以培养各个阶层的大量新公务员，最终全面取代德方当局的所有行政人员，推动政权的民主化。但从1947年末起，在柯尼希重组法方军政府之后，法方当局在维持并发展这一体系方面已然困难重重：德方的消极应付、盟国方面的争议、占领结束迫在眉睫等等客观因素，无一不在消磨法方的意志。因此，柯尼希将军倾向于选择一个在短期内更易于达成，且符合其"再教育"理念的目标，亦即放弃原来全盘取代其所有公务人员

---

① "Loi du Land portant suppression de la Rheinische Verwaltungsschule（l'école administrative rhénane）à Cochem, le 19 janvier 1949", AMAE, *1AP23/3*: *Ecole d'administration*: *Cochem, Haigerloch, Bade（1946 – 1949）*, p. 1.

② "No. 435/CCSG/AACS/INT. 1. SECT, Note à M. le Directeur du Cabinet C. C. F. A.：Loi au sujet de la suppression de l'Ecole d'Administration de Cochem（Land Rhéno – Palatin）, le 3 février 1949", AMAE, *1AP23/3*: *Ecole d'administration*: *Cochem, Haigerloch, Bade（1946 – 1949）*, p. 1.

③ "Le Chef du Service de l'Intérieur et des Cultes à Monsieur le Secrétaire Général du Commandement en Chef Français en Allemagne, le 23 mars 1949", AMAE, *1AP23/3*: *Ecole d'administration*: *Cochem, Haigerloch, Bade（1946 – 1949）*, p. 1.

的长远计划，凭借年轻的精英分子引导整个德国公务员队伍从内部实现一场"行政再教育"。由于以上不利因素的存在，尽管柯尼希也一直想要维持全套行政学校体系，但他也没有信心能针对全部德国行政当局迅速完成一场拉丰等民事官员所设想的全面"更新换代"。这正是此时各州地方上的行政学校，如科赫姆学校，会被法方当局弃置一边的原因所在。相反，以柯尼希为首的军政府集中全力支持施派尔高级行政学校，并尽其所能关照其学员的仕途前路，正是因为法方将他们视为播撒在德方当局之中的法式民主制度的种子，希望他们能够发展壮大，有朝一日笼罩德国政权的天空，使未来的整个德国行政当局处在法式民主的主导氛围之下。此外，还有一个相当现实的原因，就是科赫姆学校和施派尔学校同处莱茵—普法尔茨州之中，在主张"去中央集权化"鼓励地方独立的法占区，这意味着此州必须同时承担两所学校的运营开销。因此一旦德方当局迫于所在州之困难条件必须择一裁撤，法方军政府便不得不弃卒保车，借裁撤科赫姆学校来保住意义更为重大的施派尔学校。

但是也要看到，裁撤科赫姆学校并不足以让施派尔学校一直高枕无忧下去。随着西德建国程序的进展，各州德方当局愈加独立，法方军政府的权威则日益下降。在三占区乃至未来的西德国家之中，德方随时都有可能对这一法方主持下建立的学校发起质疑，从而在将来某个法方力不能及的时刻威胁到这一学校的存续。在形成"一所旨在培养为全部三个西占区工作的公务员的专门学校"以取代科赫姆学校的设想中①，法方军政府其实已经明白地表达了保留施派尔学校及法国公务员培养理念的意图。于是，法方对这一学校进行了重新定义，将其界定为全部西占区共同的"盟国行政学校"（Ecole d'Administration Alliée）。这样一来，即便法方军政府不再履行对德占领，该学校也能以西方盟国共同的名义保存下来，德方州一级当局也无法凭借地方上困难条件的借口裁撤该校。

1949年初，在与西方盟国的会谈中，法方代表重提创办盟国行政学校的建议，但此时他们面临着两个巨大的不利因素：一方面，其他盟

---

① "Le Chef du Service de l'Intérieur et des Cultes à Monsieur le Secrétaire Général du Commandement en Chef Français en Allemagne, le 23 mars 1949", AMAE, *1AP23/3*: *Ecole d'administration*; *Cochem, Haigerloch, Bade (1946 – 1949)*, p. 1.

国中唯一真正成立行政学校的苏方军政府已然因管制委员会的瘫痪退出盟国会谈；另一方面，美英当局长期以来一直对法国模式的行政学校不感兴趣，对此动议向来持消极态度。因此，柯尼希将军要求管制委员会法方团队务必要在与西方盟国的谈判中一再强调行政学校的重要性，以体现法方军政府在这一问题上的坚定立场，支持施派尔行政学校的存续发展。1949 年 1 月 30 日，他向正在和双占区代表就德国公务员法共同草案进行谈判的法方代表团发出明确指令："我就明说了，不管是顺理成章还是偶然为之，我们的公务员学校绝不能被动一指头。务必注意！"① 但是 1949 年 2 月 11 日，代表团回复他称，美英方面仍对施派尔行政学校抱有疑虑。双占区当局认为该校内存在"针对司法官员的歧视"（caste de juristes），且其对未来行政管理者的教育"太过笼统宽泛"②，因此不愿认同法方的提议。

在 1949 年 2 月 25 日西方盟国代表团有关公务员法的一次会议期间，事情终于迎来了转机。法方代表团再一次提出要就行政学校事宜制定共同指令，此举又遭到了美英代表团的反对。在长时间的争辩过后，法方代表团表示此举并不是为了让施派尔学校可以从人事上操纵未来联邦国家，而只是让这类高级行政学校去担负高级干部人员的职业培训之责。这一说法得到了美方代表团的赞同。与一再强调行政学校教学缺陷的英方代表不同，美方代表开始倾向于法方的观点，甚至表示双占区可以在未来的公务员共同章程中采纳与行政学校相关的法律规定。③

---

① "Décision: Harmonisation de la loi sur le fonctionnariat signé par Kœnig, le 30 janvier 1949", AMAE, *1BONN116*, *ADM: I Direction Générale des affaires administratives*: *A. Affaires Intérieures*, *d) Personnel Allemand*, *1 – Statut des fonctionnaires（1949）*, *Dossiers rapatriés de l'Ambassade de France à Bonn*, p. 1.

② "No. 711CC/ADM: Le Préfet Hors – Classe, Conseiller Administratif à Monsieur le Général d'Armée, Commandant en Chef Français en Allemagne: Statut des fonctionnaires allemands, le 11 février 1949", AMAE, *1BONN116*, *ADM: I Direction Générale des affaires administratives*: *A. Affaires Intérieures*, *d) Personnel Allemand*, *1 – Statut des fonctionnaires（1949）*, *Dossiers rapatriés de l'Ambassade de France à Bonn*, p. 18.

③ "Compte – rendu de la réunion du 25 février 1949 du Comité de Travail Interallié pour le Statut des Fonctionnaires, le 25 février 1949", AMAE, *1BONN116*, *ADM: I Direction Générale des affaires administratives*: *A. Affaires Intérieures*, *d) Personnel Allemand*, *1 – Statut des fonctionnaires（1949）*, *Dossiers rapatriés de l'Ambassade de France à Bonn*, p. 5.

法方代表团受到美方立场转变的鼓舞，遂为进一步劝说美英当局理解这一行政学校的重要作用，而在1949年3月18日邀请了公共教育局副主管吉伦女士（Madame Giron）亲临会场向美英代表介绍施派尔学校的成果以及其所采用的法式全新教学方法，以表明这是公务员民主化无可比拟的利器。各位代表对于宣讲中所传递出的这些信息赞赏有加，甚至连英方代表都一改初衷，对施派尔学校的教学方法大加肯定。①

　　最终，一段有关高级行政学校的条款加入了法方和美方共同拟定的公务员法草案《德国公共职能民主化总体原则文本》之中。1949年4月4日，该草案作为美法双方预先达成协议的共同文件，由美方和法方代表团一起递交盟国间德国公务员法工作委员会审议。其中明确规定：

> 进入高级干部职位，要么从公职之外以直接招募方式进行，要么通过晋升达成，且均须在以下机构进行相应培训实习：联邦公务员在联邦行政学校，州公务员则在州行政学校。该培训实习旨在通过人与人之间沟通交流之实践，提升领导职位之公务员的对于政府的责任感；他们被委任以代表其所治理之人，负有维护其利益与权利之特殊责任。联邦及各州政府须确保其行政学校以此方式组建，使其足以为其公务员妥善施加以上教育。②

　　尽管这一共同草案由于其他方面的原因未获英方当局通过，但西方三大占区占领当局对行政学校理念的认同已是不争的事实。依据民主原则对德国公务员进行预先培训，已然被视为实现德国公职民主化的必要手段。尽管法方以法国"大学校"（Grandes écoles）模式为联邦及各州创办更多行政学校的提议事后并未被其他占领当局严格遵循——如美方

---

① "Compte - Rendu de la réunion du 18 mars 1949 du Comité de travail intérieure pour le Statut des Fonctionnaires, le 18 mars 1949", AMAE, *1BONN116, ADM：I Direction Générale des affaires administratives；A. Affaires Intérieures, d) Personnel Allemand, 1 - Statut des fonctionnaires (1949), Dossiers rapatriés de l'Ambassade de France à Bonn*, pp. 3 - 5.

② "Principes généraux concernant la démocratisation de la fonction publique en Allemagne (Texte commun américano - français), le 22 avril 1949", AMAE, *1HC55, Lois et Statuts de fonctionnaire allemand*, pp. 1 - 4.

当局就对设立新行政学校一事持极为谨慎的态度,并一再坚持称应将此类公务员培训组织归并进德国现有的各所大学之中。① 但对于法方军政府来说,至少其初衷业已达成:施派尔高级行政学校从今往后以"盟国行政学校"的名义得以保留。该校由此受到各占领方密切关照,在后来的历程中因其对联邦德国高级公务员的培养提升所做出的巨大贡献而享有盛誉。

1950年,施派尔高级行政学校被联邦德国当局正式接手,成为德国公共行政与司法方面的权威教育机构,担负"在教学科研之中推动行政科学进步"的重责大任。② 1970年,施派尔学校获得综合性大学资格,被重命名德国施派尔管理大学(Deutsche Universität für Verwaltungswissenschaften Speyer,DUV)。作为唯一由全德联邦及十六州共同负责运营管辖的大学③,该校如今已是培养德国及全世界高级公务员的学术重镇。④ 该校学生中涌现出了地方、联邦乃至国际层面上的诸多名满天下的政要、外交官、法官和教授。⑤ 正如柯尼希将军所望,DUV作为

---

① "Compte – Rendu de la réunion du 18 mars 1949 du Comité de travail intérieure pour le Statut des Fonctionnaires, le 18 mars 1949", AMAE, *1BONN116*, *ADM*: *1 Direction Générale des affaires administratives*: *A. Affaires Intérieures*, *d) Personnel Allemand*, *1 – Statut des fonctionnaires (1949)*, *Dossiers rapatriés de l'Ambassade de France à Bonn*, p. 5.

② Stefan Fisch, *60 Jahre Deutsche Hochschule für Verwaltungswissenschaften Spayer*, 2007, https://web.archive.org/web/20071020071354/http://www.dhv–speyer.de/Sfisch/Stefan_Fisch_60_Jahre_DHV.pdf, Abgerufen 2017 – 03 – 04.

③ "Über uns", Speyer Universität: www.dhv–speyer.de, Abgerufen 2017 – 03 – 04.

④ Dr. Klaus Peter Strohm, *Verwaltungselite von morgen trifft sich in Speyer*, 2009, https://idw–online.de/de/news342669, Abgerufen 2017 – 03 – 04.

⑤ 该校知名校友包括:德国总统罗曼·赫尔佐克(Roman Herzog);联合国环境署执行主管兼联合国副秘书长克劳斯·托普弗(Klaus Töpfer);联邦部长沃尔夫冈·博施(Wolfgang Bötsch);汉堡市长克里斯托弗·安豪斯(Christoph Ahlhaus);德国联邦宪法法院副院长费迪南德·基尔施霍夫(Ferdinand Kirchhof);联邦银行总裁赫尔穆特·施勒辛格(Helmut Schlesinger);德国联邦审计法院院长迪尔特·恩格斯(Dieter Engels);德国总理内阁长官瓦尔德迈尔·施莱肯贝尔格(Waldemar Schreckenberger);德国联邦司法法院院长威利·盖格尔(Willi Geiger);德国就业联邦就业办事处主管弗洛汉·格尔斯特(Florian Gerster);联邦银行执行主管提利欧·萨哈新(Thilo Sarrazin);德国总检察长亚历山大·冯·斯塔尔;欧洲司法法院总辩护士卡尔·奥托·楞次(Carl Otto Lenz);德国巴斯夫化学集团前总裁及现任董事会主席儒尔根·司徒伯(Jürgen Strube);安联集团前总裁及德意志交易所集团现任董事会主席约阿希姆·费伯(Joachim Faber)等等。

"向精英提供教育及在教育中培养精英之核心机构"得以流传至今。①

在法式行政学校初创的莱茵—普法尔茨州，法方军政府的行政学校为州当局所继承发扬。1976 年，该州在施派尔又设立了一所非大学性质的公共行政研究机构，作为莱茵—普法尔茨州主席直接管辖的公务员教育院校。② 该机构被命名为德国公共行政研究所（Deutsches Forschungsinstitut für öffentliche Verwaltung，FÖV），其财政开支由联邦和十六州州政府共同承担，其研究教学自成一体独立进行，并以"国家利益相关机构"（Institution d'intérêt national）③ 的名义与施派尔管理大学保持有战略合作伙伴关系。尽管法方创建多层次行政学校体系的设想未能在法方军政府占领时期完全实现，但是像施派尔管理大学、德国公共行政研究所这类公务员教育机构的存留与发展，正是法方军政府为实现德国公职民主化所做努力的成果写照。伴随着新的一代代按民主原则培养而成的公务员跨出校门，这些德国教育机构接手了法方军政府为行政学校所规划的重责大任，正随着时代的脚步不断前进。

盟国占领期间，得益于多项管控政策，法方军政府得以达成了间接任用德国地方政府公务员为法占区治理服务的目的。在法方军政府授权下，他们得到复职或任命，在法方监督操纵下的德国地方行政机构中工作。由于长期以来都未曾出现一部基于德人意愿的明确公务员法，因此他们实际上是在顺应着法方军政府的要求履职行事。法方当局有意介入任何与他们的职业生活相关之事，升迁贬职、奖励惩处均不例外，甚至还有部分德国年轻公务员从一开始便受到了军政府所倡导的法式民主教育的深刻影响。

在非纳粹化大旗之下，法占区在军政府支持下发起了有"弹性"

---

① Jochen Zenthöfer, "Zurück zur Elite: Die Verwaltungshochschule in Speyer kämpft um ihr Image", *Frankfurter Allgemeine Zeitung*, 2007 – 06 – 18.

② "Institut", Deutsches Forschungsinstitut für öffentliche Verwaltung: http://www.foev-speyer.de, Abgerufen 2017 – 03 – 04.

③ *Deutsches Forschungsinstitut für öffentliche Verwaltung Speyer (FÖV)*, http://www.nesse.fr/nesse/activities/research – mapping/educational – governance/institutions/forschungsinstitut – fur – offentliche – verwaltung – bei – der – deutschen – hochschule – fur – verwaltungswissenschaften – speyer – the – research – institute – for – public – administration – at – the – german – university – of – administrative – sciences – speyer – fov, Abgerufen 2017 – 03 – 04.

的自主清洗运动。一部分被认为必不可少的德国公务员得到占领方洗白，其他人则不得不受到清洗。通过行使否决权，法方军政府高高在上地驾驭着德国各非纳粹化组织，以实现"通融的非纳粹化"，而这一特殊手段本身也对德国公务员的人员结构形成了有效的管理。① 由于人性化因素以及个人认同逻辑的存在，法占区的这一"弹性"清洗给予了"小纳粹"宽赦复职的机会，极大缓解了法德双方因非纳粹化而造成的关系紧张。可以说，法占区清洗的诸多特质，推进了法德双方战后的首次实际合作，酝酿了最终达成法德和解的可能性。

通过操纵德国地方政府，对其人员进行"去政治化"，法方军政府在战后初期的乱局中稳定住了占领区的形势，达成了它对德国进行"去中央集权化"的目标，捍卫了法方占领者在法占区的无上权威。军政府一再回避成立德国中央行政当局，使得自己成为占区唯一的行政核心。由此，法占区建立起了以法方军政府为魁首，德国各地方政府听任其指令调度的稳固行政构架，使行政重建工作得以大大简化。在法方军政府因内部争议矛盾而重组之后，各州的地位得到了尊重，有利于创建联邦共和国的联邦制理念，亦为法方当局所鼓励。随着德国地方政府从法方军政府的积极行政管控中"解脱"出来，德国公务员也得以摆脱法方的管控。此外，对于部分新德国公务员来说。依据法国理念成立的行政学校为他们打开了一扇参政入职的新大门。法式民主理念与法国思想文化由此引入德国政治文化传统之中。

从经济角度来看，对于德国公务员这一特殊人力资源的运用，反映了法方占领者在利用占领区为法国利益服务方面的行事原则："绝不杀鸡取卵"。通过"通融的非纳粹化"以及对德方当局的管控，法方军政府为法占区公务员的有效管理提供了一个良好的背景环境。根据法方军政府意愿得以留职、洗白、复职或是特意培养的公务员为保住自己在行政构架中的位置，必须竭尽所能满足法方军政府的要求②，尤其要提供法国重建所迫切需要的经济赔偿与物资供给。在法占区这样的"袖珍占

---

① Marie-Bénédicte Vincent, "De la dénazification à la réintégration des fonctionnaires", *Vingtième Siècle, Revue d'histoire*, No.121, 2014/1, pp.3–19.

② Frederick Tayor, *Exorcising Hitler: The Occupation and Denazification of Germany*, p.322.

领区"中，要满足这样的要求就必须让德方人员全心全意地高效筹措占区资源，"量占区之物力，结法方之欢心"，从而达到"物尽其用、人尽其才"的境地。而这一切，都离不开德国公务员在实际行政治理工作中的积极配合。可以在法方军政府占领时期法占区进出口统计状况中发现这样的迹象：

表4-9　　　　　　　　法占区贸易收支①　　　　　（单位：千美元）

年份	进口总值	出口总值	累积差额
1945—1946	69100	84553	15253
1947	113243	106077	8087
1948	181288	106912	-66289
1949（1—7月）	105570	57328	-114531

战后伊始的1945—1946年，百废待兴的法占区竟然出现了出超，其中78%的出口份额都由法方占据，并延续累积出超局面到1947年。根据法方军政府法占区对外贸易办公室所拟定的计划，法占区各州大多数的生产产品均按照军政府预先划定的价格出口到了法国。因此，法方军政府的公报实际上是大大低估了法占区出口物资的真实价值的，其出口真实数字恐怕要远远超出以上表格之中所列数据。即便在法方军政府逐渐丧失行政管控权力的1948—1949年，经济上已日渐恢复的法占区反倒出现了越来越大的累积入超，出口额也在法方军政府解散的1949年大跌。事实上，至1948年6月为止，法占区在未获法方经济援助的情况下已经恢复了战前91%的化工、65%的钢铁和48%的煤炭（且不计萨尔煤矿区）产能。② 由此可见，法方军政府在温和的"自主清洗"

---

① "Les statistiques des années 1945 – 1946，1947：Commandement en Chef Français en Allemagn"，*La Zone française d'occupation*，Baden – Baden：Gouvernement Militaire de la zone française d'occupation，1948，p. 106；"Les statistiques de l'année 1948：Direction générale de l'économie et des Finances"，*Bulletin statistique*，No. 9，en avril 1949，Baden – Baden：Gouvernement Militaire de la zone française d'occupation，pp. 42 – 43；"Les statistiques de l'année 1949：Direction générale de l'économie et des Finances"，*Bulletin statistique*，No. 11，septembre 1949，Baden – Baden：Gouvernement Militaire de la zone française d'occupation，pp. 28 – 29.

② F. Roy Willis，*The French in Germany：1945 – 1949*，p. 137.

非纳粹化条件下构建的"间接治理"行政管控体制,在恢复法占区生产和达成法方经济目标上成效显著。法方军政府充分地"间接任用"了法占区德国公务员,迫使他们在法方主宰的占区行政治理中以最大努力尽快实现这些经济目标。无疑,若是放任德方人员自治,抑或完全排除德人由占领方直接掌控陌生占区的治理事务,占领者都无法如此便捷有效地达到这样的效果。

从政治和文化角度来看,清洗运动中的有益因素(诸如人性化因素和个人认同等)、法德双方在占区治理中的互动合作,以及以行政学校为媒介传入的法国政治文化传统美德(如民主、自由、司法与行政权的分离),不仅推动了德国行政科学的进步与民主化,还促进了两国公务员之间的友好交流。在法占区融入三占区、联邦德国成立之后,法占区的德国公务员与他们以往在军政府内的法国同僚保持了长久的紧密关系,并一直在积极寻求交流合作。在联邦德国建立初年,便有超过80个法德城市在当地居民——尤其是市政公务员——的推动下迅速结成了"友好城市"关系。① 许多原法占区德国地方机构成员、市政官员等公务员自发结成了诸多社会团体,致力于两国公务人员交流合作,比如路德维希港的"法德联盟"(Deutsch–französische Vereinigung),正是法德城市结对合作运动的最初发起者。如该协会一位成员所述:

> 在占领方的诸多公务员中,有好些人已经和部分德国市政同行一样认识到,如果能够克服两国之间的过往,两国的人民将能得到更好的服务,并可以由此达成法德之间的和解。②

得益于原军政府系统的牵线搭桥,两国公务员间的交流互访日益频繁,友好合作日益升温。法国葡萄酒名产地马孔市(Mâcon)与德国知名的"葡萄酒之路"城市诺伊施塔特(Neustadt en der Weinstrasse)于1956年,法国勃艮第大区首府第戎(Dijon)与德国莱茵·普法尔茨州

---

① Flora Lewis, "Franco–German 'Twins', A Startling Fact", *New York Times*, May 29, 1960.

② Dr. Kamm, "Deutsche–französische Vereinigung Ludwigshafen", *Vaterland Europs*, juillet 1960, s.63.

首府美因茨（Mainz）于1958年相继结成紧密合作的"兄弟城市"，勃艮第大区和莱茵·普法尔茨州也在1957年形成了"友好联盟"关系（Union d'amitié）关系。① 这些公务员友好交流活动为法德高层友好关系的重建埋下了最初的基石，被认为是两国间外交关系升温之预兆先声。

简言之，占领时期对德国公务员的间接任用，对于法方军政府而言可谓必然之举。研究法德关系的著名法国历史学家阿尔弗雷德·格鲁瑟曾做出精彩论述，将那些被希特勒保留和维护下来，以确保纳粹政权初年经济稳定的德国犹太裔企业管理者，定义为"经济方面极为宝贵的犹太人"（juifs économiquement précieux，Wirtschaftlich wertvoller Jude，W. W. J.）。② 其实对于这些受到法方军政府间接任用的德国公务员，也可以做出类似的定义："治理方面极为宝贵的德国人"（Allemands administrativement précieux）。法方占领者就德国公务员所采用的一切措施，都是为了满足法方重建的经济要求，实现德国"去中央集权化"的政治目标，推动德国的民主化与两国人民的未来和解。在这个孤立无援的"袖珍占领区"，面对因战争而满目疮痍的母国，向来坚持"不合作"立场的法方军政府并没有其他的选择，只能迫使这些外国公务员间接地为自己服务，以完成这些几乎不可能的任务。在法方占领者眼中，德国公务员这一宝贵的人力资源，一直是占领时期不可多得的主要外在助力。

---

① F. Roy Willis，*The French in Germany：1945 – 1949*，p. 179.
② Alfred Grosser，*L'Allemagne de notre Temps*，p. 67 – 68.

结　　论

自加入国际反法西斯斗争起，法国的新政权——或者更确切地说，自"自由法国"组织开始，到战后初期的第四共和国当局——一直以极为特立独行的态度，亦即"不合作"政策，在盟国间的交涉中强调自己的外交地位。由于法国的实力在二战中遭到极大削弱，以戴高乐为首的法国新一代领导人极尽所能地在盟国间的历次谈判磋商中确保法国的独立地位，并通过参与战后对德占领来加强自己国家的国际影响力。因此，法国领导层普遍将法国的在德占领视为国家经济上重建与国际舞台上重新崛起的关键，这也是戴高乐宣称"德国的命运是世界的中心问题"的原因所在。①

随着对德四国占领的开始与盟国对德管制委员会的建立，法国占领者利用管制委员会的"四国一致"及"独立行事"原则，在德国法占区建立起了一套高度集中的行政管理体系——法方军政府。法国对德的外交策略也就此围绕两个更为复杂的理念展开：法国占领者不仅要采取一切必要措施以确保"让德国付出代价"，更要在德国"树立起法兰西的大旗"。在当时的历史背景下，这也就意味着法方军政府要以最低成本对占区进行高效的行政管理，不仅保证在德国实施一场在经济上有利于法国的军事占领，而且必须在占区的行政架构中彰显出法兰西的荣耀与法式民主改革的特色。就短时间而言，法方军政府要遵循占领者的现实主义决策，保证占领当局及法国本土的需要能够迅速充分地得以满足。就长时段来说，则要通过法方军政府的占领，推动占领者们有关两国关系的理想化设想的实现，确保德国逐渐趋向于亲法的态度，保障法

---

① Alfred Grosser, *Affaires Extérieures: La Politique de la France 1944 - 1989*, p. 34.

国地缘政治的长期安全及外交地位的稳步提升。

通过对前述两个具备公务员身份特性的德国社会群体的分析论述，可见在占领之初，占区治理的现实需要迫使法方占领者采取了"临时"或是"特别"的措施治理这块独特的占区。稳定占区社会秩序的需求，迫使法方占领者招募或重新启用了此类德国人员。随着法方要求的逐步提升，比如要在法占区实行更为经济有效的行政管理、支持法国本土的重建工作、要对德国进一步推行非中央集权化和法式理念的民主化改造，这些原本"临时"的、"特别"的措施被军政府方面逐步修改、正规化乃至进一步扩展，成为正式的占领政策。在此类政策演变进程的最后，往往会有新的一系列有利于德方人员的具体措施为占领当局所采纳，以鼓励他们更加亲近法方，或是平息德国人的不满情绪，如给予军政府德国雇员优待条件的《第1831号训令》等政策，颁布给德国地方公务员的非纳粹化恩赦与行政学校的建立。但也要看到的是，法方军政府同意给予相关德国人员以优厚待遇或是放松对其的管控之时，也正是其军事占领行将结束之日。正是因为法方占领者意识到占领期限已不足以落实他们原本所持的理想化设想，才刻意以此培养相关德国人员的亲法倾向及合作意识，希望依靠这一途径继续从内部影响德方当局，促成其原有设想的继续实现。这就形成了一个极具代表性的有关任用德国公务员的纵向总体范式："临时的招募（或复职）——招募（或复职）的正规化或进一步扩展——对于相关人群的优待（或是放弃原先的严格管制）。"我们可以在下面的图表中清晰地看到这一总体范式的存在：

表1　　　　有关法方军政府直接或间接任用的重要指令法规

类别	临时的招募 （或复职）	招募（或复职）的 正规化或进一步扩展	对于相关人群的优待 （或是放弃原先的严格管制）
法方军政府的 德国雇员	德塔西尼将军签发的《第9408号部门照会：法占区德国民事劳动力的薪酬》（1945年6月18日）	拉丰签发的《第31号法令：有关德国劳动力使用与招募条件的规定》（1946年12月5日）	柯尼希将军签发的《第1831号训令：确定CSTO及行政管理机构所雇佣之德国人与享有难民身份者薪酬及管理条件》（1948年12月11日）

续表

类别	临时的招募（或复职）	招募（或复职）的正规化或进一步扩展	对于相关人群的优待（或是放弃原先的严格管制）
德国公务员	拉丰签发的《CAB/C 749（秘密）参考文件：有关1945年9月19日通告，有关德方行政机构人员的升迁、入职与复职》（1946年1月27日）	拉丰签发的《No. 7141/DGAA/INT/4º SECT 照会：法占区各州政府行为管控——公务员任命》（1947年8月4日）	柯尼希将军签发的《No. 3936/CC/CAC/POL 训令：法国占领政策》（1948年7月15日）

除法国之外的三个占领国，他们历经长期磋商，在多次盟国间会议中明确了自己的占领方案。但法国却以一种更为自由灵活的态度管理其占领区，并不完全受到盟国间既定协议的束缚。从宏观视角看，在法方军政府进行占领的时期，他们以各种手段发动起整个法占区及其境内德国人口，根据法方当局的现实主义政策为法方占领者及法国本土的需要而服务。而在面临占领方面的具体困难及法国本土的个别特殊要求时，法方军政府可以自行针对特定的德国人群，采取"临时"或"特别"的措施以实现有效的管制。它同样可以依照占领中的实际情况修改或正规化此类措施。在预见到其占领行将落幕之后，法方军政府及法国本土当局则开始给予这些他们打过交道的德国人特殊待遇，以支持未来两国之间的相互接近与和解。这就使得前文中述及的那些德国人群得以生存发展，而其命运历程也可以被视为二战后法方在占区利用德国人力资源的宏观范式。

从法国角度来看，宏观地讲，法方军政府利用德国人力资源的整段历史，是建立在法占区占领者们的短期现实主义政策和长期理想主义设想基础之上的。然而要指明的是，若从微观来看，占领当局在其占领过程中运用不同德国人群的具体历程是各有特点且曲折多变的，这是法方军政府内部不同派别矛盾斗争所致。

在法占区，对于德国公务员这一特殊人力资源的运用大体上是依照前述范式进行的。但是如果进行更为细致深入的分析，会发现其个别群体的历程存在着截然不同的特殊性。比如说，从前面的图表可以看出，往往是不同的决策者落实了关键性的政策,并以不同的行事节奏最终形成了这一宏观范式。当然,在前文各章节中述及了法占区不同领导人的大量的法律、命令或决议,这些决策因其时效性原因并未能体现在以上仅概括关键性政策的图表内,但也不同程度地影响着法方在不同占领阶段内对于特定德国人员群体的运用。正是在法方军政府诸多占领阶段中各占领者派别间的不同观点,催生了法占区不同德国公务员群体被法方任用的不同具体历程,甚至使得个别历程出现曲折反复的现象。

在法方军政府德国雇员及德国公务员这两个例子里,以行政总管拉丰为首的民事行政官员和受柯尼希将军命令指挥的军官派之间的分歧是矛盾的核心。尽管柯尼希将军作为法国在德最高指挥官,一直是法占区"三驾马车"权力机构的掌控者,但拉丰也以民事行政事务实际管理者的身份在这套高度集中的权力体系中长期发挥着关键作用。1945年8月22日颁布的法占区第2号法令确认了柯尼希对于拉丰民事行政事务处理权威的肯定,民事官员得以真正开始依照自己的理念承担占区管理职能。但是在1947年11月15日拉丰被柯尼希解职后,军官派重新掌控了法占区。这两个事件造成了法方当局一系列的决策变化,甚至使得整个法方军政府的结构发生了重组。

军政府德国雇员的发展历程,并不涉及军政府内这两大派别间的具体理念分歧,更多是双方对占区行政管理权的争夺间接导致的。起初,面对占领军滥用权力大行征发民力之举(1945年6月18日的《第9408部门照会》)以及大量服侍占领者的德国"仆役"的存在,新成立的军政府内的民事官员与军官达成了共识:必须加强对德国人员的管控,以保证安全,防止德国的劳动力资源因无谓征发而被集中消耗。随之,民事官员进一步寻求将这些德国雇员的地位正常化,并提升其待遇条件(1946年12月5日的《第31号法令》),以此抵制那些拒不服从占领当局中央命令的"地头蛇"占领者,削减因法方人员过多而造成的高昂占领成本。而这恰恰也正是军官派接管占区行政后所需解决的问题。随着军政府内德方员工地位的逐渐正常化,法方占领者们转而开始重视德国人员的专业水平、亲法倾向及等级划分。尽管民事官员方面有关德方人员的大量决策意见因1947年末拉丰的离职而被废止,但军官派立即批准了一系列与先前决策极为类似的措施,甚至还进一步落实发展了原先由民事官员们提出的支持"善于服务者"（bons pour le service）的优待方案。显然，这个典型事例体现了由彼此对立的不同派别一脉相承的一系列决策所构成的具体历程。对于那些并不知晓军政府内部权力斗争情况的德国雇员来讲，不同占领者派别间这一平稳的政策过渡在当时无疑是难以察觉的。但凡法方军政府管理法占区事务之时，军政府德国雇员的情况就相对平稳安定，因而也就不容易引起公众的注意。然而1949年法占区军政府本身的解散，也就注定了这支专门为其服务的德国公务人员群体的命运——在1948年底实现了又一次地位的特殊化提升后（1948年12月11日《第1831号训令》），其不得不面对骤然消失的结局。

对于德国公务员而言情况就是截然相反的了。尽管民事官员和军官派在法方军政府在的主要任务目标（"让德国付出代价"和"在德国树立起法兰西的大旗"）上观点一致，但这两派倾向于以不同的手段途径来达成这些目标。根据民事官员方面的看法，必须为军政府建立起一套"间接管理"的体制，以尽可能地在经济上利用这个"小占区"的资源，并在政治上确保德国被占领者的服从。基于此，他们着重关注对于德方当局的行政管制。为了节约占领机构的行政成本，保证法方占领政策的执行效率，德国地方政府受到法方军政府代表团的监督，被吸纳进军政府的行政体系之内，实际上成了军政府自己的地方行政机构。立法、高级公务员任命等诸多关乎占领区行政管理的重要领域被法方当局（更确切地讲，是占领区民事事务实际管理者，也就是法方军政府的民事官员）严格控制。在这种"间接管理"和法占区的非纳粹化运动（1945年9月19日《CAB/C 722通告》）影响下，德国公务员们被直接地去政治化、清洗、复职甚至"洗白"，从而以被法方军政府间接任用的身份来为法占区的行政管理服务（1946年1月27日《CAB/C 749参考文件》）。作为整个法占区唯一的行政中央，法方军政府可以随心所欲地出于法国利益考虑来启用德国公务员，抑或凭借自己在清洗运动中的最终否决权将其驱逐出去。

然而，在那些认为法国的地缘政治安全重于对占领区的经济掠夺或是行政效率的军官们眼中，延长法国的军事占领，引入有利于德国政治去中央集权化的制度改革才是重中之重。这两派在占领原则方面的分歧最终导致了1947年末民事官员派的领袖，行政总管拉丰的离职。军官派极大削弱了民事官员们之前所达成的行政管制（1947年8月4日《No. 7141/DGAA/INT/4°照会》）。军政府对德方机构的短期积极管控被长期消极监督所取代。鉴于德方当局由此摆脱了法方管制，德国公务员也得以从法方军政府的严格监管中解放了出来。但也要看到的是，这一"解放"的代价，就是在盟国间交涉中，法方军政府在有关德国公务员的其他问题上得以继续坚持其独立保守的立场。比如，由于军官派的保守观点和实际行政管理经验的不足，民事官员所主张的加速非纳粹化及修改公务员法等事项被迫延后。最终是法占区以外的事件及国际政治格局的客观变化（冷战、三占区的融合、联邦德国的建立等），和法国本土政府的介入，迫使军官派在最后关头做出了让步。这一曲折反复的历程，揭示了掌权派系更迭情况下法方占领政策的急剧变化。

在政策的急剧变化中，德方地方行政当局和德国公务员意识到了军政府内部争议的种种迹象，并且加以利用，在军官派重组军政府后更是如此。理论上，尽管军官派决意放弃多种利于积极行政管控的措施，但仍有部分民事官员提议的管控领域被军政府继承了下来，掌握在军官们手中。可是，大部分此类保留下来的管控措施都因为缺乏更为细致的部署安排而失效。比如军政府对于高级公务员任命的预先批准权便是一例。此外，随着大量行政权转交德方当局手中，碍于军官派所青睐的去中央集权化主张，法方军政府已无从发挥法占区行政中心的作用。自此之后，德方可以合理合法地拒绝或抵制法方军政府的命令，按照自己意志行动，在创办和维持各州行政学校一事中就是如此。尽管柯尼希肯定并进一步强化了拉丰有关高级行政学校的政策，但德方当局仍然关闭了法占区标志性的第一所行政学校——科赫姆行政学校，而法方军政府竟然别无选择，只能向其他盟国求援以力保施派尔高级行政学校能作为盟国行政学校得以保留。在拉丰管理法占区行政的时代，这种情况是不可想象的。从这一事例中我们可以推断得出，依靠民事官员与军官派之间的分歧，德国公务员最终实现了一场对于占区实际治理权的"间接解放"。如果我们把1947年末拉丰离职作为分界线，在军官派掌权时起，法方军政府就已丧失了有效利用德国公务员进行"间接管理"的意愿和制度保障。在之后的占领阶段里，军政府对于德国公务员的所谓运用,其实主要是其间接任用体系随民事派提倡的管控措施不断削弱而逐渐解构的过程而已。在各占区纷纷结束非纳粹化并向德方当局移交权力的大势下,这一高度依赖占领状态的任用体系伴随着1948年军政府做出的一系列让步(1948年7月15日《No. 3936/CC/CAC/POL照会》,1948年7月13日《第165号命令:第133号命令补正》)而分崩离析。

总而言之,法方军政府内部不同派别的矛盾争议导致了两种独特的运用德国人力资源的典型案例:在军政府正式雇员一例中,体现了不同派别间的政策继承;在公务员一例中,是军政府重组带来的政策急剧改变。这两个各具特点的案例揭示了法方军政府进行决策的历史细节,法方占领者对于德国人力资源运用的不同观点,以及法方军政府政策所激发的不同反应。

得益于观察法占区德国人力资源整体运用的宏观视野,本研究得以洞见法方占领管理的宏观范式。针对以上两个身份迥异的公务员群体的详细分析,证实了在内部争议与外部干涉的情况下,法占区对于德国社会治理人力资源的运用有着两种彼此截然不同的典型案例历程。但也要注意的是,以上观察所得的结论本身立足于法方——尤其是战后初期的法方军政府成员——的单一视角,在客观地解读历史事实时,缺失了这些政策无意中在人性价值上所产生的内涵意义。但如果我们以那些法方军政府的直属雇员或间接任用的德国公务员视角为出发点,再度审视这些政策,法方军政府占领政策在当时的社会意义也就更加显明易懂了。

首先,战后初期法国人对于德国人的不信任感得到了极大消解。这在军政府雇员一例中尤为明显。得益于与法国占领者之间的日常接触与相互联络,这一群体在军政府编制中的形成与地位的提升,为在治理实践中改变德国人在法国人眼中的负面形象提供了可能性。德国雇员一步一步被从占领者给予的底层工作岗位中"解放"出来,在机构中作为员工的地位得以正规化,甚至实现了待遇的进一步特殊化,恰恰反映了法方占领者对于他们能力和态度的逐渐认同。越来越多的职责交由德人承担,具备优良专业素质的德国精英也被占领当局鼓励去担任更高的职位,享受更好的待遇。法占区军政府,成了战后法德两国人在彼此互信的前提下真正共同工作并分担职责的首个试验场。

其次,基于法占区占领中出现的民主化及行政合作的因素,未来实现两国政治和解的可能性也就此浮现。这一趋势在法占区德国地方公务员这一群体的历程中得到了良好的反映。在军政府的行政管控下，德国公务员长期以来一直以法方当局下属地方机构人员的身份承担着占区的具体行政事务。由于法方当局的"间接管理"原则，在德国公务员与法方占领者之间形成了高效的互动合作，并且为日后两国间的行政管理交流做出了铺垫。法式的"非纳粹化"——"清洗"运动，客观上有利于必要的专业人才的保存，也清除了不利于法德双方关系的危险分子。此外，德国之后大量新公务员的产生，与法方军政府所支持的民主化改革及行政学校的创设不无关系。这一人群的更新换代，对于法德关系的正常化与进一步发展，自德国内部发挥了有利的作用。在行政领域，由于德国公务员与法方占领者的日常接触与人际关系的靠近，两国行政机关间实现和解的前提也在法占区的管理实践中得以实现。

　　法占区德国公务员的历史，不过是二战后法国对德占领史中的零星一角，但管中窥豹，从中亦可瞥见两国关系未来发展的趋势迹象。可以说，在一定程度上，法方军政府与法占区的德国公务员在这短短四年的占领时间内共同达成了一个占区治理的"双赢"格局。在现实主义决策及理想主义的设想引领下，法方军政府尽可能地发动了这个"小占区"内的德国人力资源，以确保占领目标的达成，并且为两国关系的逐渐恢复奠定了人际交流方面的基础。由于内部争议和外界干涉的作用，不同次级群体的个别历程往往是独特而曲折的。在这诸多案例中，根据法方军政府所采用的具体措施差异，直属雇员与间接任用的公务员这两个不同的德国人群体被以不同的行事决策节奏受任用、复职、清洗抑或改造。而在此之后，他们便可借此融入德国的新社会及改造后的行政体系架构之中，推动德国当局在两国交往及行政管理交流中进一步赢得法兰西人民的信任，促成法德和解。这两个欧陆相邻的大国，过去长期敌视相向，剑拔弩张。而自占领时代起，得益于占领者与被占领者间战后共同重建各自国家而进行的诸多交流合作，两国间的误解阴霾开始渐渐消散。诚如戴高乐将军在1945年10月3日首次访问法占区时对德国人民所讲："我要说，我们必须有共举复兴大业的考虑，并且我们知道此举必会付诸实践，因为我们同为欧洲人，亦同为西方人！"

　　要坦率承认的是，本书远远不能完全展现法国对德占领史的方方面面。这一特殊的历史阶段对于全体法国人、德国人乃至全欧洲的影响与意义即便在今天也尚未被全部阐明。以往有关二战后德国史的研究均倾向于将这一盟国占领阶段视为冷战的起源时期,而不是一个全新的欧洲关系的孕育期。在许多历史学家眼里,战后初期的德国一直被认为是意识形态较量的前沿阵地,是超级大国(美国与苏联)间地缘政治冲突的敏感地带。而其他那些在意识形态以外的方面于盟国对德占领中发挥了作用的国家,往往被低估甚至忽视。如今,冷战业已结束,而推动了欧洲文明进步的法德合作关系已取得长足发展,对于法国在被占领的德国所扮演的角色进行多方面重新审视,对于探究二战后这两个欧陆邻国之间关系的变化和发展至关重要。本作也是重述这段特殊历史的抛砖引玉之举,以求凸显法方占领政策在德国社会、行政结构乃至德国民众中独特而深远的影响。

在这一研究的最后,无论如何都要指明一点:本书的立意不仅在于如实揭示有关法国对德占领的历史真实,更希望能够谨慎论证其在两国战后关系起源发展中的地位作用。必须通过多研究主题的相互结合,在自二战后占领开始起的法德接近、合作历程基础上重新架构和解读当代的欧洲,才能摆脱旧有的研究模式和冷战思维,理解当今的欧洲局势的历史由来与未来走向。在可以预见的将来,随着二战胜利七十周年后法德两国一大批档案文献的解禁,加之近年来欧盟危机引起的各界关注,有关欧陆这两个关键国家关系的研究将会得到许多宝贵的发现。这不仅是为了更为准确地回溯把握欧洲对于这段岁月的共同记忆,也是为了给其他国家解决历史矛盾,实现区域和平和解的事业,提供难能可贵的前车之鉴。

参考文献

档案

法国档案

外交部档案馆（Archives du ministère des Affaires Etrangère）：

Zone française d'occupation en Allemagne et en Autriche (ZFO)：Archives des administrations françaises et des organismes triparties 1945 – 1955：

Série 1AP：Direction générale des Affaires politiques (1945 – 1955)：

1AP6，1AP16，1AP18，1AP21，1AP22，1AP23，1AP42，1AP43，1AP53，1AP54，1AP55，1AP74，1AP75，1AP77，1AP78，1AP79，1AP80，1AP109，1AP110，1AP116.

Série 1ADM：Administrateur général Emile Laffon (1945 – 1955)：

1ADM3，1ADM25，1ADM36，1ADM40，1ADM41，1ADM42，1ADM62，1ADM64，1ADM65，1ADM75，1ADM78

Série 1HC：Cabinet et services rattachés (1945 – 1955)：

1HC18，1HC55，1HC81，1HC85，1HC86，1HC88，1HC219

Série 76CPCOM：L'occupation de la Zone Française (1945 – 1955)：

76CPCOM433，76CPCOM434，76CPCOM435，76CPCOM436，76CPCOM437，76CPCOM438，76CPCOM439，76CPCOM440，76CPCOM441，76CPCOM442，76CPCOM443，76CPCOM444，76CPCOM445，76CPCOM446，76CPCOM447.

Série 1BONN：*Dossiers rapatriés de l'Ambassade de France à Bonn*（*1945 – 1955*）：

1BONN40，1BONN116，1BONN117，1BONN262，1BONN264，1BONN291，1BONN352，1BONN392，1BONN423，1BONN457，1BONN472，1BONN475，1BONN478，1BONN482，1BONN508，1BONN517，1BONN539

Série Allemagne：*Europe*，*Allemagne*（*1944 – 1949*）：

Allemagne223，Allemagne224，Allemagne225，Allemagne226，Allemagne227，Allemagne228，Allemagne229，Allemagne230，Allemagne231，Allemagne232，Allemagne304，Allemagne305，Allemagne306，Allemagne311，Allemagne312，Allemagne355，Allemagne385，Allemagne579，Allemagne626，Allemagne760，Allemagne761，Allemagne763，Allemagne764，Allemagne765，Allemagne898.

国防部历史文献处，陆军、国防及部门间防卫组织档案（Archives de l'Armée de Terre, Ministère de la défense et organismes de défense interministériel et interarmées dans le Service historique de la Défense [SHD]）：

Série 3U：*Forces français françaises stationnées à Berlin*（*1945 – 1991*）：

GR3U42，GR3U43，GR3U64，GR3U245.

Série 7U：*Inventaire des archives de commandement et journaux des marches et opérations des formations de l'armée de terre*（*1946 – 1964*）：

GR7U605，GR7U606，GR7U609，GR7U610，GR7U611，GR7U613，GR7U616，GR7U622，GR7U623，GR7U625，GR7U627，GR7U628，GR7U632，GR7U641，GR7U642，GR7U643，GR7U648，GR7U650，GR7U653，GR7U654，GR7U658，GR7U659，GR7U664，GR7U670，GR7U672，GR7U673.

Série 10P：*Armée et corps d'armées*（*1940 – 1946*）：

GR10P140.

Série 12P：*Petites unités*（*1940 – 1946*）：

GR12P84.

国家档案馆（Archives Nationales）：

Série Allemagne：

C//15893，C//15923，C//15893 C//15925，C//15929，C//15930，C//15931，C//15932.

Lesfonds George Bidault：457AP1 – 191.

Lesfonds André François – Poncet：462AP1 – 87.

德国档案

联邦档案馆（Das Bundesarchiv）：

Archiv Das Kammergericht in der Elßholzstrasse in Schöneberg.

Ministerrat der DDR. – Beschluss – und Sitzungsreihe. – Sitzungen des Plenums des MR DC 20 – I/3/11.

Freie Deutsche Jugend：4. Sitzungen des Sekretariats des Zentralrates Zusatzinformation.

英国国家档案馆（National Archives of the United Kingdom）：

FO 371/46967.

文件集

Beate Ruhm von Oppen（ed.），*Documents on Germany under Occupation 1945 – 1954*，London New York Toronto：Oxford University Press，1955.

Denazification：*cumulative review*：*Report*（Denazification：evaluation cumulative：rapport），1 April 1947 – 30 April 1948. No. 34（1948），Germany：Office of Military Government/ Civil Administration Division，1948.

Enactment and Approved Papers of the Control Council and Coordinating Committee：*1945 – 1948*，Vol. 1 – 9，Compiled by Legal division，legal advice branch，drafting section office of military government for Germany，Berlin，1946 – 1948.

Direction de la Documentation，*Notes documentaires et études*：*La zone d'occupation française en Allemagne*，No. 255，9 mars 1946，Paris：

Secrétariat d'Etat à la présidence du conseil et à l'information.

Foundation for foreign affairs, *Foundation Information Pamphlet*, No. 1: *Field Report on the French Zone in Germany*, Washington, D. C.: Foundation for foreign affairs, 1946.

Foreign Relations of the United States (*1944 – 1949*), Washington: United States Government Printing Office, 1967 – 1975.

Georges – Henri Soutou, *Documents diplomatique français* (*Série 1944 – 1954*), Vol. 1 – 14, Paris: Imprimerie nationale, 1998.

Handbook for Military Government in Germany: Prior to Defeat or Surrender, U. S Army Military History Institute, 1944.

Herausgegeben von Bundesarchiv und Institut für Zeitgeschichte, *Akten zur Vorgeschichte der Bundesrepublik Deutschland*, *1945 – 1949*, München Wien: R. Oldenbourg Verlag, 1976.

James K. Pollock, James H. Meisel, Henry L. Bretton, *Germany under Occupation: Illustrative Materials and Documents*, Ann Arbor: George Wahr Publishing Co, 1949.

回忆录

Charles De Gaulle, *Discours et Messages: Pendant la Guerre* (*Juin 1940 – Janvier 1946*), Paris: Plon, 1970.

Charles De Gaulle, *Discours et Messages: Pendant la Guerre* (*Février 1946 – Avril 1958*), Paris: Plon, 1970

Charles de Gaulle, *Mémoires de guerre: Le salut 1944 – 1946*, Paris: Plon, 2011.

Dwight D. Eisenhower, *Crusade in Europe*, London: Heineman, 1948.

James F. Byrnes, *Speaking Frankly*, New York: Harper, 1947.

Jean de Lattre de Tassigny, *Histoire de la Première Armée Française*, Paris: Nouveau Monde Editions, 2015.

Lucius D. Clay, *Decision in Germany*, Garden City, New York: The Country

Life Press, 1950.

Winston S. Churchill, *The Second World War*, Vol. 1 – 6, London: Cassell, 1954.

期刊报纸

法国期刊报纸：

Le Figaro, *L'Humanité*, *Le Monde*, *Le Populaire*,

Le Journal Officiel du Commandement en Chef Français en Allemagne, *Le Journal Officiel de la République Française*.

德国期刊报纸：

Arbeiter – Zeitung, *Badener Tagblatt*, *Badisches Tagblatt*, *Berliner Zeitung*, *Der Mittag*, *Der Spiegel*, *Die Neue Zeitung*, *Die Welt*, *Frankfurter Allgemeine Zeitung*, *Freiburger Nachrichten*, *General – Anzeiger*, *Luzerner Neuesten Nachrichten*, *Mainzer Anzeiger*, *Mittelrheinkurier*, *Nacht Express*, *National Zeitung*, *Neuer Mainzer Anzeiger*, *Nordsee Zeitung*, *Neues Leben*, *Rastatter Nachrichten*, *Suddeutsche Zeitung*, *Sudkurien*, *Tagesspiegel*, *Tribüne*, *Westdeutsche Rundschau*, *Hambourger Volkszeitung*.

Bundesgesetzblat, *Amtsblatt der Landesverwaltung Baden*, *Verordnungsblatt der Landesregierung Rheinland – Pfalz*, *AMTSBLATT des Staatssekretariats für das französisch besetzte Gebiet Württembergs und Hohenzollerns*.

他国期刊报纸：

Borba, *Красная звезда*, *Manchester Guardian*, *New York Times*, *The Times*.

专著

Adrien Artaud, *La question de l'employé en France*, étude sociale et professionnelle, Paris: Librairie Georges – Roustan, 1909.

Alfred Grosser, *L'Allemagne de Notre Temps*, Paris: Fayard, 1970.

Alfred Grosser, *Affaires Extérieures: La Politique de la France 1944 – 1989*, Paris: Flammarion, 1989.

André Piettre, *L'économie Allemande Contemporaine: 1945 – 1952*, Paris: Editions M. – Th. Génin, 1952.

Bernard Genton, *Les Alliés et la culture Berlin 1945 – 1949*, Paris: Presses Universitaires de France, 1998.

Broson Long, *No Easy Occupation: French Control of the German Saar*, New York: Camden House, 2015.

Carolyn Woods Eisenberg, *Drawing the Line: The American Decision to Divide Germany, 1944 – 1949*, Cambridge: Cambridge University Press, 1996.

Christian Brumter, *Les Français à Berlin 1945 – 1994*, Paris: Riveneuve, 2015.

Claude Albert Moreau, RogerJouanneau – Irriera, *Présence Française en Allemagne*, Paris: Editions Henri Neuveu, 1949.

Cyril Buffet, *Mourir pour Berlin, la France et l'Allemagne, 1945 – 1949*, Paris: A. Colin, 1991.

Delphine Gardey, *La dactylographe et l'expéditionnaire. Histoire des employés de bureau 1890 – 1930*, Paris: Editions Belin, 2001.

Earl F. Ziemke, *The U. S. Army in the Occupation of Germany 1944 – 1946*, Washington, D. C.: US Government Printing Office, 1990.

Eckard Michels, *Deutsche in der Fremdenlegion, 1870 – 1965: Mythen und Realitäten*, München [u. a.]: Schöningh, 2006.

Edward Hallett Carr, *Conditions of Peace*, London: Macmilliam, 1942.

Edward N. Peterson, *The American Occupation of Germany: Retreat to Victory*, Detroit, Michigan: Wayne State University Press, 1977.

Edward R. Stettinius, Jr., *Roosevelt and the Russians*, London: Cape, 1950.

Erling Bjol, *La France devant l'Europe: La politique européenne de la IV e*

République, Copenhague: Munksgaard, 1966.

Ernest F. Penrose, *Economic Planning for the Peace*, Princeton: Princeton University Press, 1953.

Ernst Weisenfeld, *Quelle Allemagne pour la France ? La politique étrangère française et l'unité allemande depuis 1944*, Paris: Armand Colin, 1989.

Eugene Davidson, *The Death and Life of Germany – An Account of the American Occupation*, 2nd eds, Columbia: University of Missouri Press, 1999.

F. Roy Willis, *France, Germany, and the New Europe 1945 – 1967*, Stanford: Stanford University Press, 1968.

F. Roy Willis, *The French in Germany 1945 – 1949*, Stanford: Stanford University Press, 1962.

François Cavanna, *Les Russkoffs*, Paris: Belfond, 1979.

Frederick Tayor, *Exorcising Hitler: The Occupation and Denazification of Germany*, London: Bloomsbury Publishing Plc, 2012.

Fritz Croner, *Die Angestellten in der modernen Gesellschaft: Eine sozialhistorische u. soziologische Studie*, Wien: Humboldt – Verl, 1954.

Geneviève Maelstaf, *Que faire de l'Allemagne ? Les responsables français, le statut international de l'Allemagne et le problème de l'unité allemande (1945 – 1955)*, Paris: Direction des archives, Ministère des affaires étrangères, 1999.

Gilbert Krebs, Gérard Schneilin, *L'Allemagne, 1945 – 1955: de la capitulation à la division*, Paris: Presses de la Sorbonne Nouvelle, 1996.

Günther Mai, *Der Alliierte Kontrollrat in Deutschland 1945 – 1948: Alliierte Einheit – deutsche Teilung?*, München: R. Oldenbourg Verlag, 1995.

Hajo Holborn, *American Military Government: Its Organization and Policies*, Washington: Infantry Journal Press, 1947.

Harold Zink, *The United States in Germany 1945 – 1955*, New York: D. Van Nost Rand Company, 1957.

Horst Möller, *La République de Weimar*, Paris: Taillandier, 2005.

Ian Kershaw, *La Fin: Allemagne, 1944 – 1945*, Paris: Éditions du

Seuil, 2012.

Issac Deutscher, *Stalin*, London: Oxford University Press, 1949.

Jacques Dalloz, *Dictionnaire de la Guerre d'Indochine: 1945 – 1954*, Paris: Armand Colin, 2006.

Jan Foitzik, *Sowjetische Militäradministration in Deutschland (SMAD), 1945 – 1949*, Berlin: Akademie Verlag, 1999.

Jean – Rémy Bézias, *Georges Bidault et la politique étrangère de la France: Europe, Etats – Unis, Proche – Orient, 1944 – 1948*, Paris: L'Harmattan, 2006.

Jochen Thies, Kurt von Daak, *Südwestdeutschland Stunde Null: Die Geschichte der französischen Besatzungszone 1945 – 1948*, Düsseldorf: Droste Verlag, 1989.

John Charmley, *Splendid Isolation? Britain and the Balance of Power 1874 – 1914*, London: Faber and faber, 2009.

John H. Backer, *Priming the German economy: American occupational policies, 1945 – 1948*, Durham: Duke University Press, 1971.

John H. Backer, *The Decision to Divide Germany: American Foreign Policy in Transition*, Durham: Duke University Press, 1978.

John H. Backer, *Winds of History: The German Years of Lucius Dubignon Clay*, New York: Van Nostrand Reinhold, 1983.

John Gimbel, *The American Occupation of Germany*, Redwood City: Stanford University Press, 1968.

Jürgen Kocka, traduit par Gérard Gabert, *Les employés en Allemagne, 1850 – 1980, Histoire d'un groupe social*, Paris: EHESS, 1989.

Jürgen Kocka, traduit par Gérard Gabert, *White Collar Workers in America, 1890 – 1940, A Social – Political History in International Perspective*, Londres et Beverly Hills: Sage Publications, 1980.

Justus Fürstenau, *Entnazifizierung. Ein Kapitel deutscher Nachkriegspolitik*, Lüchterhand: Politica: Abhandlungen und Texte zur politischen Wissenschaft, Bd. 40, 1969.

Klaus – Dietmar Henke, *Politische Säuberung unter französischer Besatzung*, Stuttgart: Deutsche Verlags – Anstalt, 1981.

Klaus von Mehnert, Heinrich Schulte (Hrsg.), *Deutschland – Jahrbuch 1949*, Essen: West – Verlag, 1949.

Marc Hillel, *L'occupation Française en Allemagne (1945 – 1949)*, Paris: Balland, 1983.

Marcel Papillon, *"Si je reviens comme je l'espère" Lettres du front et de l'arrière 1914 – 1918*, Paris: Grasset, 2004.

Maurice Halbwachs, *Esquisse d'une psychologie des classes sociales*, Paris: Marcel Rivière, 1955.

Michael Balfour, John Mair, *Four – Power Control in Germany and Austria*, London: Oxford University Press, 1956.

MichelBodin, *Soldats d'Indochine, 1945 – 1954*, Paris: L'Harmattan, 1997.

Milovan Djilas, *Conversations with Stalin*, New York: Harcourt Brace and World, 1962.

Monique Mombert, *Sous le signe de la rééducation: Jeunesse et livre en zone française d'occupation, 1945 – 1949*, Strasbourg: Presses Universitaires de Strasbourg, 1995.

Norbert Frei, *Vergangenheitspolitik. Die Anfänge der Bundesrepublik und die NS – Vergangenheit*, München: C. H. Beck, 1996.

Norman M. Naimark, *The Russians in Germany: A History of the Soviet Zone of Occupation, 1945 – 1949*, Cambridge: The Belknap Press of Harvard University Press, 1995.

P. Delon, *Les employés, de la plume d'oie à l'ordinateur, un siècle de lutte, origines et activité de la fédération C. G. T.*, Paris: Editions sociales, 1969.

Patrick Fridenson, *Industrialisation et sociétés d'Europe occidentale, 1880 – 1970*, Paris: Editions de l'Atelier, 1997.

Perry Biddiscombe, *The Denazification of Germany: A History 1945 – 1950*,

Stroud: Tempus Publishing Limited, 2007.

Pierre Jardin, Adolf Kimmel, *Les relations franco – allemandes depuis 1963*, Collection " Retour aux textes ", Paris: La Documentation française, 2001.

Rainer Möhler, *Entnazifizierung in Rheinland – Pfalz und im Saarland unter französischer Besatzung von 1945 bis 1952*, Mayence: v. Hase & Koehler, 1992.

Raymond Gangloff, *Cinq ans d'Oflags: La captivité des officiers français en Allemagne 1940 – 1945*, Paris: Albatros, 1989.

Reinhard Grohnert, *Die Entnazifizierung in Baden 1945 – 1949*, Stuttgart: Kohlhammer, 1991.

Richard L. Merritt, *Democracy Imposed: U. S. Occupation Policy and the German Public, 1945 – 1949*, New Haven, Connecticut: Yale University Press, 1995.

Robert Minder, *Allemagnes et allemands*, Paris: Éditions du Seuil, 1948.

Rolf Badstübner and Wilfried Loth, *Wilhelm Pieck—Aufzeichnungen zur Deutschlandpolitik 1945 – 1953*, Berlin: Akademie Verlag, 1994.

Robert E. Sherwood, *Roosevelt and Hopkins: An Intimate History*, New York: Harper, 1948.

Timothy R. Vogt, *Denazification in Soviet – Occupied Germany, Brandenburg, 1945 – 1948*, Cambridge, Mass: Havard University Press, 2000.

Tom Geraghty, *La Légion, Marche ou crève*, Paris: Pygmalion, 1988.

Vincent Auriol, *Journal du Septennat*, Tome 2, 1948, Paris: A. Colin, 1974.

Wilhelm Cornides (Hrsg.), *Wirtschaftsstatistik der deustchen Besatzungszonen, 1945 – 1948: in Verbindung mit der deutschen Produktionsstatistik der Vorkriegszeit*, Europa Archive, 1948

Wilfried Loth, *Stalin's Unwanted Children: The Soviet Union, the German Question and the Founding of GDR*, New York: Palgrave Macmillan, 2002.

Wilfried Pabst, *Das Jahrhundert der deutsch – französischen Konfrontation*, Hannover: NidersächsischeLandeszentrale für politische Bildung, 1983.

Wolfgang Krieger, *General Lucius D. Clay und die amerikanische Deutschlandpolitik 1945 – 1949*, Stuttgart: Klett – Cotta, 1988.

Zbigniew Brzezinski, *Le grand échiquier: L'Amérique et le reste du monde*, Paris: Bayard éditions, 1997.

文章及论文集

Arnold Brecht, "What is Becoming of the German Civil Service", *Public Personnel Review*, 12, No. 2 (April 1951), p. 85.

Avi Shlaim, "The Partition of Germany and the origins of the Cold War", *Review of International Studies*, Vol. 11 (1985), p. 124.

Bericht von Schuster, "Beamte und Funktionaere in den europaeischen Parlamenten", in Arnold Brecht, eds., *Neues Beamtentum: Beiträge zur Neuordnung des öffentlichen Dientes*, Frankfurt am Main: Wolfgang Metzner, 1951, pp. 254 – 257.

Catherine de Cuttoli – Uhel, "La politique allemande de la France (1945 – 1948), symbole de son impuissance?", in René Girault, Robert Frank, ed., *La crise de la puissance française*, *1944 – 1948*, Paris: Publications de la Sorbonne, 1989.

César Santelli, "La Rééducation de l'Allemagne, est – elle possible?", *Le Fait du Jour*, No. 14, le 16 juillet 1946, pp. 17 – 18.

Engels Hélène Perrein, *La présence militaire française en Allemagne de 1945 à 1993*, Thèse de doctorat de l'Université de Metz, 1994.

Fabien Theofilakis, *Les prisonniers de guerre allemands en mains françaises: captivité en France, rapatriement en Allemagne (1944 – 1949)*, Thèse de doctorat de l'Université de Paris Ouest Nanterre – La Défense, 2010.

Franz Knipping, "Que Faire De L'Allemagne? French Policy toward Germany, 1945 – 1950", in Haim Shamir, *France and Germany in an Age of Crisis, 1900 – 1960*, New York, 1990, p. 67.

Franz Schultheis, "Comme par raison – comparaison n´est pas toujours raison. Pour une critique sociologique de l'usage social de la comparaison interculturelle", *Droit et Société*, No. 11 – 12, 1989, p. 223.

Hellmuth Auerbach, " 'Que faire de l'Allemagne?' Diskussionsbeitrage Französischer Deutschlandexperten 1944 – 1960", *Cahier de l'institut d'histoire du temps présent*, 13 – 14 (1989), p. 292.

Henri Ménudier ed., *L'Allemagne Occupée 1945 – 1949*, Paris: Editions Complexe, 1990

Ian D. Turner, ed., *Reconstruction in Post – War Germany: British Occupation and the West Zones, 1944 – 1945*, London: Oxford University Press, 1989.

Ian Turner, "Denazification in the British Zone", in Ian D. Turner, ed. *Reconstruction in Post – War Germany: British Occupation and the West Zones, 1944 – 1945*, London: Oxford University Press, 1989, p. 262.

Jacque Benoist, "Le Conseil de Contrôle et l'occupation de l'Allemagne", *Politique étrangère*, Vol. 11, No. 1, p. 70.

Jeffry M. Dieffndorf, Axel Frohn, Herman – Josef Rupieper, (eds.), *American Policy and the Reconstruction of Germany*, Cambridge: Cambridge University Press, 2004.

Jérôme Vaillant, "La dénazification par les vainqueurs", *La politique culturelle des occupants en Allemagne, 1945 – 1949*, Lille, 1981, p. 20.

John J. McCloy, "Present Status of Denazification", in Office of the High Commissioner for Germany, 5th *Quartely Report on Germany: October1 – December 31, 1950*, Cologne: Office of the High Commissioner for Germany, 1951.

Joseph Rovan, "L'Allemagne de nos mérites", *Esprit*, No. 115 (11), le 1er octobre 1945, pp. 529 – 540.

Klaus – Dietmar Henke, "Politik der Widersprüch. Zur Charakteristik der

Französischen Militärregierung in Deutschland nach dem Zweiten Weltrieg", in Claus Scharf and Hans-Jürgen Schröder, eds., *Die Deutschlandpolitik Frankreichs und die Französische Zone 1945 – 1949*, Wiesbaden: Steiner Franz Verlag, 1983, pp. 88, 96, 120.

Marie-Bénédicte Vincent ed., *La Dénazification*, Paris: Perrin, 2008.

Marie-Bénédicte Vincent, Punir et Rééduquer: Le processus de dénazification (1945 – 1949), *La dénazification*, Paris: Perrin, 2008.

Marie-Bénédicte Vincent, "De la dénazification à la réintégration des fonctionnaires", *Vingtième Siècle. Revue d'histoire*, No. 121, 2014/1, pp. 3 – 19.

Nicholas Pronay and Keith Wilson, eds., *The Political Re-education of Germany & Her Allies*, London: Croom Helm, 1985.

Pierre Kœnig, "Bilan de quatre années d'occupation", *France Illustration*, No. 205, le 17 septembre, 1949, p. 1.

Philip E. Mosely, "Dismemberment of Germany", *Foreign Affairs*, Vol. 28, April 1950, p. 496 – 497.

Philip E. Mosely, "The Occupation of Germany", *Foreign Affairs*, Vol. 28, July 1950, p. 597.

Raymond Schmittlein, "Brise les chaînes de la jeunesse allemande", *France Illustration*, No. 205, le 17 septembre, 1949, p. 1.

Robert Maddox, "Reparations and Origins of the Cold War", *Mid-America: An Historical Review*, Vol. 67, (October 1985), p. 128.

Rolf Badstübner, "Zur Tätigkeit des Alliierten kontrollrates in Deutschland 1945 bis 1948", *ZfG (Zeitschrift für Geschichtswissenschaft)*, 34 (1986), ss. 581 – 598.

Rolf Badstübner, "The Allied Four-Power Administration and Sociopolitical Development in Germany", *Germany History*, Vol. 8, No. 2, 1990, pp. 145 – 162.

Taylor Cole, "The Democratization of the German Civil Service", *The Journal of Politics*, Vol. 14, No. 1 (Feb. 1952), p. 4.

Toni Pfanner, "Military Uniforms and the Law of War", *International Review of the Red Cross*, Vol. 86, No. 853, March 2004, p. 115.

Williamson Murray ed., *A Nation at War in an Era of Strategic Change*, Carlisle, Pennsylvania: Strategic Studies Institute, 2004.

Wolfgang Schlauch, "American Policy toward Germany, 1945," *Journal of Contemporary History*, Vol. 5, No. 4 (1970), pp. 113 – 128.

后　　记

　　行文将终，落笔至此，我要衷心感谢过去十年多以来所有鼓励我走上历史研究道路的人。自 2012 年赴法国留学之日起，正是诸多无私援手助我最终完成学业，成为一名历史学研究者。首先，要对我的中法双方导师——华东师范大学的崔丕先生和巴黎第十大学的帕斯卡勒·拉伯希尔女士（Pascale Laborier）——致以深深感激之情。他们在本人于上海及巴黎攻读博士学位期间给予了极大帮助。没有他们的谆谆教导、认真指点与热情激励，我无疑是难以完成这一具有挑战性的研究的。我同样要向华东师大历史系及巴黎萨克雷大学政治社会科学研究院的各位老师和同学致以诚挚谢意，正是他们在各项课程和每次学术会议上的慨然相助，成就了这一研究的学术功底，让我在中法两国学术圈获益良多。

　　我要向我在法国和中国的朋友们表示感谢，尤其是娜塔莉·马丁（Nathalie Martin）女士和沈辰成学弟。作为一名中国留学生，以法文写作如此长篇的研究作品与我而言并非易事。正是马丁女士为我牺牲了自己宝贵的时间，指点我完善这部作品的文法体例。由于我一直在法国进行研究，多亏沈辰成学弟无私地向我提供他在德国搜集到的史料，才得以完成这一跨国性的历史研究。他们两位为这一作品的圆满完成给予了极大的支持。

　　我还要感谢法国各档案馆及图书馆，华东师大中法研究生院和国际交流办公室的诸位工作人员。对于历史学研究者而言，档案馆、图书馆就是我们的第二个家。对于每个曾在海外的留学生而言，祖国的留学机构也正如我们的亲人一般。正是他们不懈的工作，确保了我们潜心研究的优越条件。此外，我还要特别向法国前总统奥朗德先生致以敬意。正是得益于他 2015 年 12 月 24 日宣布无限制开放二战及战后占领相关敏感档案材料的总统令,才使得这一研究的史料时效性和可信度得以保证。

最后,我要衷心谢谢我亲爱的家人,谢谢他们这些年来无条件的爱意与信任。没有他们,我永远无法成功走完这段研究历程。

徐之凯

2023年5月17日